# CHOIX D'INSCRIPTIONS

## DE

# DÉLOS

# CHOIX D'INSCRIPTIONS

DE

# DÉLOS

## AVEC TRADUCTION ET COMMENTAIRE

PAR

## FÉLIX DURRBACH

Correspondant de l'Institut
Professeur à l'Université de Toulouse

TOME PREMIER

TEXTES HISTORIQUES

PREMIER FASCICULE

ARES PUBLISHERS
CHICAGO    MCMLXXVII

**Exact Reprint of the Edition:**
**Paris 1921-22**
**ARES PUBLISHERS INC.**
**612 N. Michigan Avenue**
**Chicago, Illinois 60611** *78-3240*
**Printed in the United States of America**
**International Standard Book Number:**
**0-89005-190-9**

# PRÉFACE

---

En présentant au public le premier tome de ce *Choix d'inscriptions*, le plus pressant de mes devoirs est d'inscrire en tête un hommage de reconnaissance au grand bienfaiteur de Délos, M. le duc de Loubat, associé étranger de l'Institut, dont l'île d'Apollon a si souvent, depuis une vingtaine d'années, éprouvé la générosité. Dès la première heure, M. le duc de Loubat s'est intéressé à la présente publication, et il a désiré participer à la dépense engagée par l'Académie des Inscriptions ; puis, au cours de l'impression, ce premier geste s'est élargi et complété, en faveur de l'épigraphie grecque, par une magnifique fondation qui permet d'autres espoirs pour la publication des textes de Délos. Le hasard fait que j'ai été appelé par M. Th. Homolle, en 1903, à diriger, de concert avec A. Jardé, la première des grandes campagnes de fouilles subventionnées par M. le duc de Loubat : cf. *BCH*, 1904, p. 265-6 ; c'est une bonne fortune pour moi que d'être, aujourd'hui encore, l'interprète de la profonde gratitude qu'éprouvent, pour une nouvelle et aussi exceptionnelle libéralité, l'Académie des Inscriptions et tous les amis de l'antiquité.

Le dessein qu'on s'est proposé, dans ce *Choix*, c'est de présenter, au moyen des textes les plus significatifs, la vie de Délos sous ses différents aspects. Le premier volume groupe, chronologiquement, sous le nom un peu arbitraire de Textes historiques, les décrets et dédicaces, soit de Délos même, soit d'États ou de personnages étrangers, qui jettent quelque jour sur les vicissitudes de l'île, indépendante à certaines époques, mais toujours soumise à des patronages plus ou moins respectueux, et finalement sujette d'Athènes ; il ouvre aussi, à l'occasion, des échappées sur l'histoire des États qui entourent Délos et avec lesquels, de quelque manière, elle a été en contact. Un second volume doit donner, par la publication intégrale ou partielle de documents classés méthodiquement, un tableau des cultes de Délos et de l'administration sacrée, ainsi qu'une esquisse de l'organisation de la ville, de sa vie économique et sociale.

Il a semblé que ce programme était de nature à intéresser, non seulement les érudits, mais un public plus étendu, maîtres d'histoire, étudiants, lettrés qui sont curieux d'antiquité. De là le parti de simplicité voulue qui a été suivi pour la présentation des textes ; on a banni tout appareil philologique, l'énumération des variantes, les remarques sur les particularités de la langue. La bibliographie, pour la même raison, a été réduite à quelques données essentielles : parmi les éditions, on a cité la première et la plus récente de chaque texte, avec renvois aux recueils classiques comme ceux de Ch. Michel et de W. Dittenberger ; et l'on a cru devoir choisir, dans le rappel des travaux antérieurs, particuliers ou généraux, ceux-là seuls qui sont fondamentaux : ces indications suffiront à orienter ceux qui sont désireux de pousser plus loin l'étude ; ils trouveront, en utilisant ces références, tous les éléments d'une documentation complémentaire. Des traductions accompagnent les textes ; indispensables à ceux qui ne sont pas familiers avec la langue de l'épigraphie, peut-être rendront-elles service à ceux-là même qui pratiquent de longue date les inscriptions, si nous en jugeons par l'effort de précision qu'elles nous ont imposé à nous-même. Quant au commentaire, on s'est appliqué à le maintenir succinct et sobre, en dégageant surtout les données fournies par les textes. Beaucoup d'entre eux posent aussi des problèmes, qu'on ne pouvait éluder ; mais on s'est abstenu d'entrer dans le détail des controverses. Un recueil comme celui-ci devait avant tout grouper les faits et recommander les solutions les plus plausibles, en épargnant au lecteur la démarche parfois laborieuse des démonstrations. Il y a, dans cette sorte de condensation, un renoncement que l'éditeur doit consentir et dont ses lecteurs approuveront les raisons.

J'ai trouvé, auprès des membres de la Commission des Inscriptions de Délos, en même temps que la bienveillance la plus soutenue et la plus active, des conseils éclairés qui m'ont gardé de mainte inadvertance. J'ai surtout à cœur de dire toutes mes obligations envers M. Théophile Homolle. C'est lui qui a conçu le projet de cet ouvrage, qui en a arrêté l'économie, et sa part de collaboration est entrée dans le détail le plus minutieux. Il n'est pas d'inscription dont il n'ait repris l'étude, et il a pris la peine de discuter avec moi jusqu'aux questions les plus menues ; je ne saurais exagérer l'importance du secours que m'ont apporté sa sagacité, l'ingéniosité d'un esprit toujours en éveil, sa connaissance, restée fraîche après tant d'années, des choses de Délos. Bien des aperçus s'inspirent des termes mêmes qu'il m'a proposés. J'ai le regret de n'avoir pu signaler, chemin faisant, le bénéfice que j'ai tiré, en bien des pages, de ses abondantes communications ; du moins voudra-t-il m'autoriser à laisser entrevoir, dans ces mots trop rapides, toute l'étendue de ma dette envers lui.

Félix DURRBACH.

Toulouse, juillet 1923.

# TABLE DES MATIÈRES DU TOME PREMIER

# TABLE DES MATIÈRES

# TABLE DES MATIÈRES

# TABLE DES MATIÈRES

# TABLE DES MATIÈRES

# TABLE DES MATIÈRES

CHARTRES. — IMPRIMERIE DURAND, RUE FULBERT.

# ÉPOQUE DE L'AMPHICTYONIE IONIENNE

## DU VIIᵉ AU Vᵉ SIÈCLE

### ET DE

# L'AMPHICTYONIE ATTICO-DÉLIENNE

# (478-314 av. J.-C.)

C'est par les vers bien connus de l'*Hymne* homérique à *Apollon délien* (146-164) que Délos fait son apparition dans l'histoire : le poète y décrit la brillante panégyrie, accompagnée de danses, de chœurs et de jeux, qui réunissait au printemps les Ioniens dans le sanctuaire du dieu. Dès ces temps lointains, on doit croire que ces fêtes périodiques répondaient à une utilité pratique non moins qu'à un sentiment de piété : les insulaires y venaient tenir de vraies foires et trafiquer de leurs marchandises ; ce caractère mixte de Délos s'est maintenu jusqu'à la fin de son histoire. Les termes dont se sert Thucydide (III, 104) pour définir ce concours de pèlerins ne permettent pas de douter que, dès le début du VIIᵉ siècle, les Cyclades étaient groupées sous la forme fédérale d'une amphictyonie, dont le centre religieux était Délos. Athènes n'eut plus tard qu'à user de ce cadre tout prêt pour reconstituer à son profit l'amphictyonie qu'elle présida. Ses visées sur Délos se manifestent de bonne heure, inspirées par les anciennes relations qui avaient établi le contact entre l'île et la population ionienne de la Tétrapole ; des traditions mythologiques s'élaborent pour justifier les prétentions d'Athènes à une suprématie à la fois religieuse et politique (cf. notre n° 7). Dans la seconde moitié du VIᵉ siècle, Pisistrate intervient à Délos, et, dûment autorisé par l'oracle de Delphes, purifie dans un certain rayon les abords du temple en transportant les tombes dans une autre partie de l'île. A cette mainmise de Pisistrate succède celle du tyran de Samos, Polycrate, qui exerça pendant un temps la thalassocratie dans l'Archipel, et à qui Délos fut redevable de l'île de Rhénée, dont il lui fit présent. C'est après les guerres médiques qu'Athènes trouva l'occasion de s'installer décidément à Délos ; elle y établit, en 478, le siège de l'amphictyonie attico-délienne, qui groupait, sous son hégémonie, les îles et les cités du littoral asiatique pour prévenir un retour éventuel des Barbares ; ce sont ses hellénotames qui administraient la caisse fédérale, déposée dans le temple d'Apollon. En 454, ce trésor est transporté à Athènes, mais l'administration des temples déliens reste aux mains des Athéniens ; les magistrats qu'ils y délèguent portent le nom d'Amphictyons, titre purement fictif à cette époque. Leur autorité se fait très despotique. En 426, ils procèdent à une nouvelle purification de Délos : cette fois tout le sol de l'île fut nettoyé de ses tombes, les sépultures, à l'avenir, ne devant se faire qu'à Rhénée. Y eut-il, à la suite de cette mesure, et d'autres peut-être que nous ignorons, des troubles ou une sédition ? On doit le croire, car en 422, sous prétexte de sacrilège, les Athéniens expulsèrent en masse la population, qui chercha un refuge en Asie Mineure, auprès du satrape Pharnabaze. Dès l'année suivante, la sentence d'exil fut rapportée sur un ordre venu de Delphes. Les Déliens, rentrés dans leurs foyers, gardèrent leur hostilité ; à la fin de la guerre du Péloponnèse, ils profitèrent des revers d'Athènes pour s'affranchir, grâce à l'appui de Sparte, d'une tutelle odieuse (n° 8). Ce ne fut pas pour longtemps : peu après la bataille de Cnide (394), Athènes reprend pied à Délos, et y rétablit, avec quelques atténuations, le régime amphictyonique d'antan. Il y a des raisons de croire qu'elle fit à l'élément délien une part plus libérale dans la gestion de l'administration locale ; mais nous savons d'autre part que la suzeraineté étrangère fut supportée par les indigènes avec la même impatience ; il y eut encore des conflits, par exemple la révolte de 377, et des condamnations prononcées contre des Déliens (n° 10). Délos essaya ensuite d'intéresser Philippe de Macédoine à la cause de son autonomie, mais ce fut sans succès (345/4) ; et elle dut attendre son affranchissement jusqu'à l'apparition d'Antigone Monophthalmos dans la mer Égée (314).

**1.** Signature du statuaire Euthycartidès de Naxos (fin du vii<sup>e</sup> siècle). — Base triangulaire de marbre blanc, décorée à l'un des angles d'une tête de bélier, et aux deux autres d'un masque de Gorgone ; à la partie supérieure, une cavité a reçu une plinthe où adhèrent les deux pieds d'une statue d'Apollon. La base a été découverte au sud du temple d'Apollon, non loin du prytanée. L'inscription est gravée στοιχηδόν à la gauche de la tête de bélier. — Homolle, *BCH*, 1888, p. 463 et suiv., avec fac-similé de l'inscription p. 464, et une héliogravure, pl. XIII ; cf. *IG*, XII, 5, *Testim.* 1425 a. — La vraie forme du nom a été rétablie par C. Robert, *Realenc.*, VI, col. 1506.

Εὐθυχαρτίδης : | μ᾽ἀ:νέθεκε : ho : | Νάhσιος : πο|ιέσας.

« Euthycartidès le Naxien m'a fait et m'a consacré. »

Les plus anciens textes épigraphiques de Délos sont des signatures d'artistes et des dédicaces de statues : nous en reproduisons les exemplaires les plus célèbres (n<sup>os</sup> 1-4). Ces textes remontent à l'époque de l'amphictyonie ionienne. On entrevoit, grâce à eux et aux œuvres d'art qu'ils accompagnaient, l'étroite alliance de la plastique et de la poésie dans ces panégyries sacrées. Parmi la clientèle d'Apollon semblent prédominer les gens de Naxos et de Chios. C'est à Chios que vivait l'aède qui a composé l'Hymne à Apollon Délien ; c'est dans cette île que s'est développée la brillante école des statuaires dont les œuvres s'étaient répandues dans le monde grec du vi<sup>e</sup> siècle et dont Délos était la cliente toute naturelle ; mais on peut présumer que, dès cette époque lointaine, s'étaient noués entre les deux îles les liens plus étroits et plus intimes dont les documents du III⁰ siècle nous apportent le témoignage explicite (nᵒˢ 28 et 43). A Naxos aussi, l'industrie des marbriers était florissante et suffirait à expliquer les relations que cette île entretint avec Délos, mais nous saisissons entre elles des rapports plus étroits. Des documents, soit de l'époque athénienne, soit du temps de l'indépendance, mentionnent deux édifices consacrés par les Naxiens dans le sanctuaire d'Apollon, un οἶκος Ναξίων (*BCH*, 1884, n. 21, l. 5 ; *IG,* II, 2, 827, l. 2 ; etc.) et un portique, τὴν στοὰν ἣν ἀνέθεσαν Νάξιοι (*IG,* XI, 2, 287, *A,* l. 89 et suiv.). C'est aussi très probablement aux Naxiens qu'il convient d'attribuer l'aménagement de la terrasse des lions au Nord du sanctuaire : Holleaux, *Comptes rendus de l'Acad. des Inscr.,* 1907, p. 348 et suiv. Il y a là autant d'indices de l'intérêt qu'ils ont témoigné à Délos et du rôle prépondérant qu'ils y jouaient, sans doute avant l'intervention de Pisistrate dans la mer Égée. La prospérité de Naxos et son influence dans les îles, l'importance de sa flotte, nous sont d'ailleurs attestées par les historiens anciens : Diod. VII, fr. 13.

**2.** Dᴇᴅɪᴄᴀᴄᴇ ᴅ'ᴜɴᴇ sᴛᴀᴛᴜᴇ ᴘᴀʀ Nɪᴄᴀɴᴅʀᴇ́ ᴅᴇ Nᴀxos (fin du VIIᵉ siècle). — Inscription gravée βουστροφηδόν sur la cuisse gauche d'une statue de femme en forme de xoanon, trouvée en avant du temple d'Apollon. — Homolle, *BCH,* 1879, p. 3, n. 1 et pl. I ; cf. p. 99 et suiv. et *De antiquiss. Dianae simulacris,* pl. I ; *IG,* XII, 5, *Testim.,* 1425 *b.*

Νικάνδρη μ'ἀνέθεκεν h(ε)κηϬόλοι ἰοχεαίρηι,
qόρη˙ Δεινοδίκηο τō Nαhσίο ἔhσοχος ἀλήον (= ἀλλέων),
Δεινομένεος δὲ κασιγνέτη, Φhράξσο δ'ἄλοχος ν[ῦν].

« Nicandré m'a consacrée à la déesse qui lance les traits et frappe au loin, — la fille du Naxien Deinodikès, éminente entre toutes, sœur de Deinoménès, aujourd'hui femme de Phraxos. »

**3.** Iɴsᴄʀɪᴘᴛɪᴏɴ ɢʀᴀᴠᴇ́ᴇ sᴜʀ ʟᴀ ʙᴀsᴇ ᴅᴜ Coʟosse offert par les Naxiens (début du VIᵉ siècle). — Base quadrangulaire, aujourd'hui brisée en deux, de 3ᵐ,47 sur 5ᵐ,15 et 0ᵐ,70 de haut, au S.-O. du temple d'Apollon. Dans le haut, trou d'encastrement qui avait reçu la plinthe de la statue ; les débris de la statue gisent encore à quelques centaines de mètres plus au Nord. La bibliographie est infinie ; on en trouvera les principaux éléments dans Deonna, *Les « Apollons » archaïques* (Genève, 1909), p. 191, nᵒ 81 ; cf. *IG,* XII, 5, *Testim.* 1425 *c.*

[T]ὸ ἀϝυτὸ λίθο ἐμὶ ἀνδριὰς καὶ τὸ σφέλας.
« Je suis du même marbre, statue et base. »

L'inscription, comme l'a déjà reconnu Bentley, forme un trimètre iambique. Le sens même a été longtemps controversé : Cauer, *Del.*[2], 516 ; dans un article en cours d'impression au *BCH* sur les « Constructions naxiennes », F. Courby justifie la seule interprétation plausible. Le mot σφέλας désigne la base, et non, comme on l'a cru quelquefois (*BCH*, 1900, p. 446, note 1) la plinthe où adhèrent les pieds, et qui s'encastrait dans la base : l'adhérence de la plinthe est un détail insignifiant et qu'on n'eût pas eu l'idée de relever, car il est commun à toutes les statues et imposé par la nécessité de l'exécution. Comme d'autre part la statue et la base ne sont pas d'un seul tenant, la prouesse dont se vante le marbrier avec un naïf orgueil, c'est d'avoir extrait de la carrière un bloc assez gros pour y tailler à la fois l'une et l'autre. La base était celle de la statue colossale d'Apollon, consacrée par les Naxiens à Délos, et qui fut brisée par la chute du palmier de bronze, don de Nicias en 418 : Plut., *Nic.*, 3; cf. P. Roussel, *BCH*, 1910, p. 389, n. 29. L'identification est confirmée par l'inscription Νάξιοι Ἀπόλλωνι, gravée en caractères plus récents, sur la face Ouest de la même base, et qui sans nul doute, nous ne savons pour quelle raison, a remplacé la dédicace primitive. — Il semble que les sculpteurs de Naxos aient eu une prédilection pour les statues plus grandes que nature : Ross en a signalé dans les carrières de l'île, restées inachevées, et de très grandes dimensions, *Inselreisen*, I, p. 39 ; et, à Délos même, on a retrouvé des fragments d'autres « Apollons » archaïques, œuvres naxiennes apparemment, qui devaient avoir, ou peu s'en faut, la stature du « Colosse » : Deonna, ouvr. cité, p. 214 et suiv., n. 101, 104, 105.

**4.** Signature des statuaires Mikkiadès et Archermos de Chios (première moitié du VIe siècle). — Deux fragments d'une base de marbre, trouvés successivement, mais qui se raccordent, édités par M. Homolle, le premier *BCH*, 1881, p. 272 et suiv., les deux ensemble *ibid.*, 1883, p. 254 et suiv. (avec fac-similé) ; cf. *IG*, XII, 5, 147 (avec une photographie de l'estampage). — Restitutions de C. Robert, *Hermes*, 1890, p. 445 et suiv.

Μικχι[άδηι τόδ'ἄγαλ]μα καλὸν [ἐργασμένον υἱὸ]
Ἀρχέρμο σο[φ]ίεισιν h(ε)κη6ό[λε δέξαι ἄνασσα]
[τ]οῖ Χίοι, Μέλα[ν]ος πατρόϊον ἄσ[τυ λιπόντι].

« Déesse, qui frappes au loin, agrée cette belle statue qu'a faite, avec l'habile concours de son fils Archermos, Mikkiadès de Chios, après avoir quitté sa ville natale, celle de Mélas. »

Mikkiadès et son fils Archermos sont deux statuaires de Chios dont Pline

(XXXVI, 11) nous a transmis la généalogie. Mélas est le fondateur mythique de Chios, fils de Poseidon et d'une Nymphe ; Pline fait de lui l'ancêtre de cette famille d'artistes. Consulter sur elle et sur la signature de Délos Thieme-Becker, *Allgem. Lex. der bild. Künstler*, II, *s. v. Archermos* (Amelung), qui donne la bibliographie antérieure à 1908 ; cf. Perrot, *Hist. de l'art*, VIII, p. 300 et suiv. C'est une question longtemps débattue, de savoir si la base appartenait à l' « Artémis ailée » ou Nikè de Délos, trouvée dans le voisinage (*BCH*, 1879, pl. VI ; souvent reproduite). Il semble pourtant que la Nikè servait d'acrotère à un temple, tandis que la base où est inscrite la double signature portait un ex-voto, peut-être un sphinx ou un griffon : Sauer, *Ath. Mitt.*, 1891, p. 182 et suiv.

**5.** Dédicace d'une statue d'Artémis (v^e siècle). — Chapiteau dorique de marbre blanc ; l'abaque, où est gravée l'inscription sur une seule ligne, est de forme circulaire. — Durrbach et Jardé, *BCH*, 1905, p. 214, n. 69 ; cf. Wilhelm, *ibid.*, p. 409, III ; *SGDI*, IV, p. 855, *n* 17.

[’Α]ρ[τ]έμιδος τόδ’ἄγαλ[μα]· ἀνέθεκε(ν) δέ με [Εὔ]πολις αὐτεῖ
αὐτὸς καὶ παῖδες εὐχσ[ά]μενος δεκάτεν.

« Cette statue est celle d'Artémis ; Eupolis m'a consacrée à la déesse, lui et ses enfants, ayant fait vœu de la dîme. »

L'alphabet, apparenté à celui des inscriptions archaïques de la mer Égée (cf. Roehl, *Inscr. antiq.*, 398-402 ; 408-410) par la forme générale des caractères, et à celui de l'Attique par l'absence des voyelles longues, ne répond exactement ni à l'un ni à l'autre.

**6.** Décret de Délos conférant le privilège de l'atélie (fin du v^e siècle ?). — Plaque de marbre blanc. Lettres disposées στοιχηδόν. — P. Roussel et J. Hatzfeld, *BCH*, 1909, p. 473, n. 1, avec fac-similé ; Wilhelm, *Zeitschr. f. oesterr. Gymn.*, 1911, p. 1030 ; *Neue Beiträge*, III, p. 31-35, n. 19 ; *SGDI*, IV, p. 853, *n* 18.

[’Ε]δ[οξ]εν |τῆ|ι βολῆι | καὶ Δη[λίο]ισιν· Ἀρ|ιστοφ[ίλω ?]ι καὶ το|ῖς ἀδελ-
[φε]οῖς ἀτελ|⁵λείην [ἐν]αι καὶ ἐκ|γόνοι[ς τ]ο[ῖ]ς τούτ|ων καὶ [οἰκέ]τηισι.

« Décret du Conseil et des Déliens : Aristophilos? et ses frères jouiront de l'*atélie* ainsi que leurs descendants et leurs esclaves. »

L. 7 : v. Premerstein a suggéré la restitution [γαμε]τῆισι, que les premiers éditeurs ont acceptée. Wilhelm fait remarquer que l'*atélie* est rarement accordée à des femmes, mais que la franchise peut être étendue aux esclaves qui soignent les affaires de leurs maîtres (cf. *IG*, IX, 2, 257) ; il propose en conséquence [οἰκέ]τῃσι. Toutefois ce terme, qui désigne parfois les esclaves (Hérod., VI, 137, etc.), peut aussi s'appliquer à toute la maison, femme et enfants (p. ex. Hérod., VIII, 106 et 152) : en sorte que la traduction n'est point assurée. M. Homolle, qui croit distinguer sur le fac-similé, au début de la lacune, une haste verticale, pense à restituer [γενέ]τῃσι : le privilège serait étendu aux *ascendants*. Cette conjecture, que je n'ose retenir, car la trace du Γ me paraît incertaine, mérite d'être signalée.

L'*atélie* est une exemption totale ou partielle de certaines charges et obligations fiscales ; elle peut être conférée soit à des citoyens, — ici, le bénéficiaire paraît être un Délien, — soit à des étrangers. Dans ce dernier cas, de beaucoup le plus fréquent, elle accompagne ou suit souvent la proxénie. Les privilèges qu'elle confère consistent d'ordinaire dans l'exemption des droits qui frappent l'importation et l'exportation, l'achat et la vente des marchandises.

D'après le type encore archaïque de l'écriture et les formes ioniennes de la langue, le texte doit dater de la fin du v⁵ siècle. A cette époque, Délos est sous la dépendance d'Athènes qui préside la Ligue maritime. Il n'est pas nécessaire d'admettre que le décret a été rendu précisément dans l'intervalle des quelque dix années après 403 où Délos a été affranchie par Sparte (n° 8). On a conservé, en effet, plusieurs décrets déliens de proxénie qui sont du iv⁵ siècle, alors que les Athéniens sont réinstallés dans l'île : n⁰ˢ 11 et 12 ; Homolle, *Arch. des Missions*, 3⁵ série, XIII, p. 414, n. 1 ; P. Roussel, *BCH*, 1907, p. 345, n. 4 ; F. Durrbach, *ibid.*, 1904, p. 283, n. 12, avec les remarques de P. Roussel, *loc. l.*, p. 348, note 2. Sous le contrôle administratif d'Athènes, Délos a conservé sa constitution et son administration locale ; ses archontes sont éponymes concurremment avec ceux d'Athènes dans les documents financiers ; il ne faut donc pas s'étonner qu'elle ait gardé, avec ses assemblées et son Conseil, le droit de conférer la proxénie et d'autres privilèges. Cf. von Schoeffer, *De Deli ins. rebus*, p. 89 et suiv.

**7. Monument consacré a l'un des ancêtres de la famille des Pyrrhakides** (vers 400 av. J.-C.). — Sur une petite place dallée, à l'angle Sud-Est du téménos d'Apollon, enceinte circulaire formée de pierres cintrées, dressées de champ ; le dallage a recouvert des débris de sacrifices ; inscription gravée à l'intérieur d'une des pierres ; les deux premières lignes στοιχηδόν, en caractères de l'an 400 environ ; la troisième, d'une écriture plus serrée, paraît avoir été ajoutée après coup. — Holleaux, *Comptes rendus de l'Acad. des Inscr.*, 1907, p. 353 et suiv.

Τριτοπάτωρ | Πυρρακιδῶν | Α . ε . . των.

Les Pyrrhakides sont un γένος attique, qui semble être particulièrement voué

**au** culte d'Apollon, comme on le voit par leur participation aux *pythaïdes* envoyées par Athènes à Delphes : G. Colin, *Le culte d'Apollon Pythien*, p. 53 : *Fouilles de Delphes*, III, fasc. 2, n⁰ˢ 7, 8, 10. Le nom de Τριτοπάτωρ désigne ici l'archégète où ancêtre mythique de la famille ; sur ce sens, voy. Rohde, *Psyche*², I, p. 247 et suiv. ; *Dict. des antiq., s. v.* (J. Hatzfeld). C'est à cet ancêtre qu'a été érigé le monument, sur l'antique emplacement du culte qui lui était rendu. Le mot, à demi effacé, qui figure à la l. 3, donnait peut-être le nom du héros ; à moins qu'il ne faille y voir un génitif pluriel, qui désignait une des branches du γένος : P. Foucart, *Le culte des héros chez les Grecs*, p. 40, note 4. Un autre monument, de forme presque identique à celui-ci, a été consacré, vers la même date, dans la basse vallée de l'Inopos, « aux nymphes des Pyrrhakides » : P. Roussel, *Les cultes égyptiens à Délos*, p. 19, note 2. On notera que le nom même de Pyrrhacos se rencontre à Délos dans un acte amphictyonique daté de 410 : *BCH*, 1884, p. 283, n. 1, l. 45, comme il se retrouve dans les Cyclades, à Paros, Ténos, et ailleurs : *IG*, XII, 5, 173 III ; 817, l. 32 ; 872, l. 77, 88 ; *IG*, II, 2, 983, col. III, l. 131 ; etc. ; il y a peut-être là un indice des relations très anciennes entre Athènes et les îles pour le culte d'Apollon. Une glose, conservée dans Hésychius, *s. v.*, fait de Pyrrhacos un contemporain d'Érysichthon, autre héros attique, fils de Cécrops, qui passait pour avoir conduit à Délos la première théorie athénienne, y avoir fondé le temple d'Apollon, et avoir rapporté de Délos à Athènes la plus vieille statue d'Ilithyia ; c'était l'ancêtre des Ἐρυσιχθονίδαι, qui avaient, avec les Πυρρακίδαι et quelques autres familles, le privilège de participer aux pythaïdes : Colin, *Le culte d'Apollon Pythien*, p. 61 et suiv. On se rappellera, dans ce même ordre d'idées, le récit qui attribue à un autre héros athénien, Thésée, à son retour de Crète, l'institution de la danse sacrée du *géranos*. Cf., sur ces légendes, Lebègue, *Rech. sur Délos*, p. 221 et suiv. ; von Schoeffer, *De Deli ins. rebus*, p. 8 et suiv. et *Realenc.*, IV, 2, col. 2475 ; P. Roussel, *Délos col. ath.*, p. 200. Toutes ces traditions mythiques, élaborées avec une partialité intéressée par Athènes, avaient pour but de fonder ses droits et de légitimer ses prétentions sur Délos.

**8.** Décret de Sparte accordant l'indépendance a Délos (vers 402 av. J.-C.). — Plaque de marbre brisée en haut et en bas. Les 6 premières l., en caractères laconiens, plus grands, στοιχηδόν ; les suivantes, en alphabet ionien, en lettres moindres, également στοιχηδόν. — Homolle, *BCH*, 1879, p. 12, n. II ; cf. *IG*, V, 1, p. xx, 1564 (avec une reproduction à la p. vii) ; Nachmanson, *Hist. gr. Inschr.*, 27 ; *Sylloge*³, 119 *a*.

. . ν . . . . . . | . ν καὶ θ[υᾶ]|ν καὶ ναϝὸ|ν καὶ τὸν χ||¨ ρεμάτον τ|ὸν τὸ θιό. | Ἐϟα-

σίλευον | Ἇγις, Παυσανίας. | Ἔφοροι ἦσαν||¹⁰ Θυιωνίδας,| Ἀριστογενίδας, | Ἀρ-
χίστας, | Σολόγας, | Φεδίλας. ||¹⁵ Ἐν Δήλωι [ἦρχεν]| . να . . .

« ... [les Déliens seront les maîtres de]... et des sacrifices et des temples et
des richesses du dieu. Étaient rois (à Lacédémone) : Agis, Pausanias ; éphores :
Thyionidas, Aristogénidas, Archistas, Sologas, Pheidilas ; archonte à Délos,
.na... »

L. 2-3 : θ[υᾶ]ν Wilamowitz, Berl. Sitz.-Ber., 1904, p. 637, Anm. 1.

La double royauté d'Agis et de Pausanias ne se prolonge pas au delà de la mort
d'Agis, en 399. D'autre part, la liste des éphores éponymes, pendant la guerre du
Péloponnèse jusques et y compris l'année 403, nous a été conservée par Xénophon
(Hell. II, 3, 9-10 et 4, 36), et l'on n'y trouve pas le nom de Thyionidas :
l'inscription est donc au plus tôt de 402. Les l. 1-6 sont la fin d'un acte public par
lequel les Spartiates, maîtres de l'Archipel depuis Aigos-Potamos, restituent à
Délos son indépendance et l'administration de son sanctuaire ; on doit supposer,
dans la lacune initiale, une formule comme κυρίους εἶμεν, qui est usuelle. Peut-être
les Spartiates agissent-ils en vertu d'un traité dont l'exécution leur a été confiée.
— L'hostilité des Déliens contre Athènes avait abouti, en 422, à l'expulsion en
masse de la population : Thuc. V, 1 ; VIII, 108 ; Diod. XII, 73 ; on était, à ce
moment, dans les limites de la trêve d'un an conclue entre Sparte et Athènes.
Dès l'année suivante, les Déliens sont rappelés : la paix de Nicias venait d'être
signée. Il est possible de voir une relation entre ces diverses circonstances. La
paix avait rendu à Sparte la liberté d'accès au sanctuaire de Delphes : Thuc. V,
18 ; et l'on sait d'autre part que le parti aristocratique d'Athènes, dont Nicias
était le chef le plus influent, tenait beaucoup à la reprise des relations amicales
avec Delphes. Or le rappel des Déliens fut une des mesures inspirées par Delphes
(Thuc. V, 32 : Diod. XII, 77), peut-être à l'instigation de Lacédémone. Nous
voyons ensuite les Déliens continuer de solliciter l'appui des Spartiates pour recouvrer leur autonomie complète : Plut. Apophth. lac., 15. La chute de la puissance
athénienne à la paix de Lysandre fut pour eux l'occasion d'arriver à leurs fins :
c'est un fait sur lequel nous n'avions aucun témoignage explicite et qu'on avait
contesté : Lebègue, Rech. sur Délos, p. 295 ; le fragment découvert par M. Homolle
le met en pleine lumière ; cf. art. cité, p. 17 et suiv. ; BCH, 1896, p. 510 et
suiv. ; von Schoeffer, De Deli ins. rebus, p. 50 et suiv. ; et plus loin notre n° 15.
Pendant les années qui suivent, les généraux Lysandre et Pharax ont laissé des
témoignages de leur piété dans les sanctuaires de Délos : IG, XI, 2, 161, B, l. 59,

87, 92. — Au reste, l'administration des temples ne tarda pas à retomber sous la tutelle des Athéniens, et sans doute dès le lendemain de la bataille de Cnide (394) : en 390/89, un document nous montre les Amphictyons de nouveau installés à Délos : *IG*, II, 5, 813 *b*.

**9. Décret de Délos autorisant la ville d'Éphèse a exposer une stèle dans l'Artémision** (début du iv<sup>e</sup> siècle). — Étroite bande de marbre qui paraît avoir été détachée d'un édifice et qui a été trouvée dans le voisinage du portique de l'Artémision, en 1880 ; l'écriture n'est pas disposée στοιχηδόν. — Ad. Wilhelm, *Beiträge z. griech. Inschrift-enkunde*, p. 297.

Ἔδοξεν τῆι βολῆι καὶ τῶι δήμωι·|Φειδεσίλεως εἶπεν· δέξασθαι τῆι πόλει|τῆι Ἐφεσίων τὰ γράμματα ἃ ἐπαγγέλ|λοσι οἱ πρεσβεοταὶ καὶ δōναι αὐτοῖς στῆ||⁵σαι τὴν στήλην ἐν τῶι Ἀρτεμισίωι καὶ|ἀντίγραφα εἰς τὸν νεὼν τῆς Ἀρτέ|μιδος· ἐπιμέλεσθαι δὲ τῶν γραμμάτων ὅπως|ἂν σώιζηται ἀεὶ τὴν βολὴν τὴν βολεύοσαν|καὶ τὸς ἱεροποιούς.

« Décision du Conseil et du peuple. Proposition de Pheidésiléos. Le peuple accepte, à la requête de la ville d'Éphèse, la lettre annoncée par les ambassadeurs ; il autorise cette ville à dresser une stèle dans l'Artémision et une copie dans le temple d'Artémis ; le Conseil en exercice et les hiéropes veilleront à la conservation perpétuelle du document. »

On suit sans difficulté les démarches indiquées dans le texte. Des ambassadeurs sont venus d'Éphèse demander à Délos d'accorder dans un de leurs sanctuaires la publicité et la conservation d'une lettre officielle ; il est probable qu'ils ont accompagné leur requête d'une explication orale ou d'une lecture de la pièce dont ils sont porteurs. Délos accueille la demande : elle accorde, dans l'enceinte de l'Artémision, un emplacement pour y exposer la stèle où sera gravé le document ; de plus, on déposera, dans l'intérieur du temple même, une copie. M. Wilhelm [1] se représente celle-ci comme inscrite sur un λεύκωμα ou planchette blanchie. Enfin les magistrats compétents veilleront à la conservation de l'une et de l'autre.

Comme dans le décret publié ci-dessus au n° 6, la langue est ionienne ; mais la forme des lettres indique une époque plus récente, vraisemblablement le premier tiers du iv<sup>e</sup> siècle. Ces limites sont trop flottantes pour qu'on puisse se flatter

1. C'est l'induction que tire le savant épigraphiste du mot στῆσαι, qui s'applique aussi bien à la copie qu'à la stèle, et qui n'exclut pas en tout cas l'hypothèse d'une seconde stèle (n° 10, l. 24). Du pluriel ἀντίγραφα on ne conclura pas, bien entendu, qu'on ait eu le dessein de déposer dans le temple plusieurs copies du même texte.

de retrouver, dans des circonstances connues d'autre part, l'occasion de la démarche faite par les Éphésiens. Le mot de γράμματα désigne, dans l'usage, les lettres officielles, les missives d'État à État. Dans l'espèce, il s'agit sans doute d'un message adressé par Éphèse à Délos, bien qu'il soit singulier, si c'est là le cas, que la teneur n'en soit pas indiquée explicitement, et que les Éphésiens sollicitent l'autorisation d'exposer à Délos le document, alors que cette mesure eût pu être prise spontanément par la ville de Délos. On pourrait donc songer également à un acte qui met en relations un autre État avec Éphèse, et que cette ville aurait intérêt à exposer ailleurs que chez elle, dans un sanctuaire fréquenté et inviolable, afin d'en étendre la publicité et de le mettre à l'abri de tout risque. Notre décret apporterait, en ce cas, un nouveau témoignage de la renommée et du prestige dont jouissait, au IVᵉ siècle, le sanctuaire de Délos.

**10.** Décrets d'Athènes accordant la proxénie au Délien Pythodoros et a son neveu (369/8 et 363/2). — Stèle de marbre. — Homolle, *BCH*, 1879, p. 473 et suiv.; Michel, 91 ; *Sylloge*³, 158.

Θεοί. Πυθοδώρωι Ἡραΐππο προξενία Δηλίωι. | Ἐπὶ Λυσιστράτο ἄρχοντος, ἐπὶ τῆς Λεωντίδος | ἐνάτης πρυτανείας, Ἀριστείδης Στρεφένεω Κυδα|θηναιεὺς ἐγραμμάτευε, Σμικρίας Ἀθμονεύς· ἐπεστά||⁵τει· Φοξίας εἶπεν· ἐψηφίσθαι τῆι βουλῆι, τὸς προέδρο|ς οἳ ἂν λάχωσι προεδρεύειν εἰς τὴν πρώτην ἐκκλησί|αν προσαγαγεῖν Πυθόδωρον τὸν Δήλιον, γνώ|μην δὲ ξυμβάλλεσθαι τῆς βουλῆς εἰς τὸν δῆμον, | ὅτι δοκεῖ τῆι βουλῆι· Ἐπειδὴ ἀνὴρ ἀγαθός ἐστι||¹⁰ Πυθόδωρος ὁ Δήλιος περὶ τὰ [χ]ρήματα τὸ θεὸ | καὶ τὸν δῆμον τὸν Ἀθηναίων, εἶναι αὐτὸν πρόξε|νον καὶ εὐεργέτην τοῦ δήμου τοῦ Ἀθηναίων καὶ | αὐτὸν καὶ ἐκγόνος αὐτὸ· ἐ[π]αινέσαι δὲ Πυθόδωρον τὸν Δήλιον καὶ κ[α]λέσ[α]ι ἐ[πὶ] ξένια εἰς τὸ πρυτα||¹⁵νεῖον εἰς τρίτην ἡμέραν. Ἐπικράτης εἶπεν· τὰ μὲν ἄλ|λα καθάπερ τῆι βουλῆι, ἐπιμελεῖσθαι δὲ τὴν βουλὴν| [α]ὐτὸ τὴν ἀεὶ βουλεύουσαν καὶ τὸς στρατηγὸς τὸ|ς ἀεὶ στρατηγόντας καὶ τὸς Ἀμφικτύονας τὸ|ς ἀεὶ ἀμφικτυονεύοντας ἐν Δήλωι, ὅπως ἂν αὐ||²⁰τὸν μηδεὶς ἀ[δικ]ῆι· ἀναγράψαι δὲ τόδε τὸ ψήφισμα ἐν| στήληι λιθίνηι τὸν γραμματέα τῆς βουλῆς καὶ στῆσαι | ἐν ἀκροπόλει· ἀναγράψαι δὲ τὸν γραμματέα | τῶν Ἀμφικτυόνων ἐν στήληι λιθίνηι ἀντίγ|ραφον καὶ στῆσαι ἐν τῶι ἱερῶι τοῦ Ἀπόλλωνος ||²⁵ ἐν Δήλωι· εἰς δὲ τὴν ἀναγραφὴν δοῦναι τῆς στήλη|[ς] τοὺς Ἀμφικτύονας ἐκ τῶν χρημάτων τῶν εἰσ|πραττομένων παρὰ τῶν τὰς δίκας ὀφλόντων.

I. « Dieux. Proxénie conférée à Pythodoros fils d'Héraïppos, Délien. Sous l'archonte Lysistratos, la tribu Léontis exerçant la neuvième prytanie, Aristeidès fils de Stréphénéos, du dème de Kydathénaion, était secrétaire, et Smicrias d'Athmonon épistate. Proposition de Phoxias : Le Conseil a décrété que les proèdres qui seront désignés par le sort pour remplir leurs fonctions à la première assemblée du peuple introduiront Pythodoros de Délos et soumettront au peuple la proposition suivante, agréée par le Conseil : Attendu que Pythodoros de Délos s'est montré dévoué à la fortune du dieu et au peuple athénien, il sera proxène et bienfaiteur du peuple athénien, lui et ses descendants ; Pythodoros de Délos recevra l'éloge et sera invité au repas d'hospitalité au prytanée, le surlendemain. Amendement d'Épicratès : Pour le reste, qu'il en soit comme l'a proposé le Conseil, et que, de plus, le Conseil en exercice ainsi que les stratèges et les Amphictyons à Délos prennent soin à l'avenir que nul ne fasse tort à Pythodoros. Le secrétaire du conseil fera graver ce décret sur une stèle de marbre et l'exposera à l'Acropole ; le secrétaire des Amphictyons en fera graver une copie sur une stèle de marbre et l'exposera à Délos dans le sanctuaire d'Apollon ; les frais de gravure seront fournis par les Amphictyons et pris au chapitre des fonds recouvrés sur les condamnés. »

Ἐπὶ Χαρικλείδο ἄρχοντος, [ἐπὶ τῆς Ἱπποθ]ωντίδος ἑϐδό|μης πρυτανείας, [ὁ δεῖνα Ἀφι]δναῖος ἐπεστάτει, Νι[κ]|||³⁰ όστρατος Παλλ[ηνεὺς ἐγραμμάτευε]ν· Ἀνδρομένης εἶπε·| περὶ δὲ τῆς ἀδελφῆς [τῆς Πυθοδώρο] καὶ τοῦ ἀδελφιδο[ῦ τ]|οῦ Πυθοδώρο [δεδόχθαι · Ἐπειδή ἐστιν Πυθόδωρ]ος ἀνὴρ ἐ|ν ταῖς νήσοις [ἄριστος, εἶναι καὶ . . . τῶι ἀ]δελφι[δ]|ῶι τῶι Πυθο[δώρο τὴν προξενίαν. Καὶ ἀναγράψαι αὐτ]|||³⁵ὸ τοὔνομα [εἰς τὰς στήλας τὰς Πυθοδώρο, εἰς] μὲν τὴν|[ἐ]ν ἀκροπόλει τὸν γραμματέα τῆς βουλῆς, εἰς δὲ τὴν| [ἐ]ν Δήλωι τὸν γραμματέα τῶν Ἀμφικτυό[νων].

II. « Sous l'archonte Charicleidès, la tribu Hippothontis exerçant la septième prytanie, X. d'Aphidna était président, et Nicostratos de Palléné secrétaire. Proposition d'Androménès : décision prise pour la sœur de Pythodoros et pour le neveu de Pythodoros : Attendu que Pythodoros rend dans les îles les plus grands services, la proxénie est conférée aussi à....., neveu de Pythodoros. Et son nom sera inscrit sur les stèles de Pythodoros : sur celle de l'Acropole par les soins du secrétaire du Conseil, sur celle de Délos par ceux du secrétaire des Amphictyons. »

Le second de ces deux décrets n'est pas transcrit dans sa teneur intégrale ; ce n'est qu'un abrégé gauchement rédigé. On peut induire du texte que Pythodoros n'ayant pas d'enfants, la proxénie n'a pu lui être conférée héréditairement comme d'usage ; c'est pour cette raison sans doute, et par une sorte de compensation, qu'on en a étendu le bénéfice au fils de sa sœur.

Sur les services rendus par Pythodoros au sanctuaire et aux Athéniens, le décret ne fournit pas de précisions ; il en ressort seulement que ce personnage fut un zélé partisan d'Athènes parmi une population dont la majeure partie était demeurée hostile. A cet égard, le texte fournit la contre-partie des indications qu'on trouve dans le document connu sous le nom de *marbre Sandwich,* où figurent les noms de quelques Déliens, punis de l'exil et de l'amende pour avoir frappé et chassé du sanctuaire les Amphictyons : *Sylloge*[2], 153, *c*, l. 133 et suiv. Il est notable que notre décret stipule précisément (l. 25-26) que les frais de gravure de la stèle à Délos seront prélevés sur les amendes des condamnés : par quoi on est tenté d'entendre des condamnés politiques, c'est-à-dire de la faction hostile à Athènes et que combattait Pythodoros. — On rapprochera du nom de Pythodoros celui d'un autre Délien, Peisitheidès fils de Peisitheidès, qui, vers le milieu du ive siècle, reçut d'Athènes le droit de cité, en dédommagement des persécutions qu'il avait encourues dans son propre pays, apparemment pour avoir défendu, parmi ses concitoyens, la cause et les intérêts d'Athènes : *Sylloge*[3], 226 ; cf. von Schoeffer, *De Deli ins. rebus,* p. 75 et 85 et suiv. Ce document est du temps où les Déliens, après la paix de Philocrate, revendiquèrent leur indépendance auprès de Philippe et des Amphictyons de Delphes (345-4); ils furent, on le sait, déboutés de leur demande.

**11**. Décret de Délos accordant la proxénie a Callias fils de Callippos, d'Athènes (2e moitié du ive siècle). — Stèle de marbre blanc, brisée en deux morceaux qui ont été rajustés. — P. Roussel, *BCH*, 1907, p. 347, n. 5.

Θεοί. | Καλλίου Ἀθηναίο. | Ἔδοξεν τῶι δήμωι τῶι Δ|ηλίων· Δημοκράτης εἶπε[ν]·||[5] Ἐπειδὴ Καλλίας ἀνὴρ ἀγαθ|ός ἐστι περὶ τὸν δῆμον τὸ|ν Δηλίωγ καὶ ποεῖ ὅ τι δ[ύν]α|ται ἀγαθὸν Δηλίους κ[αὶ νῦ]|ν καὶ ἐν τῶι πρόσθεν [χρό||[10]νωι· δεδόχθ]αι τ[ῶι δήμωι· | ἐπαιν]έσαι μὲν Καλ[λίαν Καλλ|ίππ]ου Ἀθηναῖον ἀνδ[ρα]γ[α|θία]ς καὶ δικαιοσύν[ης ἕνε]κ[εν | τῆ]ς εἰς τὸν δῆμ[ον τὸν] Δ[η||[15]λί]ων· εἶναι δὲ Καλλίαν [Κ]αλλ[ί]ππου Θοραιέα πρ[όξενο]ν κα[ὶ] | εὐεργέτην Δηλί[ων· ε]ἶναι δὲ καὶ [.Ἰ]έρωνα καὶ Ἐρετρ[ιέα τοὺς Κ]αλλ[ί]ο]υ υεῖς καὶ τοὺς [τούτων ἐγγό||νος] προξένος καὶ [εὐερ]γέτ[ας | Δηλίων· εἶν]αι δὲ αὐτ[οῖς κ.τ.λ.].

« Dieux. Pour Callias d'Athènes. Décret du peuple des Déliens ; proposition de Démocratès ; Attendu que Callias est dévoué au peuple de Délos et fait aux Déliens tout le bien qu'il peut maintenant comme dans le temps passé, le peuple décide de décerner l'éloge à Callias fils de Callippos, d'Athènes², pour sa bienveillance et sa justice à l'égard du peuple de Délos ; il nomme Callias fils de Callippos, (du dème) de Thorai, proxène et bienfaiteur des Déliens ; Hiéron et

Érétrieus, fils de Callias, ainsi que leurs descendants, seront proxènes et bien-faiteurs des Déliens ; ils jouiront en outre de... »

Des indices matériels, comme la coupe non syllabique des lignes, l'alternance des graphies ο et ου et la brièveté du formulaire, invitent tout d'abord à chercher la date du texte avant la période de l'indépendance ; l'écriture nous ramène très probablement aux environs de l'année 340. De plus, le personnage, inconnu par ailleurs [1], qui reçoit ici la proxénie, est qualifié tantôt par son ethnique Ἀθηναῖος, tantôt par son démotique Θοραιεύς : cette dernière désignation, inadmissible si l'île n'est pas à ce moment rattachée à Athènes, est usuelle pour les citoyens athéniens qui figurent à des titres divers dans les comptes amphictyoniques du ive siècle : cf. notamment BCH, 1905, p. 404. A la formule de sanction ἔδοξεν τῶι δήμωι s'ajoutent ici exceptionnellement les mots τῶι Δηλίων : cette addition se justifie aussi, semble-t-il, par l'existence du régime mixte sous lequel les Déliens jouis-saient d'une autonomie limitée par le protectorat athénien : on paraît avoir voulu préciser la portée des actes et le pouvoir d'où ils émanent.

Les quelques rares décrets de proxénie qui doivent être attribués au temps du régime athénien (cf. la liste au n° 6) présentent d'autres particularités de rédaction qui leur sont communes. Dans les considérants, il n'est jamais fait allusion aux services rendus au sanctuaire, comme il sera d'usage plus tard, mais uniquement à ceux qui concernent la ville ou les particuliers ; de plus Callias et un autre Athénien du nom de Chairitès (BCH, 1907, p. 345, n. 4), nommés bienfaiteurs en même temps que proxènes, sont dits εὐεργέται τῆς πόλεως, et non τοῦ ἱεροῦ (P. Roussel). Il y a là comme un parti pris de laisser le sanctuaire, dont les Athéniens se réservent l'administration, en dehors des délibérations de l'assemblée.

Parmi les cinq ou six proxènes de Délos à cette époque, les trois seuls dont la nationalité nous soit connue sont deux Athéniens : Callias ici nommé et Chai-ritès ; et un habitant d'Ios (n° 12). On en conclura qu'Athènes n'avait pas réservé pour ses nationaux le bénéfice de ce privilège, et n'interdisait pas à Délos toutes relations avec des cités étrangères. — Callias est loué pour ses bons offices, ἀνδρα-γαθία, et aussi pour sa justice, δικαιοσύνη : ce dernier mérite est relevé d'ordinaire

1. Dans une liste, du ve siècle, de citoyens athéniens classés suivant l'ordre officiel des tribus, IG, I, 447, col. I, l. 13-14, on trouve les noms immédiatement consécutifs de Κάλλιππος et d'Ἐρετριεύς : ces noms sont aussi ceux du père et du fils de notre Callias. La proximité de ces deux noms dans la liste attique et l'extrême rareté d'autre part du nom Ἐρετριεύς donneraient à penser qu'il s'agit de personnages issus de la même famille. Il n'en est rien en réalité, car à la colonne I de la liste attique figuraient certainement des citoyens de la première tribu, Érechtheis, tandis que le Callias de notre décret appartient, de par son démotique Θοραιεύς, à la dixième, Antiochis. Il n'y a donc là, sans plus, qu'une simple coïncidence.

chez les personnages qui ont exercé quelque magistrature ou une fonction officielle. Peut-être Callias avait-il été Amphictyon.

Les honneurs décernés par les Déliens à des citoyens d'Athènes doivent être
rapprochés de ceux que reçoivent, à Athènes même, les Déliens Pythodoros et
Peisitheidès (n° 10) ; ils révèlent certains traits inattendus dans les relations entre
la métropole et l'île assujettie. Si l'on ne saurait douter d'un état d'hostilité foncière et générale des Déliens envers les maîtres qu'ils subissaient, on constate que
le jeu des partis se retrouvait à Délos comme dans toute cité grecque. A côté des
turbulents qui ont manifesté à différentes reprises leur aversion pour le joug
étranger, la foule était sans doute plus résignée, et Athènes y comptait des amis
dévoués qui, à la faveur de certaines circonstances, savaient inspirer à l'assemblée
du peuple, réunie officiellement, des hommages publics de reconnaissance envers
des Athéniens qui avaient su mériter les sympathies.

**12.** Décret de Délos en faveur d'Arétaclès d'Ios (2ᵉ moitié du ivᵉ siècle). — Dé
de marbre où est encastré le pied brisé d'une stèle. — Inédit ; copie de M. Homolle.

Ἐπὶ Πραξιτέλους ἄρχοντος τῆς πόλεως· | ἔδοξεν τῆι βουλῆι καὶ τῶι δήμωι
Ἀρετα|κλῆ Γλυκωνίδαο Ἰήτην. πρόξενον εἶναι | Δηλίων καὶ εὐεργέτην αὐτὸν καὶ
ἐκγόν||⁵ους, καὶ εἶναι αὐτοῖς ἐν Δήλωι ἀτέλειαν, | προεδρίαν, πρόσοδον πρός τὴν
βουλὴν | καὶ τὸν δῆμον πρώτοις μετὰ τὰ ἱερά, ὑπάρχει[ν] | δὲ αὐτοῖς καὶ τἄλλα
ὅσαπερ τοῖς ἄλλοις | προξένοις καὶ εὐεργέταις τῆς πόλεως ||¹⁰ τῆς Δηλίων.

« Sous Praxitélès, archonte de la ville. Décision du Conseil et du peuple : Arétaclès fils de Glyconidas, d'Ios, sera proxène et bienfaiteur des Déliens, lui et ses
descendants. Ils jouiront à Délos de l'exemption des droits, d'une place d'honneur (aux jeux publics), du droit de se présenter devant le Conseil et l'assemblée
du peuple tout aussitôt après les affaires sacrées, et de tous les privilèges accordés
aux autres proxènes et bienfaiteurs de la ville de Délos. »

Ce décret paraît être de même date, ou à peu près, que le précédent. L'archonte
Praxitélès, qui n'est connu que par ce texte, est antérieur aux plus anciens
archontes de la période qui s'ouvre en 314 : cf. *BCH*, 1916, p. 346 et suiv. On
remarquera qu'il est désigné par l'expression ἄρχοντος τῆς πόλεως : l'addition insolite
des deux derniers mots procède, comme celle des mots τῶι Δηλίων dans la formule
de sanction du décret précédent, du désir de spécifier que le décret est bien rendu
par Délos, et non par Athènes.

# DÉLOS PENDANT LA PÉRIODE DE L'INDÉPENDANCE
## (314-166 av. J.-C.)

Libérée du joug d'Athènes, Délos reprend sa place naturelle et traditionnelle parmi les Cyclades ; incorporée, à titre de sanctuaire fédéral, dans la Ligue des Insulaires, qui se forme sous le patronage d'Antigone I (n° 13), elle suit les mêmes destinées et, comme elle, subit le contre-coup des événements qui agitent l'Orient hellénique. Pendant près d'un siècle, de 315 jusqu'au règne d'Antigone Doson (229-221), les Cyclades sont l'enjeu que, pour un intérêt politique, économique et militaire, se disputent les deux grandes puissances riveraines de la mer Égée, la monarchie macédonienne et celle des Lagides. La première y domine d'abord sans rivale. Puis, en 286 sans doute, les Ptolémées s'assurent la suprématie, qui leur reste acquise jusque vers le milieu du IIIe siècle (n°ˢ 17-19, 21, 25, 26, 34). A cette époque, un retour offensif de la Macédoine l'ébranle d'abord, puis la supplante décidément vers 245 (n°ˢ 35-37). L'hégémonie des Antigonides ne semble plus leur avoir été disputée jusqu'aux environs de l'année 220 (n°ˢ 47-49) ; mais on constate ensuite, sans qu'elle ait été abattue par quelque grand revers, que Philippe V (221-179) ne l'exerce plus dans sa plénitude. Aux grandes thalassocraties militaires succède l'influence de la république rhodienne, qui n'a point de visées politiques proprement dites, mais se préoccupe d'assurer ses privilèges commerciaux et de maintenir libres les grandes voies maritimes : on la voit présider à son tour la Confédération des Insulaires (n°ˢ 63, 67). Les Romains font leur apparition officielle à Délos à la fin de la deuxième guerre de Macédoine (197) ; ils s'y implantent plus fortement durant la guerre contre Antiochos III de Syrie (193-189), qui est pour eux l'occasion de rendre à Apollon Délien le tribut d'hommages que tous les maîtres de la mer Égée lui avaient successivement accordé. Durant les années qui suivirent Cynoscéphales (197), les rapports diplomatiques restèrent corrects entre Rome et la Macédoine : en sorte que Délos put faire preuve de loyalisme envers Rome (n°ˢ 64, 65) sans cesser d'entretenir de bonnes relations avec Philippe V (n° 57), puis avec Persée (n° 70). Cette attitude prudente ne devait pas trouver sa récompense ; après la défaite de Persée à Pydna (167), Délos, sacrifiée par les Romains, fut replacée sous la tutelle d'Athènes, qui recevait ainsi le salaire de sa longue docilité à la politique romaine. — Toutes ces péripéties sont inscrites dans la série des offrandes que mentionnent les inventaires des temples, dans les fondations pieuses des souverains hellénistiques, comme aussi dans les décrets et dédicaces qui émanent du peuple délien ou que les étrangers exposent dans son sanctuaire, et jusque dans la succession de ses édifices publics.

Ce court résumé montre ce que les inscriptions de Délos ajoutent en nouveauté et en précision à l'histoire de l'île sainte et de l'Archipel, à celle même des monarchies orientales et de Rome. On s'est, dans ce choix de documents, attaché de préférence à ceux qui peuvent nous renseigner sur l'évolution économique et politique du monde méditerranéen, depuis la fin du IV$^e$ siècle jusqu'à la première moitié du second. Le nom, la nationalité, la qualité des personnages que les Déliens avaient honorés des titres de proxène et d'évergète, et des privilèges qui y sont attachés, — l'éloge, le couronnement solennel dans les fêtes, parfois même l'érection d'une statue, — les considérants spéci-fiques qui justifient ces faveurs par l'énumération des services rendus, aident à fixer la chronologie et facilitent l'intelligence des événements, bien au delà des étroites limites du temple d'Apollon. A défaut même de ces données exactes, la simple mention d'un ethnique dans un décret relatif à un personnage inconnu, ou même dans un fragment anonyme, a encore son intérêt. En groupant toutes les indications géographiques, on détermine l'éten-due et la fréquence des relations extérieures de Délos[1]. Nous en donnons le tableau en appendice, à la fin du volume, en le complétant par des renvois aux décrets rendus par des étrangers en l'honneur de Délos, ou déposés par eux dans le sanctuaire, et aux dédi-caces des monuments élevés dans Délos par des étrangers ou en leur honneur. Dans cet index est comme condensée la matière historique du fascicule IV des Inscriptions de Délos.

Délos n'était pas seulement un centre d'intrigues politiques et religieuses, un port de transit et un entrepôt. Une ville aussi fréquentée pour des intérêts divers, un sanctuaire qui s'enrichissait sans cesse de monuments et de statues, dont les fêtes, solennités sacrées et foires tout à la fois, mêlaient dans des concours et représentations dramatiques les exercices de l'esprit à ceux du corps, ne pouvaient manquer d'être dans une certaine mesure un milieu intellectuel et artistique. Les décrets et les dédicaces nous donnent une idée de cette autre clientèle que Délos attirait, et qu'à l'occasion elle récompensait et retenait par des faveurs. On y trouve des médecins (633, 693, 775, 1078), des phi-losophes (613, 624) ; un historien (697), un pédagogue [(?) 553] ; des poètes épique (572), comique (638), auteurs d'ἐγκώμιον(?), d'hymnes, qui ont donné des auditions en l'honneur de Délos et de ses dieux (544, 573, 618), des chanteurs et musiciens (511, 575, 577, 646, 1079), un tragédien (567), des artistes qui ont donné des auditions ou concouru en l'honneur du dieu (652, 702, 744 ; — cf. les inscr. chorégiques IG XI, 2, 105-134) ; les corporations des artistes dionysiaques de l'Isthme et de l'Hellespont (1059-1061) ; et dans les arts du dessin : un entrepreneur-architecte de Paros (616) et bon nombre de sculpteurs originaires d'Athènes (514 + 1201, 1098, 1105 + 1212), de Corinthe (1173), de Sicyone (1088), d'Héraclée (1213), de Magnésie (1129), d'Hali-carnasse (1128 + 1191). Polianthès de Cyrène, étant donné le nombre de ses signatures, semble avoir élu domicile à Délos (1115, 1182, 1183, 1184, 1185). Un Agorallos est certainement Délien (1089, 1178, 1195, 1211) ; d'autres peuvent être, en raison de l'omission

1. P. Roussel ayant classé les décrets dans l'ordre chronologique, on peut, en gros, d'après les numéros, se rendre compte de l'activité relative des relations extérieures au IV$^e$ (IG, XI, 4, n$^{os}$ 510 à 514, 524), au III$^e$ (n$^{os}$ 515 à 714) et au II$^e$ siècle (n$^{os}$ 715 à 850).

de l'ethnique, considérés comme indigènes (1077, 1131, 1180). Ces indications complètent
le tableau de la vie délienne et des relations extérieures de l'île. On a cru devoir emprunter
à cette série quelques décrets ou dédicaces caractéristiques.

**13. Décret des Insulaires instituant la fête des Démétrieia** (3o6 av. J.-C.). —
Épaisse stèle de marbre, remployée comme seuil de porte dans les Thermes de l'agora
du Sud ; elle a été retaillée en haut et sur le côté gauche ; surface très usée. — Durrbach,
*BCH*, 1904, p. 93, n. 1 et 1907, p. 208 et suiv. ; *IG*, XI, 4, 1036.

[— — — —διατελ]ε[ῖ] ? τ[ο]ὺς Ἕλληνας· [τιμῆσαι | μὲν τὸ κοινὸν τῶν] νησιω-
τῶν ἀξίως κατὰ δύναμιν | [Δημήτριον] ταῖς [πρεπ]ούσαις αὐτῶι τιμαῖς· ποῆ-|
[σαι δὲ αὐτοὺς ἐν] Δήλωι [τ]ὸ μὲν ἕτερον ἔτος τὴν π[α||⁵νήγυριν τῶν Ἀν]τιγονε[ί]-
ων ἣν νῦν ποιοῦσιν, τὸ δ[ὲ | ἕτερον θυσίαν] καὶ ἀγ[ῶ]νας καὶ σύνοδον ἐπονο-|
[μάσαντας Δημ]η[τρ]ίε[ι]α, καὶ συνέδρους ἀποστέλ||[λειν εἰς ταῦτ]α καθάπερ
ἀποστέλλουσιν εἰς τὰ | [Ἀντιγόνεια τήν τ]ε παρασκευὴν τῶν θυμάτων κα[ὶ ||¹⁰
τῶν ἀγώνων ποιεῖ]σθαι ? καὶ τὴν μίσθωσιν τῶν τεχν[ι]τῶν — env. 9 l. —]ντ....
μισ.οι.....ν ἄθλων το[ῖς | Δημητριείοι]ς [ἀπὸ τῶν κοιν]ῶν χρημάτων κατὰ |
[τὴν σύνταξιν] τὴν νῦν οὖσαν τοῖς νησιώταις ὑπ|[ὲρ τῶν Ἀντιγο]νείων καὶ ἐάν
τινες τῶν νησιωτῶν ||¹⁵ [μὴ τελῶσιν ε]ἰς ταῦτα τὴν σύνταξιν τὴν ἐπιϐ[άλ]λου-
σαν....]ων χρημάτων..... ειανα.... | ........[ἐν ἐ]νδείαι τοῦ συντελεῖν, εἶναι λ |
— env. 10 l.¹ — ταννη — env. 12 l. — μα — — — — — | — env. 10 l.
— λλον — env. 6 l. — ε — — — — — ||²⁰ — — — — — [το]ῦ ἐνιαυ[τοῦ]
— — — | — — — — — — τὴν εὔνοιαν τ[ὴν | — env. 5 l. — [εἰς πάντ]α
χρόνον..... νι ὄντα εὐε[ργ]έτην — env. 8 l. —] αὐτῶι καὶ λυ .... α.υγωτον |
— env. 11 l. — ν ἣν ἔχουσι πρὸς αὐτὸν οἱ νησιῶτα[ι] ||²⁵ — — — — ἀρ[γ]ύριον·
ἐπιμέλειαν δὲ — | — —[καθ]άπερ ? καὶ ενε.γορενι — | — — — — — — ιον
— — — | — — — — — — — ν....| — — — — — —στη.....αὐτόν..||³⁰
— — — — — — τωι... αιτα.. | — — — — — — ταῖς ἰδίαις πόλεσι[ν]
ὅπω[ς | — — — — — ποή]σωνται ? τὰ αὐτά· τὰς δὲ . ο .. | — — — — — —
καὶ κατατάξασθαι ὅπ[ως | — — — — — διὰ παν]τὸς ? αἱ θυσίαι καὶ τὰ ||³⁵
— — — — — — — αι· ὅταν δὲ αἱ πόλε||[ις ἕλωνται τοὺς συνέ]δ[ρους,
τ]οὺς μὲν τοῦ εἰσιόν||[τος ἔτους εἰς τ]ὰ Δημητρίεια παραγινομένους ? [εἰσενεγεῖν]
χρήματα ὅσαπερ εἰς τὰ Ἀντιγόνε[ια | ἐτάχθη· φροντί]σαι δὲ καὶ σκέψασθαι
ὅθεν ἔσται πα||⁴⁰[ρέχεσθαι τὸ] ἀργύριον ἀφ' οὗ τὰ Δημητρίεια ποιή||σουσι τὸν
ὕσ]τερον χρόνον· καθ' ὅ τι δ' ἂν οἰκονο[μ|ήσωσιν αὐτοί, τ]αῦτα κύρια εἶναι· τοὺς

1. Les chiffres intercalés dans les lacunes indiquent *approximativement* le nombre de lettres
manquantes.

3

δὲ μετὰ τα[ῦ]τα ἐξαποστ]ελλομένους, καθ' ὅ τι ἂν συνταχθ[ῆι | ἐξ ἀρχῆς, τὰς εἰ]σφορὰ[ς] ποιεῖσθαι· ἀναγράψαι δὲ το[ὺς ||⁴⁵ συνέδρους τόδε] τὸ ψήφισμα καὶ στῆσαι παρὰ τὸν βω|[μὸν τῶν βασιλέω]ν.

Le début, aujourd'hui disparu, rappelait les titres que le roi Démétrios, à l'exemple de son père Antigone, s'était acquis à la reconnaissance des Hellènes. En raison de quoi « la confédération des Insulaires honorera le mieux qu'elle pourra Démétrios par les honneurs convenables ; elle célébrera à Délos un an sur deux la fête des Antigoneia qu'elle y célèbre actuellement, et l'autre année elle instituera un sacrifice, des concours et une assemblée, qui porteront le nom de Démétrieia ; elle y enverra des synèdres, comme elle en envoie aux Antigoneia ; elle défraiera les sacrifices, les concours, ainsi que le salaire des artistes et le montant des prix aux Démétrieia sur les fonds communs, d'après la contribution établie actuellement pour les Antigoneia ; et si quelques-uns des Insulaires n'acquittent pas pour la fête nouvelle la contribution qui leur incombe..... » (lacune de 20 lignes, où subsistent quelques mots épars) « et lorsque les villes choisiront leurs synèdres, ceux de la prochaine année qui assisteront aux Démétrieia verseront la même somme qui a été fixée pour les Antigoneia ; ils prendront une délibération pour déterminer les moyens de pourvoir aux Démétrieia par la suite ; les mesures qu'ils arrêteront auront force de loi ; les synèdres délégués dans la suite feront les versements d'après la règle établie dans le principe ; les synèdres graveront ce décret et l'exposeront auprès de l'autel des rois ».

Aux termes du décret, les Insulaires, qui célébraient déjà une fête des *Antigoneia*, en instituent une seconde, les *Démétrieia* ; les deux solennités alterneront désormais d'année en année à Délos. La mention d'un sacrifice et d'un autel « des rois[1] » indique qu'il s'agit d'un culte divin. L'histoire présente deux fois la succession d'un Antigone et d'un Démétrios : 1° Antigone I le Borgne (319/8-302/1) et Démétrios I Poliorcète (corégent depuis 301 et seul roi de 301/0 à 285/4) ; 2° Antigone II Gonatas (276-239) et Démétrios II (239-229). Mais la teneur du décret implique que les deux princes, honorés *simultanément* par un culte, sont associés de leur vivant dans l'exercice du pouvoir, et cette condition n'est réalisée que pour Antigone I et son fils, après la victoire remportée par Démétrios Poliorcète à Salamine de Cypre sur la flotte de Ptolémée Soter (306) : à ce moment Antigone l'associe à la royauté. Le décret a dû être voté peu après.

On pensait naguère que la Confédération des Insulaires s'était formée sur l'ini-

---

1. La restitution est justifiée par la mention d'un autel du roi Ptolémée Soter dans l'inscription de Nicouria (*IG*, XII, 7, 506 = *Sylloge*³, 390, l. 48).

tiative des Ptolémées, soit aux environs de 308 (Delamarre ; cf. les références que j'ai réunies *BCH*, 1907, p. 217, note 3), soit vers 278 (Beloch). L'existence d'une fête fédérale en l'honneur d'Antigone I prouve que la Ligue se constitue au moment où ce prince intervient victorieusement dans les Cyclades contre Cassandre (315 et 314) et se pose en « libérateur » des Hellènes : Diod. XIX, 61 et suiv. ; cf. Tarn, *Antig. Gon.*, p. 432, App. V. C'est à cette date aussi que Délos se détache d'Athènes et recouvre son indépendance, soit peu après le mois de juillet 314 : Homolle, *Arch.*, p. 34, et *BCH*, 1891, p. 154 ; Ferguson, *Journ. hell. stud.*, 1910, p. 193 et 208 ; *Hell. Athens*, p. 50 ; il n'est pas discutable qu'il y a un lien étroit entre ces diverses circonstances. — A part la courte apparition que fit Soter en 308 dans la mer Égée (Diod. XX, 37, 1 ; cf. le commentaire de notre n° 17), rien ne troubla pendant une trentaine d'années l'hégémonie des Antigonides ; elle semble n'avoir pris fin qu'avec l'effondrement du Poliorcète, entre 287 et 285. Dans un document, daté de 301, Démétrios est appelé, sans autre désignation, ὁ βασιλεύς, à propos d'un séjour qu'il fit dans l'île, comme s'il était, aux yeux des hiéropes, le *roi* par excellence : *IG*, XI, 2, 146, A, 76 : cf. Homolle, *Arch.*, p. 69 et 115. Dans les deux principaux sanctuaires de Délos, l'Artémision et le temple d'Apollon, il avait consacré une couronne d'or : *ibid.*, 161, B, 57 et 85. La fête fédérale des *Antigoneia* est encore mentionnée dans un compte délien de 294 : *ibid.*, 154, A, 42.

Les circonstances où s'est formée la Confédération marquent déjà quel en fut l'objet et le caractère. A la différence des autres Ligues qui se développèrent en Grèce dans les derniers temps de l'hellénisme, et qui se proposaient de défendre l'autonomie et la sécurité des États participants, celle des Cyclades ne fut, dans la pensée des souverains qui la restaurèrent, qu'un commode instrument de domination. Nous connaissons les noms d'un certain nombre des îles qui la composaient : ce sont la plupart de celles qui avoisinent Délos, sans doute aussi quelques-unes du Sud de l'Archipel. On y doit comprendre, en raison de témoignages formels, Kythnos, Naxos, Andros, Myconos, Amorgos, Céos et Samos, et, selon toutes probabilités, Paros, Siphnos et Astypalaea ; pour Théra, le doute est possible : références dans Delamarre, *Rev. de philol.*, 1896, p. 112 et suiv. : W. Koenig, *Der Bund der Nesioten*, p. 49 et suiv. ; Swoboda. *Staatsalt.*, p. 418. — Les cités fédérées délèguent des députés ou *synèdres* qui se réunissent à certains intervalles, peut-être à Délos, comme on l'a supposé, mais sans certitude : du moins est-ce à Délos que les décrets du κοινόν étaient exposés. La présidence de ce conseil ou *synédrion* est exercée par le *nésiarque*, fonctionnaire royal délégué par le souverain qui protège la confédération (cf. le commentaire du n° 19) : ce seul fait prouve l'état de dépendance où elle était tenue. L'assemblée des synèdres accorde le droit de cité à des étrangers, et ce droit est valable dans tous les États associés : elle nomme des proxènes du κοινόν, décerne des honneurs et des distinctions, crée et célèbre des fêtes fédérales, vote des contributions (συντάξεις, εἰσφοραί) pour subvenir aux dépenses communes, et les répartit entre les cités fédérées. Sur l'histoire et la constitution de la Ligue, on consultera W. Koenig, *Der Bund der Nesioten*, Halle, 1910 ; Swoboda, *Staatsalt.*, p. 416 et suiv. (dans la 6ᵉ éd. du *Lehrbuch* de Hermann, 1913) ; Tarn, *Antig. Gon.*, *passim*, notamment p. 77 et suiv., et App. V et XIII.

La situation de Délos à l'égard de la Ligue est spéciale : elle sert de sanctuaire fédéral, mais n'est pas elle-même cité fédérée ; elle ne nomme point de synèdres et échappe aux obligations financières ou autres auxquelles sont astreints les États participants. Toutefois les actes officiels de la Ligue y sont affichés *de droit*, et sans qu'il soit nécessaire d'obtenir l'autorisation préalable du peuple délien ; il en va de même pour la célébration des fêtes fédérales, pour la fondation des autels destinés au culte des souverains divinisés. Dans ces conditions, il est difficile de croire, comme on l'a soutenu quelquefois (W. Koenig, *ouvr. cité*, p. 59 et suiv.), à une véritable *neutralité* de Délos. Elle garde bien son entière autonomie administrative (Homolle, *Arch.*, p. 46) ; militairement, son territoire reste inviolé ; mais il est manifeste que son sort est lié à celui de la Confédération des Insulaires ; comme elle, elle subit tour à tour à la volonté des maîtres du jour : Em. Pozzi, *Memorie d. r. Accad. d. Scienze di Torino*, 1913, p. 319-389 et Tarn, *ouvr. cité*, App. IV ; cf. G. Glotz, *Rev. des ét. gr.*, 1916, p. 22, note 4. Cette remarque est essentielle pour définir le sens des multiples fondations pieuses, dues à des souverains, qu'énumèrent les inventaires déliens. Elles consistent en capitaux dont les intérêts sont affectés à la célébration de fêtes périodiques en l'honneur du prince donateur et à la consécration annuelle de vases précieux : en même temps qu'un hommage au dieu de l'île sainte, elles sont, sans nul doute, le témoignage d'une domination effective ou tout au moins une manifestation de puissance. De fait, dans un très grand nombre de cas, ces fondations coïncident avec des événements historiques connus, et leur succession suit le flux et le reflux des influences étrangères qui se sont succédé dans l'Archipel et à Délos même.

**14.** MONUMENT D'ALEXANDRE FILS DE PHILIPPE (début du IIIᵉ siècle). — Piédestal en marbre, trouvé sur le côté occidental de la terrasse du téménos. — L. Bizard et P. Roussel, *BCH*, 1907, p. 429, n° 20 ; *IG*, XI, 4, 1072.

Δήλιοι | [— — ἀνέ]θεσαν. | Ἀλέξανδρος | Φιλίππου.

.....« Les Déliens ont consacré (ces statues)..... Alexandre fils de Philippe. »

Le piédestal devait porter à gauche une statue, en pendant à celle de droite. Au milieu, la dédicace indiquait sans doute la divinité à laquelle était faite la consécration. — Le personnage ne peut être Alexandre de Mégalopolis, bien qu'il se prétendît descendant d'Alexandre le Grand et qu'il ait été honoré d'un décret à Délos (n° 60) ; l'écriture de la dédicace est d'une époque beaucoup plus ancienne que le début du IIe siècle, où il vivait. Il se peut donc qu'il s'agisse d'Alexandre le Grand, dont aucun autre document délien n'a conservé la mémoire ; l'omission du titre royal ne fait pas obstacle à cette hypothèse ; cf. Wilhelm, *Att. Urkunden*, I, p. 42. Mais, en ce cas, le monument a été érigé après la mort d'Alexandre, car la paléographie ne permet pas de remonter jusqu'au règne du monarque, ni même aux temps qui l'ont immédiatement suivi. Dans cette hypothèse, la statue de gauche a pu être celle de Philippe, et le monument aura été consacré par les Déliens pour complaire à l'un des rois héritiers d'Alexandre (Bizard et P. Roussel).

**15.** Décret de Délos en faveur du Lacédémonien Démaratos (entre 300 et 281). — Stèle de marbre décorée d'un fronton, brisée en trois fragments qui ont été rajustés. — Homolle, *BCH*, 1880, p. 348, et 1896, p. 506 et suiv. ; *IG*, XI, 4, 542 ; *Sylloge*[3], 381.

[Ἔδοξε]ν τῆι βουλῆι [καὶ τῶι δήμωι · | Ἀριστό]λοχος Νικοδρόμ[ου εἶπεν· ἐπειδὴ | καὶ πρότερ]ον Γοργίω[ν] — — — — | — — το... π — — — — — ||⁵ — — — [ἔπρ]α[ττ]ε[ν ὁ]πὲ[ρ] τοῦ ἱερο[ῦ] | ἀγαθὸν ὅ τι ἠδύνατο, καὶ νῦν Δημάρατος | διατρίβων παρὰ τῶι βασιλεῖ Λυσιμάχωι | χρείας παρέχεται Δηλίων τοῖς ἐντυγ|χάνουσιν ἑαυτῶι καὶ τὸ ἱερὸν τιμᾶι διαφ[υ]||¹⁰ λάττων τὴν τοῦ πατρὸς τοῦ ἑαυτοῦ πε|ρὶ τὸ ἱερὸν καὶ Δηλίους εὔνοιαν, ἐμφανίζε[ι] | δὲ καὶ αὐτὸς παραγενόμενος ὅτι καὶ τῶι πατρὶ | καὶ αὐτῶι προσήκει τιμᾶν τὸ ἱερὸν καθάπε[ρ] | καὶ οἱ πρόγονοι αὐτῶν Λακεδαιμόνιοι ||¹⁵ πλεῖστον λόγον ἐποιήσαντο τοῦ ἱεροῦ | καὶ Δηλίων ὅπως σωιζόμε[νον ἔ]χωσι τὸ | ἱερόν, ἀναγγέλλει δὲ καὶ τὴν τοῦ βασιλέ[ως Λυσιμάχου εὔνοιαν [ἣ]ν ἔχει περὶ τὸ ἱε[ρὸν, καὶ αὐτὸς ἐπαγγέλλεται δηλώ||²⁰σειν τῶι βασιλεῖ Λυσιμάχωι καὶ Ἀρ[σι]νό[ηι] | τῆι β[ασιλίσσηι] τὴν τοῦ δή[μου το]ῦ Δηλί[ων] | εὔνοιαν π[ᾶσαν· τύχη]ι ἀγαθῆι· [δεδόχθ]αι τῆι | βουλῆι καὶ τῶι δήμωι· ἐπαινέσαι Δημάρατον | Γοργίωνος Λακεδαιμόνιον ἐπ[εὶ εὐεργ]έτης ||²⁵ ἐστὶν τοῦ δήμου, καὶ στεφ[ανῶσαι αὐ]τὸν | δάφνης στεφάνωι τῶι [ἱερῶι τοῦ θε]οῦ ἀρ[ε]|τῆς ἕνεκεν καὶ ε[ὐνοίας ἧς διατε]λεῖ ἔχω[ν] | περὶ Δηλίους καὶ εὐσε[βείας τῆς εἰ]ς τὸ ἱερ[όν]· | ἀνειπεῖν δὲ τ[ὸν ἱεροκήρυκα τὸν στέ]φανο[ν] ||³⁰ Ἀπολλωνίοις [ἐν τῶι θεάτρωι· ὑπάρχειν] δὲ | αὐτῶι παρὰ [Δη]λ[ίων καὶ ἐκγόνοις γῆς] | καὶ

οἰκίας [ἔγκτησιν καὶ — — — —] | καὶ προε[δρίαν |ἐν πᾶσι τοῖς ἀγῶσιν καὶ] |
πρόσοδον [πρὸς τὴν] βουλὴν καὶ [τὸν δῆμο]||<sup>35</sup>ν πρώ[τοις μετὰ τὰ] ἱερά· εἶναι
δὲ αὐτο[ῖς] | ἐν [Δήλωι καὶ τὰ ἄλλα ὅσα παρὰ] Δηλί|[ων δέδοται — —].

« Proposition d'Aristolochos fils de Nicodromos : Attendu que précédemment
Gorgion, père de Démaratos, ..... a servi selon son pouvoir les intérêts du sanctuaire, et que maintenant Démaratos, vivant auprès du roi Lysimaque, rend de
bons offices à ceux des Déliens qu'il rencontre et honore le sanctuaire, en gardant
la bienveillance qu'a témoignée son père au sanctuaire et aux Déliens ; que, venu
en personne, il déclare que c'est le devoir de son père et le sien d'honorer le
sanctuaire à l'exemple de leurs ancêtres de Lacédémone qui ont pris le plus grand
souci du sanctuaire et des Déliens, pour leur assurer la possession de leur temple ;
qu'il annonce en outre les bonnes dispositions du roi Lysimaque envers le sanctuaire, et s'engage à exprimer lui-même au roi Lysimaque et à la reine Arsinoé
l'entier dévouement du peuple délien pour eux ; à la Bonne Fortune ; le Conseil
et le peuple ont décidé de décerner à Démaratos », leur bienfaiteur, l'éloge et la
couronne, avec la proclamation solennelle au théâtre ; suivent les privilèges ordinaires attachés à la proxénie.

Sur l'auteur de la proposition, voy. les n<sup>os</sup> 27, 28 et 30. Aristolochos fils de Nicodromos semble avoir été un orateur en crédit : on n'a pas moins de sept décrets
(*IG*, XI, 4, 542-8) proposés par lui, et trois autres peuvent lui être attribués avec
grande vraisemblance (549-551),

La date est comprise entre 300 et 281 av. J.-C., termes fixés par la mention
du roi Lysimaque (306-281) et de la reine Arsinoé, fille de Ptolémée Soter, qu'il
épousa vers l'an 300. D'après les ingénieuses considérations qu'a fait valoir
M. Homolle, Démaratos est un descendant du roi de Sparte son homonyme, qui,
exilé et réfugié à la cour de Xerxès, aida ce roi de ses conseils, l'accompagna dans
sa campagne en Grèce et reçut en retour, pour lui et sa postérité, les villes
mysiennes de Pergame, Teuthrania et Halisarna. Le nom de Gorgion, porté par
le père de notre Démaratos, se retrouve dans la descendance de Gongylos
d'Érétrie, exilé lui aussi de son pays, et à qui le roi de Perse donna, pour des
services analogues, d'autres villes de la Mysie (Xén., *Hell.*, III, 6 ; *Anab.*, VII,
8, 8) ; des mariages auront uni les deux familles, établies dans le voisinage
l'une de l'autre ; et ainsi s'expliquerait l'alternance des noms de Démaratos et de
Gorgion. Les relations de Démaratos avec Lysimaque datent sans doute du
moment où ce prince étendit son domaine jusqu'à la région où il résidait. Il est
possible que Lysimaque, à l'occasion de négociations engagées avec Sparte en 295,
ait obtenu pour lui l'autorisation de retourner dans son pays d'origine, car il

porte l'ethnique de Λακεδαιμόνιος et semble avoir été l'arrière-grand-père du roi
. Nabis, fils d'un Démaratos (cf. n° 58) ; mais il est peu vraisemblable que Démaratos ait joué lui-même, comme l'a pensé M. Homolle, le rôle d'ambassadeur de
Sparte auprès de Lysimaque : *Sylloge*³, 381, n. 3. — Quant aux services rendus
par Gorgion et « ses ancêtres de Lacédémone », outre l'appui donné aux Déliens
par l'État spartiate en diverses circonstances, et notamment à la fin de la guerre
du Péloponnèse (cf. n° 8), M. Homolle se demande si Délos ne dut pas à l'intervention du roi Démaratos le respect témoigné par les Perses au temple d'Apollon
durant la deuxième guerre médique : Hérod., VI, 118.

**16.** Décret de Délos en l'honneur du statuaire Télésinos d'Athènes (début du
III° siècle). — Trois fragments d'une stèle à fronton ; les deux premiers se rajustent, le
troisième est sans point de contact avec celui du milieu. — Homolle, *BCH*, 1888, p. 419
(*a*, l. 1-18) ; Durrbach et Jardé, *ibid.*, 1904, p. 298, n. 35 (*a*, l. 20-27) ; *IG*, XI, 4, 514.

*a* Θεοί. | ῞Εδοξεν τῆι βουλῆι καὶ τῶι δήμωι· | Τιμῶναξ Διοδότου εἶπεν· ἐπειδὴ |
Τελε[σῖ]νος ἐγλαβὼν παρὰ τοῦ δήμου ||⁵ τοῦ Δηλίων ἀγάλματα ποιῆσαι τοῦ τε |
Ἀσκληπιοῦ καὶ τῆς βασιλίσσης | Στρατονίκης ἐπέδωκε τῶι δ[ήμ]ωι [κ]α[ὶ] |
ἐπόησεν τὰ ἀγάλματα ταῦτα τὸ μὲν | τοῦ Ἀσκληπιοῦ χα[λκοῦν], τὸ δὲ τῆς βα[σι]||¹⁰
λίσ[σ]η[ς] λίθινον, ἠργάσ|ατο δὲ τὰ | [ἀγάλ]ματ[α καλῶς καὶ] ἐσπούδασεν κα[ὶ] |
......το....ε..αν καὶ ἐπόησεν ε. | .......ιο—(env. 141.)—, καὶ τὰ ἀγάλματα | ἐν τῶι
ἱερῶι ὅσα ἦ[ν ἐπισκευῆς] δεόμεν[α] ||¹⁵ κατὰ τὴν αὐτοῦ τέχνην ἔσω[σ]ε καὶ ἐπ[ε]||
σκεύασεν δωρεάν, προαι[ρού]μενος κα[ὶ | τ]ὸ ἱερὸν καὶ Δηλίους εὐεργετεῖν· δεδό[|γθ]αι
τῶι δήμωι· ἐπα[ινέ]σαι Τελεσῖνον | |— — Ἀθηναῖον καὶ στεφανῶσαι αὐ||²⁰
τὸν δάφνης σ[τεφάνωι καὶ ἀναγορεῦσαι] | τοῖς Ἀπολλωνίοι[ς ὅτι ὁ δῆμος ὁ Δηλίων] |
στεφανοῖ Τελε[σῖνον — .— Ἀθηναῖον] | εὐσεβείας ἕν[εκεν] ἧς [ἔχων διατελεῖ
περὶ] | τὸ ἱερὸν τὸ ἐν Δήλωι καὶ εὐνοίας τῆς εἰς] ||²⁵ τὸν δῆμον τὸν [Δη]λίων· εἶναι
δὲ αὐτὸν πρό||ξενον καὶ [εὐεργ]έτην· [καὶ εἶναι αὐτῶι] | καὶ τοῖς ἐκγό[νοις — —]
(lacune).

*b* — — [καὶ πρόσοδον πρὸς τὴν βουλὴν | καὶ τ]ὸν δ[ῆ]μον πρώτοις μετὰ τὰ
ἱερὰ καὶ τὰ | ἄ]λλα πάντα ὅσ[α καὶ τοῖς ἄλλοις προξέ||νοις καὶ εὐεργέταις τ[οῦ
ἱεροῦ καὶ Δηλίων]· ||⁵ ἀναγράψαι δὲ τόδε τὸ ψή[φισμα τὴν μὲν] βουλὴν εἰς τὸ
βουλευτήριον, το[ὺ]ς δὲ ἱερο||ποιοὺς εἰς τὸ ἱερὸν ἐν στήλει λιθίνε[ι καὶ στῆ]||σαι οὖ
ἂν δοκεῖ κάλλιστον εἶναι· βουλὴ ἐ[(πε)ψή]φι[σ]εν.

Proposition de Timonax fils de Diodotos : « Attendu que Télésinos, ayant
obtenu du peuple de Délos l'entreprise des statues d'Asclépios et de la reine Stratonice, en a fait présent au peuple ; qu'il a fait l'une des statues, celle d'Asclépios,

en bronze, l'autre, celle de la reine, en marbre ; qu'il a bien exécuté ces statues
et y a mis tout son zèle ... et qu'il a fait ... ; qu'en outre, par son art, il a sauvé
et restauré toutes les statues du sanctuaire qui avaient besoin de réparation, à
titre gratuit et avec le désir de rendre service au sanctuaire et aux Déliens ; » le
peuple délien accorde à Télésinos l'éloge, la couronne de laurier avec proclamation aux *Apollonia*, et les privilèges ordinaires de la proxénie. « Présidence exercée
par le Conseil. »

La lecture Τελεσῖνος (*a*, l. 4 et 20) est due à P. Roussel, qui a publié une signature du même artiste à Délos accompagnée de son ethnique : Τελεσῖνος Ἀθηναῖος
ἐποίησε ; *BCH*, 1910, p. 391, n. 31, avec une reproduction photographique = *IG*,
XI, 4, 1201. A Ténos, d'après l'historien Philochoros (*Fr. hist. graec.*, I,
p. 414, n. 185), les statues colossales de Poseidon et d'Amphitrite étaient un ἔργον
Τελεσίου Ἀθηναίου. Il paraît plausible qu'il s'agit du même artiste, dont le nom a été
légèrement altéré dans le texte de l'historien : P. Rousset ; cf. Graindor, *Musée Belge*,
1914, p. 97 et suiv. — La reine Stratonice ne peut être que la fille de Démétrios
Poliorcète et de Phila, épouse en premières noces de Séleucos Nicator (300-294),
et ensuite d'Antiochos ; en raison de l'écriture du décret, il y a apparence que la
statue lui fut consacrée au temps de son premier mariage. Stratonice multiplia
dans les temples de Délos les témoignages de sa piété, bracelets, colliers, phiales,
cratères, des couronnes d'or pour les statues d'Apollon et des Grâces : cf. *IG*, XI
2, 161, *B*, l. 15 avec la note, et Tarn. *Antig. Gon.*, p. 350, note 26. Une fondation de fêtes perpétuelles, les *Stratonikeia*, porte son nom, et date de l'année 253,
c'est-à-dire du moment même où son père Gonatas institue la première série des
*Antigoneia* : cf. n° 35.

A la dernière ligne la restitution ἐ[(πε)ψήφι]σεν est fournie par la formule finale
d'un autre décret : *IG*, XI, 4, 705. Dans ces deux cas, la présidence est exercée,
non pas par un membre du Conseil, comme c'est l'usage ordinaire, mais par le
Conseil tout entier, à moins qu'il ne faille entendre par le mot βουλή les prytanes
en exercice. Au reste, le nom du président ne figure jamais dans les décrets les
plus anciens ; il apparaît, par exception, dans quelques textes du milieu du IIIe
siècle : *IG*, XI, 4, 621-623 ; la mention devient usuelle en 230 (n°ˢ 48, 49, 50).

**17.** Dédicace des Insulaires a Ptolémée II Philadelphe (285-247). — Plaque de
marbre blanc qui formait la partie antérieure d'une base. — P. Roussel et J. Hatzfeld,
*BCH*, 1909, p. 478, n. 6 ; *IG*, XI, 4, 1123.

Βασιλέα Πτολεμαῖον | Πτολεμαίου Σωτῆρος | οἱ νησιῶται ἀνέθηκαν.

« (Statue du) roi Ptolémée, fils de Ptolémée Soter, consacrée par les Insulaires. »

Vers l'extrême fin de son règne, le premier des Ptolémées, Soter, parvint à supplanter dans les Cyclades les Antigonides. Dès 3o8, il avait fait dans l'Archipel une puissante démonstration pour rejoindre Cassandre en Grèce, et c'est sans doute à cette occasion qu'il consacra dans l'Artémision de Délos une magnifique kylix d'or : *IG*, XI, 2, 161, *B*, 27 ; cf. Homolle, *Arch.*, p. 4o ; mais cette expédition fut sans effet durable ; la puissance du Poliorcète ne fut ébranlée qu'en 287, et abattue peu après. Dans le décret de Nicouria (*IG*, XII, 7, 5o6 = *Sylloge*[3], 39o), les Insulaires rappellent la « délivrance » qu'ils doivent à Ptolémée I ; ils le proclament leur « sauveur », lui accordent les honneurs divins ; une fête fédérale des *Ptolémaia*, — qui se subtitue manifestement à celle des *Antigoneia-Démétrieia* (n° 13), — atteste la reconnaissance de la Confédération, et c'est à Délos que se dresse un autel de Ptolémée, destiné évidemment à la célébration du nouveau culte (*ibid.*, l. 48-49). Philadelphe hérite de son père le protectorat de la confédération et il est associé à lui dans la fête fédérale : la dédicace ci-dessus et une autre, identique (*IG*, XI, 4, 1124 = *Or. gr.*, 25), en font la preuve. En dépit des vicissitudes, imparfaitement connues, de sa lutte contre Antigone Gonatas, il domina dans l'Archipel pendant toute la durée de son règne, sauf une interruption de deux ou trois ans, entre 253 et 25o, au profit de Gonatas (n° 35). Ses lieutenants, nésiarques et amiraux, sont comme lui l'objet des honneurs de la Confédération et de Délos, et multiplient dans le sanctuaire délien les témoignages de leur piété (n[os] 17, 18, 20, 24, 25, 34). En 279, Philadelphe constitue à Délos une donation pour la célébration d'une fête annuelle, les *Ptolémaieia*, accompagnée de la consécration d'une phiale : c'est la première fondation ptolémaïque : *IG*, XI, 2, 287, *B*, l. 98 et suiv. et le commentaire. Une deuxième fondation, en 248, rappelle que son autorité est toujours assurée dans les Cyclades, ou qu'elle vient d'y être rétablie : inv. de l'année 24o, *B*, l. 75 et suiv. Le souvenir de sa sœur et épouse Arsinoé II n'est pas moins vivant à Délos : en 274, elle consacre dans le temple d'Apollon un trépied d'argent : *IG*, XI, 2, 199, *B*, l. 70. Divinisée après sa mort (270) sous le surnom de Philadelphe, le navarque Hermias fonde en mémoire d'elle les *Philadelpheia*, dont l'origine remonte à 268 : *ibid.*, 287, *B*, l. 112 et suiv. Son nom est attaché à deux édifices, dont nous ignorons le caractère : le *Philadelpheion* et l'οἶκος οὗ ἡ γραφὴ τῆς Ἀρσινόης : références dans P. Roussel, *Les cultes ég. à Délos*, p. 242, note 8 ; cf. également l'inscription Ἀρσινόης Φιλαδέλφου gravée sur une pierre qui indiquait peut-être qu'un domaine lui était consacré : *IG*, XI, 4, 13o3.

La dédicace des Insulaires est d'une écriture plus récente que le règne de Philadelphe, bien qu'elle ne puisse évidemment se rapporter qu'à ce prince. Il faut donc admettre qu'elle a été regravée à la place de l'inscription originale, qui aura été effacée. Même observation à faire pour d'autres dédicaces du même règne : n°ˢ 19 et 25. On a voulu sans doute, à un moment, abolir le souvenir des Lagides, — ce qui s'expliquerait bien du temps de la suprématie macédonienne, sous Gonatas ou Doson. Quant à la restauration de ces dédicaces, P. R. ne la croit pas antérieure à la fin du IIᵉ siècle ou au début du Iᵉʳ av. J.-C. : à cette époque, Athènes, maîtresse de Délos, est en relations d'étroite amitié avec l'Égypte.

**18.** DÉCRET DE DÉLOS EN L'HONNEUR DE PHILOCLÈS, ROI DE SIDON (vers 280 av. J.-C.). — Stèle de marbre décorée d'un fronton, brisée à la partie inférieure ; la surface est très usée. — Homolle, *BCH*, 1880, p. 327, n. VI ; Michel, 387 ; *IG*, XI, 4, 559 ; *Sylloge*³, 391.

Ἔδοξεν τῆι βουλῆι καὶ τῶι δήμωι· Μνήσαλχος Τελεσ[αρχίδου] | εἶπεν· ἐπειδὴ βασιλεὺς Σιδωνίων Φιλοκλῆς ἔν τε τοῖς [ἔ]μ[προσ]θ]εν χρόνοις πᾶσαν εὔνοιαν καὶ φιλοτιμίαν ἐνδεδε[ιγ]μ[έ]]νος διετέλει περὶ τὸ ἱερὸν καὶ Δηλίους, καὶ νῦν πρεσβε[ίας ἀ]||⁵ποσταλείσης πρὸς αὐτὸν περὶ τῶν χρημάτων ὧν [ὤφει]]λον οἱ νησιῶται Δηλίοις πᾶσαν ἐπιμέλειαν ἐποήσατο ὅ|πως Δήλιοι κομίσωνται τὰ δάνεια [καθάπερ ὁ βασιλεὺς | Π]τολεμαῖος συνέταξεν, καὶ μὴ γ[ένωντ]α[ι διατριβαὶ] κ[αὶ | μελλήσ]εις τῆς ἀποδόσεως Δηλίοις — — — — — λοις ||¹⁰ — — ρ — — — — — — — | — — ]Βάκχ]ωνι τῶι νη[σι]άρχωι· ἵν' οὖν [εἰ]δῶσιν [π]άντ[ες] | οἱ ἀφικνούμε[νοι εἰς Δῆλον] ὅτι ἐπίσταται ὁ δῆμος ὁ Δη|λίων χάρι[τας ἀπο]διδόναι] τοῖς εὐεργετοῦσι τό τε ἱερὸν | καὶ Δηλίους· [δεδόχθαι τῶι δήμωι]· ἐπαινέσαι [βασ]ιλ[έ]]||¹⁵α Σιδωνίων Φιλοκλῆ [εὐσεβείας ἕνεκεν τῆς εἰς τὸ ἱερὸν] | καὶ ἀρετῆς τῆς εἰς [τὸν δῆμον τὸν Δηλίων καὶ στεφανῶ]]σαι αὐτὸν χρυσῶι στεφάν[ωι ἀπὸ δραχμῶν χιλίων καὶ ἀναγο]ρεῦσαι τὸν ἱεροκήρυκα ἐν τῶι θεά|τρωι τοῖς Ἀπολλωνίοις | ὅτι στεφανοῖ ὁ δῆμος ὁ Δηλίων βασιλέα Σι[δωνίων] ||²⁰ Φιλοκλῆ χρυσῶι στεφάνωι ἀπὸ δραχμῶν Χ εὐ[σεβεί]]ας ἕνεκεν τῆς εἰς τὸ [ἱ]ερὸν καὶ ἀρετῆς τῆς εἰς [τὸν] | δῆμον τὸν Δη[λίων] καὶ [θῦσα]ι σωτήρια ὑπὲρ Φιλοκλέους | ἐν Δήλωι Ἀπόλλ[ωνι καὶ Ἀρτέμιδι καὶ Λητοῖ] καὶ Διὶ Σωτῆρι | [κα]ὶ Ἀθηνᾶι Σ[ω]τείραι· [τὸ δὲ ἀνάλωμα δοῦναι τὸν ταμίαν ||²⁵ ἀπὸ τῶν προσόδων —

*(la fin de l'inscription, l. 26-38, ne présente plus que des lettres éparses.)*

L. 1 : Μν. Τελεσαρχίδου est un Délien connu des environs de 280 : *IG*, XI, 2, 161, *A*, 29 ; 162, *A*, 22 et suiv. ; 203, *A*, 77 ; XI, 4, 560, 3-4 ; 1049, 1-2. — L. 11 : [Βάκχ]ωνι : τῶι νη[σι]άρχωι, lecture et restitution de P. Roussel (τῶι να[υ]άρχωι Hom.) ; sur ce personnage, voy. le n° 19. — L. 22 : les lettres καὶ....: σωτήρια ὑπέρ, lues par M. Hom., ont disparu.

Proposition de Mnésalcos fils de Télésarchidès : « Attendu que Philoclès, roi des Sidoniens, n'a cessé, dans les temps qui précèdent, de témoigner toute sa bienveillance et son zèle aux Déliens et au sanctuaire, et que maintenant, ayant reçu une députation au sujet des créances des Déliens sur les Insulaires, il a fait toute diligence pour que les Déliens recouvrent les sommes qu'ils ont prêtées conformément au règlement arrêté par le roi Ptolémée, en évitant tous retards ou délais pour le remboursement aux Déliens ... au nésiarque Bacchon — ; » les Déliens décernent au roi Philoclès l'éloge, une couronne d'or de mille drachmes avec la proclamation au théâtre ; « ils offriront à Délos un sacrifice de libération, en l'honneur de Philoclès, à Apollon, Artémis, Léto, à Zeus Soter et à Athéna Soteira ; la dépense sera prélevée par le trésorier sur les revenus... »

Philoclès, fils d'Apollodoros (*IG*, II, 1371), est probablement, sous un nom grec, un Phénicien de Sidon, dont il fut roi plus tard. On a cru longtemps qu'il avait fait toute sa carrière au service des Ptolémées ; mais il paraît avéré qu'il a tout d'abord, et pendant une vingtaine d'années, commandé dans la flotte de Démétrios Poliorcète un important contingent de vaisseaux phéniciens : Beloch, *Gr. Gesch.*, III, 2, p. 257. Peut-être est-ce la défection de Philoclès, entre autres causes, qui a déterminé le brusque écroulement de la puissance du Poliorcète, car la suprématie maritime passe d'un coup, et sans combat naval, à Ptolémée Soter : Tarn, *Antig. Gon.*, p. 106 et suiv. ; et il est possible encore que Philoclès ait dû sa royauté à cet éminent service.

Le décret de Nicouria (cf. le commentaire du n° 17) est des environs de 280, peut-être de cette année même : Tarn, *ouvr. cité*, p. 104, note 29. Celui de Délos pour Philoclès est sûrement d'une époque très voisine et se réfère également à la « libération » des Cyclades dont les Insulaires témoignent leur reconnaissance aux Ptolémées auxquels ils associent Philoclès : le sacrifice de libération (l. 22) semble faire allusion au rôle qu'il a joué dans cet affranchissement. Mais le décret vise avant tout les services particuliers qu'il a rendus à Délos. Les contributions imposées par Démétrios à la Confédération avaient obligé les Insulaires à des emprunts au trésor d'Apollon ; à la demande des Déliens, Ptolémée a donné l'ordre à son navarque, le roi Philoclès, de presser la rentrée de leurs créances. Philoclès agit concurremment avec le nésiarque Bacchon (l. 11 ; cf. n° 19), comme dans une inscription de Carthaia : *IG*, XII, 5, 1065. Graindor, *BCH*, 1906, p. 92 et suiv., et Tarn, *Journ. hell. stud.*, 1911, p. 257 et suiv., ont essayé de définir le rôle respectif de chacun d'eux.

Les inventaires du temple d'Apollon énumèrent, à partir de 279, trois couronnes d'or consacrées par Philoclès : *IG*, XI, 2, 161, *B*, l. 56, 60, 86 (la suscription de la troisième seule lui attribue le titre de roi). De plus, dans quelques comptes figurent des dépenses pour une fête dite *Philocleia* : *IG*, XI, 2, 287, *A*, l. 57 ; comptes inédits de 231, l. 88 ; *BCH*, 1908, p. 83, n. 21, *A*, l. 133 ; fondation perpétuelle du roi de Sidon, et distincte par conséquent du sacrifice unique de libération ordonné par le décret : cf. Schulhof, *BCH, ibid.*, p. 127 et suiv. ; le fonds dit φιλόκλειον, affecté à cette fondation, est encore mentionné dans les comptes de *Polyxénos I* (192), *A*, l. 124. — Quant aux divinités énumérées aux l. 23-24. elles sont encore associées dans d'autres textes de Délos : comptes de *Sosistratos* (200), *A*, l. 73 et suiv.; de *Démarès* (179), *A*, l. 181[1].

**19.** Dédicace des Insulaires en l'honneur du nésiarque Bacchon (vers 280). — Corniche de marbre blanc, qui paraît avoir couronné une base rectangulaire. — Homolle, *Archives*, p. 45, note 1 ; *IG*, XI, 4, 1126.

Οἱ νησιῶται τὸν νησίαρχον Βαχχωίντα | Νικήτου Βοιώτιον ἀνέθηκαν.

« Les Insulaires ont consacré (la statue du) nésiarque Bacchon fils de Nikétès, Béotien. »

On a retrouvé à Délos une autre dédicace, rédigée en termes identiques, mais disposée sur trois lignes : *IG*, XI, 4, 1125 : les lettres en sont à peine distinctes, ayant été systématiquement martelées ; celle-ci paraît avoir été de même effacée, puis restaurée, comme la dédicace en l'honneur de Ptolémée Philadelphe (n° 17). — Les formes Βαχχωίντας (cf. n° 21, si l'iota n'est pas une erreur du lapicide. ou un défaut de la pierre), et Βαχχῶντας, qui se restitue avec certitude dans la dédicace similaire, ne doivent être que des variantes dialectales du nom de Βάχχων restitué par hypothèse à côté de celui du roi Ptolémée dans un décret délien (*IG*, XI, 4, 551). — Bacchon fut nésiarque au temps où Philoclès était navarque, c'est-à-dire vers 280 (n° 18). L'Artémision de Délos contenait une phiale consacrée par Bacchon : *IG*, XI, 2, 161, *B*, l. 12 ; le titre de nésiarque, qui manque en cet endroit, est indiqué dans un texte postérieur, à propos de cette même offrande : inv. de 240, *A*, l. 33. — Tarn a essayé de définir avec précision les attributions du nésiarque : *Journ. hell. stud.*, 1911, p. 251 et suiv. ; il voit en lui une sorte de résident civil, subordonné aux navarques des Ptolémées. ce qui paraît peu vraisemblable. Si l'on en juge d'après le titre, il exerce, pour le compte du roi, une autorité souveraine. Il est très notable que les quelques nésiarques qui nous sont connus ne sont pas eux-mêmes des insulaires, mais des étrangers : Apollodoros, Bacchon, Hermias. Les

---

1. Le premier de ces textes, qui est inédit, mentionne, parmi les dépenses mensuelles, au mois Lénaion, une dépense de 26 drachmes et une fraction pour un sacrifice τῶι Ἀπόλλωνι, τῆι [Ἀρτέμιδι, τ]ῆι Λητοῖ, τῶ Διὶ τῶι Σωτῆρι, τῆι Ἀθηνᾶι τῆι Σωτείραι. Même indication dans *Démarès*, dont le texte est publié *BCH*, 1882, p. 22.

libéralités dont Philoclès fut l'auteur ou l'intermédiaire à l'égard de Thèbes expliquent peut-être ses relations avec le *Béotien* Bacchon (*IG*, VII, 2419). On voit, dans le décret de Nicouria, le nésiarque convoquer l'assemblée des synèdres, d'accord avec le navarque ; il exécute les décisions du synédrion, commande les contingénts militaires de la Ligue, exerce la police sur mer, à l'occasion fait rentrer les contributions des villes, intervient même parfois pour régler les différends qui surgissent dans les États confédérés : Swoboda, *Staatsalt.*, p. 426 et suiv.

**20.** DÉCRET DE DÉLOS EN FAVEUR D'APOLLODOROS DE CYZIQUE (début du IIIᵉ siècle).
— Stèle de marbre brisée en deux fragments qui ont été rajustés. — *IG*, XI, 4, 562.

῍Εδ[οξεν τῆι βουλῆι καὶ τῶι δή]||μω[ι· Ἱέρ]αρχος Π[ροκλείους εἶπεν·] | ἐπ[ε]ιδὴ Ἀπολλόδωρ[ος ἀνὴρ ἀγα]||θ[ὸ]ς ὢν διατελεῖ περί τε τὸ ἱερὸν ||⁵ [x]αὶ τὴν πόλιν τὴν Δηλίων καὶ | ποιεῖ ἀγαθὸν ὅ τι δύναται καὶ λό|γωι καὶ ἔργωι τοὺς ἐντυγχάνοντας | ἑαυτῶι Δηλίων· ἐπαινέσαι μὲν | αὐτὸν ἀρετῆς καὶ εὐνοίας ἕνεκα, ||¹⁰ πρόξενον δ' εἶναι καὶ εὐεργέτην | τοῦ ἱεροῦ καὶ τοῦ δήμου τοῦ Δη||[λ]ίων Ἀπολλόδωρον Ἀπολλωνίου | Κυζικηνὸν αὐτὸν καὶ ἐκγόνους, | καὶ εἶναι αὐτοῖς πολιτείαν ἐν ||¹⁵ Δήλωι καὶ ἀτέλειαν πάντων | καὶ προεδρίαν καὶ γῆς καὶ οἰκίας | ἔγκτησιν καὶ πρόσοδον πρὸς | τὴμ βουλὴν καὶ τὸν δῆμον | πρώτοις μετὰ (τὰ) ἱερὰ καὶ τἄλλα ||²⁰ ὅσαπερ τοῖς ἄλλοις προξένοις | καὶ εὐεργέταις τῆς πόλεως | δέδοται παρὰ Δηλίων· ἐπιμε|λεῖσθαι δ' αὐτῶν τὴμ βουλὴν | τὴν ἀεὶ βουλεύουσαν καὶ ὑπη||²⁵ρετεῖν ἐάν του δέωνται· ἀνα|γράψαι δὲ τόδε τὸ ψήφισμα | τὴμ μὲμ βουλὴν εἰς τὸ βουλευ|τήριον, τοὺς δὲ ἱεροποιοὺς | εἰς τὸ ἱερόν.

Proposition d'Hiérarchos fils de Proclès : le peuple délien accorde à Apollodoros fils d'Apollonios, de Cyzique, pour lui et ses descendants, le titre de proxène et de bienfaiteur, le droit de cité, et tous les privilèges attachés à la proxénie.

Ἱέραρχος Προκλέους, Délien, figure, à différents titres, dans les textes des années 301 à 281 : *IG*, XI, 4, 561, comm. L'écriture nous reporte aussi à cette époque.

Un Apollodoros fils d'Apollonios, de Cyzique, porte dans un décret de Cyzique le titre de *nésiarque* (n° 19) : *CIG*, 3655 = Michel, 534 ; cf. Homolle, *Archives*, p. 45, note 2, et *BCH*, 1890, p. 451, note 1. — Les inventaires de l'Artémision, à partir de l'année 279, mentionnent deux phiales et un sceau offerts par un Apollodoros, sans patronymique, ni ethnique, ni titre : *IG*, XI, 2, 161, *B*, l. 14-15 et 44-45 ; mais à qui un inventaire, de l'année 224, attribue expressément le titre de nésiarque (*B*, *b*, l. 24) : [φιάλαι δύο, Ἀπολ]λοδώρου νησιάρχου. Apollodoros de Cyzique avait donc exercé les fonctions de nésiarque avant 279, soit avant le Béotien Bacchon, nésiarque vers 280 et contemporain du navarque Philoclès

(n<sup>os</sup> 18 et 19); ces indications nous reportent tout au début du règne de Philadelphe, ou même à la fin du règne de Soter ; bien que cette hypothèse n'ait jamais
été envisagée, Apollodoros a même pu être navarque au temps de Démétrios
Poliorcète, puisque le titre, et par conséquent la fonction, existaient déjà sous
ce prince : Plut., *Dem.*, 25, d'après Phylarque, *Fr. hist. gr.*, I, fr. 29 = Athen.
VI, 261 *B* ; cf. Tarn, *Antig. Gon.*, App. V, p. 436 (v).

On a généralement assimilé avec le nésiarque et proxène Apollodoros un Apollodoros fils d'Apollonios, de Cyzique, qui verse aux hiéropes un intérêt annuel de
10 drachmes depuis la fin du IV<sup>e</sup> siècle jusqu'en 279 (*IG*, XI, 2, 142, l. 14-15 ;
156, *A*, 6 ; 161, *A*, 31); et qui plus tard, jusqu'à la fin de l'indépendance de
Délos, est inscrit parmi les débiteurs insolvables pour un intérêt égal : voy. ma
note au dernier des textes cités, et Schulhof, *BCH*, 1908, p. 461. Il paraît singulier toutefois, s'il ne s'agit pas d'un homonyme, qu'un personnage de ce rang
ait fait au trésor sacré un emprunt minime de 100 drachmes, et négligé, au
cours de tant d'années, de le rembourser.

**21. Décret des Insulaires en faveur de Sostratos de Cnide (279-274).** — Stèle
brisée en trois fragments qui ont été rajustés ; le début manque. — Les deux fragments
du haut ont été publiés par Hauvette, *BCH*, 1883, p. 5, n. 1 (les l. 1-5 plus complètement par Homolle, *BCH*, 1891, p. 120, note 1), et reproduits par Michel, 374, et par
Dittenberger, *Or. gr.*, 67 ; l'ensemble donné par P. Roussel, *BCH*, 1907, p. 341, n. 3
et *IG*, XI, 4, 1038.

— εμο....... ολι — — | — τατου.... νωτ — — | [τ]ά τε ἄλλα [μετ'
εὐ]νοία[ς] — — — . | τοῖς νησιώταις ὅσα πρὸς ενεα — — ||⁵ καὶ
Βαχχωίντα Βοιωτὸν(?) τήν τε εὔνοιαν [ἣν δια]||τελεῖ ἔχων Σώστρατος πρὸς τοὺς
νησιώτας | καὶ ὅτι χρείας παρέχεται τοῖς ἀφικνουμένοις | [π]ρὸς τὸν βασιλέα μετὰ
πάσης προθυμίας καὶ | [λέγων] καὶ πράσσων ὅ τι ἂν δύνηται ἀγαθὸν ὑ||¹⁰πὲρ τῶν
[νησιω]τῶν· δεδόχθαι τοῖς συνέδροις· ἐ|παινέσαι μὲ[ν Σώ]στρατον Δεξιφάνους
Κνίδιον | ἀρετῆς ἕνεκα [καὶ εὐν]οίας ἧς ἔχων διατελεῖ | ἐμ παντὶ καιρῶι εἰς [τὸν
β]ασιλέα Πτολεμαῖον | καὶ τοὺς νησιώτας καὶ σ[τεφα]νῶσαι αὐτὸν χρυ||¹⁵σῶι
στεφάνωι· ἀπὸ δραχμ[ῶν ἀλ]εξανδρείων | τρισχιλίων καὶ ἀνακηρῦξαι τὸν [σ]τέφανον
[τοῖς]| πρώτοις Πτολεμαιείοις ἐν Δήλωι· δ[εδό]σθα[ι δὲ]| αὐτῶι πολιτείαν ἐν πάσαις
ταῖς ν[ήσοις ὅσαι]|| μετέχουσιν τοῦ συνεδρίου αὐτῶι [καὶ ἐκγόνοις] ||²⁰ καὶ ἀτέλειαν
ἁπάντων ὧν ἂν εἰσάγω[σιν καὶ ἐξά]|γωσιν καὶ προεδρίαν ἐμ πᾶσι τοῖς ἀγῶσιν καὶ
πρό|σοδον πρὸς βουλὴν καὶ δῆμον εἰάν του δέωνται | πρώτοις μετὰ τὰ ἱερά· ὅπως δὲ
καὶ τῶν ἱερῶν ὧν θύ|ουσιν οἱ νησιῶται ἐν Δήλωι τοῖς τε ἄλλοις θεοῖς καὶ ||²⁵ Σωτῆρι
Πτολεμαίωι καὶ βασιλεῖ Πτολεμαίωι ἀποσ|τέλληται καθ᾽ ἑκάστην πανήγυριν ἐπὶ

τὴν Σωσ|τράτου ἑστίαν γέρας εἰς Κνίδον αὐτῶι καὶ ἐκγό|νοις καθάπερ ἀδελφοῖς,
ἐπιμελεῖσθαι τοὺς ἀεὶ γι|νομένους ἐπιμελητὰς τῆς θυσίας· τὸ δὲ ψήφισμα ||³⁰ τόδε
ἀναγράψαι εἰ[ς σ]τήλην λιθίνην καὶ ἀναθεῖ|ναι τοὺς συνέδρους εἰ[ς] τὸ ἐν Δήλωι
ἱερόν· κατὰ | ταῦτα δὲ ψ[η]φισάσθωσαν αἱ μετέχουσαι τῶν πό|λεων τοῦ συνεδρίου
καὶ ἀναγραψάτωσαν εἰς | στήλας λιθίνας τὸ δόγμα τόδε καὶ ἀναθέτω||³⁵σαν εἰς τὰ
ἱερὰ ἐν οἷς καὶ αἱ ἄλλαι τιμαὶ παρ᾽ ἑ|κάστοις τῶν νησιωτῶν εἰσιν ἀναγεγραμ|μέναι.

L. 3-5 : [τ]ά τε ἄλλα [μετ᾽ εὐ]νοία[ς πάντα διεπράξατο] | τοῖς νησιώταις ὅσα πρὸς (Ξ)ενέα[ν
καὶ ...] | καὶ Βάκχωνα Dittenberger. — L. 4 : προσαγο Hiller. — L. 5 ΒΑΚΧΩΝΛΟΙΟ-
ΠΟΙΟΙ Homolle ; P. Roussel, dont nous reproduisons la lecture, reconnaît qu'elle est fort
douteuse ; Βάκχων ὁ Βοιωτός Hiller.

L. 5 et suiv. : « … et Bacchointas (ou Bacchon) de Béotie, et la bienveillance
que Sostratos ne cesse de témoigner aux Insulaires ; et (attendu) qu'il met tout
son zèle à obliger ceux qui se présentent auprès du roi, disant et faisant tout le
bien qu'il peut pour les Insulaires ; les synèdres décrètent : l'éloge est décerné à
Sostratos fils de Dexiphanès, de Cnide, pour ses mérites et pour le dévouement
qu'il déploie en toute circonstance pour le roi Ptolémée et pour les Insulaires ;
il lui est conféré une couronne d'or de trois mille drachmes d'Alexandre ; la
couronne sera proclamée aux prochaines Ptolémaieia à Délos ; il recevra le droit
de cité, lui et ses descendants, dans toutes les îles qui participent à l'assemblée
fédérale, l'exemption de tous droits sur ce qu'ils importeront ou exporteront, une
place d'honneur dans tous les concours, l'accès auprès du Conseil et de l'assemblée, s'ils ont quelque requête à présenter, aussitôt après que les questions concernant les ἱερά auront été épuisées ; sur les sacrifices offerts par les Nésiotes à
Délos, tant aux autres dieux qu'à Ptolémée Soter et au roi Ptolémée, il sera envoyé,
lors de chaque fête, une part des victimes à Sostratos, en son foyer à Cnide, à
lui comme à ses descendants et à ses frères, et ce soin reviendra aux commissaires
successivement en charge pour le sacrifice ; les synèdres feront graver ce décret
sur une stèle de marbre et l'exposeront dans le sanctuaire de Délos ; les villes qui
participent à l'assemblée fédérale prendront une résolution conforme à celle-ci et
inscriront ce décret sur des stèles de marbre qu'elles exposeront dans les sanctuaires où sont gravés, dans chacune des Iles fédérées, les honneurs qu'elles ont
décernés. »

Le « roi Ptolémée », nommé l. 25 immédiatement après Soter, ne peut être
que Philadelphe. Le décret doit être postérieur à celui de Nicouria (vers 280 ; cf.
n° 17, comm.), qui n'associe pas encore, comme celui-ci, Philadelphe aux honneurs divins rendus à Soter. D'autre part la reine Arsinoé II n'est encore men-

tionnée ni dans l'un ni dans l'autre de ces textes, qui sont donc tous deux antérieurs à son mariage (274). La date se place ainsi entre 279 et 274. La mention de
Bacchon qui fut nésiarque dans les premières années de Philadelphe (n° 19 ; cf
*IG*, XI, 4, 1039, *a, 7* et 9) confirme ces conclusions. — La fête célébrée
annuellement par les Insulaires en l'honneur des Ptolémées (l. 26) était une πανήγυρις, qu'il faut sans doute se représenter sur le modèle de la solennité dont fut
l'objet, à Skepsis, Antigone Monophthalmos (*Or. gr.*, 6). De ces Πτολεμαῖα ou Πτο-
λεμαίεια fédérales, il importe de distinguer nettement les fêtes déliennes de même
nom qui sont des fondations ptolémaïques (n° 17).

Sostratos de Cnide est l'architecte du célèbre Phare d'Alexandrie, une des
merveilles du monde, édifié au début du règne de Ptolémée II ; il était connu aussi
pour d'autres travaux, soit en Égypte, où il détourna auprès de Memphis le cours
du Nil, soit dans sa patrie, à Cnide, où il construisit un ensemble de portiques
d'un type nouveau : Perdrizet, *Rev. des ét. anc.*, 1899, p. 261 et suiv., et Dittenberger, *Or. gr.*, 66, n. 1. Il jouissait sans doute à la cour des Lagides d'une
faveur spéciale, peut-être y portait-il l'appellation officielle d'*ami du roi*, et l'on
peut croire que c'est pour cette raison que les Insulaires lui font une place dans
la solennité qui s'adresse aux Ptolémées. Ils lui décernent : 1° une couronne d'or
de 3 000 drachmes, proclamée à la prochaine fête ; 2° à perpétuité, une part des
victimes immolées aux panégyries, qu'on lui enverra à Cnide : par quoi il faut
entendre sans nul doute une somme d'argent provenant de la vente des viandes
qui lui sont attribuées (P. Roussel) ; 3° le droit de cité dans toutes les villes de la
Confédération et les privilèges ordinaires accordés aux bienfaiteurs, et dont ses descendants, comme ses frères, continueront de jouir. Cf. aussi les n°ˢ 22-24. Sostratos
reçut aussi la proxénie à Delphes : Homolle, *BCH*, 1896, p. 584 = Perdrizet,
*art. cité*, p. 268 et 271, et *Or. gr.*, 66.

**22.** DÉCRET DE DÉLOS EN FAVEUR DE SOSTRATOS DE CNIDE (début du III° siècle). —
Stèle de marbre. — Perdrizet, *Rev. des ét. anc.*, 1899, p. 267 ; *IG*, XI, 4, 563.

Ἔδοξεν τῆι βουλῆι καὶ τῶι δήμωι· Ἄμνος | Δεξικράτους εἶπεν· ἐπειδὴ
Σώστρατος | Δεξιφάνους Κνίδιος ἀνὴρ ἀγαθὸς ὢν | διατελεῖ περί τε τὸ ἱερὸν καὶ
τὴν πόλιν τὴν ||⁵ Δηλίων καὶ ποεῖ ἀγαθὸν ὅ τι δύναται καὶ | λόγωι καὶ ἔργωι τοὺς
ἐντυγχάνοντας | ἑαυτῶι Δηλίων· ἐπαινέσαι μὲν αὐτὸν ἀρετῆς | καὶ εὐνοίας ἕνεκεν·
πρόξενον δ᾽ εἶναι καὶ | εὐεργέτην τοῦ ἱεροῦ καὶ τοῦ δήμου τοῦ Δηλίων ||¹⁰ Σώστρατον
Δεξιφάνους Κνίδιον καὶ ἐκγόνους | καὶ εἶναι αὐτοῖς πολιτείαν ἐν Δήλωι καὶ | ἀτέλειαν
πάντων καὶ προεδρίαν καὶ γῆς καὶ | οἰκίας ἔγκτησιν καὶ πρόσοδον πρὸς τὴμ βουλὴν |
καὶ τὸν δῆμον πρώτοις μετὰ τὰ ἱερὰ καὶ ||¹⁵ τἆλλα ὅσαπερ τοῖς ἄλλοις προξένοις

καὶ | εὐεργέταις τῆς πόλεως δέδοται παρὰ Δηλίων· | ἀναγράψαι δὲ τόδε τὸ ψήφισμα τὴμ μὲν βουλὴν | εἰς τὸ βουλευτήριον, τοὺς δὲ ἱεροποιοὺς εἰς τὸ ἱερόν.

Proposition d'Amnos fils de Dexicratès. Le peuple décerne à Sostratos fils de Dexiphanès, de Cnide, l'éloge « pour ses mérites et sa bienveillance » ; il lui confère la proxénie, le titre de bienfaiteur, enfin le droit de cité pour lui et ses descendants, avec les privilèges ordinaires.

Sur Sostratos, cf. les nᵒˢ 21, 23 et 24.

**23.** Dédicace de la ville de Caunos en l'honneur de Sostratos de Cnide. — Base circulaire de marbre bleuâtre, près de la Voie Sacrée. — Homolle, *BCH*, 1879, p. 368, n. 9 ; *Or. gr.*, 68 ; *IG*, XI, 4, 1130.

Ὁ δῆμος ὁ Καυ[νίων] | Σώστρατον Δεξιφά[ν]ους [Κνίδιον] | ἀρετῆς ἕνεκεν καὶ [εὐνοίας] | τῆς εἰς τὸν δῆμον.

« Le peuple de Caunos (honore) Sostratos fils de Dexiphanès, de Cnide, pour ses mérites et sa bienveillance envers le peuple. »

Sur Sostratos, voy. les nᵒˢ 21, 22, 24. La ville de Caunos, sur le littoral de la Carie, appartenait aux Antigonides ; Philoclès de Sidon (cf. nᵒ 18) la conquit sur Poliorcète pour le compte de Ptolémée Soter, sans doute en 286 ou 285 : Tarn, *Antig. Gon.*, p. 105-106 et note 34 ; elle resta au pouvoir des Ptolémées pendant tout le cours du IIIᵉ siècle : Holleaux, *BCH*, 1893, p. 61 et suiv.

**24.** Dédicace d'Étéarchos de Cyrène en l'honneur de Sostratos de· Cnide. — Base circulaire de marbre blanc. — P. Roussel et J. Hatzfeld, *BCH*, 1909, p. 481, n. 7 ; *IG*, XI, 4, 1190.

Σώστρατον Δεξιφάνους Κνίδιον | Ἐτέαρχος Δαμύλου Κυρηναῖος | ἀνέθηκεν [ἀρε]τῆς ἕ[ν]εκ[εν κ]αὶ εὐεργε|σίας [τῆ]ς εἰς ἑ[α]ὑτὸ[ν κ]αὶ [το]ὺς ἄ[λλ]ους ||⁵ [Κυρηναί]ους.

« (Statue de) Sostratos fils de Dexiphanès, de Cnide, consacrée par Étéarchos fils de Damylos, de Cyrène, en raison de ses mérites et de ses bienfaits envers lui-même et envers les autres Cyrénéens. »

Cf. les nᵒˢ 21-23. Étéarchos de Cyrène doit sans doute être identifié avec un Étéarchos qui a consacré une phiale dans le temple d'Apollon, et dont la première mention remonte à l'année 279 av. J.-C. : *IG*, XI. 2, 161. *B*, l. 75.

Un autre Cyrénéen, Dicaios, fut, sous l'un des trois premiers Ptolémées. préposé du roi d'Égypte dans les Cyclades et proxène de Délos (nᵒ 34).

34    CHOIX D'INSCRIPTIONS DE DÉLOS

**25.** Dédicace des Insulaires en l'honneur du navarque Callicratès (vers 270). — Base rectangulaire de marbre. — Homolle, *BCH*, 1880, p. 325, n. 4 ; Michel, 1153 ; *IG*, XI, 4, 1127 ; *Sylloge³*, 420.

Οἱ νησιῶται τὸν ναύαρχον | Καλλικράτην Βοΐσκου Σάμιον | ἀνέθηκαν.

« Les Insulaires ont consacré (la statue du) navarque Callicratès fils de Boïscos, Samien. »

Callicratès doit avoir exercé ses fonctions de navarque de Ptolémée entre 280 et 270, au plus tôt, et 270-265, au plus tard : Tarn, *Journ. hell. stud.*, 1911, p. 255 ; sur le rôle politique qu'il a joué à la cour de Philadelphe, cf. Tarn, *Antig. Gon.*, p. 291. On ne peut décider si le Callicratès dont les offrandes à Délos, deux couronnes, sont mentionnées déjà en 279 (*IG*, XI, 2, 161, B, l. 54 avec ma note, et l. 89), est le même personnage. — L'inscription a été, comme les n°ˢ 17 et 19, martelée, puis regravée.

**26.** Décret des Insulaires en faveur de Théon d'Aegae, officier d'un Ptolémée (1ʳᵉ moitié du iiiᵉ siècle). — Deux fragments, qui se raccordent, d'une stèle de marbre : le premier publié par Homolle, *BCH*, 1880, p. 321, n. 1 ; Michel, 375 ; *Or. gr.*, 40 ; le second par moi, *BCH*, 1904, p. 108, n. 2 ; l'ensemble par P. Roussel, *IG*, XI, 4, 1042.

[Ἔδοξεν τ]οῖς συνέδροις τῶν | [νησι]ωτῶν· ἐπειδὴ Θέων | [Φιλ]ίσκου Αἰγαεὺς τεταγμέ[[νο]ς ὑπὸ τὸμ βασιλέα Πτολε||⁵[μα]ῖον ἐν Ἀλεξανδρείαι τῶ[ι] | τε βασιλεῖ τὰ συμφέ[ροντα] | πράττει καὶ τοῖς ν[ησιώταις | ε]ὔνους ὢν καὶ φί[λος διατελεῖ | κ]αὶ ἀεὶ τοῖς δ[εομένοις τῶν ||¹⁰ ν]ησιωτῶν π[αρέχεται χρείας | πολλὰς καὶ κοινῆι ταῖς πόλεσιν | καὶ] ἰδίαι τοῖς ἐντυ[γ]χάνου[σιν· | δεδόχθαι τοῖς συνέδροις· [ἐπαι]||νέσαι μὲν Θέωνα Φιλίσκο[υ ||¹⁵ Α]ἰγαεῖα ἀρετῆς ἕνεκα καὶ [εὐνοί]|ας ἣν ἔχων διατελεῖ εἰς [τοὺς] | νησιώτας· εἶναι δὲ Θέω[να Φιλίσ|κ]ου Αἰγαεῖα πρόξενον κ[αὶ εὐεργέ|την] πάντων τῶν νη[σιωτῶν ὅσοι ||²⁰ μετέχ]ουσι τοῦ συν[εδρίου· ὑπάρ|χειν] δὲ αὐτῶι κα[ὶ ἐκγόνοις προε|δρίαν ἐν τ]οῖς ἀγῶ[σιν — — —.]

Proxénie accordée par l'assemblée des Insulaires, dans toutes les villes de la Confédération, à Théon fils de Philiscos, d'Ægæ, officier du roi Ptolémée à Alexandrie, qui sert les intérêts du roi et ne cesse de témoigner sa bienveillance et son amitié aux Insulaires et d'obliger ceux d'entre eux, cités ou particuliers, qui ont recours à ses services.

L'écriture est de la première moitié du iiiᵉ siècle ; Ptolémée est sans doute Philadelphe (285-246) : cf. le comm. à l'inscription n° 17. — Entre les villes du nom d'Ægæ, on songe plus spécialement à la ville éolienne voisine de Phocée dont l'ethnique régulier Αἰγαιεύς peut facilement se convertir en Αἰγαεύς (Hiller, cité par P. Roussel).

**27. Décret de Délos en faveur d'Hégestratos** (1er tiers du IIIe siècle). — Stèle composée de deux fragments, édités par moi séparément *BCH*, 1904, p. 281, n. 9 et p. 138, n. 4, réunis et réédités simultanément par P. Roussel, *BCH*, 1907, p. 370 et par Wilhelm, *Hermes*, 1907, p. 370 ; *IG*, XI, 4, 543.

Ἔδοξεν τῆ|ι βουλῆι καὶ τῶι δή|[μωι· Ἀριστόλοχος Νικοδ[ρόμου| | εἶπεν· ἐπειδὴ Ἡγέστρατο[ς πρό]|ξενος καὶ εὐεργέτης ὢν τ[ῆς| ||⁵ πόλεως, κατὰ τὰς δεδομέ|ν]|ας αὐτῶι δωρεὰς ὑπὸ τοῦ δή|μου τοῦ Δηλίων, βούλεται ἐγκ|τήσασθαι ἐν Δήλωι καὶ ἐν Ῥην|αίαι· δεδόχθαι τῶι δήμωι· ὅσα ||¹⁰ ἂν ἐγκτήσηται ἢ εἰσαγάγηται | Ἡγέστρατος εἰς Δῆλον ἢ εἰς Ῥή|ναιαν μὴ εἶναι τούτων τῶν χ|ρημάτων ἐνεχυρασίαν μηθε|νὶ μηδὲ τῶν πρὸς τὴμ πόλιν σ||¹⁵ υν|ηλλαγότων, μηδὲ ἐάν τις | [ὕσ]|τερον συναλλάξηι, ἐὰμ | μή τις ἰδίαι συμβά[λ]ηι πρὸς Ἡ|γ]|έστρατον· ἐπιμελεῖσθαι δὲ καὶ τ|οὺς ἄρχοντας τοὺς ἀεὶ ἐν τέ||²⁰λει ὄντας ὅπως ἂν τὰ δεδο|μένα καὶ τὰ ἐψηφισμένα Ἡγ[ε]|στράτωι ὑπὸ τοῦ δήμου κύρια | [ἦι· ἀ|ναγρά[ψαι] δὲ τόδε τὸ ψήφι[σ|μα]

« Proposition d'Aristolochos fils de Nicodromos : Attendu qu'Hégestratos, proxène et bienfaiteur de la ville, veut, usant des privilèges qui lui ont été conférés par le peuple délien, se rendre propriétaire à Délos et à Rhénée ; le peuple décrète : ne pourra être saisi rien de ce qu'acquerra ou importera Hégestratos à Délos ou à Rhénée par les particuliers qui ont passé ou qui viendront à passer contrat avec la ville, sauf dans le cas où Hégestratos aurait conclu un contrat privé ; les archontes successivement en charge veilleront au maintien des privilèges octroyés à Hégestratos et votés par le peuple ; ce décret sera gravé..... »

La date est fixée approximativement par le nom d'Aristolochos : cf. les nos 15, 28 et 30 (*IG*, XI, 4, 542, comm.). Dans le droit public grec, « un État obéré peut conférer à ses créanciers une hypothèque générale, non seulement sur les biens communaux, mais sur les biens de tous les citoyens » et des métèques, avec faculté d'expropriation (P. Guiraud, *La propriété foncière en Grèce*, p. 209); cf. un exemple à Arcésiné d'Amorgos : *IG*, XII, 7, n. 67, l. 42 et suiv. et *Inscr. juridiques grecques*, I, p. 336. Hégestratos prend ses précautions avant d'user à Délos du droit de propriété qui lui a été concédé précédemment ; notre décret l'affranchit de ce risque, mais (l. 15 et suiv.) il restera soumis, bien entendu, aux saisies qui résulteraient pour lui de ses contrats personnels.

**28.** Décret de Délos en faveur de Philistos de Chios (1ʳᵉ moitié du iiiᵉ siècle).
— Stèle de marbre ornée de moulures. — *IG*, XI, 4, 547.

Θεοί. | Ἔδοξεν τῆι βουλῆι καὶ τῶι δήμωι· | Ἀριστόλοχος Νικοδρόμου εἶπεν· |
Ἐπειδὴ Φίλιστος Φιλίστου Χῖος ἀ‖⁵νὴρ ἀγαθός ἐστι περὶ τὸ ἱερὸν καὶ | τὸν δῆμον τὸν
Δηλίων· δεδόχθαι τῶ[ι] | δήμωι· εἶναι Φίλιστον εὐεργέτην | τῆς πόλεως καὶ
πρόξενον Δηλίων καὶ αὐτὸν καὶ ἐκγόνους καὶ εἶ‖¹⁰ναι αὐτοῖς ἀτέλειαν πάντων καὶ |
γῆς καὶ οἰκίας ἔγκτησιν καὶ πολιτε|ίαν καὶ πρὸς φράτραν ἣν ἂν βούλων|ται
προσγράψασθαι· ὑπάρχειν δ' αὐ|τοῖς καὶ προδικίαν καὶ ἀσυλίαν ‖¹⁵ καὶ ἔφοδον ἐπὶ
τὴν βουλὴν καὶ τὸν | δῆμον πρώτοις μετὰ τὰ ἱερὰ καὶ | προεδρίαν ἐν τοῖς ἀγῶσιν
καὶ | τἄλλα πάντα ὅσα καὶ τοῖς ἄλλοι|ς προξένοις καὶ εὐεργέταις ‖²⁰ τοῦ ἱεροῦ καὶ
τῆς πόλεως· ὅπω|ς δὲ καὶ κύρια ἦι τὰ ὑπὸ τοῦ δή|μου ἐψηφισμένα, ἀναγράψαι |
τόδε τὸ ψήφισμα τὴν μὲν βου|λὴν εἰς τὸ βουλευτήριον, τοὺς ‖²⁵ δὲ ἱεροποιοὺς εἰς τὸ
ἱερόν.

Sur la proposition d'Aristolochos fils de Nicodromos (cf. les nᵒˢ 15, 27 et 30),
le Conseil et le peuple accordent à Philistos, de Chios, en raison de « son
dévouement au sanctuaire et au peuple », le titre de bienfaiteur, la proxénie héréditaire, l'exemption de toutes les charges (cf. nᵒ 6), le droit de posséder terre et
maison, le droit de cité avec l'inscription dans une phratrie de son choix, un
droit de priorité dans les instances aux tribunaux, l'insaisissabilité, et les autres
privilèges dont jouissent les proxènes et bienfaiteurs du sanctuaire et de la
ville.

Les Chiotes ont été de bonne heure de zélés adorateurs d'Apollon. A Delphes,
les monuments de leur piété apparaissent dès le vɪᵉ siècle : Homolle, *BCH*,
1896, p. 617 et suiv. : plus tard, depuis les environs de l'année 260 jusqu'en
202, ils sont représentés dans le conseil amphictyonique par un hiéromnémon :
Swoboda, *Staatsalt.*, p. 351, note 4 ; Pomtow, *Klio*, 1914, p. 311 (qui admet
comme date initiale l'année 259/8). A Délos également, leur piété pour Apollon
se révèle dès le vɪᵉ siècle (nᵒ 1) ; au iiiᵉ et au début du iɪᵉ, la fréquence de leurs
relations avec le sanctuaire est attestée par les nombreux décrets de proxénie
rendus en faveur de citoyens de Chios, par les actes qu'ils y exposent eux-mêmes,
par leurs offrandes dans les temples : *IG*, XI, 4, 541, 547 (reproduit ci-dessus),
568, 572, 597, 598, 599, 628, 691 (= notre nᵒ 43), 715(?), 767, 793, 819-
820, 1022, 1195, 1197-8, 1249, 1250 ; *Sylloge²*, 588, l. 75, 158. Sans que nous
en ayons la preuve explicite, on peut soupçonner que l'opulente et industrieuse
cité de Chios était attirée vers ces grands sanctuaires par l'intérêt de son trafic non
moins que par la piété : à tout le moins voit-on qu'elle exportait des vases d'une

fabrication locale, que les inventaires de Délos mentionnent sous le nom de χιουρ-
γεῖς : *IG*, XI, 2, 110, 27, 111, 34; 112. 11 ; etc.

Le décret accorde à Philistos de Chios, outre la proxénie et le titre de bienfaiteur avec les avantages qui y sont d'ordinaire attachés, la πολιτεία, qui est un privilège exceptionnel à Délos et réservée à des personnages d'un caractère officiel,
comme Apollodoros de Cyzique (n° 20), Sostratos de Cnide (n° 22), et Dicaios
de Cyrène (n° 34). Par une clause plus rare encore, et dont ce texte offre à Délos
le seul exemple connu, il est spécifié que Philistos sera inscrit dans une φράτρα de
son choix : cf. von Schœffer, *De Deli ins. rebus*, p. 109. Il s'agit donc, selon l'apparence, d'un Chiote de marque, à moins qu'on n'ait voulu honorer en lui, par une
faveur toute spéciale, la cité elle-même.

**29**. DÉCRET DE DÉLOS EN FAVEUR DU PHILOSOPHE PRAXIPHANÈS (270-260). — Stèle de
marbre surmontée d'un fronton. — F. Durrbach, *BCH*, 1904, p. 137, n. 33 ; *IG*, XI,
4, 613.

Θεοί. | Ἔδοξεν τῆι βουλῆι καὶ τῶι δήμωι· | Χοιρύλος Θαρσύνοντος εἶπεν· |
ἐπειδὴ Πραξιφάνης ||[5] Διονυσιφάνους χρήσιμος ὢν | διατελεῖ τῆι πόλει τῆι Δηλίων |
καὶ ποεῖ ὅ τι δύναται ἀγαθὸν | Δηλίους καὶ λόγωι καὶ ἔργωι· | δεδόχθαι τῶι δήμωι·
εἶναι ||[10] Πραξιφάνη Διονυσιφάνου | εὐεργέτην τε τοῦ ἱεροῦ τοῦ ἐν | Δήλωι καὶ
πρόξενον Δηλίων καὶ | αὐτὸν καὶ ἐγγόνους αὐτοῦ καὶ εἶναι | αὐτοῖς ἀτέλειαν πάντων
καὶ γῆ[ς] ||[15] καὶ οἰκίας ἔγκτησιν καὶ πολι|τείαν καὶ προεδρίαν ἐν τοῖς | [ἀ]γῶσι·
ἐπιμελεῖσθαι δὲ αὐτῶν | [καὶ] τὴν βουλὴν τὴν ἀεὶ βουλεύ[[ουσαν] ἐάν τινος δέωνται
χρη||[20][ματίζο]υσαν πρώτοις μετὰ τὰ | [ἱερά· ὅπως δ]ὲ εἴ κύρια τὰ ὑπὸ τοῦ | [δήμου
ἐψηφισ]μένα, ἀναγράψαι | [τόδε τὸ ψήφισμ]α τὴν μὲν βουλὴν | [εἰς τὸ
βουλευτήρι]ον, τοὺς δὲ ||[25] [ἱεροποιοὺς εἰς τὸ ἱε]ρόν.

Proposition de Choirylos fils de Tharsynon. Le peuple décerne à Praxiphanès
fils de Dionysophanès, le titre de bienfaiteur et lui accorde la proxénie avec les
privilèges ordinaires.

C'est l'écriture qui permet de fixer la date approximative du décret. Wilhelm a
montré (*Jahreshefte*, 1905, p. 1 et suiv.) que le Praxiphanès ici honoré est le philosophe péripatéticien de ce nom, disciple de Théophraste et natif de Mitylène ;
cf. Susemihl, *Gesch. Lit. Alex.*, I, p. 144 : II, 664 ; Croenert, *Kolotes u. Mene-
demos*, p. 74, note 355 *a*, et p. 179.

**30**. DÉCRET DE DÉLOS EN L'HONNEUR DU POÈTE DÉMOTÉLÈS D'ANDROS (1ʳᵉ moitié du

III⁰ siècle). — Haut d'une stèle ornée d'un fronton. — Homolle, *BCH*, 1880, p. 345, n. 1 ;
*IG*, XI, 4, 544 : *Sylloge³*, 382.

Θεοί. | Ἔδοξεν τεῖ βουλεῖ καὶ τῶι δήμω[ι]. | Ἀριστόλοχος Νικοδρόμου εἶπ[εν]· |
ἐπειδὴ Δημοτέλης Αἰσχύ[λου] ||⁵ Ἄνδριος ποιητὴς ὢν πεπραγ[μά]|τευται περί τε
τὸ ἱερὸν καὶ τ[ὴν | π]όλιν τὴν Δηλίων καὶ τοὺς μύθου[ς] | τοὺς ἐ[π]ιχωρίους
γέγραφεν· | δεδόχθαι τῶι δήμωι· ἐπαινέσαι ||¹⁰ Δημοτέλην Αἰσχύλου Ἄνδριον |
ἀρετῆς ἕνεκα καὶ εὐνοίας τῆς περὶ | τὸ ἱερὸν καὶ τὸν δῆμον τὸν Δηλίω[ν] | καὶ
στεφανῶσαι αὐτὸν δάφνη[ς] | στ[εφάνωι κα]ὶ ἀναγορεῦσαι τὸν ||¹⁵ ἱε[ροκήρυκα —].

Le poète Démotélès fils d'Aischylos, d'Andros, reçoit l'éloge et une couronne
pour avoir « chanté le sanctuaire et la ville de Délos et célébré dans son poème
les légendes nationales. »

Sur l'auteur de la proposition, Aristolochos, voy. les n⁰ˢ 15, 27 et 28. — Le
poète Démotélès n'est pas connu par ailleurs. « On peut conjecturer qu'il avait écrit
une poésie du genre des prosodies ou des hymnes destinés à être récités dans les
fêtes d'Apollon... L'hymne de Callimaque εἰς Δῆλον peut donner l'idée d'une
composition de ce genre » (Hom.).

**31.** MONUMENT EN L'HONNEUR DE PHILÉTAIROS DE PERGAME (2⁰ moitié du III⁰ siècle).
— Bloc ayant fait partie d'une grande base en marbre bleuâtre, à l'Ouest du « temple des
Athéniens », qui supportait probablement une série de « statues-portraits » ; cf. G. Leroux,
*BCH*, 1910, p. 486 et suiv. — Homolle, *Monuments grecs*, I, p. 44, n. 6 ; *IG*, XI, 4,
1105 ; A. Reinach, *Mélanges Holleaux*, p. 234 et suiv.

Ὦ μάκαρ ὦ Φιλέταιρε, σὺ καὶ θείοισιν ἀοιδοῖς
καὶ πλάστῃσιν, ἄναξ, εὐπαλάμοισι μέλεις·
οἵ τὸ σὸν ἐξενέπουσι μέγα κράτος, οἱ μὲν ἐν ὕμνοις,
οἱ δὲ χερῶν τέχνας δεικνύμενοι σφετέρων,
5     ὥς ποτε δυσπολέμοις Γαλάταις θοὸν Ἄρεα μείξας
ἤλασας οἰκείων πολλὸν ὕπερθεν ὅρων·
ὧν ἕνεκεν τάδε σοι Νικηράτου ἔκκριτα ἔργα
Σωσικράτης Δήλωι θῆκεν ἐν ἀμφιρύτηι,
μνῆμα καὶ ἐσσομένοισιν ἀοίδιμον· οὐδέ κεν αὐτὸς
10      Ἥφαιστος τέχνην τῶν γε ὀνόσαιτ᾽ ἐσιδών.

« Bienheureux Philétairos, tu inspires, ô prince, et les divins aèdes et les
sculpteurs industrieux ; ils exaltent ta grande puissance, les uns dans leurs

hymnes, les autres dans les ouvrages où éclate le talent de leurs mains ; ils rappellent comment tu portas jadis l'impétueux Arès chez les Galates durs à la guerre,
et les rejetas loin au delà des frontières de ton pays. En retour, Sosicratès a dressé
pour toi, dans Délos battue par les flots, ces chefs-d'œuvre de Nikératos, monument digne à jamais d'être célébré ; Héphaistos lui-même, s'il les voyait, n'en
contesterait pas le mérite. »

Le premier éditeur, suivi par de nombreux savants, a pensé que Philétairos
était le fils d'Attale I, qui défit en effet les Galates en 171. L'écriture, au témoignage de P. Roussel, indique la fin du IIIᵉ siècle : on est donc ramené au fondateur de la dynastie pergaménienne, qui mourut à la fin de 263 ou au commencement de 262, bien que l'inscription soit notablement postérieure à sa mort : Holleaux, *Rev. des ét. gr.*, 1902, p. 310, note 3 ; cf. A. Reinach, qui fixe entre
276 et 270 la victoire du dynaste sur les Galates : *ibid.*, p. 271 ; *Mél. Holleaux*,
p. 243. L'expression de μάχαρ confirme que l'épigramme a été composée après la
mort du prince. La base devait supporter, avec son effigie, celles d'autres personnages de sa dynastie ; tel le monument des « ancêtres » d'Antigone Gonatas
(nᵒ 36) [cf. la restitution présentée par Courby, *BCH*, 1910, p. 488, fig. 2]. —
Nikératos est, sans doute, le statuaire athénien, dont on a une autre signature à
Délos (nᵒ 32), et qui vécut dans la première moitié du IIIᵉ siècle. Sosicratès a
pu faire transporter à Délos des statues exécutées au dehors ; ou bien en faire
exécuter une reproduction pour la base de Délos (P. Roussel).

Philétairos est l'auteur de la fondation des *Philétaireia* ; le premier vase de la
série étant de 262, elle doit être reportée à l'année précédente : *IG*, XI, 2, 287,
B, l. 119 ; cf. Homolle, *Arch.*, p. 61 ; Schulhof, *BCH*, 1908, p. 106. Cette date
coïncide avec l'alliance qui rapprocha Pergame de l'Égypte, alors souveraine à
Délos : elle permit la victoire d'Eumène sur Antiochos I à Sardes, en 262 :
E. Pozzi, *Mem. Accad. di Torino*, 1913, p. 325 ; Tarn, *Antig. Gon.*, p. 314,
note 6, et p. 430.

**32.** Signature des statuaires Nikératos et Phyromachos d'Athènes (275-260 ?).
— Base rectangulaire de marbre, à l'Ouest du temple d'Apollon. — Homolle, *BCH*,
1878, p. 397, n. 2 ; *IG*, XI, 4, 1212 ; A. Reinach, *Mélanges Holleaux*, p. 236.

Νικήρατος, Φυρόμα|χος Ἀθηνα|ῖοι ἐπόησαν.

« Œuvre de Nikératos et de Phyromachos, d'Athènes. »

La collaboration de Nikératos avec Phyromachos, sculpteur habituel des princes
de Pergame, semble prouver que cet artiste est le même que l'auteur du monu-

ment de Philétairos (n° 31). Pline (XXXIV, 80) nomme, avec Phyromachos, un Nikératos, dont nous savons par Tatien (*ad. Graecos*, 53) qu'il était fils d'Euctémon et Athénien ; d'où la restitution ['Αθηνα]ῖοι proposée par Loeschcke, *Archaeol. Miscellen* (progr. de Dorpat, 1880), et la date assignée à ces deux maîtres par Loewy, *Inschr. gr. Bildh.*, 96 et 118. Les conclusions de ce savant, contestées par Fränkel (*Inschr. v. Pergamon*, 132, 133), sont confirmées par la signature de Délos, que la paléographie reporte à la première moitié du IIIᵉ siècle. — On a pensé, mais à tort, reconnaître en Nikératos l'auteur du *Gaulois* de Délos : G. Leroux, *BCH*, 1910, p. 486.

**33.** Dédicace du dynaste Eumène I de Pergame (263-241). — Base de marbre, au Nord-Ouest du sanctuaire. — Homolle, *Archives*, p. 61, note 1 ; *IG*, XI, 4, 1107.

Εὐμένης Εὐμένου | τοῦ Φιλεταίρου ἀδελφοῦ | καὶ Σατύρας τῆς Ποσειδωνίου.

« Eumène, fils d'Eumène frère de Philétairos, et de Satyra fille de Poseidonios. »

Il s'agit d'Eumène, neveu et successeur de Philétairos (n° 31). Strabon (XIII, 4, 2), donne en effet pour frères à Philétairos un Eumène, dont celui-ci est le fils, et un Attale. D'autre part Diogène de Laërte (IV, 38) désigne Eumène comme fils de Philétairos, Εὐμένης Φιλεταίρου ; et la même appellation se retrouve dans l'inscription des mercenaires de Pergame : *Inschr. v. Pergamon*, 13 = *Or. gr.*, 266. Ces deux données se concilient, si l'on admet qu'Eumène a été adopté par son oncle, lui-même sans héritier : cf. en dernier lieu Cardinali, *La genealogia degli Attalidi* (*Mem. Accad. Bologna*, 1912-13, p. 177 et suiv.). L'écriture ne permet pas de supposer que la dédicace est antérieure à l'adoption ; — mais la mention de la mère entraînait, semble-t-il, celle du père réel de préférence à celle du père adoptif : Cardinali, *Rendiconto Accad. Bologna*, 1913-14, p. 40-41. — Cf. le comm. du n° 52. — Un autre fragment de dédicace peut être attribué, d'après l'écriture, au même souverain : *IG*, XI, 4, 1106.

**34.** Décret de Délos en faveur de Dicaios de Cyrène, officier d'un Ptolémée (milieu du IIIᵉ siècle). — Stèle de marbre. — *CIG*, 2267 ; *IG*, XI, 4, 631.

συμ — — — — — — — — | λοι οἱ παρα[γενόμενοι? τῶν πο]|λιτῶν
ἀναγγέ[λλουσιν ὅτι Δί]|καιος τεταγμένο[ς ὑπὸ τὸν] ||⁵ βασιλέα Πτολεμαῖον [ἀνὴρ
ἀ]|γαθός ἐστι περί τε τὸ ἱερὸν κ[αὶ] | τὴμ πόλιν τὴν Δηλίων καὶ χρ[εί]|ας διατελεῖ
παρεχόμενος Δη|λίων τοῖς ἐντυγχάνουσιν [αὐτῶι] ||¹⁰ καὶ κοινῆι καὶ ἰδίαι· δεδόχθαι

τῶι | δήμωι· ἐπαινέσαι μὲν Δίκαιον | Διοκλέους Κυρηναῖον ἀρετῆς ἕ|νεκεν καὶ
εὐσεβείας τῆς εἰς τὸ ἱ|ερὸν καὶ εὐνοίας τῆς εἰς τὸν [δῆ]|| [15] μον τ(ὸ)ν Δηλίων· εἶναι
δὲ χ[αὶ αὐ]|τὸν πρόξενον καὶ εὐεργέ[την] | τοῦ ἱεροῦ καὶ Δηλίων καὶ αὐ[τὸν] | καὶ
ἐκγόνους· εἶναι δὲ αὐ[τοῖς ἀ]|τέλειαν ἐν Δήλωι καὶ [πολιτεί]|| [20] αν καὶ γῆς καὶ
οἰκ[ίας] ἔγκτη[σιν] | καὶ πρόσοδον πρὸς τὴμ βουλὴν | καὶ τὸν δῆμον πρώτοις μετὰ ||
τὰ ἱερὰ καὶ προεδρίαν ἐν τοῖς ἀ|γῶσι καὶ αὐτῶι καὶ ἐκγόνοις καὶ || [25] τὰ ἄλλα ὅσα
καὶ τοῖς ἄλλοις προ|ξένοις καὶ εὐεργέταις δέδοται· ἀνα|γράψαι δὲ τόδε τὸ ψήφισμα
τὴμ μὲμ βουλὴν εἰς τὸ βουλευτήριον, τοὺς δὲ | ἱεροποιοὺς εἰς τὸ ἱερόν.

Le peuple de Délos décerne à Dicaios fils de Dioclès, de Cyrène, préposé du
roi Ptolémée, l'éloge, la proxénie, le titre de bienfaiteur et le droit de cité, avec
les privilèges ordinaires, pour lui et ses descendants, en raison de son dévouement
et de ses services publics et privés.

Le roi Ptolémée dont il est ici question est l'un des trois premiers (306-221),
car le président de l'assemblée n'est pas mentionné à la fin du texte, comme il est
d'usage à partir de 230 : cf. les n°ˢ 48 et 49 I ; mais entre les trois, on n'a guère
de raisons de choisir. Je pense cependant que Soter (306-285) doit être mis hors
de cause, l'Égypte n'ayant évincé les Antigonides des Cyclades qu'à l'extrême fin
de son règne. Meyer, *Heerwesen d. Ptolem.*, p. 20, s'est prononcé pour Philadelphe, mais sans faire valoir d'argument.

**35.** Dédicace du portique d'Antigone Gonatas (milieu du III⁰ siècle). — Sur deux
blocs de l'épistyle du portique édifié au Nord-Est du téménos d'Apollon. — Holleaux,
*C. R. Acad. Inscr.*, 1907, p. 338 ; *Exploration arch. de Délos*, t. V (*Le Portique d'Antigone ou du Nord-Est*), p. 37 et suiv. (F. Courby) ; *IG*, XI, 4, 1095.

[Βασιλεὺς Ἀντίγονος βασιλέως Δη]|μητρίου Μακε[δὼν Ἀπόλλω]νι.

« Le roi Antigone, fils du roi Démétrios, Macédonien, à Apollon. »

Le grand portique qui borde au Nord le téménos d'Apollon, et qu'on a longtemps désigné sous le nom de Portique des Cornes, doit être attribué, depuis la
découverte de cette dédicace, à l'un des princes de la dynastie macédonienne.
Trois d'entre eux sont fils d'un Démétrios : Antigone Gonatas, fils du Poliorcète
(276-239), Doson, fils de Démétrios le Beau (229-221), et Philippe V, fils de
Démétrios II (221-179). Philippe ayant élevé le grand portique du S.-O. (n° 51),
il est peu probable qu'il ait fait construire, au Nord du sanctuaire, un édifice d'une
importance égale ; quant à Doson, rien ne prouve qu'il ait témoigné à Délos un
intérêt particulier, sauf le monument qui rappelait sa victoire de Sellasie (n° 45).

Chacun d'eux adopte dans les dédicaces un formulaire différent : Doson associe à son nom les Macédoniens : β. Ἀντίγονος β. Δημητρίου καί Μακεδόνες ; Philippe V s'intitule βασιλεὺς Μακεδόνων ; la dédicace ci-dessus, dont la restitution est certaine, est identique à la suscription des vases d'une des fondations de Gonatas : β. Ἀντίγονος β. Δημητρίου Μακεδὼν Πανί (inv. de *Sosistratos*, en 200, *B*, l. 20). C'est donc à ce roi que, selon toute apparence, il convient d'attribuer ce magnifique édifice, témoignage éclatant de l'autorité qu'il revendiquait et que sans nul doute il exerçait à Délos.

Les documents déliens apportent quelque précision sur les péripéties mal connues qui, au milieu du iiie siècle, firent passer la suprématie maritime des Ptolémées à la monarchie macédonienne. C'est en 253 que sont instituées les *Antigoneia*, la plus ancienne des trois fondations pieuses de Gonatas, dont le premier vase est daté par l'archonte de 252 : *IG*, XI, 2, 287, *B*, l. 125 ; cette même année la reine Stratonice, sœur et belle-mère d'Antigone, institue les *Stratonikeia* ; ou plutôt son frère les institue en son nom, χορεῖα ὑπὲρ βασ. Στρατονίκης : *ibid.*, l. 124 ; cf. le comm. du nᵒ 16. En 244, apparaissent les premiers vases de deux autres fondations simultanées d'Antigone, les secondes et les troisièmes *Antigoneia*, qui portent aussi, respectivement, les noms de *Paneia* et de *Sotéria*, d'après les divinités auxquelles s'adressait l'hommage du roi : Schulhof, *BCH*, 1908, p. 112 et suiv. ; Tarn, *Antig. Gon.*, p. 380, note 33 ; la fondation de ces deux dernières fêtes remonterait donc à l'année précédente, 245. Vers le même temps, trois couronnes d'or étaient consacrées par Antigone dans le temple d'Apollon, l'une un peu avant, les deux autres un peu après 250 (*IG*, XI, 2, 287, *B*, l. 63 ; *Syll.*², 588, *B*, l. 10-11). La quadruple fondation du roi, en 253 et en 245, si on la rapproche de la construction du Portique devant lequel il dressa les images de ses ancêtres (nᵒ 36), paraît attester qu'il est à ces deux dates le maître de Délos et des Cyclades. Deux victoires navales, dont le souvenir nous a été transmis sans indication de date précise, expliquent peut-être comment les îles ont, à ce moment, passé sous une nouvelle autorité : la première est celle de Cos qui ébranla, sans l'abattre entièrement, la puissance des Ptolémées ; la seconde, celle d'Andros, qui la ruina définitivement : l'une aurait, dans cette hypothèse, précédé de peu les deux premières fondations antigonides (253) ; l'autre, les deux dernières (245). Pour la bibliographie, voir Swoboda, *Griech. Staatsaltert.*, p. 418 et suiv. ; P. Roussel, *Les cultes ég. à Délos*, p. 243, note 8 ; G. Glotz, *Rev. des ét. gr.*, 1916, p. 34-39 : je souscris, avec de légères réserves, aux conclusions de ce dernier savant. En somme, il paraît bien que Gonatas a fait une première apparition à Délos en 253, et sans doute s'y est-il maintenu pendant trois ou quatre ans ; mais il n'est guère contestable que, peu après 250, Philadelphe y reprend l'influence, et que son successeur Évergète n'en est définitivement éliminé qu'après 246. Dans l'inscription d'Adoulis, Évergète se vante d'avoir recueilli les Cyclades dans l'héritage de son père : *Or. gr.*, 54, l. 7-8. Ce document, il est vrai, pourrait n'exprimer qu'une prétention ou une revendication ; mais la fondation de la deuxième et de la troisième série des fêtes ptolémaïques à Délos prouve une possession réelle : la deuxième, qui remonte à 249, puisque le premier vase est de l'année suivante, est une fondation de Philadelphe (références dans Tarn, *Antig. Gon.*, p. 366, note 69) ; la troisième, qui porte aussi le nom de *Theuergésia*, a pour date initiale 246, et pour auteur Évergète, qui affirme ainsi, dès son avènement, sa puissance (Tarn, *ibid.*, p. 376, note 21). Un témoignage plus décisif encore de la maîtrise d'Évergète dès la première année de son règne (246), est fourni par le compte d'*Eidocritos* (l. 130-131), daté de cette année même. Je crois devoir y restituer : εἰς τὴν κήρωσιν τοῦ ἀνδριάντος οὗ ἀνατίθησιν [ὁ δῆμος βασιλέως Π]τολεμαίου : la lacune ne comporte pas de supplément plus long, en dehors du titre royal de Ptolémée, que les mots ὁ δῆμος : on ne comprendrait pas que les Déliens eussent engagé une dépense pour une statue qu'ils n'eussent pas consacrée eux-mêmes, ni accordé un tel honneur à un prince dont ils n'auraient pas eu à reconnaître la protection et les bienfaits. C'est donc l'année suivante seulement que Gonatas a pu reconquérir le protectorat de Délos. — Quant au Portique, il faut renoncer, croyons-nous, à déterminer si le projet en fut conçu et la construction entreprise dès l'année 253, ou postérieurement à 245 ; F. Courby, qui s'était prononcé tout d'abord pour la seconde hypothèse (*l. l.*, p. 39 et 123), a essayé depuis de démontrer la première (*BCH*, 1914, p. 296 et suiv.) ; mais P. Roussel a exprimé les objections qu'on peut élever à ce propos : *Rev. des ét. gr.*, 1915, p. 468.

**36.** Monument des « Ancêtres » d'Antigone Gonatas (milieu du III<sup>e</sup> siècle). — Dédicace gravée sur un des blocs d'une base monumentale dressée parallèlement à la face du Portique d'Antigone, et qui soutenait, d'après les indices conservés, vingt et une statues. Au-dessus de la dédicace reproduite plus bas, vestiges d'un nom qui désignait un de ces personnages. Sur un deuxième bloc étaient inscrits deux autres noms, l'un à gauche à peu près complètement effacé, Εὐ.. ; l'autre doit peut-être se lire Πε[ρδ]ίκ[κ]ας, mais les traces sont extrêmement douteuses. Holleaux, *Comptes rendus Acad. Inscr.*, 1908, p. 165 et suiv. ; Courby, *Le Portique d'Antigone ou du Nord-Est* (*Explor. archéol. de Délos*, t. V), p. 74 et suiv. ; *IG*, XI, 4, 1096.

[Βασιλεὺς Ἀντίγονο]ς βασιλέως Δημητρίου Μα[κεδὼν | τοὺς ἑ]αυτοῦ προγόνους Ἀπόλλωνι.

« Le roi Antigone, fils du roi Démétrios, Macédonien. (a consacré) les effigies de ses ancêtres à Apollon. »

La formule de la dédicace, identique à celle du Portique (n° 35), indique Antigone Gonatas. Il avait, dans le même temps, consacré le Portique et les images de ses aïeux. Parmi ces statues ont dû figurer, avec les deux premiers rois de la dynastie, quelques uns de leurs proches et de leurs ancêtres historiques ou légendaires ; le nom de chacun était inscrit sous son effigie (Holleaux, Courby).

**37**. DÉDICACE DE LA REINE PHILA, ÉPOUSE D'ANTIGONE GONATAS (milieu du III⁰ siècle). — Base ronde composée de trois fragments rajustés, trouvés dans l'Artémision. — Homolle, *BCH*, 1880, p. 210, n° 1 ; Michel, 1295 ; *Or. gr.*, 216 ; *IG*, XI, 4, 1098.

[Βασίλισ]σαν Φίλαν | [βασιλέω]ς Σελεύκου | [βασιλέ]ως δὲ 'Αντιγόνου | [γυ]να[ῖ]κα ||ᵃ [— — ο]φάνης Δημ — — | [Τ]ενέ[δ]ιο[ς.] | Παρθενοκλῆς 'Αθηναῖο[ς ἐποίησε.]

« La reine Phila, fille du roi Séleucos, épouse du roi Antigone : ...ophanès, fils de Dém.... de Ténédos. (a consacré sa statue). — Œuvre de Parthénoclès d'Athènes. »

Phila, fille de Séleucos I Nicator (306-280) et de Stratonice, épousa vers 277 Antigone Gonatas (276-239). La statue doit avoir été consacrée vers le milieu du III⁰ siècle, en tout cas avant la mort de Gonatas. Elle s'ajoute à tous les documents qui démontrent l'influence macédonienne à cette époque : Tarn, *Antig. Gonatas*, p. 389, note 60.

**38**. DÉDICACE DES INSULAIRES EN L'HONNEUR D'AGATHOSTRATOS DE RHODES (vers 250). — Base de marbre ronde. — Homolle, *Monuments grecs*, 1879, p. 52, n° 11 ; *IG*, XI, 4, 1128 ; *Sylloge*³, 455.

Τὸ κοινὸν τῶν | νησιωτῶν | 'Αγαθόστρατον | Πολυαράτου ||ᵃ 'Ρόδιον | θεοῖς πᾶσι. | Φυλῆς 'Αλικαρνασσεὺς | ἐποίει.

« La confédération des Insulaires (consacre la statue d') Agathostratos fils de Polyaratos, de Rhodes, à tous les dieux. — Œuvre de Phylès d'Halicarnasse. »

Une dédicace du milieu du III⁰ siècle, trouvée à Lindos, fait connaître un triérarque du nom d'Agathostratos fils de Polyaratos : Blinkenberg et Kinch, *Explor. arch. de Rhodes, III⁰ Rapport*, p. 48 et suiv. Ad. Wilhelm a établi d'autre part que le sculpteur Phylès a vécu dans le courant de ce siècle : *Jahreshefte*, 1905.

p. 1 et suiv. Il ne paraît pas douteux qu'il faille reconnaître dans le personnage des dédicaces de Lindos et de Délos l'Agathostratos amiral de la flotte rhodienne qui, au témoignage de Polyen (*Strategem.*, V, 18), vainquit à Éphèse une escadre de Ptolémée commandée par l'Athénien Chrémonidès : Schumacher, *Rhein. Mus.*, 1886, p. 223 et suiv. La bataille d'Éphèse, dont la date flottait entre 258 et 242 (cf. Blinkenberg-Kinch, *ibid.*, p. 55 ; Ferguson, *Hell. Athens*, p. 198 ; Tarn, *Antig. Gon.*, p. 378, note 26) est maintenant fixée par la *Chronique de Lindos* sous le règne de Philadelphe (Blinkenberg, p. 20, XXXVII) ; elle est donc antérieure à 246. La paléographie assigne à la dédicace des Insulaires, comme à l'inscription de Lindos, une date toute voisine de 240. — On avait conclu de ce document que Rhodes, après les Lagides, avait exercé le protectorat des Cyclades : Dittenberger, *l. l.*, note 2 ; von Schoeffer, *De Deli ins. rebus*, p. 101 et suiv. et *Realenc.*, s. v. *Delos*, IV, col. 2483 ; mais il n'y a de cela aucune apparence : cf. Delamarre, *Rev. de philol.*, 1902. p. 324. Les Rhodiens font figure, dans le milieu du IIIe siècle, d'alliés d'Antigone contre l'Égypte ; et c'est à ce titre, sans aucun doute, que les Insulaires honorent leur amiral Agathostratos.

**39.** Décret de Délos en faveur d'un navarque et de trois triérarques rhodiens (milieu du IIIe siècle). — Stèle de marbre, brisée en haut et en bas, entamée sur les bords. — *IG*, XI, 4, 596.

['Ἔδοξεν τῆι βουλῆ[ι καὶ τῶι δήμωι· — — | Ἱ]ερομβρότου εἶπεν· [ἐπειδὴ Ἀντιγένης | α]ἱρεθεὶς ὑπὸ τοῦ δήμο[υ τοῦ Ῥοδίων ναύ|α]ρχος ἐπὶ τῆς φυλακῆς τ[ῶν νήσων καὶ] ||⁵ ἐπὶ σωτηρίαι τῶν Ἑλλήνων καὶ [τριή|ρ]αρχοι Τιμαφά[ν]ης καὶ Δίοννος καὶ Ἡ[γήσ]|ανδρος Ῥόδιοι ἄν[δρ]ες ἀγαθοί εἰσι περὶ τ[ὸ] | ἱερὸν καὶ τὴν πόλιν τὴν Δηλίων κα[ὶ] | τὴν φυλακὴν τῶν Ἑλλήνων· δεδόχθα[ι] ||¹⁰ τῶι δήμωι· εἶναι προξένους καὶ εὐεργέ[έ]|τας [το]ῦ ἱεροῦ καὶ τῆς πόλεως τῆς Δηλίω[ν] | Ἀντι[γ]ένη Θεώρου, Τιμαφάνη Ἀναξιπόλιο[ς,] | Δίοννον Πολυδώρου, Ἡγήσανδρον Βουλάν[α]|κτος καὶ αὐτοὺς καὶ ἐγγόνους καὶ εἶναι α[ὐ]||¹⁵τοῖς ἐν Δήλωι πάντων ἀτέλειαν καὶ πρ[ο|ε]δρ[ίαν κα]ὶ γῆ[ς] καὶ οἰκίας ἔγκτησιν καὶ πρ[ό|σ]ο[δ]ο[ν πρὸ]ς τὴν βο[υλ]ὴν καὶ τὸν δῆμον πρ[ώ]τοις μ]ετὰ [τὰ ἱ]ερά· ὑπάρχειν δὲ αὐτοῖς καὶ τ[ὰ | ἄλλα] ὅσα [καὶ τοῖς ἄλ]λοις προξένοις καὶ εὐε[ρ||²⁰γ[έταις τ[ο]ῦ [ἱ]ερ[οῦ x]αὶ τῆ[ς] πόλεως τῆς Δη|λίων· ἀναγ[ρα.]ψ[αι δ]ὲ τόδε τὸ ψήφισμα τὴ[ν] | μὲν βουλὴν εἰς τὸ βουλευτήριον, τοὺς δὲ ἱ[ε]|ροποιοὺς εἰς τὸ ἱερόν.

« Attendu qu'Antigénès, élu navarque par le peuple des Rhodiens avec mission de garder les Iles pour le salut des Hellènes, et les triérarques Timaphanès, Dionnos et Hégésandros, de Rhodes, veillent avec zèle sur le sanctuaire et la ville de Délos et assurent la défense des Hellènes : le peuple décide de nommer proxènes et bienfaiteurs du sanctuaire et de la ville de Délos Antigénès fils de Théoros, Timaphanès fils d'Anaxipolis, Dionnos fils de Polydoros, Hégésandros fils de Boulanax. » Privilèges ordinaires.

On a cru pouvoir attribuer au navarque et aux officiers rhodiens un rôle dans la bataille d'Éphèse, gagnée par l'amiral Agathostratos de Rhodes (n° 38) : Hiller, cité par P. R. Cependant les termes du décret impliquent moins une opération militaire qu'une surveillance de police : P. Roussel, *BCH*, 1907, p. 359, note 4 ; cf. le comm. du n° 41. On remarquera, néanmoins, la fréquence des monuments qui, à cette époque, rappellent le souvenir de Rhodes et d'officiers de la marine rhodienne : cf. le n° suivant, les dédicaces *IG*, XI, 4, 1133-1134, et les témoignages répétés de la piété des Rhodiens dans les inventaires des hiéropes : théories qui, périodiquement, dès la fin du IVᵉ siècle, arrivaient à Délos de Rhodes, aussi bien que de Cos et d'Alexandrie, et qui étaient l'occasion du dépôt d'une phiale dans l'Artémision d'abord, et plus tard dans le temple d'Apollon : *IG*, XI, 2, 161, *B*, l. 13-18 ; 63-75 ; *ibid.*, 287, *B*, l. 36-44 ; 84-86 ; etc. Ces négociants avisés songeaient surtout aux intérêts de leur commerce, qui trouvait dans le grand marché de Délos une place avantageuse à exploiter. Il est à noter que ces hommages se multiplient jusqu'aux environs de l'année 250, puis qu'ils se ralentissent jusqu'au début du IIᵉ siècle, et qu'ils reprennent au moment même où Rhodes reconstitue à son profit la confédération des Insulaires (n° 63) : cf. Homolle, *BCH*, 1891, p. 121 et suiv. ; *Rapport sur une mission*, in *Arch. des missions scientif.*, 1887, p. 420 et suiv.

**40**. Dédicace de Peisistratos, navarque rhodien (milieu du IIIᵉ siècle ?). — Base rectangulaire de marbre, au Sud-Est des Propylées. — Homolle, *BCH*, 1879, p. 471, n. 3 ; Michel, 1155 ; *IG*, XI, 4, 1135.

Πεισίστρατος Ἀριστολόχου Ῥόδιος | ναυαρχήσας καὶ τοὶ συστρατευσάμενοι [ἀπ]ὸ τῶν λαφύρων Ἀπόλλωνι.

« Peisistratos fils d'Aristolochos, de Rhodes, navarque, et ses compagnons d'armes, (ont consacré) à Apollon (cette statue) sur le butin de guerre. »

Cf. les nᵒˢ 38-39. — P. Roussel ne pense pas pouvoir dater ce texte avec une entière précision. Un Peisistratos conduisit une théorie de Rhodes à Délos peu d'années avant 250 : *IG*, XI, 2, 287, *B*, l. 85, mais l'identification ne saurait être certaine. Peut-être le navarque est-il le père d'un Ἀριστόλοχος Πεισιστράτου qui est nommé dans un texte voisin de la fin du IIIᵉ siècle : *SGDI*, 3749, l. 102.

**41. Décret des Étoliens garantissant la sécurité a Délos (250).** — Haut d'une stèle à fronton, brisé en deux morceaux qui se rajustent. — *IG*, XI, 4, 1050.

Δό[γ]μα Αἰτωλῶν. | Δαλί[οι]ς εἶμεν ἀσφάλειαν τὰ | ἀπ' Α[ἰτω]λῶν καὶ τῶν πό[λεων — —].

« Décret des Étoliens. Les Déliens auront sécurité en tant qu'il dépend des Étoliens et des villes (de leur confédération)... »

Ce fragment peut être daté exactement de l'année 250, grâce à la mention qui est faite dans les comptes de *Sosisthénès* du salaire, 2 drachmes 3 oboles, payé à l'ouvrier qui avait gravé τὸ δόγμα τὸ Αἰτωλῶν : *IG*, XI, 2, 287, A, 80-81.

La lutte indécise de l'Égypte et de la Macédoine, au milieu du IIIe siècle, en privant les Cyclades de protection, avait laissé le champ libre à la piraterie toujours prête à renaître. Peut-être le décret ci-dessus n° 39 est-il l'indice de cet état d'insécurité. Les corsaires étoliens étaient particulièrement redoutés ; les inscriptions, mieux encore que les textes littéraires, fournissent la preuve de leurs méfaits : déprédations, enlèvements, etc., ou nous révèlent les concessions de garanties qu'ils accordaient. Tel semble être l'objet du δόγμα dont les Déliens gardaient dans leur temple un exemplaire, et dont ils furent peut-être redevables à l'intervention de Delphes : cf. Tarn, *Antig. Gon.*, p. 354. D'après les quelques mots qui subsistent, on voit en effet qu'il devait rappeler, dans sa teneur, les textes où Delphes et les Étoliens accordent de concert le privilège de l'inviolabilité à nombre de villes ou de sanctuaires, tant de la Grèce que de l'Asie, au cours du IIIe siècle et dans le premier tiers du IIe : on en trouvera l'énumération dans Tarn, *ouvr. cité*, p. 209, note 133 ; cf. notamment *Sylloge*[3], 554 (Magnésie du Méandre), 563 = Michel, 68 (Téos), 629 (temple d'Athéna Niképhoros à Pergame), et les textes que nous citons ci-après.

Une autre stèle, dont le haut seul s'est conservé, porte l'intitulé : [ψή]φισμ[α] Ναυπακτ[ίων] : *IG*, XI, 4, 1051. L'écriture indique une date tout à fait contemporaine du δόγμα des Étoliens, et il est difficile de ne pas chercher une relation entre les deux textes : peut-être sont-ils simultanés et connexes comme les deux décrets conjugués *Sylloge*[3], 522 = *IG*, XII, 4, 526 et 527 (cf. 532 et 539), par lesquels Étoliens et Naupactiens garantissent la sécurité des habitants de l'île de Céos, admis dans leur Ligue avec droit de cité.

Dans le même temps, un Étolien, Nicolaos fils d'Agias, de Proscheion, fondait en 252 à Délos la fête perpétuelle des *Nicolaea*, inaugurée en 251 par la consécration de la première coupe commémorative : *IG*, XI, 2, 287, B, l. 126, 128. On peut se demander si ce personnage, assurément notable, n'a pas été l'intermédiaire ou le négociateur même du traité qui mit Délos à l'abri de toute insulte des pirates étoliens. Il fut honoré par le peuple de Délos d'une statue (*IG*, XI, 4, 1075), faveur que l'on accordait souvent aux ambassadeurs étrangers[1]. Enfin le décret pour Boucris, que nous donnons ci-après (n° 42) n'est peut-être pas sans rapport avec les mêmes circonstances.

Entre les décrets de l'Étolie et de Naupacte, qui concernent Céos d'une part et Délos de l'autre, il serait séduisant de retrouver quelque lien. Hiller von Gaertringen avait pensé tout d'abord pouvoir rapporter les premiers aux environs de l'année 262/1 (*IG*, XII, 5, *Testimon.* 1322), en se fondant sur la participation fréquente en ce temps-là des habitants de Céos aux *Sotéria* de Delphes, de 262 à 256 (*SGDI*, 2563-2565), et sur la collation de la proxénie à quelques citoyens de cette île, isolément ou en groupe (*ibid.*, 2629, 2660); mais les critiques sont d'accord aujourd'hui pour chercher la date de ces décrets dans les vingt dernières années du IIIᵉ siècle, ou même au début du IIᵉ : Swoboda, *Staatsaltert.*, p. 350, note 6; cf. p. 330, note 4. En sorte qu'il faut renoncer à l'hypothèse d'un synchronisme entre les textes découverts à Céos et à Délos. Il n'en reste pas moins que les mesures de faveur prises par les Étoliens dans l'un et l'autre cas procèdent sans doute des mêmes mobiles et nous renseignent sur l'orientation maritime de la politique étolienne. En devenant grande puissance et pour le demeurer, l'Étolie devait, comme dans le passé de grands États continentaux, tels que Sparte et Thèbes, comme au IIIᵉ siècle les monarchies hellénistiques, chercher à conquérir la maîtrise de la mer, condition de l'hégémonie. En 259/8 apparaît pour la première fois, dans les listes amphictyoniques, un hiéromnémon de Chios, autre témoin des relations égéennes de l'Étolie : Swoboda, *ouvr. cité*, p. 351, note 2 (bibliographie); Pomtow, *Klio*, 1914, p. 288, n. 12 (= *Sylloge³*, 443); cf. p. 311 : le décret par lequel la ville de Chios exprime aux Étoliens sa reconnaissance pour ce privilège, rappelle qu'elle obtenait en même temps, comme Délos et Céos, une garantie explicite contre toute entreprise de la piraterie étolienne (l. 5-6). Le conflit des Ptolémées et des Antigonides, avec des chances alternées, offrait à une puissance tierce une occasion favorable de prendre pied dans les îles, en se glissant

---

1. Il n'est pas exact, comme l'a écrit Tarn, *loc. l.*, note 32, que l'on trouve dans les inventaires de Délos la mention de deux offrandes de ce personnage. Le Nicolaos qui a consacré, avant 279, un statère d'or (χρυσοῦς) dans le prodomos du temple d'Apollon (*IG*, XI, 2, 161, *B*, l. 83), n'est pas l'Étolien, mais un Rhodien homonyme : cf. *Sylloge²*, 588, *B*, l. 39. D'autre part la bague ornée d'une pierre précieuse qui est mentionnée dans le même édifice, *IG*, XI, 2, 287, *B*, l. 46, n'est pas une offrande de Nicolaos, mais d'un certain Dexilaos, dont le nom précède. La ponctuation que j'ai donnée dans ce texte n'est pas exacte ; il faut la rectifier ainsi : Δεξιλάου δακτύλιος λιθάριον ἔχων· Νικολάου χρυσοῦς λυ|σιμάχειος ; il s'agit donc, ici encore, du même statère offert par le Rhodien Nicolaos.

entre les deux monarchies rivales, ou en s'appuyant tour à tour sur l'une ou sur l'autre.

La ville de Naupacte, pourvue du meilleur port du golfe de Corinthe et d'une hardie population de marins, liée par une antique parenté avec l'une des Cyclades, puisqu'elle était la métropole locrienne de Céos (*IG*, XII, 5, *Testimon.* 1475), était particulièrement qualifiée pour participer, sinon présider, à cette expansion.

Les *Nicolaeia* sont organisées sur le même type que les fêtes qui reçurent les noms des rois et reines de l'Égypte et de la Macédoine, *Ptolémaieia, Antigoneia, Démétrieia, Stratonikeia* ; on peut donc se demander si elles ne manifestent pas, comme elles, une ambition et un esprit de concurrence à l'égard des autres puissances maritimes. Cependant nous ignorons si Nicolaos agit comme délégué de la Ligue étolienne, et non pas en son nom personnel, ainsi qu'on doit le supposer pour les fondateurs d'autres fêtes périodiques créées ultérieurement, *Donakeia, Pataikeia, Gorgieia, Philonideia*, etc. Quoi qu'il en soit, la destinée des *Nicolaeia* paraît avoir été précaire ; qu'elles décèlent ou non des intentions politiques et un effort de propagande parmi les insulaires, on doit constater le peu de solidité de la puissance maritime des Étoliens qui durent, pour l'ordinaire, se réduire au rôle lucratif de pirates de la mer Égée, n'en pouvant rester les maîtres.

**42.** Décret de Délos accordant la proxénie a Boucris de Naupacte (milieu du iii⁰ siècle). — Partie supérieure d'une stèle à fronton. — Homolle, *BCH*, 1891, p. 359 ; *IG*, XI, 4, 692 ; *Sylloge*³, 500.

Ἔδοξεν τῆι βουλῆι καὶ τῶι δήμωι· Φίλιος Χαρίλα | εἶπεν· Ἐπειδὴ [Βο]ὖκρις Δαίτα Ναυπάκτιος ἀνὴρ ἀγ[α|θ]ὸς ὢν διατελε[ῖ] περί τε τὸ ἱερὸν·καὶ Δηλίους x[αὶ] λ]έγων ἀγαθὸν ὅ τ[ι] ἂν δύνηται καὶ πράττ[ων ὑπέρ τε] ||ⁿ τοῦ ἱεροῦ καὶ Δηλί[ω]ν καὶ κοινῆι τοῖς ἐντ[υγχάνουσιν] | Δηλίων καὶ ἰδίαι χρ[εί]ας διατελεῖ π[αρεχόμενος | ο]ὗ ἄν τις αὐτὸν παρακαλεῖ· πε[ρὶ δὴ τούτων δεδό]|χθαι τῆι βουλῆι καὶ τ[ῶι δήμωι· εἶναι Βοὖκριν Δαίτα] | Αἰτωλὸν ἐκ Ναυπ[άκτου πρόξενον τοῦ τε ἱεροῦ] ||¹⁰ καὶ Δηλίων· [εἶναι δὲ αὐτῶι ἐν Δήλωι ἀτέλει]|αν καὶ προε[δρίαν ἐν τοῖς ἀγῶσιν? — — καὶ | πρ]όσο[δον πρὸς τὴν βουλὴν καὶ τὸν δῆμον — —].

« Décret du Conseil et du peuple. Proposition de Philios fils de Charilas : Attendu que Boucris fils de Daitas, de Naupacte, s'est toujours montré dévoué au sanctuaire et aux Déliens, qu'il ne cesse de parler et d'agir, autant qu'il le peut, dans l'intérêt du sanctuaire et des Déliens et de rendre des services, soit en commun à ceux des Déliens qu'il rencontre, soit en particulier, dans les circonstances où quelqu'un l'en prie : à ce sujet le Conseil et le peuple décident : Boucris fils de

7

Daitas, Étolien de Naupacte, sera proxène du sanctuaire et des Déliens ; il aura l'atélie à Délos et une place privilégiée aux concours ?... l'accès aux assemblées du Conseil et du peuple.... »

L'Étolien Boucris est connu, en dehors du décret ci-dessus, par trois décisions du Conseil amphictyonique de Delphes votées sous l'archontat de Peithagoras : *SGDI*, 2520, 2522, 2523 = *Sylloge*[3], 494, 498, et par un décret attique, daté de l'archonte Héliodoros, qui est le premier d'une série de trois décrets rendus en faveur du Crétois Eumaridas de Kydonia et de son fils : *IG*, II, 5, 385 c = *IG*, II[2] (*ed. minor*), 844 = *Sylloge*[3], 535-537. Le Boucris nommé dans ces différents documents est apparemment le même personnage, bien que le texte délien seul indique, avec le nom de son père, la ville étolienne d'où il est originaire. Grâce à ces données, nous sommes à même de reconstituer sa carrière et d'en établir, avec quelque précision, la chronologie.

La date de notre décret a été cherchée tout d'abord aux environs de 220 (Homolle), puis de 230 (P. Roussel). Ces estimations paraissent trop basses. On sait que le témoignage de l'écriture comporte, à Délos, une précision particulière, puisque nous pouvons en suivre les variations pour ainsi dire d'année en année, dans la série continue des actes administratifs ; on constate qu'en dépit de la carrière variable des lapicides, un type d'écriture une fois abandonné ne reparaît jamais dans la suite, fût-ce à un intervalle de peu d'années. Or la graphie du décret l'assigne, sans hésitation possible, à la période de 250 à 240, et il serait même possible de remonter quelque peu au delà de 250. Elle concorde aussi d'une manière frappante avec celle du décret rendu en faveur d'Eutychos de Chios, qui a fondé les *Eutycheia* à une époque antérieure à 231 (cf. notre n° 43). Ces données matérielles sont confirmées par les homonymies suivantes : 1° celle de l'auteur du décret pour Boucris avec Philios fils de Charilas, qui fut caution sous l'archontat de Charilas I (269) : *IG*, XI, 2, 203, *A*, l. 62 ; et qui peut avoir été le frère ou le fils de cet archonte, ou encore le père ou le frère de l'archonte Charilas II (220) ; — 2° celle de l'auteur du décret pour Eutychos, Amnos fils de Tlésiménés, avec l'un des ἐπιμεληταί de l'année 250 : *IG*, XI, 2, 287, *A*, l. 88. Sous réserve des incertitudes qui résultent de l'alternance persistante des noms dans les familles à Délos, et en tenant compte de la latitude que comporte la durée moyenne de la vie, cette double coïncidence achève de nous orienter vers la période 250-240, et nous incline de préférence vers le chiffre le plus élevé.

D'autres coïncidences, plus remarquables parce qu'elles ont une portée historique, sont fournies par les textes que nous avons publiés, cités et commentés au n° précédent. La nationalité de Boucris, les hauts emplois qu'il exerça en Étolie, les privilèges que lui conférèrent les Déliens, l'époque de son intervention à Délos suggèrent et semblent autoriser l'hypothèse que ce personnage d'importance n'est pas resté étranger aux négociations qui se poursuivirent au milieu de ce siècle, entre l'île sainte et l'Étolie, par l'entremise de Nicolaos, le chef de la mission étolienne, dont il aurait été l'adjoint et le collaborateur.

C'est comme chef d'une expédition de course et auteur d'une fructueuse razzia sur les côtes de l'Attique que Boucris apparaît dans le décret attique pour Eumaridas ; il avait enlevé bon nombre d'habitants de la campagne et de la ville, et les avait déportés en Crète, repaire favori des pirates et marché achalandé de leurs prises. Les inscriptions de Delphes nous le montrent au contraire revêtu d'un caractère à la fois religieux et politique en qualité d'hieromnémon des Étoliens à la session de printemps sous l'archontat de Peithagoras. Comme ces événements ne touchent point à l'histoire de Délos, il suffit de les citer pour marquer la haute place tenue par Boucris dans son pays, et d'indiquer que les dates peuvent s'accorder avec les données chronologiques de l'épigraphie délienne.

L'année qu'on doit assigner à l'archonte Héliodoros dépend de l'époque où Boucris fit son incursion en Attique, dont nous savons qu'elle précéda d'un temps indéterminé (πρότερον), mais sans doute assez court, cet archontat ; et c'est pourquoi, comme on a tout d'abord cherché cet épisode aux environs de 220, Héliodoros a paru devoir être reporté un peu plus tard. Mais un attentat comme celui de Boucris suppose un état d'hostilité entre Athènes et l'Étolie, et on l'a judicieusement rapporté à la guerre que soutint Démétrios II (239-229), dans les premières années de son règne, contre Achéens et Étoliens coalisés ; la Macédoine, à cette époque, tenait encore garnison dans Athènes et les ports de l'Attique ; et Athènes, liée à la fortune du royaume macédonien, subit en 238/7 les outrages de l'une et l'autre Ligue : Beloch, *Gr. Gesch.*, III, 2, p. 58 ; cf. III, 1, p. 656 ; Cardinali, *Riv. di Storia ant.*, 1904, p. 81-88 ; Ferguson, *Hell. Athens*, p. 200, 204. Cette induction, qui paraît plausible, ne nous éloigne guère, en somme, de l'époque où Boucris reçut à Délos la proxénie ; et d'autre part, elle invite à ne pas rejeter beaucoup plus tard, comme on le fait d'ordinaire, l'archontat d'Héliodoros[1].

---

1. La question relative à la date de cet archonte est en réalité beaucoup plus complexe et plus controversée que nous n'avons pu l'indiquer. Ferguson remonte Héliodoros jusqu'en 237 : *The athen. archons*, p. 39-40, 92-93, Beloch lui assigne l'année 232/1 ; quant à Kolbe, il fixe bien un Héliodoros en 229/8 : *Att. Arch.*, p. 51 et suiv. ; mais il s'agirait, en ce cas, d'un premier archonte de ce nom, dont l'existence, vers cette date, est imposée par un autre décret, rendu antérieurement à la création de la tribu Ptolémaïs, soit avant 224/3 : *Syll.*[3], 496 ; quant à l'Héliodoros de qui date le premier décret pour Eumaridas, il conviendrait de le distinguer de ce premier archonte et de lui attribuer l'année 217/6 ; ces conclusions sont admises par Kirchner, *Gött. gel. Anz.*, 1900, p. 451-453, tab. II, et maintenues par lui dans l'*ed. minor* des *IG*, II,

L'archontat de l'éponyme delphien Peithagoras, après avoir été, sur la foi de
Pomtow (*Delphoi*, p. 45, 106 ; *Gött. gel. Anz.*, 1913, p. 145 ; *Klio*, 1914, p. 305),
fixé à peu près unanimement en 230/229, est balancé aujourd'hui dans un intervalle beaucoup plus large que celui d'Héliodoros, puisqu'on propose de le rejeter
de trente ou quarante ans en arrière (Beloch, *Gr. Gesch.*, III, 2, p. 350), ou même
de le fixer rigoureusement en 264/3 (communication verbale de P. Roussel). Il
est inutile ici d'entrer dans la discussion d'un problème encore pendant, puisque
dans l'une ou l'autre hypothèse la solution s'accorderait avec nos propres calculs[1].

**43.** DÉCRET DE DÉLOS EN L'HONNEUR D'EUTYCHOS DE CHIOS (milieu du IIIe siècle). —
Partie supérieure d'une stèle ornée d'un fronton. — F. Durrbach et A. Jardé, *BCH*,
1904, p. 203, n. 27 ; *IG*, XI, 4, 691.

Εὐτύχου | Χίου. | [Ἔ]δοξεν τῆι βουλῆι καὶ τῶι δήμωι. Ἄμνος Τλη[σ]ιμένου |
[ε]ἶπεν· Ἐπειδὴ Εὔτυχος Φιλώτου Χῖος, οἰκῶν ἐν ||[5] [Δή]λωι καὶ συνεργαζόμενος
ἀπὸ τοῦ δικαίου [τοῖς | τὴν θά]λατταν πλέουσιν, ἔν τε τοῖς ἔμπροσθε[ν | χρόνοις
διε]τέλει τούς τε θεοὺς σεβόμενος κα[ὶ | εὔνους ὢν τῶι] ἱερῶι καὶ Δηλίοις καὶ νῦν
διὰ τὴν | —————— οὐκ α... νόμων ||[10] ————————— το η —

« Pour Eutychos de Chios. Décret du Conseil et du peuple ; proposition
d'Amnos fils de Tlésiménès : Attendu qu'Eutychos fils de Philotas, de Chios,
résidant à Délos et apportant aux navigateurs son concours à des conditions équi-
tables, n'a cessé dans les temps qui précèdent d'honorer les dieux et de témoigner
sa bienveillance au sanctuaire et aux Déliens, et que maintenant.... »

Sur les relations de Chios avec Délos, cf. les n[os] 1 et 28.
La date de l'inscription est voisine de celle du décret conférant la proxénie à
Boucris : cf. le commentaire du n° 42. — Eutychos est certainement un personnage notable ; c'est à lui sans aucun doute qu'est due la fondation des fêtes périodiques qui portent son nom, les Εὐτύχεια, dont la première phiale commémorative
est attestée pour l'année 230 (comptes de *Ménéthalès* (229), *B*, l. 58 et 62), mais

ainsi que dans la 3e édition de la *Sylloge*. Ce dédoublement d'archontes est un expédient très
contestable ; cf. les critiques de P. Roussel, Ξένια, Athènes, 1912. — Un autre érudit,
A.-C. Johnson, admet aussi le dédoublement d'Héliodoros, et fixe le premier en 242/1, le
second en 218/7 : *Amer. journ. of philol.*, 1913, p. 381 et suiv. — La difficulté, si l'on s'en
tient à un seul Héliodoros antérieur à la création de la tribu Ptolémaïs, c'est de le mettre dans
un rapport chronologique convenable avec l'archonte Archélaos, par qui est daté le second décret
pour Eumaridas, et qui ne saurait être également remonté ; or on considère généralement que
les deux décrets se sont suivis de très près ; la solution serait peut-être d'admettre qu'ils sont
séparés par un certain intervalle.
1. Si l'on en juge par la note 4 écrite pour la *Sylloge*[3], 494, il semble qu'aujourd'hui Pomtow
lui-même n'est pas éloigné de souscrire à un relèvement de sa chronologie.

l'origine peut être de quelques années antérieure (Schulhof,. *BCH*, 1908, p. 107 et suiv., p. 114 et suiv.). Il est possible que la fondation des fêtes soit en relation avec le décret, ou comme motif, si elle le précède, ou comme marque de reconnaissance, si elle le suit.

Cette libéralité donne aussi à penser qu'Eutychos jouissait d'une certaine aisance. Et en effet, il fait à Délos où il habite le commerce maritime ou la banque, peut-être l'un et l'autre. L'allusion est claire et formelle, et c'est le plus ancien témoignage épigraphique de l'activité des armateurs et négociants de Délos. L'assistance que leur prête Eutychos était déjà ancienne au moment du décret (ἐν τοῖς ἔμπροσθε[ν]χρόνοις), et de nouveaux services venaient sans doute de s'y ajouter.

**44.** DÉCRET DE DÉLOS EN FAVEUR DE SOSIBIOS D'ALEXANDRIE (milieu du IIIᵉ siècle). — Fragment de stèle brisée de toutes parts. — Holleaux, *Rev. des ét. anc*,, 1912, p. 370 et suiv. ; *IG*, XI, 4, 649.

— — — α[ὐτ]ὸν εὐνοι.......... | — — δεδόχθαι τῆι βουλῆι [καὶ τῶι δήμωι· |
ἐπαιν]έσαι Σωσίβιον ἀρετῆ[ς ἕνεκεν τῆς | εἰς τὸ]μ βασιλέα καὶ εὐνοίας [τῆς πρὸς
τὸν ||⁵ δῆμον], καὶ ἵνα πάντες εἰδῶσι[ν ὅτι παρέχε|ται τῶι δήμωι] τῶι Δηλίων τὰς
χ[ρείας τὰς με|γίστας κ]αὶ ὅτι ἐπίσταται ὁ δῆμος [ἡμῶν τοῖς | ἑαυτοῦ] εὐεργέταις
ἀξίας χάριτ[ας ἀποδιδό|ναι], στεφανῶσαι αὐτὸν δάφνης [στεφάνωι] ||¹⁰ καὶ ἀναγορεῦσαι
τὸν ἱε[ρ]οκήρυκ[α τοῖς Ἀ|π]ολλω[νίοι]ς ἐν τῶι ἀγῶνι τῶμ πα[ίδων· ἀνα|γ]ορεῦσ[αι |
δὲ τόδε τὸ κήρυγμα· [στεφανοῖ | ὁ] δῆμος ὁ Δ[ηλί]ων Σωσίβιον Διο[σκορίδου |
Ἀ]λεξαν[δρέα δά]φνης στεφά[νωι ἀρετῆς ||¹⁵ ἕ]νεκε[ν] κ[α]ὶ [εὐσε]βείας τῆς ε[ἰς τὸ
ἱερὸν | κ]αὶ εὐνοί[α]ς τῆ[ς] εἰς τὸμ βασιλέ[α καὶ | τὸν] δῆμ[ον τὸν Δηλί[ων. |

Il ne reste rien des considérants. Le peuple décerne à Sosibios fils de Dioscouridès, d'Alexandrie, l'éloge et la couronne de laurier, avec proclamation aux *Apollonia*, lors du concours des enfants, « en raison de ses mérites, de sa piété envers le sanctuaire, de son dévouement au roi et au peuple délien. »

On a trouvé à Cnide, à Orchomène de Béotie et à Tanagra, trois inscriptions en l'honneur d'un Sosibios, ayant même patronymique et même ethnique, en qui M. Foucart (*BCH*, 1880, p. 97) a proposé de reconnaître le ministre tout-puissant de Ptolémée IV Philopator (221-203). Le Sosibios de Délos est aussi au service d'un roi. J. Beloch (*Griech. Gesch.*, III. 1, p. 713) a suggéré l'idée que Sosibios avait d'abord été ministre d'Évergète (246-221), sans preuves positives, mais d'après une allusion assez nette de Polybe, XV, 34, 3-4. Cette hypothèse paraît seule conciliable avec le décret délien, dont l'écriture est identique aux actes des hiéropes gravés entre 246 et 235, et où manque, à la fin, la mention du président

54 CHOIX D'INSCRIPTIONS DE DÉLOS

de l'assemblée, constante à partir de 23o (n^os 48, 49, etc.). Sosibios a donc dû
commencer sa carrière une vingtaine d'années avant Philopator, et sans doute
dès le début du règne d'Évergète (Holleaux). On ne sait rien de son rôle à Délos ;
c'est une conjecture ingénieuse, mais rien ne permet de la démontrer, qu'il
y aurait fondé la troisième série des *Ptolémaia*, comme·Hermias avait fondé celle
des *Philadelpheia* : G. Glotz, *Rev. des ét. gr.*, 1916, p. 316, note 7 à la fin ; cf. le
comm. de notre n° 17.

**45.** Décret de Syros pour Eumédès de Clazomènes, ministre d'Antigone (vers
25o). — Stèle brisée à sa partie supérieure. — Édité partiellement par Homolle, *Arch.
de l'intend.*, p. 65, note 2 ; Delamarre, *Rev. de philok.*, 1902, p. 310; intégralement par
moi, d'après la copie même d'Homolle, *BCH*, 1904, p. 116, n° 8 ; *IG*, XII, 5, *Testim.*
1336 ; *IG*, XI, 4, 1052, avec un spécimen d'écriture, pl. III.

— — — — — — — — — — οις δὲ — — — — — | — — — — —

[ποιούμε]νος? κατὰ [τὴν βα|σιλέως Ἀντιγόνου προ]αίρεσιν ἐφρόν[τι|σεν ἵνα οἵ τε
δαψιλεῖ]ς καὶ οἱ μὴ πολυωρο[ύμε‖⁵νοι ὁμοίως? τῶν πολι]τῶν ἐπιμελείας
τυγ‖[χάνωσι καθότι ἤ]ν ὅσιόν τε καὶ δίκαιον, καὶ | [τὰς προσόδ]ους δὲ ἤ μὴ
κομιζομένας | [ἤ ὑστερούσ]ας ἵνα ἀπολάβωσι καθάπερ οἱ | [νόμοι π]ροστάττουσι
καὶ ἄλλα δὲ οὐκ ὀλί‖¹⁰[γα πο]λιτικῶς καὶ συμφερόντως ἐπινοή|[σας] διώικησεν ·
διόπερ ὁ δῆμος ἔν τε τοῖς | [ἄλλ]οις εὐεργετημένος ὑπὸ τοῦ βασιλέ|[ως] Ἀντιγόνου
μνημονεύει τε καὶ μνημο|[ν]εύσει καὶ διὰ ταῦτα δ' οὐχ ἥκιστα ἐπαινεῖ ‖¹⁵ [κ]αὶ
πειράσεται χάριτας ἀξίας ἀποδιδόναι κα|[τ]ὰ δύναμιν τὴν ἑα|υτοῦ · ἀναγράψαι δὲ
τόδε τὸ ψή|[φισ]μα καὶ ἀναθεῖναι εἰς τὸ ἱερὸν τοῦ Ἀ|[π]όλλωνος ἐν Δήλωι καὶ
στεφανῶσαι Εὐμή|[δ]ην τοῖς Ἀπολλωνίοις ἐν τῶι θεάτρωι χρ[υ]σῶι ‖²⁰ στεφάνωι
ἀπὸ δραχμῶν πεντακοσίων κα|τὰ τὸ κήρυγμα τόδε · |

Ὁ δῆμος ὁ Συρίων στεφανοῖ Εὐμήδην Φιλοδή|μου Κλαζομένιον χρυσῶι
στεφάνωι ἀπὸ δρα|χμῶν πεντακοσίων ὅτι ἀποσταλεὶς ὑπὸ τοῦ ‖²⁵ βασιλέως
ἐπικριτὴς τῶν συμβολαίων τὴν | ἐξαγωγὴν ἐποιήσατο καλῶς καὶ δικαίως | καὶ
συμφερόντως τῶι δήμωι καὶ κατὰ τὴν | τοῦ βασιλέως Ἀντιγόνου προαίρεσιν εἰς |
ὁμόνοιάν τε ἀποκατέστησε τὴν πόλιν ‖³⁰ τοὺς μὲν πλείστους διαλύσας τῶν
διαφε|ρομένων, τοῖς δὲ λοιποῖς τὰς ἐπικρίσεις | ποιησάμενος. |

Εὐμήδους Κλαζομενίου.

Les restitutions, très incertaines, [— — — δαψιλεῖ]ς (l. 4) et celles des l. 7 et 8 sont
dues à Hiller.

— — « (Eumédès) — —, fidèle aux instructions du roi Antigone, s'est efforcé

de traiter avec une égale sollicitude les riches et les citoyens de condition modeste
suivant la piété et la justice, et les a remis en possession des revenus qu'ils ne
pouvaient recouvrer ou de ceux qui étaient arriérés, comme les lois l'ordonnent ;
il a pris encore bien d'autres mesures conformément à l'intérêt de la cité : c'est
pourquoi le peuple, qui a gardé et qui gardera la mémoire des autres bienfaits
dont il est redevable au roi Antigone, le loue tout particulièrement du service
présent et s'efforcera de lui témoigner sa reconnaissance suivant son pouvoir. Ce
décret sera gravé et exposé dans le sanctuaire d'Apollon à Délos, et Eumédès sera
couronné aux Apollonia, au théâtre, d'une couronne d'or de cinq cents drachmes,
selon la proclamation ci-dessous :

« Le peuple de Syros couronne Eumédès fils de Philodémos, de Clazomènes,
d'une couronne d'or de cinq cents drachmes, attendu que, délégué par le roi
comme arbitre des contrats litigieux, il a heureusement liquidé les différends,
dans un esprit de justice, et avec le sentiment des intérêts du peuple, suivant les
instructions du roi Antigone, et qu'il a ramené la ville à la concorde, en conci-
liant le plus souvent les parties et, dans les autres cas, en prononçant des sentences arbitrales.

« Pour Eumédès de Clazomènes. »

Delamarre a donné l'explication des termes spéciaux de ce document et fixé
son vrai sens. La fonction d'arbitre est d'ordinaire désignée dans les textes
similaires par les mots de δικαστής ou de διαλλακτήρ ; celui d'ἐπικριτής (l. 25 ; cf.
l. 31 τὰς ἐπικρίσεις) ne s'est pas encore rencontré comme titre officiel ; mais le
verbe ἐπικρίνειν s'emploie à propos d'une décision arbitrale souveraine : cf. dans le
rescrit d'Antigone aux habitants de Téos, *Syll.*[3], 344 = Michel, 34, l. 51, 52, 60.
— Un décret de Naxos qui remercie une commission judiciaire venue de Cos sous
la présidence du nésiarque Bacchon (*Or. Gr.*, 43 = *IG*, XII, 5, *Testim.* 1310)
offre avec celui-ci de frappantes analogies jusque dans les termes. Là, comme ici,
l'arbitrage a porté sur des litiges issus de conventions contestées : tel est le sens de
l'expression ἐπικριτής τῶν συμβολαίων (l. 25), qui est précisé dans le texte de Naxos,
l. 3-4 : δικαστὰς καὶ διαλ[λακτῆρας τοὺ]ς διακρινοῦντας περὶ τῶν ἀμφ[ισβητουμέν]ων
συμβολαίων ; cf. *ibid.*, 6-7 : περὶ τῶν ἀπὸ [τῶν συμβολαί]ων ἀμφισβητήσεων. — L. 25 sq. :
τὴν ἐξαγωγὴν ἐποιήσατο, « mener une chose à bonne fin », soit ici la liquidation des
procès ; cf. Polyb., IX, 33, 11 : ἐξ. ποιεῖσθαι τῶν ἀμφισβητουμένων, et le décret de
Naxos, l. 17 : τὰ λο[ιπὰ τὰ ἐπιτραπέντα αὐτοῖ]ς ἐξαγαγόντας. — L. 30-32, cf. décret de
Naxos, l. 9-11 : [τοὺς μὲν πλείσ]τους τῶν διαφερομένων.... διέλυον συμφ[ερόντως, τοὺ]ς δὲ
διέκρινον μετὰ πάσης δικαι[οσύνης].

Si l'on en juge d'après les cas similaires d'arbitres étrangers appelés par les cités, il est probable que la mission d'Eumédès lui a été confiée à la requête même des habitants de Syros : ils se sont adressés au roi Antigone qui l'a désigné. Cette circonstance et les autres « bienfaits » (l. 12) rappelés par le décret impliquent la domination macédonienne à Syros. M. Homolle a indiqué, dès le premier jour, que l'écriture du document le fixait vers 250, à la fin du règne de Gonatas (276-240/39). Cependant ni Delamarre, ni la plupart des savants n'ont cru devoir faire état de ce renseignement : ils se sont presque unanimement déclarés pour Antigone Doson (229-221). Le spécimen d'écriture donné par P. Roussel (*IG*, XI, 4, pl. III) ne laisse aucun doute ; il ne permet pas de dépasser les dernières années de Gonatas. Par là, le document apporte la preuve que Gonatas est maître à Syros dans le même temps que nous constatons d'autre part ses relations étroites avec Délos : cf. n^os 35-37[1].

Il n'y a dans le texte aucune clause pour solliciter, auprès du peuple de Délos, l'autorisation d'exposer la stèle dans le sanctuaire. De ce silence on a conclu, sans doute avec quelque témérité, que Syros use d'un droit, parce qu'elle fait partie à ce moment de la Ligue des Insulaires : Tarn, *Antig. Gon.*, p. 470. Mais on remarquera que c'est précisément au moment où les Antigonides disputent victorieusement l'hégémonie aux Ptolémées dans l'Archipel que la Confédération semble disparaître : cf. le commentaire du n° 63. D'autre part, il se peut fort bien que la formule pour demander à Délos l'autorisation nécessaire à l'érection de la

---

1. Dans le commentaire du n° 35, nous n'avons pu faire qu'une très rapide allusion à la polémique laborieuse qui s'est engagée sur les victoires navales d'Antigone, Cos et Andros. Mais il importait peut-être de rappeler un souvenir qui nous a été transmis, à propos de la bataille de Cos, par Athénée, V, p. 209 *E*, et qu'une hypothèse récente a rattaché à Délos. Il s'agit de la trière que montait le roi pendant la bataille « près de Leucolla de Cos », et qu'il aurait, après la victoire, consacrée à Apollon. Quel sanctuaire aurait reçu cette offrande d'un caractère si exceptionnel? On l'a cherché d'abord à Cos, puis, dans la presqu'île qui fait face à Cos, au promontoire Triopion. M. Tarn, écartant l'une et l'autre de ces deux localisations, a proposé de reconnaître dans l'Apollon à qui s'adresse l'hommage reconnaissant du souverain le dieu de Délos, invoqué par lui à la veille de la bataille, et dont la faveur devait lui donner l'empire de la mer Égée (pour M. Tarn, la bataille de Cos est en effet la bataille décisive; postérieure à celle d'Andros, elle aurait été livrée soit la même année 246, soit l'année suivante): ainsi l'hommage du roi, affiché au cœur des Cyclades, dans le sanctuaire qui ralliait les Insulaires, prendrait toute sa signification : *Journ. of hell. stud.*, 1910, p. 212 et suiv. ; *Antig. Gon.*, p. 379, et p. 461 et suiv. Plus récemment, M. Svoronos, s'inspirant de cette conjecture, a imaginé que c'est pour loger la trière de Gonatas que fut construit le grand édifice connu sous le nom de « sanctuaire des Taureaux » ou de « portique des Cornes », et dont la destination est restée jusqu'à ce jour indéterminée : la forme exceptionnellement allongée et étroite de cet édifice, son agencement intérieur, certains des motifs de la décoration sculpturale empruntés au règne marin (Néréides, Tritons, dauphins) viendraient à l'appui de cette hypothèse inattendue et singulièrement audacieuse : cf. le n° du 20 juin 1920 du journal l'Ἑστία. Il faudra attendre, pour se prononcer, le détail des preuves qui seront données et le contrôle des vérifications nécessaires.

DÉLOS PENDANT LA PÉRIODE DE L'INDÉPENDANCE 57

stèle figurât dans le début du texte aujourd'hui disparu. — Pour l'exposition des décrets du κοινόν à Délos, cf. les réserves indiquées par P. Roussel, *BCH*, 1911, p. 446 et suiv.

**46.** Décret de Délos en faveur de Dionysios de Byzance (1ᵉ moitié du IIIᵉ siècle). — F. Durrbach, *BCH*, 1886, p. 133, n. V; Michel, 386 ; *IG*, XI, 4, 627.

[Θε]ο[ί]. | Ἔδοξεν τεῖ βουλεῖ καὶ τῶι δή|μωι· Πυρρίδης Μηλίκου εἶπεν· | Ἐπειδὴ Διονύσιος χρείας πα‖⁵ρεχόμενος διατελεῖ τοῖς | ἐντυγχάνουσιν αὐτῶι Δη|λίων καὶ σῖτον ἀπέδοτο τῆ[ι] | πόλει πυρῶν μεδίμνους | πεντακοσίους τιμῆς ἧς ὁ δῆ‖¹⁰μος αὐτὸν ἠξίωσεν· δεδόχθ|αι τῶι δήμωι· εἶναι Διονύσιον | [Ἱε]ρωνύμου Βυζάντιον πρόξε|νον καὶ εὐεργέτην τοῦ τε ἱε|ροῦ καὶ Δηλίων καὶ αὐτὸν καὶ ‖¹⁵ [ἐκγόν]ους, καὶ εἶναι αὐτοῖς [ἐν Δή]λωι ἰ]σοτέλειαν καὶ γῆς καὶ οἰκία|[ς ἔγκτησι]ν καὶ πρόσοδον πρὸ[ς] | τὴν βουλὴν καὶ τὸν δῆμον πρώ|τοις μετὰ τὰ ἱερὰ καὶ τἄλλα ‖²⁰ πάντα ὅσα ὑπάρχει τοῖς ἄλλο|[ις] προξένοις καὶ εὐεργέταις τοῦ | τε ἱεροῦ καὶ Δηλίων · ἀναγράψαι | δὲ τόδε τὸ ψήφισμα τὴν μὲν | βουλὴν εἰς τὸ βουλευτήριον, ‖²⁵ [τ]οὺς δὲ ἱεροποιοὺς εἰς τὸ ἱερόν.

« Dieux. Décret du Conseil et du peuple ; proposition de Pyrrhidès fils de Mélicos : Attendu que Dionysios ne cesse de rendre des services à ceux des Déliens qu'il rencontre, et qu'il a vendu du blé à la ville, soit cinq cents médimnes de froment, au prix où le peuple l'en avait prié : » pour ces motifs, le peuple accorde à Dionysios fils d'Hiérónymos, de Byzance, la proxénie et le titre de bienfaiteur pour lui et sa descendance, l'*isotélie* et d'autres privilèges ordinaires.

Ce décret est un des plus anciens qui nous renseignent sur l'importance prise à Délos par la question du blé : cf. les nᵒˢ 47, 48, 66-67. Au troisième siècle, l'île devient un des plus grands marchés de céréales de la Méditerranée. En tout temps, l'Archipel et la Grèce elle-même, ne suffisant pas à leur consommation, devaient compter sur les pays de grande production pour assurer leur ravitaillement normal et parer à la disette. Il ne paraît pas douteux que ces préoccupations ne soient pour quelque chose dans les relations amicales entretenues avec les villes de l'Hellespont : Cyzique (*IG*, XI, 4, 562, 1027), Lampsaque (571, 708), Abydos ; du Bosphore : Byzance (outre le décret ci-dessus, 510, 530, 570, 778, 779-780), Chalcédoine (618, 645) ; du Pont Euxin : Olbia (813, 814), Panticapée (609). La fréquence des honneurs accordés à des habitants de Byzance, qui surveille, taxe et peut entraver le passage des convois (Polyb., IV, 37, 8 ; 47 ; 53), est particulièrement significative. Grâce à ces relations et à cette politique de sage prévoyance, la ville de Délos put, non seulement suffire à ses propres besoins,

8

mais devenir un des gros entrepôts de céréales et, à l'occasion, subvenir aux embarras d'autrui. Au IIIe siècle, le banquier Mnésalcos fils de Télésarchidès sauva une ville de la disette en dégageant à ses frais le blé qu'avaient confisqué les Déliens pour se couvrir d'une créance impayée : *IG*, XI, 4, 1049 ; Holleaux, *BCH*, 1907, p. 374-377.

Le décret rendu pour le Byzantin Dionysios est motivé par une fourniture de 500 médimnes de blé au prix demandé par le peuple de Délos lui-même. Apparemment il y avait là, de la part de l'importateur, une concession appréciable, puisqu'elle lui valut la reconnaissance des Déliens. Elle rappelle la générosité du Rhodien Agathoclès fils d'Agémon, à qui la ville d'Éphèse, accorda par décret le droit de cité pour avoir importé 14000 hecteis, soit environ 2333 médimnes, de blé, et l'avoir vendu au-dessous de 6 drachmes, cours de l'agora : *Sylloge*[3], 354. Cf. notre n° 50.

**47.** Décrets de Délos en faveur d'Autoclès de Chalcis (239-229). — Deux fragments d'une même stèle de marbre, mais ne se raccordant pas, et contenant chacun le début d'un décret. Le deuxième édité par Fougères, *BCH*, 1889, p. 232, n. 2 ; le premier par L. Bizard et P. Roussel, *ibid.*, 1907, p. 422, n. 12. — *IG*, XI, 4, 679 et 680.

I

|Ἔδ]οξεν τῆι βουλῆι καὶ τῶι δήμωι · Ἀμφίθε|[μις ? Ἀ]ρχάνδρου εἶπεν · ἐπειδὴ Αὐτο||κλῆ]ς ἀνὴρ ἀγαθὸς ὢν διατελεῖ περί | [τε τὸ] ἱερὸν καὶ τὸν δῆμον τὸν Δηλίων ||[5] [χρεία]ς παρεχόμενος τῆι τε πόλε[ι | καὶ ἰδίαι] ἑκάστωι τῶν πολιτῶν εἰ|ς ἃ ἂν | παρακα|λῆται · δεδόχθαι τῆι [βουλῆι | καὶ τῶι δήμ]ωι · εἶναι Αὐ|τοκλῆν Αἰνη|σιδήμου Χαλκιδέα πρόξενον] — —

II

Ἔδοξεν τῆι βουλῆ[ι] καὶ [τ]ῶι δήμωι · Συνώνυμος | Θεαίου εἶπεν · ἐπε[ι]δὴ Α[ὐ]τοκλῆς Αἰνησιδήμου | Χαλκιδεὺς φίλος ὢν τοῦ βασιλέως Δημητρίου | καὶ πρόξενος καὶ εὐεργέτης τοῦ τε ἱεροῦ καὶ Δη||[5]λίων τὴν πᾶσαν σπουδὴν καὶ ἐπιμέλειαν ποι|εῖται ἐν παντὶ καιρῶι καὶ λέγων καὶ πράττων | περὶ τῶν συμφερόντων τῶι τε ἱερῶι καὶ Δηλίοις | καὶ χρεία[ς] παρέχεται [καὶ κοι]νῆι τῆι πόλει [κ]αὶ [ἰ]δίαι | [ε]ἰς (ἃ) ἄν τις αὐτὸν πα[ρακα]λεῖ τῶν πο[λιτῶν · δεδό]||[10]χθαι τῆι βουλῆι καὶ τῶι [δήμωι · στεφανῶσαι αὐτὸν] | δάφνης στεφ[άνωι τῶι ἱερῶι καὶ ἀναγορεῦσαι τὸν ἱερο]|κήρυ[κ]α ἐν τῶι [θ]ε[άτρωι ὅταν ἀγωνίζωνται οἱ χο]ροὶ] τῶν παί[δων] — —

I. Proposition d'Amphithémis fils d'Archandros. Le peuple nomme proxène Autoclès fils d'Ainésidémos, de Chalcis, pour son dévouement au sanctuaire et à la ville. — II. Proposition de Synonymos fils de Théaios. Le peuple décerne la couronne, avec proclamation au théâtre, au même Autoclès, « ami du roi Démétrios, proxène et bienfaiteur du sanctuaire et des Déliens, » en raison du zèle qu'il continue à déployer pour défendre les intérêts du sanctuaire et de la ville.

Synonymos fils de Théaios apparaît comme caution dans les comptes de 250 (*IG*, XI, 2, 287, *A*, l. 148) et de 240 (*A*, l. 195). Le roi Démétrios, dont Autoclès est « l'ami, » est donc Démétrios II (239-229) : Holleaux, *Rev. des ét. anc.*, 1903, p. 209 et suiv. ; P. Roussel, *BCH*, 1907, p. 363. Autoclès fut aussi proxène à Oropos : Léonardos, 'Eφ. ἀρχ., 1892, p. 49, n° 79. A Délos même, son fils reçut la proxénie et la couronne : *IG*, XI, 4, 681 et 682 ; et il y éleva une statue à son père : *ibid.*, 1194.

Démétrios II, ayant hérité de son père le protectorat de la Macédoine sur les Cyclades (n° 35), fonda dès 238 à Délos une fête perpétuelle, les *Démétrieia*, qui atteste que la victoire de Gonatas a eu des effets durables : Glotz. *Rev. des ét. gr.*, 1916, p. 39, note 5 ; Durrbach, *BCH*, 1916, p. 306. Sa femme, la reine Phthia, a consacré une phiale dans l'Artémision : *BCH*, 1911, p. 259, n. 51, l. 20 ; Wilhelm, *Berl. philol. Wochenschr.*, 1912, p. 314. Le titre d' « ami du roi » a pu permettre à Autoclès de servir plus efficacement les intérêts de Délos. Les considérants ne précisent pas la nature de ses services, mais ils concernent sans doute les relations commerciales, qui sont en ce moment très actives entre Délos et la Macédoine : cf. les n°ˢ 48 et 49. On sait, d'autre part, quelle était l'importance stratégique de Chalcis, l'une des « entraves » de la Grèce (Polyb., XVII, 11 ; T. Liv., XXXII, 37), et l'on n'a pas plus à s'étonner d'y trouver un agent du roi de Macédoine, que de voir cet agent honoré à Délos dans le temps du protectorat macédonien[1].

**48.** Décret de Délos en l'honneur d'Aristoboulos de Thessalonique, commissaire au blé pour le roi Démétrios II (239-229). — Stèle de marbre brisée dans le haut. — P. Roussel, *BCH*, 1910, p. 367, n. 15 ; *IG*, XI, 4, 666.

['Έδοξεν τῆι β]ουλῆι καὶ τῶι δήμω[ι ·] | — — Τελέσωνος εἶπεν · ἐ[πει|δὴ 'Αριστόβ]ουλος 'Αθηναίου Θεσσα|[λονικεύς, πρόξ]ενος ὢν καὶ εὐεργέ||⁵[της τοῦ

1. Je n'ai pu faire état, à mon grand regret, de l'étude que W. Kolbe a publiée sur la domination des Lagides et des Antigonides dans l'Archipel : *Gött. gel. Anz.*, 1916, p. 449 et suiv.; pour ce savant, la puissance macédonienne finit avec Gonatas, vaincu par Philadelphe.

τε] ἱεροῦ καί Δηλίων, ἀποστα‖[λεὶς ὑπὸ τοῦ β]ασιλέως Δημητρίου σιτώ‖[νης
παρ]επιδεδήμηκεν πλείω χρό‖[νον εὐπρεπ]ῶς καὶ ἀξίως τοῦ τε ἱεροῦ | [καὶ τοῦ
βασιλ]έως καὶ τοῦ δήμου τοῦ Δη‖¹⁰[λίων καὶ] πᾶσαν σπουδὴν καὶ φιλοτιμία[ν |
πεποίηται περὶ τ]ῶν συμ[φερόντων τῶι τε | ἱερῶι] καὶ τῶι βασιλ[εῖ καὶ τ]ῶι
δήμ[ωι] | τῶι Δη[λίω]ν καὶ χρείας [παρέχεται κοι|νῆι τῆι πόλει καὶ ἰδίαι το[ῖς
ἐντυγ]χάνου‖¹⁵σιν αὐτῶι εἰς ἃ ἂν [τις παρακα]λεῖ Δηλί[[ων]  ·  ἵνα εἰδῶσιν πάντες
ὅτι ἐπίσταται | [τιμ]ᾶν ὁ δῆμος τοὺς [ἀγαθού]ς, δεδόχθα[ι] τῆι βου]λῆι καὶ τῶι
δήμωι  ·  ἐ[παιν]έσαι τε | [αὐ]τὸν καὶ στεφανῶσαι δάφνης στεφά‖²⁰[νωι καὶ]
ἀναγορεῦσαι τὸν ἱε[ροκή]ρυκα ἐν | [τῶι θ]εάτρωι τοῖς Ἀπολλωνίοις, ὅταν οἱ |
[τῶν] παίδων χοροὶ ἀγωνί[ζω]νται, τόδε | [τὸ κήρ]υγμα  ·  στεφανοῖ ὁ δῆμος ὁ
Δηλίων | [Ἀρ]ιστόβουλον Ἀθηναίου Θεσσαλονικέ[α] ‖²⁵ [δάφ]νης στεφάνωι ἀρετῆς
ἕνεκεν καὶ εὐ‖[σεβεί]ας τῆς περὶ τὸ ἱερὸν καὶ εὐνοίας τῆς | [εἰς] τὸν βασιλέα
Δημήτριον καὶ τὸν δῆμο[ν | τὸν Δ]ηλίων  ·  Ἀντίπατρος Καλλίου ἐπε|ψήφισεν.

« Proposition de X. fils de Téléson : Attendu qu'Aristoboulos fils d'Athénaios,
de Thessalonique, proxène et bienfaiteur du sanctuaire et des Déliens, envoyé en
qualité de commissaire au blé, s'est comporté, pendant son long séjour, d'une
manière louable et digne du sanctuaire, du roi et du peuple délien, qu'il a mis
tout son zèle et son honneur à soutenir les intérêts du sanctuaire, du roi et du peuple délien, et qu'il rend des services, soit à la ville en général, soit, à l'occasion,
aux particuliers qui vont le solliciter : » pour ces motifs, le peuple décerne à
Aristoboulos l'éloge et une couronne de laurier, avec proclamation au théâtre, à
la fête des Apollonia. Président : Antipatros fils de Callias.

Antipatros est nommé dans les comptes de 250, 246 et 219; en 210 ses héritiers ont pris sa place (références dans P. Roussel) : le roi Démétrios est donc Démétrios II (239-229). — Ce décret, comme les nᵒˢ 47 et 49, prouve l'importance des
relations économiques autant que politiques entre Délos et la Macédoine : les
Antigonides trouvaient à Délos un entrepôt de céréales dont ils ont fait bénéficier
leurs provinces, et fournissaient à l'île, comme contre-partie, les produits de leurs
forêts, le bois et la poix : Homolle, Arch. des missions, 1887, p. 424 et suiv.;
Durrbach, BCH, 1886, p. 106; P. Roussel, art. cité; Tarn, Antig. Gonatas,
p. 221 et 341; Glotz, Rev. des ét. gr., 1916, p. 319 et suiv. — Sur le rôle des
σιτῶναι, cf. le nᵒ 50.

**49.** Décrets de Délos et de Thessalonique relatifs a Admétos de Macédoine
(240-230). — Stèle de marbre ornée d'une moulure. — F. Durrbach, BCH, 1886,
p. 124, IV ; Michel, 389 et 322 ; IG, XI, 4, 664, 665 et 1053.

I

Ἔδοξεν τῆι βουλῆι καὶ τῶι δήμωι · Βούλων Τύννω|νος εἶπεν · ἐπειδὴ Ἄδμητος πρόξενος ὢν χρείας | παρέσχηται πολλὰς καὶ μεγάλας τῶι ἱερῶι καὶ Δη|λίοις καὶ κοινῆι καὶ καθ᾿ ἰδίαν ἀεὶ τοῖς ἐντυγχάνου||⁵σιν αὐτῶι τῶν πολιτῶν · ἵνα οὖν καὶ ὁ δῆμος εὐχά|ριστος ὢν φαίνηται, ὅσοι τιμῶσι τὸ ἱερὸν καὶ εὐεργε|τεῖν προείρηνται τὸν δῆμον τὸν Δηλίων · δεδόχθαι | τῆι βουλῆι καὶ τῶι δήμωι · στεφανῶσαί τε αὐτὸν | δάφνης στεφάνωι τῶι ἱερῶι καὶ εἰκόσι χαλκαῖς δυσί, ||¹⁰ καὶ ἀναγορεῦσαι τὸν ἱεροκήρυκα ἐν τῶι θεάτρωι | τοῖς Ἀπολλωνίοις, ὅταν ἀγωνίζωνται οἱ χοροὶ τῶν | παίδων, τόδε τὸ κήρυγμα · στεφανοῖ ὁ δῆμος ὁ Δη|λίων Ἄδμητον Βόκρου Μακεδόνα δάφνης στε|φάνωι τῶι ἱερῶι καὶ εἰκόσι χαλκαῖς δυσὶν ἀρετῆ[ς] ||¹⁵ ἕνεκεν καὶ εὐσεβείας τῆς εἰς τὸ ἱερὸν καὶ εὐνοί|ας τῆς εἰς τὸν δῆμον τὸν Δηλίων · ἀναγράψαι δὲ | τόδε τὸ ψήφισμα τὴν μὲν βουλὴν εἰς τὸ βουλευ|τήριον, τοὺς δὲ ἱεροποιοὺς εἰς τὸ ἱερόν. Κυνθιάδης | Τελέσωνος ἐπεψήφισεν.

II

Ἔδοξεν τῆι βουλῆι καὶ τῶι δήμωι · Βούλων Τύννω|νος εἶπεν · ἐπειδὴ Ἄδμητος ὁ πρόξενος χρείας | πολλὰς καὶ μεγάλας παρέσχηται τῶι ἱερῶι καὶ | τῶι δήμωι τῶι Δηλίων καὶ κοινῆι καὶ καθ᾿ ἰδίαν ||⁵ ἀεὶ τοῖς ἐντυγχάνουσιν αὐτῶι τῶν πολιτῶν · | ἵνα οὖν καὶ ὁ δῆμος εὐχάριστος ὢν φαίνηται, | ὅσοι τιμῶσι τὸ ἱερὸν καὶ εὐεργετεῖν αὐτοὺς | προείρηνται · τύχηι ἀγαθῆι · δεδόχθαι τῆι βουλῆι | καὶ τῶι δήμωι · ἀναθεῖναι εἰκόνας χαλκᾶς δύο τοῦ ||¹⁰ προξένου Ἀδμήτου, τὴν μὲν εἰς τὸ ἱερόν, τὴν δὲ | εἰς Θεσσαλονίκην καὶ στῆσαι τὴν μὲν εἰς τὸ ἱε|ρὸν π(αρὰ τὸν βωμὸν τοῦ Διὸς τοῦ Πολιέως) | καὶ ἐπιγράψαι ἐπὶ τὴν εἰκόνα τὴν ἐπιγρα|φὴν τήνδε · ὁ δῆμος ὁ Δηλίων Ἄδμητον Βόκρου Μα||¹⁵κεδόνα ἀρετῆς ἕνεκεν καὶ εὐσεβείας τῆς περ[ὶ] | τὸ ἱερὸν καὶ εὐνοίας τῆς εἰς τὸν δῆμον τὸν Δηλίων · | ἀποστεῖλαι δὲ καὶ πρεσβευτὴν ὅστις ἀφικόμενος | εἰς Θεσσαλονίκην τά τε ψηφίσματα ἀποδώσει κ[αὶ] | ἀξιώσει τὸν δῆμον τὸν Θεσσαλονικέων ὄντα φίλο[ν] ||²⁰ καὶ οἰκεῖον τοῦ δήμου τοῦ Δηλίων δοῦναι τόπον ὡς | βέλτιστον τῆι τε ἀναθέσει τοῦ στεφάνου καὶ τῆι | εἰκόνι τῆι Ἀδμήτου ἣν ἀνε[τ]έθη ὁ δῆμος τὴν ἐπιγρα|φὴν ἔχουσαν τὴν αὐτὴν ἣν καὶ ἐν Δήλωι, καὶ ὅτι | ταῦτα ποιήσαντες εὐχαρισ|στήσουσιν τῶι δή||²⁵μωι τῶι Δηλίων. Κυνθιάδης Τελέσωνος ἐπεψήφι|σεν. Πρεσβευ|τὴς εἱρέθη Βούλων Τύννωνος.

## III

Ἡ πόλις Θεσσαλονικέων Δηλίων τῆι βουλῆι καὶ | τῶι δήμωι χαίρειν·
παραγενομένου Βούλωνος | τοῦ παρ' ὑμῶν ἀποσταλέντος πρεσβευτοῦ καὶ τά | τε
ψηφίσματα ἀποδόντος δι' ὧν ἐτετιμήκειτε ||⁵ Ἄδμητον Βόκρου καὶ παρελθόντος
εἰς τὴν ἐκκλησί|αν καὶ διαλεγέντος ἀκολούθως τοῖς ἐψηφισμένοις, | ταῦτά τε
προθύμως προσεδεξάμεθα καὶ τοῦ ψηφίσμα|[τ]ος, καθ' ὃ συνεχεχωρήκειμεν τὰ
παρ' ὑμῶν ἀξιώ[μα|τ]α, πεπόμφαμεν ὑμῖν τὸ ἀντίγραφον ὅπως εἰδῆτε· ||¹⁰
Σωσίπατρος ὁ ὑπεπιστάτης καὶ οἱ ἀ[ρμ]οσταὶ Μέναν|δρος, Νικόδημος, Φιλόδημος,
Ἱππίας, [Π]αύσων εἶπαν· ἐ|πειδὴ Βούλων ὁ παρὰ τοῦ δήμου τοῦ Δηλίων
ἀποστα|λεὶς πρεσβευτὴς πρὸς τὴν πόλιν τά τε ψηφίσματα | ἀπέδωκεν καθ' ἃ
βουληθεὶς ὁ δῆμος ἀποδοῦναι χά||¹⁵ριν Ἀδμήτωι τῶι Βόκρου τῶν εἰς αὐτὸν
εὐεργεσιῶν | ἕνεκεν ἐστεφάνωκεν αὐτὸν δάφνης στεφάνωι | τῶι τοῦ θεοῦ καὶ δυσὶ
χαλκαῖς εἰκόσιν ὧν τὴν μὲν | μίαν ἐψηφίσατο στήσειν παρ' αὐτοῖς ἐν τῶι τεμένε[ι] |
παρὰ τὸν βωμὸν τοῦ Διὸς τοῦ Πολιέως, τὴν δὲ ἑτέραν ἐν ||²⁰ Θεσσαλονίκει καὶ τήν
τε ἀναγραφὴν τοῦ στεφάνου | καὶ τὴν ἀνάθεσιν τῆς εἰκόνος ὅπως συντελεσθῶσιν
κα|θάπερ ἐγεγράφει διὰ τοῦ ψηφίσματος, ἠξίου τὴν ἡμετέ|ραν πόλιν οἰκείως
ἔχουσαν πρὸς αὐτὸν δοῦναι τόπον ὡς | βέλτιστον καὶ τοῖς δεδογμένοις ἀκολούθως
διαλεγέν||²⁵τος καὶ τοῦ Βούλωνος· δεδόχθαι τῆι βουλεῖ· τόν τε δῆμον | ἐπαινέσαι
τὸν Δηλίων ὅτι καὶ Θεσσαλονικεῦσιν τοῖς Ἀ|δμήτου πολίταις εὐχαρίστησεν
[στεφανώσας] αὐτὸν | τῶν εἰρημένων εὐεργεσιῶν ἕνε[κεν] ἄξιον ὄντα τῶν |
ἐψηφισμένων τιμῶν καὶ δοῦναι τὸν ἐπὶ τοὺς ἀγῶν[α]ς τῆι ||³⁰ μὲν ἀναγραφῆι τοῦ
στεφάνου καὶ παρα..... ΤΩΝΙΣ ? | τηρων, τῆι δ' ἀναθέσει τῆς εἰκόνος ὃν ἂν
[τόπον] δό[ξηι] τοῖς | βουλευταῖς.

II. L. 11 : après le π, la ligne a été laissée vide par le lapicide; on la complète aisément d'après le décret III, l. 19. — III. L. 10 : ἀ[ρμ]οσταί, que j'avais proposé avec
réserve, contesté par Swoboda, *Griech. Volksbeschlüsse*, p. 123, accepté par Michel, a été
confirmé par Holleaux, *Rev. ét. gr.*, 1897, p. 446 et suiv. — A la fin de la l. 30, j'ai
cru discerner les lettres ΤΩΝΙΣ; elles ont disparu aujourd'hui; mais on distingue
encore nettement τηρων à la l. suivante : Hiller suppose qu'il s'agit d'argent (στατήρων),
Wilamowitz d'un emplacement consacré à des θεοὶ σωτῆρες; la première de ces interpré-
tations seule pourrait convenir ici; la révolution finale du décret vise, comme d'usage,
deux actes : la transcription du décret sur une stèle, et la pose de la statue en un lieu;
le premier comporte une dépense (ἀνάλωμα). M. Homolle suppose [ἐκ] τῶν ἱ σ[τα]||τήρων,
qui se réfèrerait à un fonds spécial où l'on puise; mais je ne vois point comment accorder
cette conjecture avec le contexte, la lacune qui précède ne comportant que 5 lettres.

La stèle comprend trois décrets :

1° Un décret de Délos, voté sur la proposition de Boulon fils de Tynnon, décernant à Admétos fils de Bocros, Macédonien, déjà proxène, la couronne avec proclamation au théâtre et deux statues de bronze, en raison « des nombreux et grands services qu'il a rendus au sanctuaire et aux Déliens. » Président : Kynthiadès fils de Téléson.

2° Un second décret relatif à Admétos, rendu sur la proposition du même orateur. Les considérants sont rédigés en termes identiques. Résolution : « les deux statues de bronze du proxène Admétos seront dressées, l'une dans le sanctuaire, l'autre à Thessalonique ; la première, dans le sanctuaire (ici devait être spécifié l'emplacement, mais cette indication a été omise) ; et l'on gravera sur la statue l'inscription suivante : Le peuple de Délos (honore) Admétos fils de Bocros, Macédonien, pour ses mérites, sa piété envers le sanctuaire et sa bienveillance envers le peuple de Délos. Un député sera envoyé à Thessalonique, qui, à son arrivée, transmettra les décrets et demandera au peuple des Thessaloniciens, lié d'étroite amitié avec le peuple de Délos, d'accorder l'emplacement le plus en vue pour y exposer la couronne et y dresser la statue que le peuple a décernée à Admétos, avec la même inscription qu'à Délos (en ajoutant) que, ce faisant, ils obligeront le peuple de Délos. Président : Kynthiadès fils de Téléson. A été élu comme député : Boulon fils de Tynnon. »

3° Un décret de Thessalonique précédé d'une lettre d'envoi de cette ville à Délos : « La ville de Thessalonique au Conseil et au peuple de Délos : salut. A son arrivée, Boulon, le député envoyé par vous, nous a remis les décrets par lesquels vous avez honoré Admétos fils de Bocros, puis, introduit à l'assemblée, il a tenu un discours conforme aux décrets ; nous les avons accueillis avec empressement, et nous vous adressons, pour que vous en ayez connaissance, copie du décret par lequel nous avons accédé à vos demandes.

« Proposition de Sosipatros, sous-épistate, et des harmostes Ménandros, Nicodémos, Philodémos, Hippias, Pauson : Attendu que Boulon, député par le peuple de Délos auprès de notre ville, a remis les décrets par lesquels le peuple, désireux de témoigner à Admétos fils de Bocros sa reconnaissance pour les bienfaits dont il lui est redevable, l'a couronné de la couronne de laurier du dieu et (lui a décerné) deux statues de bronze, dont il a décrété de dresser l'une à Délos, dans le sanctuaire, près de l'autel de Zeus Polieus, et l'autre à Thessalonique ; et quant à la suscription de la couronne et à l'érection de la statue, désirant qu'elles fussent exécutées conformément aux termes du décret, attendu qu'il a prié notre cité, liée d'amitié avec lui, d'accorder l'emplacement le meilleur ; et qu'enfin

Boulon a appuyé dans son discours les stipulations des décrets ; le Conseil décide d'accorder l'éloge au peuple de Délos parce qu'il a exprimé aux Thessaloniciens, concitoyens d'Admétos, sa reconnaissance en couronnant Admétos pour les bienfaits mentionnés, honneur dont il est digne en effet. Le magistrat préposé aux concours donnera, pour l'inscription du décret conférant la couronne.....; et pour l'érection de la statue, l'emplacement qui sera déterminé par les membres du Conseil. »

A l'angle S.-E. du sanctuaire, une base encore en place porte une dédicace du peuple délien en l'honneur d'Admétos, identique à la formule du second décret (II, l. 14-16) : *IG*, XI, 4, 1076. Elle est située auprès d'un grand soubassement qui convient à un grand autel monumental : c'est manifestement l'autel de Zeus Polieus, dont le troisième décret (III, l. 19) spécifie la proximité. L'épitaphe de Philémon fils d'Admétos, de Thessalonique, qui a été retrouvée à Rhénée (*CIG*, 2322 *b*), semble prouver la continuité des relations de cette famille avec Délos.

Boulon fils de Tynnon, auteur des deux décrets et député de Délos à Thessalonique, est mentionné dans les comptes de 250 et de 229 ; Kynthiadès fils de Téléson, président de l'assemblée, dans ceux de 234 (références dans P. Roussel). L'écriture répond au type usité entre 240 et 230. Le décret est donc contemporain du règne de Démétrios II (239-229). Les inscriptions n^os 47 et 48 précisent la nature des relations à la fois politiques et commerciales qui unissaient alors Délos et la Macédoine : P. Roussel, *BCH*, 1910, p. 369 ; Glotz, *Rev. des ét. gr.*, 1916, p. 319 et suiv.

Le décret de Thessalonique apporte des renseignements intéressants sur le régime administratif établi par les Antigonides dans les villes dépendant de la monarchie : cf. Holleaux, *art. cité*. On connaissait un gouverneur, nommé ἐπιστάτης à Sparte, soumise par Antigone Doson : Polyb., XX, 5, 12 ; l'ὑπεπιστάτης (III, l. 10) est un sous-gouverneur, subordonné et remplaçant éventuel de l'épistate. Il a pour auxiliaires des officiers secondaires, les harmostes. Il est probable que ces différents délégués du pouvoir central étaient de droit membres du Conseil local ; c'est pourquoi ils prennent part aux délibérations et introduisent une motion ; et leur intervention s'explique d'autant mieux qu'il s'agit ici de répondre à un État étranger : Holleaux, p. 453 et suiv.

**50.** Décret d'Histiée en l'honneur du banquier Athénodoros de Rhodes (230-220). — Stèle de marbre ornée d'une moulure. — F. Durrbach, *BCH*, 1886, p. 102, I ; Michel, 346 ; *IG*, XI, 4, 1055 et 1025 ; *Sylloge*³, 493.

I

Dans une couronne de laurier : Ὁ δῆμος | ὁ Ἱστιαέων | Ἀθηνόδωρον | Πεισαγόρου. ||⁵

Οἱ ἄρχοντες εἶπαν προβουλεῦσαι τὴν βουλὴν εἰς | τὸν δῆμον · Ἐπειδὴ Ἀθηνόδωρος Πεισαγόρου Ῥόδιος | εὔνους ὢν διατελεῖ τῶι δήμωι καὶ χρείας παρέχεται | ἰδίαι τε τῶν πολιτῶν ἀεὶ τῶι δεομένωι καὶ κοινῆι τῆι πό|λει, καὶ τοῖς ἀποσταλεῖσι σιτώναις [ὑ]πὸ τῆς πόλεως ||¹⁰ εἰς Δῆλον συνεπραγματεύθη πάντα προθύμως καὶ ἀρ|γύριον ἄτοκον προεισήνεικεν, καὶ [π]αραίτιος ἐγένετο τοῦ | τὴν ταχίστην σιτωνήσαντας ἀπολυθῆναι, ἐπίπροσθε | ποιούμενος τὸ πρὸς τὴμ πόλιν εὐχάριστον τοῦ ἰδίου λυ|σιτελοῦς · ὅπως οὖν εἰδῶσι πάντες ὅτι ὁ δῆμος ὁ τῶν Ἱσ||¹⁵τιαέων ἐπίσταται τιμᾶν τοὺς εὐεργετοῦντας αὐτόν, καὶ πλείους ἀγωνισταὶ γίνωνται ὑπὲρ τῶν συμφερόντων | τῆι πόλει ὁρῶντες τοὺς ἀξίους τιμ[ω]|μένους · ἀγαθῆι τύχηι · δεδόχθαι τῶι δήμωι · ἐπαινέσαι Ἀθηνόδωρον Πεισαγόρου | Ῥόδιον ἐπὶ τῆι πρὸς τὴν πόλιν [ε]ὐ[ν]οίαι καὶ στεφανῶσαι θαλ||²⁰λοῦ στεφάνωι ἀρετῆς ἕνεκεν καὶ εὐνοίας τῆς εἰς τὸν | δῆμον τὸν Ἱστιαέων · ἀναγορεῦσαι δὲ τὸν στέφανον ἐν | τῆι πομπῆι τῶν Ἀντιγονείων, ἐπιμεληθῆναι δὲ τῆς ἀναγο|ρεύσεως τὸν ἀγωνοθέτην · δοῦναι δὲ καὶ πολιτείαν αὐτῶι | καὶ ἐκγόνοις κατὰ τὸν νόμον καὶ πρόσοδον πρὸς τὴμ βουλὴν ||²⁵ [κ]αὶ τὸν δῆμον πρώτωι μετὰ τὰ ἱερά · ἀναγράψαι δὲ τὸ ψήφισμα | [ε]ἰς στήλην λιθίνην καὶ ἀναθεῖναι παρά τε ἡμῖν εἰς τὸ ἱερὸν | [τ]οῦ Διονύσου καὶ ἐν Δήλωι εἰς τὸ ἱερὸν τοῦ Ἀπόλ[λ]ωνος, | τόπον αἰτησαμένους τὸ κοινὸν Δηλίων, τὸ δὲ ἀνάλω||μ|α τὸ γενόμενον εἰς τὴν ἀναγραφὴν δ|οῦν|α|ι τὸν τα||³⁰μίαν τὸν προστατεύοντα.

II

Ἔδοξεν τῆι βουλῆι καὶ τῶι δήμωι · Παρμε|ν|ίων Πολυβούλου | ε|ἶπεν · δοῦναι τόπον ἐν τῶι ἱερῶι Ἱστιαέσιν [ὃν] αἰτοῦνται | [ἀ]νὰ μέσον τῶν εἰκόνων τῆς τε Ὀφελλ[— — καὶ —] ικίδιος | [ὥ]στε ἀναθεῖναι στήλην ἐν ἧι εἰσι ἀνα[γεγραμ-μέ|ναι ||⁵ αἱ τιμαὶ δεδομέναι Ἀθηνοδώρωι ὑπὸ Ἱστιαέων · Θεορᾶς | Κλεοσθένου ἐπεψήφισεν.

« Le peuple des Histiéens (couronne) Athénodoros fils de Peisagoras.

« Suivant le rapport des magistrats, le Conseil propose à l'assemblée du peuple la résolution que voici : Attendu qu'Athénodoros fils de Peisagoras, de Rhodes, ne cesse de témoigner son dévouement au peuple et rend des services tant à chacun

9

des particuliers qui ont recours à lui qu'à la ville tout entière : qu'il a prêté son concours le plus dévoué aux commissaires pour un achat de blé envoyés par la ville à Délos et leur a fait des avances d'argent sans intérêts ; et qu'ainsi il leur a permis, faisant passer le bien de la ville avant ses avantages personnels, de s'acquitter au plus vite de leur mission ; « le peuple des Histiéens décerne à Athénodoros l'éloge et la couronne ; proclamation en sera faite à la procession des Antigoncia ; il recevra en outre le droit de cité, pour lui et ses descendants ; le décret sera exposé en double exemplaire, à Histiée dans le sanctuaire de Dionysos, et à Délos dans celui d'Apollon. » — Ce décret est suivi d'un décret de Délos qui accorde l'emplacement demandé pour l'exposition de la stèle.

II, l. 3 : on pense à restituer un nom comme Ὀφελάνδρου ; M. Homolle me propose Ὀφέλα : il s'agirait du Macédonien Ophélas, qui fut officier de Ptolémée Soter, conquérant et gouverneur de Cyrène, puis rebelle et allié d'Agathoclès contre Carthage : Niese, *Gesch.*, I, p. 216 et suiv., 310, 457 et suiv. Il avait épousé une Athénienne, descendante de Miltiade, du nom d'Eurydiké ; mais il est difficile de soupçonner ce dernier nom, même sous la forme d'un diminutif, dans la lecture — ιλίδιος, qui est donnée par P. Roussel.

Écriture de 230-220. Parménion fils de Polyboulos est mort avant 208 : cf. P. Roussel, *BCH,* 1910, p. 370 et 373 ; Théophas fils de Cléosthénès, président de l'assemblée, est noté comme débiteur dans les comptes de 231 : *IG,* XI, 4, 684, comm. Les *Antigoneia,* mentionnées à la l. 22 du décret d'Histiée, sont donc des fêtes célébrées en l'honneur d'Antigone Doson (229-221), plutôt que de Gonatas († 239). L'Eubée était soumise aux Antigonides pendant la seconde moitié du IIIᵉ siècle. Le fait qu'Histiée se pourvoit de blé à Délos comme la Macédoine sous Démétrios II (cf. le nᵒ 48) confirme l'importance du marché délien pour les céréales.

Athénodoros est un banquier de Rhodes établi à Délos, qui facilite aux σιτῶναι d'Histiée leurs achats. A Ios le Rhodien Antisthénès, qui était sans doute aussi banquier, paraît avoir rendu un service analogue aux sitônes de la ville : Graindor, *BCH,* 1904, p. 321, nᵒ 8 = *IG,* XII, 5, 1010. Les σιτῶναι ne sont pas des magistrats comme ceux qu'on rencontre, à l'époque romaine, à Athènes (*IG,* II, 335, l. 5, 11 ; III, 645, l. 4 ; etc.), ce sont de simples commissaires désignés à titre temporaire, par leurs concitoyens, ou par un prince, comme dans le nᵒ 48, pour négocier des achats.

On a déjà vu plus haut (nᵒ 46) la libéralité du Byzantin Dionysios envers Délos et celle d'un autre Rhodien, Agathoclès, envers Éphèse (*ibid.,* comm.). Il serait abusif de s'autoriser du rapprochement de ces textes avec le décret d'Histiée pour

en inférer une période de disette dans la mer Égée ; mais on y trouvera légiti-
mement la preuve du rôle important que jouaient les négociants et armateurs
rhodiens ou byzantins comme convoyeurs et marchands de blé en même temps
que comme banquiers. Ceux de Rhodes, surtout, paraissent s'être montrés entre-
prenants ; la diffusion de la monnaie rhodienne les rendait en quelque mesure
maîtres des changes : Hicks, *Greek inscr. in the Brit. Mus.*, p. 453 ; cf. p. 447 ;
*IG*, XII, 1 (*de Cycladum nummis*), p. xxxvi et suiv. A ces divers titres, on con-
çoit de quel prix pouvait être leur concours pour le ravitaillement soit des villes,
soit des armées, et combien il devait être recherché : cf. nᵒˢ 68-69.

**51.** Dédicace commémorative de la bataille de Sellasia (vers 221). — Plaque de
marbre blanc, brisée à droite, ayant fait partie du revêtement d'un grand piédestal. Sur
la gauche, la pierre avait été piquée au marteau, et quelques lettres effacées ont été
regravées à l'époque romaine. — Holleaux, *BCH*, 1907, p. 97 et suiv. ; *IG*, XII, 5,
*Testim.* 1338 ; *IG*, XI, 4, 1097 ; *Sylloge*³, 518.

Βασιλεὺς Ἀντίγο[νος βασιλέως] | Δημητρίου κα[ὶ Μακεδόνες] | καὶ οἱ σύμμαχοι
[ἀπὸ τῆς περὶ] | Σελλασίαν μά[χης Ἀπόλλωνι.]

« Le roi Antigone, fils du roi Démétrios, les Macédoniens et leurs alliés, sur
le (butin) dè la bataille de Sellasia, à Apollon. »

La restitution de la l. 2 est amplement justifiée : entre la mention du roi et
celle de ses alliés ne peut trouver place que celle des Macédoniens ; de nombreux
textes, tant épigraphiques que littéraires, nomment concurremment le peuple
macédonien et le souverain : Polyb., VII, 9, 1, 5, 7 ; XVIII, 46, 5 ; *Or. gr.*,
283, etc. ; cf. plus loin le nᵒ 55. — Quant aux « alliés » désignés à la l. suivante,
ce sont ceux qu'avait réunis Antigone en 224, à Aigion, lors de la première cam-
pagnè contre Cléomène : Thessaliens, Épirotes, Acarnaniens, Phocidiens,
Locriens orientaux, Béotiens, Eubéens et Achéens ; cependant, parmi ceux qui
avaient pris part effectivement à la bataille, Polybe (II, 65, 3-4) ne nomme que
les Achéens, les Béotiens, les Épirotes, les Acarnaniens et un contingent d'Illyriens commandés par Démétrios de Pharos : Holleaux, p. 98 et suiv.

La bataille de Sellasia fut livrée dans l'été de 222 : Holleaux, *Mél. Nicole*, p. 274
et suiv. ; Sokolow, *Beitr. z. alt. Gesch.*, 1905, p. 223 et suiv. Le vainqueur,
Antigone Doson, mourut à la fin de l'année suivante : Holleaux, *BCH*, 1907,
p. 100, note 1. C'est dans l'intervalle que dut être élevé à Délos le monument
commémoratif qui, à vrai dire, a pu être achevé par le successeur de Doson,

Philippe V. Il est sans doute le seul souvenir certain que Doson ait laissé à Délos : du moins ne peut-on lui attribuer avec certitude aucune des offrandes, couronnes et phiales, que les inventaires déliens mentionnent sous le nom du « roi Antigone » : Holleaux, *BCH*, *ibid.*, p. 101, note 2. Mais le monument de Sellasia constitue à lui seul un témoignage éclatant de la domination que ce prince exerçait alors à Délos et dans les Cyclades. Holleaux a établi qu'Évergète, l'allié du vaincu de Sellasia, Cléomène, n'eût pas toléré, si sa volonté avait été obéie à Délos, l'érection d'un monument qui proclamait la faillite de sa propre politique. Cette argumentation est pleinement confirmée par les preuves multiples que nous avons réunies, de l'influence exercée à Délos, dès le règne de Gonatas, par la Macédoine et de ses relations, de plus en plus étroites, avec l'île sainte sous le règne de Démétrios II : n⁰ˢ 35, 47-49 [1].

**52.** Dédicace du roi Attale I de Pergame (241-197). — Stèle de marbre brisée à gauche. — *IG*, XI, 4, 1108.

|Βασιλεὺς| Ἄτταλος | |Ἀττάλου τ|οῦ Φιλεταίρου | |καὶ Ἀντι|οχίδος.

« Le roi Attale, fils d'Attale fils de Philétairos, et d'Antiochis. »

Il s'agit du roi Attale I, né du mariage d'un Attale et d'Antiochis, fille d'Achaios : Strabon, XIII, p. 624 C. — La généalogie, fort obscure, des Attalides, a donné lieu à des controverses. D'après Cardinali (cf. le comm. du n⁰ 33), le père d'Attale I, un Attale, serait neveu de Philétairos, comme Eumène I, et, comme ce dernier et avant lui, aurait été adopté par son oncle : les mots [Ἀττάλου τ]οῦ Φιλεταίρου de notre dédicace doivent donc s'entendre : « fils d'Attale fils (adoptif) de Philétairos. » A son tour, Attale I aurait été adopté par Eumène I ; si notre dédicace ne fait pas mention de cette adoption, non plus que la dédicace n⁰ 33 n'indique l'adoption d'Eumène I par Philétairos, ce doit être pour la même raison, le désir de nommer la mère du prince, ce qui entraînait à faire figurer, à côté d'elle, le nom du père κατὰ φύσιν. La double adoption d'Eumène par Philétairos et d'Attale par Eumène paraît clairement indiquée par une inscription de Pergame, *Ath. Mitt.*, 1910, p. 463, n. 45 : Εὐμένης Φιλεταίρου Ἄτταλον τὸν υἱόν. — Holleaux a confirmé ces conclusions par l'étude d'un document de Delphes, *Rev. des ét. anc.*, 1918, p. 10 et suiv., et résumé par trois *stemmata* les différents systèmes qui ont été proposés pour cette généalogie, *ibid.*, p. 16 ; E. Preuner,

---

1. Cf. cependant, sur cette question, ci-dessus, p. 59, note 1.

après discussion, se rallie à l'opinion de Cardinali, qu'il estime confirmée en somme par l'inscription de Delphes : *Hermes*, 1920, p. 393-403 ; le *stemma* de Cardinali est reproduit par P. Roussel, *IG*, XI, 4, *Add.*, p. 137.

Ad. Wilhelm rapproche cette dédicace et celle d'Eumène I (n° 33) de trois dédicaces déliennes qui mentionnent les héros de la Teuthranie : *IG*, XI, 4, 1206-1208 (avec les corrections de Wilhelm, *Ath. Mitt.*, 1914, p. 148 et suiv. ; P. Roussel, *Rev. des ét. gr.*, 1915, p. 468). — D'autres souvenirs rappellent à Délos l'intervention d'Attale I et, après lui, de son fils et successeur Eumène II (197-159) : pour Attale, la fondation d'une fête perpétuelle, les *Attaleia*, dont le premier vase connu date de 217 (Schulhof, *BCH*, 1908, p. 111) ; l'offrande d'une couronne d'or dans le temple d'Apollon et d'une phiale à reliefs dans l'Artémision (*Sylloge*[2], 588, *B*, l. 61, 183 ; sur cette phiale, voir la remarque de Schulhof, *l. l.*) ; une statue élevée par les Déliens, sans doute après la mort du roi, car les sommes portées en remboursement de l'avance faite par la caisse du dieu figurent aux années 195 et 194 (Homolle, *Archives*, p. 70, notes 1 et 2) ; — pour Eumène, le don par le roi dans le temple d'Apollon de quatre couronnes d'or (*Sylloge*[2], *ibid.*, l. 99, 101, 105, 129-130) ; et l'hommage au roi par les Déliens de plusieurs couronnes (comptes inédits de *Polyxénos I* (192), *A*, l. 22 ; comptes de *Démarès* (179) : *BCH*, 1882, p. 6 et suiv., *A*, l. 25, 64 ; de *Polyxénos II* (175) : *BCH*, 1910, p. 147, *A*, l. 14 ; etc.). Un fragment de dédicace, du temps d'Attale, évoque la victoire remportée sur les Galates : *IG*, XI, 4, 1110 ; or on sait que plusieurs fragments de statues représentant des Galates ont été exhumés à Délos. Bien que ce motif fût devenu un thème banal de la sculpture hellénistique, et que les fragments de Délos trahissent des inspirations très différentes (G. Leroux, *BCH*, 1910, p. 478 et suiv.), il est bien improbable qu'il n'y ait pas eu, dans le nombre, quelque débris d'un ex-voto pergaménien, auquel il conviendrait d'attribuer cette dédicace. — Le grand Portique anonyme, que l'on désigne aujourd'hui d'ordinaire par le nom de Portique du Sud-Ouest (n° XIX dans le dernier plan des fouilles, P. Roussel, *Délos col. ath.*) et qui doit être daté du second quart du IIIᵉ siècle (*BCH*, 1902, p. 547 et suiv. ; cf. P. Roussel, *ibid.*, p. 295, note 3), pourrait par hypothèse être attribué à Attale I. A l'un des angles s'appuie le monument élevé par ce roi à Épigénès (n° 53). A défaut même d'un commencement de preuve, on remarquera que parmi les princes à qui l'on peut faire honneur de ce monument somptueux, on n'a guère le choix, à cette époque, qu'entre Démétrios II et Antigone Doson, d'une part, et Attale I d'autre part ; les apparences sont plutôt en faveur de ce dernier, dont on sait le goût pour le faste, et qui inaugura les libéralités dont les

Attalides ont fait bénéficier tant d'États grecs : cf. G. Cardinali, *Il regno di Pergamo*, p. 199 et suiv. — L'intérêt porté par les Attalides à Délos ne s'est pas relâché. Si nous connaissons moins que pour les Antigonides et les Ptolémées leurs visées politiques sur les Cyclades, — on notera tout au moins qu'Attale I s'est fait donner Égine, — il est sûr qu'ils ont tenu, comme tous les souverains hellénistiques, à resserrer les liens qui pouvaient les unir à la Grèce : ils ont convoqué aux fêtes instituées par eux les cités helléniques, et, en retour, multiplié les hommages de leur dévotion dans leurs grands sanctuaires : Niese, *Gesch.*, II, p. 206 et suiv.

**53.** Dédicace du roi Attale I en l'honneur du général Épigénès de Téos (vers 228). — Base de marbre, en place à l'angle sud-ouest du « Portique Sud-Ouest ». — Durrbach, *BCH*, 1902, p. 547 ; *IG*, XI, 4, 1109.

[B]ασιλεὺς Ἄτταλος Ἐπιγένην | Ἄνδρωνος Τήιον Ἀπόλλωνι.

« Le roi Attale (a consacré la statue d') Épigénès fils d'Andron, de Téos, à Apollon. »

Épigénès fut au service d'Attale dans ses campagnes victorieuses contre les Galates et Antiochos Hiérax († 228), et il a consacré à Pergame plusieurs dédicaces en l'honneur d'Attale : voir les références dans mon article, et cf. Dittenberger, *Or. gr.*, 280. L'inscription de Délos révèle le nom de sa ville natale, Téos. Ce général est-il le même que l'Épigénès qu'on trouve plus tard au service de Séleucos III Soter (226-223) et qui fut en faveur auprès d'Antiochos III (223-187) ? Cette identification, que j'avais admise, est contestée par Cardinali, *Il regno di Pergamo*, p. 42, note 5 ; elle supposerait en effet qu'Épigénès a changé de camp entre 228 et 226, et qu'il combattit, pour le compte d'Antiochos, le roi de Pergame qu'il avait si bien servi.

**54.** Décret de Délos en faveur de l'historien Mnésiptolémos de Kymé (vers 220 av. J.-C.). — Stèle de marbre brisée dans le haut. — *IG*, XI, 4, 697.

[— — — — — — — ἐπαινέ]σαι Μνησιπτόλεμον Κ[αλλιάρχ]ου τὸν |
ἱ]στοριογ[ρά]φ[ον καὶ] στεφανῶσαι δά[φνης στεφάνωι τῶι ἱερῶι τοῖς Ἀπολ-||[ᵒ]
λωνίοις ἐν τοῖς χοροῖς τῶν παίδων, | τὴν δὲ ἀναγγελίαν ποιήσασθαι τὸν | ἱεροκήρυκα
ἐν τῶι θεάτρωι τήνδε · ὁ δῆ[μος ὁ Δηλίων στεφανοῖ Μνησιπτόλε[μον Καλλιάρχου

Κυμαῖον τῶι ἱερῶι στ[ε]||¹⁰φάνωι ἀρετῆς ἕνεκεν καὶ εὐσεβείας | τῆς περὶ τὸ ἱερὸν καὶ εὐνοίας τῆς εἰς αὐ|τόν · δεδόσθαι δ᾽ αὐτῶι καὶ ἐπὶ τὴν βουλὴν | καὶ ἐπὶ τ|ὸν δῆμον ἔφοδον π|ρώτωι μετὰ τὰ ἱερά · |/////|εἶναι (δὲ αὐτὸν)| <ΣΙ> καὶ τοὺς ἐγγόνους προξέ||¹⁵νους τῆς πόλεως καὶ ὑπάρχειν αὐτοῖς πάν|τα ὅσα καὶ τοῖς λοιποῖς προξένοις ὑπάρχει · | [Π]αρμενίων Διοδότου ἐπεψήφισεν. | — Au-dessous, dans une couronne de laurier : ὁ δῆμος | ὁ Δηλίων.

Décret accordant la couronne et la proxénie héréditaire à l'historien Mnésipto-lémos fils de Calliarchos, de Kymé. Rien ne reste de lui qu'un mot tourné en ridicule par le poète comique athénien Épinicos dans une pièce intitulée « Mné-siptolémos. ». Il n'en fut pas moins en grand crédit auprès du roi Antiochos III de Syrie (223-187) : Athen., X, 432 b ; XV, 697 d ; cf. FHG, III, p. 71. Avec lui on trouve, à la cour de ce prince ami des lettres ou plus encore soucieux de soigner sa renommée, deux autres historiens. Hégésianax d'Alexandria Troas, pauvre poète et danseur, ayant plu au roi, fut promu au rang des φίλοι et, avec Lysias et Ménippos, envoyé en 196 comme ambassadeur à Corinthe auprès de T. Quinctius Flamininus : Polyb., XVIII, 47, 4 ; 50, 3 : FHG, III,.p. 68, 71 ; en 193, il fut chargé d'une nouvelle ambassade à Rome : Liv.,˙XXXIV, 57, 6 ; 58, 4 ; 59, 1. Euphorion fils de Polymnestos, de Chalcis, homme riche, auteur de poèmes épiques et d'ἱστορικὰ ὑπομνήματα, fut par ce roi préposé à la bibliothèque publique.˙

Le président de l'assemblée est inscrit comme débiteur, en 224 ; il était mort en 219 ; le décret est donc antérieur à cette année-là.

**55.** Dédicace des Macédoniens en l'honneur du roi Philippe V (fin du iiiᵉ siècle). — Huit fragments d'une base, trouvés près du Portique de Philippe ; l'appartenance du huitième, qui assure la restitution de la l. 1, a été reconnue par P. Roussel, depuis la première édition. — Homolle, *BCH*, 1880, p. 217, n. 7 ; Michel, 1296 ; *IG*, XI, 4, 1102 ; *Sylloge*³, 575.

Τὸ κοινὸν Μ[ακε]δόν[ων] | | βασιλέα Φί|λιππον βασιλέως| | Δημητρίου ἀ|ρετῆς ἕνεκα] καὶ εὐνοίας [Ἀπόλλωνι?].

« La communauté des Macédoniens (a consacré la statue du) roi Philippe, fils du roi Démétrios, pour son mérite et sa bienveillance, à Apollon(?). »

D'après la paléographie, P. Roussel estime que cette dédicace est la plus ancienne de celles qui, à Délos, sont relatives à Philippe V, nᵒˢ 55-57. — Sur la distinction entre la « communauté des Macédoniens » et le roi, cf. n° 56 ; pour les relations de Philippe avec Délos, n° 57.

**56. Dédicace du roi Philippe V de Macédoine** (fin du iii⁰ siècle). — Fragment de base provenant de Délos, aujourd'hui à Meylan près de Grasse. L'inscription a été copiée par Cyriaque d'Ancône : Riemann, *BCH*, 1877, p. 87, n. 31. — Stouff, Ξένια, *Hommage internat. à l'Univ. de Grèce*, II, p. 168 ; *IG*, XI, 4, 1100 ; *Sylloge*[3], 573.

Βασιλεὺς Μακεδόνων Φί|λιππος| | βασιλέως Δημη|τρίου| | ἀπὸ τῶν κατὰ γῆν ἀγ|ώνων| | 'Απόλλων|ι|.

« Le roi des Macédoniens, Philippe, fils du roi Démétrios, à Apollon, sur le butin de ses combats sur terre. »

D'après l'écriture, P. Roussel pense que cette dédicace est antérieure à celle du Portique de Philippe (n° 57) et de très peu postérieure à la précédente ; elle pourrait se rapporter à la guerre dite « des Alliés », où le roi fut engagé dans les premières années de son règne (220-217). La formule βασιλεὺς Μακεδόνων remplace, ici comme au Portique de Philippe, celle du monument de Sellasia, βασ. 'Αντίγονος — κα[ὶ Μακεδόνες] (n° 51) ; elle se retrouve dans la Chronique de Lindos, où Holleaux l'a restituée (Blinkenberg, *Die lind. Tempelchronik*. Bonn, 1915, p. 34, XLII) ; le même savant estime que cette modification correspond à un progrès du pouvoir royal devenu, après les premières années, plus despotique : *BCH*, 1907, p. 98. Il est vrai que la distinction entre le prince et les Macédoniens est observée dans la proclamation de Flamininus aux Grecs, en 196, c'est-à-dire à une époque fort avancée du règne de Philippe : Polyb., XVIII, 46, 5 ; mais, selon la remarque que veut bien me communiquer Holleaux, le formulaire employé par les Romains à cette date n'a pas une valeur démonstrative : les Romains n'ont pas à se préoccuper de l'usage introduit par Philippe pour son compte. Ils ont déclaré la guerre *Philippo regi Macedonibusque* (Liv,, XXXI, 6, 1) ; il est naturel qu'ils usent des mêmes termes dans leur décret proclamé à Corinthe. — D'après J. Beloch, l'autorité de Philippe se serait affaiblie après Cynoscéphales et il aurait été obligé à des concessions constitutionnelles : *Griech. Gesch.*, III, 1, p. 388, et notes 1 et 3 ; c'est une opinion qu'il suffira de rappeler pour mémoire après les observations d'Holleaux, *l. l.*

**57. Dédicace du Portique de Philippe V** (221-179). — Dédicace inscrite sur six épistyles du Portique ; chacun d'eux porte un mot ; l'ordre en a été pour la première fois déterminé par Th. Homolle, *BCH*, 1880, p. 215, n. 8 ; cf. *Rev. arch.*, 1880, p. 94 ; mais, comme l'ont reconnu Vallois et Poulsen, la symétrie oblige à restituer, pour que l'inscription occupe le milieu de la façade, un septième épistyle. — *IG*, XI, 4, 1099 ; *Sylloge*[3], 574.

Βασιλεὺς Μακεδόνων Φίλιππος βασιλέως Δημητρίου Ἀπόλλωνι [ἀνέθηκεν].

« Le roi des Macédoniens Philippe, fils du roi Démétrios, a consacré (le portique) à Apollon. »

La formule, identique à celle du n° 56, désigne, sans qu'on puisse s'y tromper, Philippe V. Dans les quarante années de ce règne (221-179), on ne saurait préciser l'époque où a commencé la construction du Portique. M. Homolle avait cru pouvoir en fixer la date entre 205 et 196, « courte période de la domination macédonienne ; » mais la découverte de nouveaux textes montre Philippe en relations avec Délos aussi bien au début qu'à l'extrême fin de son règne : cf. Schulhof, *BCH*, 1907, p. 50, note 1 ; Holleaux, *ibid.*, p. 105, note 1 ; Glotz, *Rev. des ét. gr.*, 1916, p. 320 et suiv. Sans doute l'hégémonie de la Macédoine dans les Cyclades a dû cesser après Antigone Doson, qui fut si peu le maître de la mer qu'il laissa la marine dans un complet abandon. Philippe permit aux pirates illyriens de rançonner les îles, il s'associa à leurs déprédations et même dut, en 202, reconquérir Paros et sans doute quelques autres Cyclades. Enfin les Rhodiens, profitant de cette carence d'autorité et de police, reconstituèrent à cette époque, sous leur direction, la confédération des Insulaires (n° 63) : cf. Holleaux, *ibid.*, p. 106 et suiv. Toutefois les relations de la Macédoine avec Délos n'ont pas été suspendues par le déclin de son empire maritime. Dès 216, les inventaires du Prytanée mentionnent une phiale d'or consacrée par Philippe, sans doute dans une des années précédentes : *IG*, XI, 2. 126, l. 11 ; 128, l. 55 et suiv. ; etc. En 216 également est mentionnée la première des phiales consacrées à l'occasion des *Philippeia*, qui continuent d'être célébrées au cours des années suivantes : comptes de *Stésiléos II = BCH*, 1908, p. 83, n° 21, l. 59, 62, 70, 78, 82, 83, 86, 87 ; et autres comptes inédits. D'autre part, peu de temps avant la mort du roi, les Déliens lui décernent une couronne d'or : comptes de *Démarès = BCH*, 1882, p. 6 et suiv., *A*, l. 25, 43, 61, 67, 212 ; nous ignorons, à vrai dire, à quelle occasion ; mais, suivant la très ingénieuse explication de G. Glotz, sans doute en reconnaissance de certains privilèges commerciaux : *art. cité*, p. 299 et suiv. ; cf. Durrbach, *BCH*, 1916, p. 317 et suiv. Dans ce long intervalle toute donnée chronologique rigoureuse fait défaut. On ne saurait même exclure *a priori* les années qui suivent Cynoscéphales (197), puisqu'elles sont marquées par un rapprochement de Philippe avec les Romains, qu'il est leur allié dans la guerre d'Antiochos ; il n'est donc pas écarté de Délos par le seul fait que les Romains commencent alors à s'intéresser à l'île d'Apollon.

**58. Décret de Délos en faveur du roi Nabis de Sparte** (vers 200 av. J.-C.). — Stèle en marbre rouge, peut-être de Laconie, brisée dans le bas, surmontée d'un fronton qui est décoré d'emblèmes en relief : aux deux angles latéraux, de demi-palmettes ; au milieu, d'un bouclier ; au sommet, d'un fer de lance. — Homolle, *BCH*, 1896, p. 503 et suiv. Un fragment, découvert postérieurement, et portant la couronne de laurier avec les mots ὁ δῆμος ὁ Δηλίων, a été publié *BCH*, 1904, p. 294, n. 28. Cette couronne précédait certainement un second décret gravé sur la même stèle. — *IG*, XI, 4, 716 ; *Sylloge*.³, 584.

Ἔδοξεν τῆι βουλῆι καὶ τῶι δήμωι· Χαρί|λας Ἀριστοθάλου εἶπεν· ἐπειδὴ
βασιλεὺς | Νάβις Δαμαράτου Λακεδαιμόνιος ἀνὴρ ἀγα|θὸς ὢν διατελεῖ περί τε τὸ
ἱερὸν καὶ τὸν δῆμον ||⁵ τὸν Δηλίων καὶ χρείας παρέχεται καὶ κοινῆι | τῆι πόλει
καὶ ἰδίαι τοῖς ἐντυγχάνουσιν αὐ|τῶι τῶν πολιτῶν εἰς ἃ ἄν τις αὐτὸν παρακαλεῖ· |
δεδόχθαι τῆι βουλῆι καὶ τῶι δήμωι· εἶναι βασι|λῆ Νάβιν Δαμαράτου Λακεδαι-
μόνιον πρόξε||¹⁰νον καὶ εὐεργέτην τοῦ τε ἱεροῦ καὶ Δηλίων καὶ | αὐτὸν καὶ ἐκγόνους
καὶ εἶναι αὐτοῖς ἐν Δήλωι | γῆς καὶ οἰκίας ἔγκτησιν καὶ πρόσοδον πρὸς τὴν | βουλὴν
καὶ τὸν δῆμον πρώτοις μετὰ τὰ ἱερά· ὑ|πάρχειν δὲ αὐτῶι καὶ τὰ ἄλλα ὅσα δέδοται
καὶ ||¹⁵ τοῖς ἄλλοις προξένοις καὶ εὐεργέταις τοῦ τε | ἱεροῦ καὶ Δηλίων· ἀναγράψαι
δὲ τόδε τὸ ψήφισ|μα τὴν μὲν βουλὴν εἰς τὸ βουλευτήριον, τοὺς | [δὲ ἱεροποιοὺς
εἰς] τὸ ἱερόν· Ἀντικράτης Τηλε|[μνήστου ἐπεψήφισεν.]. ||²⁰ — Au-dessous,
dans une couronne de laurier : ὁ δῆμος | ὁ Δηλίων.

« Proposition de Charilas fils d'Aristothalès : Attendu que le roi Nabis fils de Damaratos, de Lacédémone, ne cesse de témoigner ses bonnes dispositions envers le sanctuaire et le peuple de Délos et rend des services tant à la ville qu'à ceux des citoyens qui le sollicitent, » le peuple décerne au roi Nabis la proxénie et le titre de bienfaiteur. Privilèges ordinaires.

Le décret apporte un double renseignement intéressant. D'abord c'est l'unique document officiel, hors de Sparte, où Nabis soit qualifié de *roi*, titre qu'il reven-diquait (Liv., XXXII, 31, 13 ; cf. Polyb., XIII, 6, 5), mais que les historiens lui contestent en l'appelant systématiquement *tyran*. Ce même titre se retrouve sur un tétradrachme mentionné par Perdrizet (*Numism. Chronicle*, 1898, p. 3 ; cf. Head, *Hist. num.*², p. 435) ainsi que sur les timbres de trois tuiles de Laconie (*IG*, V, 1, 885 a-c : βαιλεῖ Νάβι et βαιλέος Νάβιος). En second lieu le décret paraît

jeter quelque lumière sur l'origine, jusqu'ici ignorée, de Nabis ; il semble en
effet, par Damaratos, son père, se rattacher à la souche royale des Héraclides,
et ainsi seraient justifiées ses prétentions au titre royal, bien que, s'étant
emparé par violence du pouvoir, il ait eu figure d'usurpateur. Il est possible
que le Damaratos honoré par les Déliens au début du iii<sup>e</sup> siècle (n° 13) soit
son arrière-grand-père (Homolle). Les limites du règne de Nabis sont com-
prises entre les années 207 et 192 ; dans cet intervalle, c'est l'année 197 qui
paraît surtout devoir retenir l'attention : Homolle, p. 515-518. A ce moment,
Nabis a su réunir une armée redoutable de mercenaires et d'aventuriers avec
laquelle il presse vivement les Achéens ; il a lié partie avec les pirates qui sillon-
nent l'Archipel ; c'est une puissance avec laquelle il faut compter. A la veille
de la guerre de Macédoine, Philippe V et Flamininus ont un égal intérêt à
son alliance ; il y a apparence que tous deux l'ont salué de ce titre royal qu'il
revendiquait ; et Nabis rappelle en effet, dans le discours que Tite-Live met en sa
bouche deux ans plus tard (XXXII, 31, 13), que le général romain le traitait de
roi dans ces négociations de 197. Pour M. Homolle, c'est Flamininus, ce sont
les Romains, dont l'influence à Délos devient prépondérante après la défaite
de Philippe, qui se sont employés pour faire reconnaître et proclamer la royauté
de Nabis par la haute autorité du sanctuaire d'Apollon : la date du décret serait
ainsi fixée à la fin de 197, ou au plus tard en 196. Cette argumentation, pour
pressante qu'elle soit, n'écarte pas cependant cette autre hypothèse : que Philippe
lui-même, avant la campagne de Cynoscéphales, aurait offert au « roi » Nabis
ses bons offices auprès des Déliens. M. Homolle reconnaît que le roi de Macédoine ne s'est pas montré moins empressé auprès de lui, qu'il lui donna Argos et
rechercha pour ses filles l'alliance des fils de Nabis. Enfin — c'est l'hypothèse la
plus simple et sans doute la plus probable — Nabis a pu directement entrer en relations avec les Déliens, et même avant 197, dans des circonstances dont le souvenir
n'est pas venu jusqu'à nous, leur rendre quelque service dont les Déliens lui
témoigneraient ici leur reconnaissance. On notera que deux autres décrets de proxénie en faveur de Lacédémoniens datent du même temps : *IG*, XI, 4, 717 et 718.

**59.** Dédicace en l'honneur d'Antiochos III (entre 205 et 192). — Base de marbre
bleuâtre, au Sud de l'Artémision. — Homolle, *BCH*, 1879, p. 360, n. 1 ; Michel, 1207 ;
*Or. gr.*, 239 ; *IG*, XI, 4, 1111.

[B]ασιλέα [μέγαν] | Ἀντίοχο[ν] | βασιλέως Σελεύκ[ου | Κ]αλλινίκο[υ] ||⁵
Μακεδόνα | [τὸ]ν α[ὐ]το[ῦ] σωτῆρ[α | κ]αὶ ε[ὐ]εργέτ]ην | Μένιππος Φανίου |
ἀνέ[θηκεν.]

« (Statue du) grand roi Antiochos, fils du roi Séleucos Callinicos, Macédonien, son sauveur et bienfaiteur, consacrée par Ménippos fils de Phanias. »

Le roi de Syrie Antiochos III (223-187) ne porta officiellement le titre de « grand » qu'après son expédition dans les hautes satrapies, soit après 205 : Holleaux, *BCH*, 1908, p. 266 et suiv. ; c'est moins une épithète officielle qu'une appellation honorifique, dont l'origine est orientale : Bevan, *Journ. hell. stud.*, 1902, p. 241 et suiv. Sur la dénomination de Μακεδών, dont usaient avec prédilection les souverains hellénistiques (n° 35), cf. Pausan., VI, 3, 1 ; X, 7, 8. — L'auteur de la dédicace, Ménippos, remplit à Rome, en 193, puis auprès des Étoliens, en 192, des missions dont il fut chargé par le roi (Homolle, *art. cité*, avec les références). Vers la fin de cette dernière année, il engagea le premier, à Délion les hostilités contre les Romains ; la dédicace ne peut être postérieure ; les Romains, déjà puissants à Délos, n'eussent sans doute pas toléré, après la déclaration de guerre, qu'une statue y fût élevée au roi de Syrie (Holleaux). — Les comptes de *Polyxénos I* (192) mentionnent bien des effigies consacrées par les Déliens « au roi Antiochos et à la reine Laodice » ; mais la dépense est antérieure : il s'agit du remboursement, effectué en 194, d'une avance faite par la caisse sacrée : Homolle, *Archives*, p. 70, note 2.

Peut-être faut-il rattacher à l'entourage d'Antiochos le proxène Ἡρακλείδης Ξεινία Βυζάντιος : *IG*, XI, 4, 778, et assimiler ce personnage avec l'ambassadeur qui engagea en Asie de vaines négociations avec P. Scipion, après la défaite du roi : Polyb., XXI, 13, 3 ; 14 ; 15, 12.

**60.** DÉCRET DE DÉLOS POUR ALEXANDRE DE MÉGALOPOLIS (début du IIᵉ siècle). — Stèle de marbre moulurée ; le bas est brisé. — Hauvette, *BCH*, 1883, p. 10, n. 4 ; *IG*, XI, 4, 750 ; *Sylloge*³, 576.

Ἔδοξεν τεῖ βουλεῖ καὶ τῶι δήμωι · | Καλλίας Ἀντιπάτρου εἶπεν · ἐπει|δὴ Ἀλέξανδρος Φιλίππου, ἀπόγο|νος ὢν βασιλέως Ἀλεξάνδρου, ‖⁵ παραγενόμενος εἰς Δῆλον καὶ | ἐνδημήσας πλείω χρόνον εὐ|τάκτως καὶ ὡς προσῆκον αὐτῶι | τὴν ἐνδημίαν ἐποιήσατο καὶ κοι|νεῖ καὶ ἰδίαι Δηλίων τῶι ἐντυγ‖¹⁰χάνοντι χρείας παρεχόμενος | [δ]ιατελεῖ εἰς ὃ ἂν αὐτόν τις παρα|[καλεῖ ·] ἵνα οὖν καὶ ὁ δῆμος φαίνηται | [ποι]ῶν πᾶσαν ἐπιμέλειαν [τῶν | καλῶν καὶ ἀγαθῶν ἀνδρῶν ?.....]

« Proposition de Callias fils d'Antipatros : Attendu qu'Alexandre fils de Philippe, descendant du roi Alexandre, étant venu à Délos et y ayant longtemps résidé, s'est comporté dans ce séjour avec dignité et bienséance, et qu'il n'a cessé de se rendre utile à la ville en général, et en particulier à ceux des Déliens qui ont pu faire appel à lui pour quoi que ce fût : afin donc de montrer que le peuple accorde toute sa sollicitude aux hommes bons et dévoués.... »

Alexandre, Macédonien d'origine, et citoyen de Mégalopolis, prétendait descendre d'Alexandre le Grand : Liv., XXXV, 47, 5 et 7 ; cf. Appien, *Syr.*, 131. Il avait donné à ses deux fils les noms de Philippe et d'Alexandre, et à sa fille celui d'Apama, usité dans la famille royale de Syrie ; il la maria à Amynandros, roi des Athamanes.

La période d'activité de l'orateur Callias, dont le père fut logiste en 250 et mourut vers l'année 210 (P. Roussel, *IG*, XI, 4, 666), peut se placer entre 230 et 170 environ. L'écriture est du début du IIᵉ siècle. Les données historiques assignent comme limite inférieure au décret l'année 190, où Philippe le Mégalopolitain capitula dans Pelinnaeum, et fut, avec des démonstrations d'égards affectés et dérisoires, remis par Philippe de Macédoine au consul romain, qui l'envoya à Rome chargé de fers : Liv., XXXVI, 13-14. Amynandros s'enfuyait la même année avec Apama, laissant l'Athamanie au roi de Macédoine. — Pour la limite supérieure, si propices qu'aient pu être à un prétendant les débuts du règne de Philippe V (220), il ne semble pas qu'on doive remonter au delà de la guerre de Macédoine (199). Amynandros, allié des Romains contre Philippe, et Alexandre, rival de celui-ci, avaient tout intérêt à lier partie. Amynandros prit des gages en Macédoine par la conquête de quelques villes qu'il se fit céder à la paix (196).

La période des négociations par lesquelles soit à Rome, soit en Grèce de 195 à 192, le roi de Syrie prépare la guerre de conquête qu'il médite contre les Romains et contre la Macédoine, paraît particulièrement se prêter à une entente entre Alexandre de Mégalopolis et Antiochos le Grand. L'érection de deux statues par le peuple délien à Antiochos et à la reine Laodice (195-194), la dédicace d'une statue au roi de Syrie par Ménippos son ambassadeur (193-192 : n° 59), le décret en faveur d'Alexandre de Mégalopolis, peuvent bien paraître des faits connexes, et Délos être le lieu où se seraient liés les pourparlers du roi et du prétendant unis par des ambitions communes. D'autre part le rôle de premier rang joué par Philippe fils d'Alexandre, qui fait acte de souverain national en rendant les honneurs suprêmes aux morts de Cynoscéphales laissés sans sépulture par Philippe V, qui commande ensuite dans Pelinnaeum, permet de supposer qu'il avait dès lors remplacé son père décédé comme prétendant au trône de Macédoine.

La date du décret pour Alexandre de Mégalopolis serait ainsi resserrée dans un très court intervalle.

**61.** Dédicace de Délos en l'honneur du médecin Philippe de Cos (195). — Corniche de marbre ayant décoré une base. — *IG*, XI, 4, 1078.

Φίλιππον Φιλίππου Κῷον | τὸν ἰατ[ρ]ὸν ὁ δῆμο[ς] ὁ Δηλίων | ἀνέθηκεν.

« (Statue du) médecin Philippe fils de Philippe, de Cos, consacrée par le peuple de Délos. »

Les comptes de *Polyxénos I* (*A*, 1, 36 et suiv.) mentionnent, pour l'exercice 195, la dépense d'une statue du médecin Philippe, εἰς τὴν [ε]ἰκόνα τοῦ ἰατροῦ Φιλίππου. Il paraît fort vraisemblable que nous en avons ici la dédicace. Un personnage du même nom est caution l'année de Callistratos, soit en 156/5 : *B*, col. II, l. 163 ; P. Roussel, *Délos col. ath.*, p. 155, 21. On pourrait donc supposer que Philippe s'était établi à Délos, et peut-être y exerçait son art comme médecin public. Tel paraît avoir été le rôle, d'après la restitution de Hiller, du médecin Xénophon fils de Pythonax, de Cos, à qui les Déliens avaient élevé aussi une statue : *IG*, XI, 4, 1200.

Trois décrets rappellent les services rendus à Délos par d'autres médecins : Xénodémos fils de Démoclès, de Syros, au milieu du IIIᵉ siècle : *IG*, XI, 4, 633 ; — Archippos fils de Polycharès, de Céos, qui fut également proxène à Ténos (*IG*, XII, 5, 820), vers la fin du IIIᵉ siècle : *ibid.*, 693 ; — Nicandros fils de Parméniscos, d'Halicarnasse, au début du IIᵉ siècle : *ibid.*, 775.

**62.** Dédicace en l'honneur de Polycratès d'Argos, favori de Ptolémée IV Philopator (début du IIᵉ siècle). — Base de marbre ronde, trouvée dans le Portique Sud-Ouest. — Durrbach et Jardé, *BCH*, 1905, p. 234, n. 91 (le commentaire de l'inscription, avec la plupart des références que nous reproduisons ci-dessous, est dû à Holleaux); *IG*, XI, 4, 1177.

Ἀμφικλείδης Ἀμφικλείδου | Πολυκράτην Μνασιάδα | Ἀργεῖον Ἀπόλλωνι.

« Amphicleidès fils d'Amphicleidès (a consacré la statue de) Polycratès fils de Mnasiadas, d'Argos, à Apollon.

Polycratès d'Argos joua un rôle éminent à la cour d'Égypte sous les règnes de Ptolémée IV Philopator (221-203) et de Ptolémée V Épiphane (203-181). Originaire d'une antique famille, fils d'un illustre athlète, riche, habile et hardi, il vint très jeune en Égypte au moment de la guerre de Ptolémée IV contre Antiochos ; il commanda la cavalerie égyptienne en Coelé-Syrie, et prit une part importante, sinon tout à fait heureuse, à la bataille de Raphia (217). Fort en faveur auprès du roi, il fut nommé ensuite gouverneur de Cypre et l'administra de telle sorte que non seulement il conserva l'île au jeune Épiphane, mais encore lui en rapporta, en rentrant à Alexandrie (196), un trésor considérable. Il semble avoir eu alors une situation prépondérante à la cour, où nous voyons qu'il détourna le roi de la politique entreprenante de ses prédécesseurs : Polyb., V, 64, 4-6 ; 65, 5 ; 82, 3 ; 84, 8 ; XVIII. 54, 1 ; 55, 4-7 ; XXII, 17, 3, 7 ; cf. *Or. gr.*, 93. On trouve son nom et celui de ses trois filles dans des listes agonistiques d'Athènes, parmi les vainqueurs aux concours hippiques et gymniques des Panathénées : *IG*, II, 966, col. *A*. l. 48, 54 ; *B*, l. 39, 47-49 ; 967. *a*, l. 2. 5, 7 ; et dans le fragment de Bœckh au même n°, l. 46 ; ces textes paraissent dater des environs de 190 av. J.-C. ; ils confirment ce que nous savons par ailleurs de la haute situation et de la grande fortune dont jouissait ce personnage. — A en juger par l'écriture, la dédicace semble également devoir être attribuée au début du II⁰ siècle, c'est-à-dire à la seconde moitié plutôt qu'au début de la carrière de Polycrate.

**63.** Décrets de Délos en faveur du Rhodien Anaxibios (début du II⁰ siècle). — Deux fragments d'une stèle à fronton ; les deux décrets, inscrits à la suite l'un de l'autre, sont de la même date, car la couronne de laurier, sculptée dans le champ au-dessus du premier, rappelle la couronne décernée par le second. — F. Durrbach, *BCH*, 1886, p. 118, n. 3, et 1904, p. 127, n. 18. Le premier est reproduit *Sylloge*³, 583, l'ensemble *IG*. XI. 4, 752-753.

I

Ἔδοξεν τῆι βουλῆι καὶ τῶι δήμωι · Τη|λέμνησ||τος Ἀριστείδου εἶπεν · ἐπειδὴ Ἀνα|ξίβιος | Φ]ειδιάνακτος Ῥόδιος ἀποσταλεὶ]ς ὑπὸ| | τοῦ δήμου τοῦ Ῥοδίων ἄρχων ἐπί τε [τῶν νή]||²σων καὶ τῶν πλοίων τῶν νησιωτικ|ῶν καὶ ἐ||πιδεδημηκὼς ἐν τῶι ἱερῶι πλείω χ[ρόνον | τή]ν τε ἐνδημίαν καλῶς καὶ εὐσ[εβῶς | πεπ]οίηται καὶ ἀξίως τοῦ δήμου τ[οῦ ἀπο|στεὶλ]αντος αὐτόν, ἔν τε τοῖς λο|ιποῖς ||¹⁰ ἀνὴρ ἀγ|αθὸς ὢν διατελεῖ περὶ τ[ε τὸ ἱε|ρὸν καὶ τὸν δῆμ.|ον τὸν Δηλίων καὶ χ.ρ|είας πα|ρέχεται καὶ κ]οινῆι τῆι πόλει καὶ ἰδίαι | τοῖς ἐντυγχάνουσιν αὐτῶι — *(lacune de quelques lignes)* — ἀνα|γράψαι δὲ τόδε τὸ ψήφισμα τὴν μὲν βουλὴν | εἰς τὸ βουλευτήριον, τοὺς δὲ ἱεροποιοὺς | εἰς τὸ ἱερόν · Ξενοκράτης Ἱερομβρότου ἐπε|ψήφισεν.

II

Ἔδοξεν τῆι βουλῆι καὶ τῶι δήμωι · Τηλέμνησ|τος Ἀριστείδου εἶπεν · ἐπειδὴ Ἀναξ[ίβιος Φει|δ]ιάνακτος Ῥόδιος πρόξενος ὢν |καὶ εὐεργέ|τ]ης τοῦ τ|ε

ἱεροῦ καὶ Δηλίων ἀνὴρ ἀγαθὸς ὢν ||⁵ ὁ]ιατελεῖ π[ερὶ τὸ ἱερὸν καὶ τὸν δῆμον τὸν
Δη|λ]ίων · δεδόχθα[ι τῆι βουλῆι καὶ τῶι δήμωι · στε|φ]ανῶσαι αὐτὸ[ν δάφνης
στεφάνωι τῶι ἱερῶι · ὁ δὲ] | ἱεροκῆρυξ ἀ[ναγορευσάτω ἐν τῶι θεάτρωι τοῖς |
Ἀ]πολλωνίοι[ς, ὅταν οἱ τῶν παίδων χοροὶ ἀγωνί||¹⁰ζ]ωνται, τό[δε τὸ κήρυγμα ·
στεφανοῖ ὁ δῆμος | ὁ] Δηλίων Ἀν[αξίβιον Φειδιάνακτος Ῥόδιον] | τὸν πρόξεν[ον
δάφνης στεφάνωι ἀρετῆς ἕνε|κ]εν καὶ εὐσ[εβείας τῆς περὶ τὸ ἱερὸν καὶ εὐ|νοί]α[ς
τῆς εἰς τὸν δῆμον τὸν Δηλίων — —].

I. « Proposition de Télemnestos fils d'Aristeidès : Attendu qu'Anaxibios fils de
Pheidianax, de Rhodes, envoyé par le peuple rhodien au commandement des Iles et
des vaisseaux des Insulaires, au cours d'un long séjour qu'il a fait dans le
sanctuaire s'est acquitté de sa mission avec zèle et piété et s'y est montré digne du
peuple qui l'y a délégué, et qu'en toutes autres circonstances il ne cesse de se
dévouer au sanctuaire et au peuple délien, serviable à la fois envers la ville et
envers les particuliers..... » ; la formule de résolution, qui accordait à Anaxibios
la proxénie, a disparu.

II. Même orateur. Le peuple couronne « Anaxibios fils de Pheidianax, de
Rhodes, proxène et bienfaiteur, pour son mérite et sa piété. »

Le nom d'Anaxibios est restitué d'après un décret de Rhodes rendu en son honneur : Hiller, Wien. Jahreshefte, 1901, p. 166 et suiv. — L'écriture et le nom
de Télemnestos, fils d'Aristeidès, fixent la date.

La Ligue des Insulaires ne paraît pas avoir survécu aux succès remportés par
Gonatas dans l'Archipel au milieu du IIIᵉ siècle (n° 35) ; du moins aucun document n'en laisse entrevoir l'existence dans toute la seconde moitié de ce siècle.
Elle reparaît au début du IIᵉ, mais transformée sous l'influence de Rhodes. Elle
s'est peut-être reconstituée en l'an 200, au moment où Rhodes est engagée dans une
guerre contre Philippe V, aux côtés de Pergame et d'Athènes. Les Rhodiens, mouillés
à Égine, en regagnant leur île font entrer dans leur alliance toutes les Cyclades,
sauf Andros, Paros et Cythnos, occupées par des garnisons macédoniennes :
Liv., XXXI, 15, 8 ; Swoboda, Griech. Staatsalt., p. 421. Il est douteux cependant que les Rhodiens aient attendu jusque-là pour prendre posture de protecteurs
dans les Cyclades, après l'abdication des grands Empires qui avaient jusque-là fait
la loi à l'Archipel. Strabon a prononcé à propos des Rhodiens le mot de thalassocratie : XIV, 2, 5 ; cf. Polyb., IV, 47, 1 ; mais cette prépondérance n'a pas un
caractère politique, comme celle des États qui l'avaient exercée avant eux ; ce peuple
de marchands se préoccupe surtout d'assurer ses avantages commerciaux et de
purger la mer de la piraterie (n° 67). Telle est la raison de toute sa politique, en appa-

rence versatile, au cours du III⁰ siècle : les Rhodiens sont tour à tour les adversaires des puissances antagonistes qui se disputent l'empire des mers, chaque fois que l'une d'elles menace leurs propres privilèges. Et voilà pourquoi aussi, tout au moins jusqu'à l'année 201, où la guerre éclate entre eux et la Macédoine, ils ne sont pas en rivalité ouverte avec cette puissance ; tout au contraire, ils entretiennent avec elle des rapports, non seulement pacifiques, mais amicaux : F. Durrbach, *BCH*, 1886, p. 119 et suiv.; Demoulin, *ibid.*, 1903, p. 247 et suiv.; Holleaux, *ibid.*, 1907, p. 107 et suiv. ; P. Roussel, *ibid.*, 1907, p. 359 et suiv. ; Swoboda,. *ouvr. cité*, p. 420-421 ; G. Glotz, *Rev. des ét. gr.*, 1916, p. 321-322.

Le titre porté par Anaxibios, ἄρχων ἐπί τε τῶν νήσων καὶ τῶν πλοίων τῶν νησιω-τικῶν, ne semble pas être l'équivalent de celui de νησίαρχος en usage sous les Lagides (n° 19), malgré l'analogie apparente des termes. Anaxibios devait être moins un gouverneur qu'un chef militaire : Delamarre, *Rev. de phil.*, 1902, p. 293, note 2 ; il commandait la flottille des Insulaires armée pour la défense des îles. Nous ne pouvons décider s'il exerçait une magistrature ordinaire, ou s'il était chargé d'une mission exceptionnelle. Ce serait abuser, je crois, de l'interprétation littérale, que de chercher dans son titre la preuve que les Insulaires sont, à l'égard de Rhodes, en état de subordination proprement dite ; dans le décret con- cernant Épicratès (n° 67), ils font figure d'alliés, et je ne pense pas qu'il y ait, comme l'a voulu P. Roussel, une opposition entre les termes des deux décrets : *BCH*, 1907, p. 359, note 4.

Les rapports de Délos avec la Ligue au temps du protectorat rhodien ne sont plus ceux que l'on constate dans la première moitié du III⁰ siècle. Pour des raisons que nous ignorons, ce n'est plus le sanctuaire d'Apollon qui sert de sanctuaire fédéral ; c'est Ténos qui joue désormais ce rôle : *IG*, XII, 5, 2, 817, l. 26 et suiv., et les remarques de P. Roussel, *BCH*, 1911, p. 447 et suiv.

L'auteur des deux décrets ci-dessus, comme aussi du décret en l'honneur du Rhodien Épicratès, Télemnestos II fils d'Aristeidès, mérite une mention spéciale. Il appartient à une famille connue pour la part qu'elle a prise à la politique délienne, pendant trois générations : P. Roussel en a donné le *stemma*, *IG*, XI, 4, 751. M. Homolle a indiqué le rôle très actif de son dernier et principal représen- tant : *Archives des Missions*, 3⁰ série, t. XIII (1885), p. 423 et suiv. On connais- sait à ce moment une vingtaine de décrets dont Télemnestos II a eu l'initiative ; ce nombre est aujourd'hui plus que doublé : *IG*, XI, 4, 751-789 ; peut-être aussi 791-798 et 1032. Deux de ces propositions concernent l'histoire intérieure de Délos (éloge aux épimélètes qui ont présidé à la construction des portiques de l'agora du Sud, 768 ; — règlement des redevances dues au néocore du Sarapieion,

1032): d'autres, comme les textes en faveur des Rhodiens Anaxibios et Épicratès, ou celui qui vise le renouvellement des traités avec Rome (n° 65), ont une réelle importance historique ; la plupart sont des décrets honorifiques ou de proxénie qui nous donnent un aperçu des relations multiples entretenues par Délos avec nombre de cités helléniques, italiennes, orientales ; de ces relations on peut soupçonner les mobiles : antiques traditions religieuses pour une faible part, beaucoup plus, besoin de sécurité, prévoyance politique, et surtout préoccupations d'ordre économique[1].

Cette politique avisée, pratique, de paix, d'équilibre militaire, de liberté commerciale, répondait de tous points aux tendances, aux maximes et à la conduite du gouvernement rhodien. Elle explique les relations particulièrement suivies de Délos avec Rhodes, dont Télémnestos II fut l'agent actif, inspiré sans doute par une tradition qui paraît avoir été héréditaire dans sa famille. Aux décrets pour Épicratès et Anaxibios, il faut ajouter ceux qu'il fit rendre en faveur d'Anaxidicos fils de Dionysios, pour lui accorder la proxénie et la couronne : *IG*, XI, 4, 754-5. Un demi-siècle environ auparavant, son grand-père, Télemnestos I, avait fait voter de semblables honneurs pour un autre Rhodien : *ibid.*, 683. Un décret proposé par lui concède un terrain aux habitants de Théangéla, désireux d'honorer un Délien qui avait racheté leurs compatriotes victimes des pirates : *ibid.*, 1024, 1054. A deux générations de distance, on y retrouve les mêmes soucis de sécurité maritime, les mêmes recherches de garantie dans la puissance rhodienne.

Les deux Télemnestos, malgré le crédit dont témoignent la fréquence et le succès de leurs initiatives, ne semblent pas avoir eu d'ambition politique : ils ne figurent pas dans les listes des magistrats, archontes, trésoriers ou hiéropes. Ils n'ont avec l'État ou le temple que des relations financières (emprunts, cautions, locations) : P. Roussel, comm. des n°⁵ 683 et 751 ; leur attention paraît s'être surtout éveillée sur la politique d'affaires.

**64.** Décret de Délos en l'honneur de Scipion l'Africain (193 av. J.-C. ?). — Stèle moulurée, brisée dans le bas. Au-dessus du texte, à gauche, une couronne de laurier sculptée dans une cavité rectangulaire ; à droite, un bâton noueux, armes parlantes des

---

1. Ces décrets se répartissent ainsi : Cyclades : Siphnos, *IG*, XI, 4, 760 ; Ténos, 761-4 ; Céos, 769 ; Naxos, 798 ; — Crète : Gortyne et Polyrrhénion, 781-2 ; — Iles et États d'Orient : Chios, 767, 793 ; Samos, 787 ; Téos, 786 ; Pergame, 765-6 ; Cnide, 789 ; Halicarnasse, 775 ; Théangéla, 1024 (cf. 1054) ; — Syrie et Phénicie : Séleucie, 772-4 ; Arados, 776 ; Tyr, 777 ; — Grèce du Nord : Macédoine, 784, 785 ; Byzance, 778, 779-80. — Il faut mettre à part, en raison de leur nombre, des considérants qui les accompagnent, de l'importance des États qu'ils concernent : cinq décrets pour des Rhodiens, 751-755 ; et quatre relatifs à Rome et à des proxènes d'Italie ou de Sicile, 756-759.

Scipions. Les lettres sont disposées στοιχηδόν, par une affectation d'archaïsme (cf. Wilhelm, *Beiträge*, p. 18), mais leur forme rappelle l'écriture du IIᵉ siècle. — Durrbach et Jardé, *BCH*, 1904, p. 271, n. 2 et pl. XII; *IG*, XI, 4, 712 et pl. IV.

Ἔδοξεν τεῖ βουλεῖ καὶ τῶι δήμωι · Ἀ[ν]|τίλαχος Σιμίδου εἶπεν · ἐπειδὴ Πόπ[λι|ος] Κορνήλιος Ποπλίου υὸς Σκιπίω[ν | Ῥ]ωμαῖος πρόξενος ὢν καὶ εὐεργέτη[ς] ||⁵ τοῦ τε ἱεροῦ καὶ Δηλίων τὴν πᾶσαν ἐπ[ι]|μέλειαν ποεῖται περί τε τοῦ ἱεροῦ | καὶ Δηλίων · δεδόχθαι τεῖ βουλεῖ κα[ὶ] | τῶι δήμωι στεφανῶσαι Πόπλιον Κορν[ή]|λιον Ποπλίου υὸν Σκιπίωνα Ῥωμαῖον ||¹⁰ τοῖς Ἀπολλωνίοις δάφνης στ[ε]φάνωι | τῶι ἱερῶι · ἀναγορεῦσαι δὲ τὸν ἱεροκ[ή]|ρυκα ἐν τῶι θεάτρωι, ὅταν οἱ τῶν παίδων χ[ο]|ροὶ ἀγωνίζωνται, τόδε τὸ κήρυγμα · | στεφανοῖ ὁ δῆμος ὁ Δηλίων Πόπλιον ||¹⁵ Κορνήλιον Σκιπίωνα Ῥωμαῖον δάφνη[ς] | στεφάνωι τῶι ἱερῶι ἀ[ρ]ετῆς ἔνεκεν | καὶ εὐσεβείας τῆς περὶ τὸ ἱερὸν κα[ὶ] | εὐνοίας τῆς εἰς τὸν δῆμον τὸν Δηλίω[ν.] | Λυσανίας Καίβωνος ἐπεψήφισεν.

« Décret du Conseil et du peuple. Proposition d'Antilacos fils de Simidès : Attendu que Publius Cornélius Scipion, fils de Publius, Romain, proxène et bienfaiteur du sanctuaire et des Déliens, déploie toute sa sollicitude pour le sanctuaire et les Déliens : le Conseil et le peuple décident de couronner Publius Cornélius Scipion, fils de Publius, Romain, de la couronne sacrée de laurier, aux Apollonia ; le héraut sacré fera au théâtre, lors du concours des chœurs des enfants, la proclamation suivante : Le peuple délien couronne Publius Cornélius Scipion, fils de Publius, Romain, de la couronne sacrée de laurier, pour son mérite, sa piété envers le sanctuaire, et sa bienveillance envers le peuple délien. Lysanias fils de Kaibon présidait. »

Il s'agit de Scipion l'Africain, qui consacra en qualité de consul (στρατηγὸς ὕπατος) une couronne d'or dans le temple d'Apollon : *Sylloge*², 588, l. 102. Scipion exerça deux fois le consulat, en 205 et en 194 ; mais, ni en 205, ni en 194, il n'eut l'occasion de passer à Délos, non plus que lors de son proconsulat, 204-201 ; c'est seulement en 193 qu'il se rendit en Asie, comme nous l'apprend le témoignage de Dion recueilli par Zonaras (IX, 18, 12-13) dans un texte qu'Holleaux a mis en valeur : *Hermes*, 1913, p. 90 et suiv. ; on admettra sans difficulté qu'il fit sur sa route escale à Délos et qu'il y dédia la couronne d'or, dont il avait pu faire vœu étant consul : *ibid.*, p. 92 et suiv. On peut supposer qu'à ce moment aussi on lui conféra la proxénie avec le titre de bienfaiteur, et ensuite la couronne.

Aux événements d'Asie on a proposé de rapporter un fragment de décret délien du commencement du second siècle : *IG*, XI, 4. 713. Il y est fait allusion aux services d'un personnage, dont le nom a malheureusement disparu et qui, dans le camp des Romains, comme en toute autre circonstance, a fait éclater son zèle, qui a assisté généraux, tribuns, et la commission de dix légats sénatoriaux envoyés de Rome (en 188) pour régler les affaires d'Asie[1].

Un témoignage, plus décisif encore, des relations officielles de Délos avec la République, c'est le décret ci-dessous qui rappelle en termes formels le renouvellement d'un pacte d'amitié.

**65.** Renouvellement de l'amitié entre Délos et Rome (192 av. J.-C. ?). — Haut d'une stèle de marbre ornée d'une moulure. — Homolle, *BCH*, 1884, p. 87 ; *IG*, XI, 4, 756.

|Θε|οί. | Ἔδοξεν τῆι βουλῆι καὶ τῶι δήμωι· | Τηλέμνηστος Ἀριστείδου εἶ|πεν· ἐπειδὴ ἀποστείλαντος ||⁵ τοῦ δήμου πρεσβευτὰς |εἰς Ῥώμην τήν τε οἰκειότ|ητα καὶ| | τὴν φιλίαν ἀνανεω|σομένους| | καὶ ὑπὲρ τῶν συμ|φερόντων| | τῶι τε ἱερῶι καὶ |τῶι δήμωι, ἐν ?| ||¹⁰ ὧι τὴμ πᾶσαν |σπουδὴν καὶ φι||λοτιμίαν ἐ|ποιήσαντο?| — —| | τα εγ — — | δη — —

« Dieux. Décret du Conseil et du peuple. Proposition de Télemnestos fils d'Aristeidès : Attendu que le peuple, ayant envoyé des députés à Rome pour renouveler les relations et l'amitié et pour y défendre les intérêts du sanctuaire et du peuple, à quoi ils ont mis tout leur zèle et leur honneur..... »

Le nom de Télemnestos (n° 63) et l'écriture, analogue à celle des comptes de *Polyxénos I* (192), indiquent le début du ii° siècle. D'après M. Homolle (*art. cité*, p. 84 et suiv.), ce sont les deux guerres contre Philippe V de Macédoine (197), puis contre Antiochos de Syrie (193-189), qui mirent d'abord Rome en contact avec Délos ; et c'est la seconde de ces guerres qui paraît avoir motivé le renouvellement (l. 7 : ἀνανεω[σομένους]) d'un traité antérieur avec Rome, lequel est au plus tôt de l'année 197. Délos, qui avait reçu des présents d'Antiochos et lui

1. La restitution des l. 13 et 14 est due à M. P. Foucart : les dix légats seraient ceux que nomme Tite-Live, XXXVIII, 38. Cependant il peut être aussi question des événements relatifs à l'organisation de la province d'Asie, en 130, réglée également par des légats sénatoriaux : Strabon, XIV, 1, 38. Au sujet de ce texte, Maurice Holleaux veut bien me faire remarquer qu'à la l. 12, avant le mot πρεσβευτὰς il y a lieu d'introduire celui de στρατηγούς : ce sont les généraux romains, consuls ou préteurs, présents en Asie en même temps que la commission sénatoriale ; cf. par exemple l'inscription de Sestos pour Ménas : *Or. gr.*, 339, l. 21-22. Lire aussi, l. 15, ἐπὶ (et non περὶ), conformément à l'usage de Polybe. — Nous ne faisons pas état d'un dernier fragment qui vise encore les intérêts réciproques de Délos et de Rome, mais dont le sens comme la date ne sont pas suffisamment établis : *IG*, XI, 4, 1314.

avait décerné des honneurs (nᵒ 59, commentaire), sentit peut-être le besoin, au moment où allaient s'engager les hostilités contre le roi de Syrie, de renouveler aux Romains l'assurance de sa fidélité. De fait, à partir de la guerre de Syrie, elle reçoit régulièrement les visites des préteurs et consuls chargés de commandements en Orient, qui, l'un après l'autre, font au temple d'Apollon l'hommage d'une couronne d'or : cf. la liste dressée par M. Homolle, *Archives*, p. 74-75, d'après l'inventaire de *Démarès*, *Sylloge*[2], 588, l. 83-92 ; 99-107[1]. Ces offrandes périodiques, semblables, et de poids égal, ont manifestement un caractère officiel ; elles sont la conséquence de l'entente qui rapprochait Rome et Délos : cf. P. Roussel, *Délos col. ath.*, p. 8, note 6. On ne saurait à ce propos prononcer le mot d'alliance ; aucun indice, dans les événements qui nous sont connus, ne laisse soupçonner un lien politique aussi étroit ; le terme même d'*amicitia* qui, dans la langue officielle de Rome avait un sens précis et plein, impliquerait un état de stricte subordination où nous ne sachions pas que Délos ait été assujettie. L'expression de φιλία καὶ οἰκειότης est courante et de style pour signifier entre États des relations de cordiale amitié : cf., par exemple, *Sylloge*[3], 402, l. 12 (Chios et les Étoliens) ; *ibid.*, 560, l. 21 (Magnésie et Épidamne) ; *Inschr. von Priene*, n. 61, l. 5 (Priène et Magnésie) ; ci-dessus, nᵒ 49, II, l. 19-20 (Délos et Thessalonique) ; etc. ; c'est en ce sens aussi qu'elle doit être prise ici. Dans la suite, et jusqu'au début de la troisième guerre de Macédoine, les Déliens surent rester fidèles à ce pacte d'entente avec Rome, sans répudier l'amitié de Philippe et de Persée (nᵒˢ 57 et 70). Un fragment de compte inédit, que je crois pouvoir dater de 171, mentionne des couronnes décernées, cette année-là, au peuple romain et au Sénat ; les années suivantes, d'autres textes font allusion à des·couronnes votées pour le préteur de 171, C. Lucrétius Gallus, qui commandait la flotte envoyée contre Persée : *BCH*, 1916, p. 322 et suiv. ; puis pour le préteur L. Hortensius, qui lui succéda dans la mer Égée en 170 : comptes d'*Amphiclès II*, *BCH*, 1878, p. 576, l. 82-83 ; cf. 1916, p. 320 et suiv.

D'ailleurs les magistrats ne sont pas les seuls Romains qui fréquentent à Délos ; à côté des flottes qui mouillent dans le port, des soldats qui y touchent, ou plus exactement encore avant eux, des Grecs de la Sicile et de l'Italie méridionale et même quelques Italiens paraissent dans l'île, s'y établissent, isolément d'abord, puis en groupes ; ils y ouvrent des comptoirs et des banques ; bien que cette

1. Aux identifications proposées par M. Homolle pour les noms des donateurs, il n'y a qu'une seule réserve à apporter : le Τίτος qui, à la l. 89, a fait la très mince offrande d'une couronne en or de 2 oboles, n'est pas Flamininus, mais un particulier dont d'autres inventaires donnent le nom complet, Τίτος Μέντιος : cf. *BCH*, 1916, p. 324, note 1. Cette identification a été déjà signalée, sur mes indications, par J. Hatzfeld, *BCH*, 1912, p. 51 et p. 135.

hypothèse ait été contestée, on peut supposer qu'ils ont su inspirer au gouvernement de Rome le souci et la protection de leurs intérêts économiques : cf. n°ˢ 66 et 70. Un détail secondaire, mais dont il ne faudrait sans doute pas abuser pour démontrer la place déjà prise par les colons d'Italie, c'est l'apparition, dans les représentations théâtrales de 171, d'un histrion qui débitait son rôle en latin, ῥωμαϊστής : *IG*, XI, 2, 133, l. 81.

**66.** Décret de Délos conférant la proxénie au banquier Timon de Syracuse (début du ɪɪᵉ siècle). — Stèle de marbre à fronton. — Homolle, *BCH*, 1884, p. 90 ; *IG*, XI, 4, 759.

Ἔδοξεν τῆι βουλῆι καὶ τῶι δήμωι · Τη|λέμνηστος Ἀριστείδου εἶπεν · ἐ|πειδὴ
Τίμων Νυμφοδώρου Συρακό||[σ]ιος ἀνὴρ ἀγαθὸς ὢν διατελεῖ περὶ ||⁵ [τ]ε τὸ ἱερὸν
καὶ τὸν δῆμον τὸν Δηλί|[ων καὶ δι' ἐ]τῶν ἐπι[δημῶν] ἐν Δήλωι | [χρ]είας
παρέχ[ετ]αι κ[αὶ κοι]νῆι τῆι πό|[λει κα]ὶ ἰδίαι τοῖ[ς ἐντυγχ]άνουσιν | [αὐτῶι τῶν
πολιτῶν εἰς] ὃ ἄν τις αὐ||¹⁰[τὸν παρ]α[κ]αλῆ[ι, ἀπροφα]σίστως τὴ[ν | πᾶσαν
σπουδὴν καὶ ἐπιμέ]λειαν | [ποιούμενος · δεδόχθαι τεῖ β]ουλεῖ καὶ | [τῶι δήμ]ωι ·
ἐπ[αινέσαι] Τίμωνα Νυμφο[δώρου Συρακόσιον ἐπὶ] τεῖ αἱρέσει εἴ ||¹⁵ [ἔχων
διατελεῖ περί τε] τὸ ἱερὸν καὶ τὸ[ν | δῆμον τὸν Δηλίων καὶ] εἶναι αὐτὸν | [πρόξενον
καὶ εὐεργέτ]ην τοῦ τε ἱε[ροῦ καὶ Δηλίων καὶ αὐτὸν] καὶ ἐκγό[νους · καὶ εἶναι
αὐτοῖς ἐν] Δήλωι γῆς ||²⁰ [καὶ οἰκίας ἔγκτησιν καὶ πρόσο]δον πρὸς | [τὴν βουλὴν
καὶ τὸν δῆμον] πρώτοις | [μετὰ τὰ ἱερά · ὑπάρχειν δὲ] αὐτοῖς καὶ τὰ | [ἄλλα πάντα
ὅσαπερ καὶ] τοῖς ἄλλοις | [προξένοις καὶ εὐεργέτα]ις τοῦ τε ἱεροῦ ||²⁵ [καὶ Δηλίων ·
ἀναγράψαι δὲ] τόδε τὸ | [ψήφισμα τὴν μὲν βουλὴν εἰς] τὸ βου||λευτήριον, τοὺς δὲ
ἱεροπ]οιοὺς εἰς τὸ ἱ[ἱερὸν — — — — εἰς] στήλην λι[[θίνην — —· Ὠκυνείδη]ς ?
Ἡραίπ||³⁰[που ἐπεψήφισεν.]

« Décret du Conseil et du peuple ; proposition de Télemnestos fils d'Aristeidès :
Attendu que Timon fils de Nymphodoros, de Syracuse, ne cesse de se montrer
dévoué au sanctuaire et au peuple de Délos, et qu'étant depuis des années en résidence à Délos, il rend des services et en commun à la ville et en particulier à
ceux des particuliers avec lesquels il est en rapports dans les circonstances où il en
est prié, déployant sans réserve tout son zèle et sa sollicitude ; » pour ces motifs,
on décerne à Timon les titres de proxène et de bienfaiteur du sanctuaire et de la
ville pour lui et ses descendants. Privilèges ordinaires.

Timon fils de Nymphodoros était, dans les Cyclades, un personnage considérable ; bien que le décret ne précise point la nature des services rendus par lui aux Déliens, on peut aisément les définir avec sûreté. Deux décrets contemporains du nôtre, l'un du peuple de Ténos, l'autre du κοινόν des Insulaires (*IG*. XII, 1-2, 817, 818), prouvent qu'il était banquier. En cette qualité, il avait, pour un achat urgent de blé, pris à sa charge le change de 5 pour 100 exigé des Insulaires par les marchands rhodiens, et il reçut pour cette raison une couronne d'or. Il n'est donc pas douteux que l'on doive reconnaître en lui le Timon — sans ethnique ni patronymique — chef de l'une et vraisemblablement la principale des quatre banques qui, à Délos, tenaient de 194 à 192 le compte courant du temple avec la ville et ses divers clients : comptes inédits de *Polyxénos I, A. l.* 10-64. On exposera dans la IIe Partie le jeu de cette organisation bancaire, qui apparaît pour la première fois au début du IIe siècle ; on se bornera ici aux inductions que l'on peut tirer de la nationalité et du rôle de Timon pour l'histoire économique de Délos et de l'Orient.

Timon n'est pas un voyageur de passage qui oblige par rencontre ; il jouit à Délos et dans tout le monde insulaire de la proxénie, il est établi à Délos et y exerce' sa profession. Il fait des dons au temple : il y avait consacré une couronne d'or, sans doute celle même dont il avait été gratifié par les Insulaires (στεφάνῳ χρυσῷ τῷ μεγίστῳ) : inventaire de *Démarès, Sylloge*[2], 588, l. 73. Bien mieux, la maison fondée par lui se continue après sa mort ou par cession volontaire, sous la raison sociale Héracleidès et Nymphodoros, dirigée, semble-t-il, par ses deux fils. Elle apparaît toujours active et prospère dans tous les comptes des hiéropes depuis Démarès (179) jusqu'à la fin de l'indépendance. En 161, un Nymphodoros et un Héracleidès jouent encore le rôle d'intermédiaires financiers entre la caisse sacrée et ses débiteurs sous l'archonte athénien Poseidonios : P. Roussel, *Délos col. ath.*, p. 387 et suiv.

Une dédicace de la ville sicilienne d'Acrae, datée par un magistrat éponyme appelé Héracleidès fils de Nymphodoros (*IG*. XIV, 208), montre d'autre part le rang honorable que tenait la famille dans sa patrie d'origine.

Une autre banque qui, à la même époque, prête ses bons offices aux trésoriers et aux hiéropes de Délos, apparaît dans les mêmes comptes, de Polyxénos I à Amphiclès II, sous la raison sociale Hellen et Philon. Il est bien séduisant de reconnaître en Philon le Φίλων Ὑβρίμου Σ....., nommé proxène comme Timon sur la proposition de Télemnestos : *IG*. XI, 4, 758. L'initiale de son ethnique Σ....., la rencontre du nom rare, exceptionnel et presque unique, d'Hybrimos dans une dédicace d'Acrae contemporaine de la précédente, permettent de lui attribuer la même nationalité qu'à Timon : *IG*. XIV, 209. Cet Hybrimos a un frère, Philistion, et tous deux sont des fonctionnaires publics.

Un décret de Délos, rendu sur la proposition de Télemnestos fils d'Aristeidès, qui est malheureusement très mutilé, avait trait certainement aux relations des banques avec la caisse publique et celle des hiéropes : *IG*, XI, 4, 768. Les banques se tenaient sous un portique de l'agora et payaient de ce chef un loyer à la caisse publique : comptes de *Démarès*, *A*. l. 8. 27, 46, 76, 84.

On connaît encore à Délos, au IIᵉ siècle, dès le début du régime athénien, une autre banque tenue par un Italien du Sud, le Tarentin Ἡρακλείδης Ἀριστίωνος (Roussel, *Délos col. ath.*, p. 12, note 9 ; et p. 388), dont un fils et un neveu prennent à bail en 157 deux des propriétés du dieu (Roussel, *ibid.*, p. 153-4). Il avait épousé une Syracusaine et était peut-être allié à la famille de Timon.

Un autre Héracleidès, de Syracuse, fils d'Eudémos, un autre Tarentin....., fils de Dexiobatès (*IG*, XI, 4, 723, 810), furent aussi proxènes de Délos ; mais comme leur profession et leurs mérites nous sont inconnus, ils ne peuvent être cités ici que pour faire nombre parmi ces gens de la Grande Grèce et de la Sicile dont les textes montrent les attaches avec Délos.

Rien n'est plus significatif, au contraire, que ce groupement de Tarentins et de Syracusains faisant dans les Cyclades et à Délos le commerce de l'argent, accrédités même officiellement comme banquiers auprès des trésoriers publics et sacrés. Dans cette ville, qui tend à devenir cosmopolite, dont l'importance va croissant comme port de transit et centre de ravitaillement, ils représentent le monde entreprenant des *argentarii,* qui, dans tout l'Orient, ont devancé, préparé, peut-être motivé l'extension de la conquête romaine, et qui à coup sûr l'ont ensuite affermie et exploitée. A Délos même, il semble qu'ils aient eu, dès 166, assez d'influence et représenté d'assez gros intérêts pour avoir influé sur la décision du Sénat dans la création du port franc (cf. nᵒ 70, commentaire).

MM. Homolle, Hatzfeld et Roussel, en traçant, chacun à leur tour, un tableau de plus en plus complet du développement des colonies italiennes à Délos, ont signalé la part prépondérante qui revient aux habitants de la Grande Grèce : on les reconnaît d'ailleurs à leurs noms, même à défaut d'ethnique. Mais le mouvement, commencé à partir de 200 environ, s'accusera et s'accélérera surtout après 166.

Pour compléter la série des documents qui indiquent les relations des gens d'Occident avec la mer Égée et Délos, il faut citer le décret pour un habitant de Canusium, le plus ancien : *IG*, XI, 4, 642 : ceux qui furent rendus pour les Romains Sotion fils de Théodoros (Romain de naissance), Marcus..... fils de Publius et L., peut-être un certain Pactumeius : *ibid.*, 808, 809. Le plus lointain proxène et bienfaiteur que nous fassent connaître les décrets est Léon fils de Léon, originaire de Marseille, dont on sait le rôle commercial au $\text{II}^e$ siècle et les relations cordiales avec Rome : *ibid.*, 687.

On verra, aux n°$^s$ 68 et 69, intervenir à Délos le roi de Numidie Massinissa et, par un mouvement inverse (n° 72), affluer les négociants de l'Orient. Pour répondre à l'activité grandissante de leur port, les Déliens doivent en améliorer et agrandir l'installation. Le χῶμα, — par quoi il faut entendre un môle ou peut-être un quai, — n'est nommé qu'accidentellement dans un compte de 281, à propos d'un transport de pierres entre le môle et un édifice en construction : *IG*, XI, 2, 159, l. 28. Il fait plus tard l'objet d'un des chapitres réguliers des dépenses, κατὰ διάταξιν ; dans les comptes inédits de *Polyxénos I* (192), il est porté pour des sommes de 6 206 et 2 000 drachmes : *A*, l. 45-47, 66-67 ; dans ceux de *Démarès* (179), il figure pour des crédits répétés de 500 drachmes : *A*, l. 79, 81, 88, 114, 117. L'importance des travaux de construction ou d'entretien effectués au χῶμα est encore soulignée par l'existence d'une commission spéciale de surveillants, les ἐπιμε-λητὰι τοῦ χώματος, qui font leur apparition dans le dernier quart du $\text{III}^e$ siècle et sont encore nommés tout à la fin de l'indépendance délienne : fragment de comptes inédit de l'an 217, l. 12 : avance faite τοῖς ἐπιμε[λη]ταῖς τοῦ χώματος ; comptes inédits de 171, fr. *t*, l. 17 : ἀπὸ τούτου ἀφείλομεν εἰς [τὸ χῶ]μα τοῖς ἐπιμελητανς ; cf. *ibid.*, l. 19, dépenses faites εἰς τὸ χ]ῶμα καὶ λιμένα.

**67.** DÉCRET DE DÉLOS EN L'HONNEUR D'ÉPICRATÈS, OFFICIER RHODIEN (vers 190). — Partie supérieure d'une stèle ornée d'une moulure, brisée obliquement à gauche. — F. Durrbach, *BCH*, 1887, p. 111, n. 2 ; Michel, 291 ; *IG*, XI, 4, 751 ; *Sylloge*³, 582.

| Ἔ]δοξεν τῆι βουλῆι καὶ τῶι δήμω[ι· | Τ]ηλέμνηστος Ἀριστείδου εἶπ[εν· | ἐ|πειδὴ Ἐπικράτης [Πο]λυστράτο[υ | Ῥ]όδιος, ἀποσταλεὶς ὑπὸ τοῦ δήμο[υ] ||⁵ ἐπὶ καταφράκτων πλοίων κατὰ | πόλεμον, συστρατευομένων αὐ[τ]ῶι τῶν τε νησιω-τικῶν τριήρων | [κα]ὶ τῶν Ἀθηναίων ἀφράκτων ἐφρ[όν]τισ]εν τῆς τε τῶν πλεόντων ἀσ||¹⁰[φαλ]είας καὶ τῆς τῶν νήσων φυλα[κῆς κ]αὶ τῆς περὶ τὸ ἱερὸν εὐσεβεί[[ας, διά|γραμμα ἐχθεὶς ὅπως οἱ πει[ρατεύ]οντες τοὺς πολεμίους ὁρ[μηθῶσιν] ἐκ τῶν ἰδίων λιμένων, τῶ[ι ||¹⁵ δὲ ἐν Δήλωι μ]η]θεὶς ὁρμητηρίωι χρή[ση]ται, συμπρ]άσσων τῆι τε τοῦ δ[ή|μου φανερ]ᾶι αἱρέσει καὶ τῆι πε[ρὶ τὸ ἱερὸν εὐσεβε|ίαι, δι' οὗ συνέβη μ[η] | — — — — — τῆς περὶ ΤΟΥΣΤΟ ||²⁰ — — — — — [εὐνοί]αι καὶ δι|[καιοσύνηι καὶ τῆι περὶ τὸ ἱε]ρὸν εὐ[σε|6είαι] — —

« Proposition de Télemnestos fils d'Aristeidès : Attendu qu'Épicratès fils de Polystratos, de Rhodes, envoyé par le peuple en expédition de guerre sur des vaisseaux couverts, avec le concours des trières des Iles et des bâtiments légers d'Athènes, a assuré la sécurité de la navigation, la protection des îles et le respect du sanctuaire en publiant un édit qui enjoignait à ceux qui font la course contre les ennemis de cingler de leurs propres ports et de n'user point de Délos comme d'une base navale, conformément à la volonté déclarée du peuple et à la piété envers le sanctuaire, en sorte qu'il n'est point arrivé que... »

L. 18-20 : Th. Reinach propose δι' οὗ συνέβη μη[θὲν ἐλλείπεσθαι] τῆς περὶ τοὺς τό[πους ἀσφαλείας]. On penserait aussi à compléter l. 19 περὶ τοῦ στό[λου].

Épicratès est l'officier qui, en 190, l'année décisive de la guerre contre Antiochos III, commandait quelques trières rhodiennes : Liv., XXXVII, 13-15 (dans toute cette portion de son récit, T. Live a pour autorité Polybe). J'avais pensé d'abord à la guerre contre Philippe, où, en l'année 200, Rhodes, Athènes et les Cyclades agissent de concert avant l'intervention des Romains, de préférence à la guerre d'Antiochos où le rôle d'Athènes fut moins actif. Cette opinion a été généralement acceptée ; et la mention ici faite de trières des Insulaires a paru démontrer que la Ligue des νησιῶται était reconstituée en l'an 200 (n° 63) : Swoboda, *Griech. Staatsalt.*, p. 421, note 5. Je pense aujourd'hui, avec P. Roussel, que le décret se réfère en réalité à la guerre de Syrie, bien que les opérations conduites par Épicratès soient peut-être différentes de celles qu'a exposées Tite-Live. Il est certain en effet qu'Athènes fournit dans cette guerre un faible contingent de navires ; et, par une coïncidence très notable, parmi les forces navales qui se joignirent au préteur L. Aemilius Régillus et à Épicratès, Tite Live (*ibid.*, 14) mentionne expressément des navires athéniens découverts, *apertae naves* : ce sont les ἄφρακτα attribués aux Athéniens par notre texte, l. 8, et qui s'opposent aux κατάφρακτα πλοῖα armés par les Rhodiens, l. 5, c'est-à-dire, non pas, comme on traduit d'ordinaire, des vaisseaux *pontés*, mais des bâtiments munis, au-dessus du pont, d'un revêtement de bois, sous lequel les rameurs étaient à l'abri : Cartault, *La trière athén.*, p. 137 et suiv.

Anaxibios (n° 63) exerce une magistrature qui lui donne autorité sur les îles et leurs forces navales ; on ne voit pas qu'Épicratès agisse ici en la même qualité ; les vaisseaux des Insulaires se joignent aux siens, au même titre que ceux d'Athènes, pour une coopération qui paraît passagère. Mais il ne s'ensuit point que, d'un texte à l'autre, la situation des Insulaires par rapport aux Rhodiens se soit modifiée. L'ἄρχων ἐπὶ τῶν νήσων, — à supposer que ce titre désigne une fonction ordinaire et renouvelable, — a pu détacher quelques-uns des navires dont il a le commandement suprême, et les confier à un officier de Rhodes en vue d'une campagne déterminée. — La guerre engagée n'intéressait Délos que dans la mesure où sa sécurité pouvait être compromise : l'interdiction faite par Épicratès aux belligérants alliés d'utiliser l'île comme base navale la mettait à l'abri de toutes représailles. L'emploi du verbe πειρατεύειν (l. 12-13), appliqué à des forces amies qui attaquent un adversaire, ne doit point surprendre. Il s'agit, non pas d'une campagne de grande envergure, mais de coups de main que pouvaient tenter les belligérants ; et les Grecs n'ont jamais distingué nettement entre la piraterie exercée par des aventuriers et la course armée entreprise avec l'assentiment d'un État et souvent par son initiative ; le même terme de πειράτης désignait le corsaire et le forban : cf. à ce sujet les remarques de Tarn, *Antig. Gon.*, p. 85-88.

Un autre Rhodien encore, Anaxidicos fils de Dionysios, fut, sur la proposition de Télemnestos, nommé proxène et couronné : *IG, XI*, 4, 754-5. On a vu plus haut (n° 63, comm.) que les bonnes relations avec Rhodes paraissent avoir été héréditaires dans la famille de cet orateur.

**68 et 69**. Dédicaces du Délien Hermon et du Rhodien Charmylos en l'honneur du roi Massinissa (vers 179).

68. Base de marbre. — Homolle, *BCH*, 1879, p. 469, n. 1 ; Michel, 1157 ; *IG, XI*, 4, 1115 ; *Sylloge*³, 652.

[B]ασιλέα Μασαννά[σαν] | βασιλέως Γαία | Ἕρμων Σόλωνος | τὸν αὐτοῦ φίλον ||⁵ Ἀπόλλωνι. | Πολιάνθης ἐπόει.

« (Statue du) roi Massinissa, fils du roi Gaia, (consacrée par) Hermon fils de Solon, son ami. — Œuvre de Polianthès. »

69. Pierre de marbre bleuâtre. — Homolle, *BCH*, 1878, p. 400, n. 8 ; Michel, 1156 ; *IG, XI*, 4, 1116.

Βασιλέα Μασαννάσαν βασιλέως Γαία | Χαρμύλος Νικάρχου Ῥόδιος | θεοῖς.

« (Statue du) roi Massinissa, fils du roi Gaia, (consacrée par) Charmylos fils de Nicarchos, de Rhodes, aux dieux. »

Les manuscrits de Tite-Live donnent, pour le patronymique de Massinissa, la forme *Gala* ; les textes de Délos permettent de rétablir la vraie leçon, *Gaia* : ce serait la forme punique, d'après Lidzbarski, *Silz.-ber. Akad. Berlin*, 1913, p. 299.

La date, les circonstances et la cause des deux dédicaces nous sont révélées par les comptes de *Démarès* : *BCH*, 1882, p. 14-15, face *A*, l. 100-104. En 179, le roi Massinissa fit don aux Déliens de près de 2 800 médimnes de blé, qui purent être vendus à un prix très bas, un peu plus de 3 drachmes 1/2 le médimne. Les intermédiaires du don et de la vente furent les commissaires au blé Amnos, Phanos et Phillacos, avec un ambassadeur rhodien[1], pour la première livraison ; les *sitônes* (cf. n° 50) Hermon fils de Solon, Sémos fils de Cosmiadès, et Solon fils de Métonymos, pour les deuxième, troisième et quatrième. Le rapprochement d'Hermon, de Massinissa et de l'envoyé de Rhodes, permet de reconnaître, en ce personnage anonyme, Charmylos fils de Nicarchos, Rhodien, l'auteur de la seconde dédicace, n° 69.

L'importance qu'avait prise à Délos la question du blé au début du second siècle est attestée mieux encore par les sommes inscrites en encaisse et entrées au trésor public dont le temple avait le dépôt, soit 18 560 drachmes d'une part, et 51 794 de l'autre, et qui ont pour contre-partie des sorties s'élevant à 55 680 drachmes, remises aux commissaires au blé : comptes de *Démarès, ibid.,* l. 106-110 (εἰς τὴν σιτωνίαν.... κατὰ τὴν διάταξιν).

On voit d'ailleurs que l'achat et la vente des blés forment en effet un des gros chapitres du budget de l'État, et que ces opérations sont confiées à une caisse spéciale, dite du σιτωνικόν. Les comptes inédits de *Polyxénos I* en présentent, pour les années 194-192, le détail et la balance, avec 55 236 drachmes au crédit, et 47 000 au débit. Si l'on ne peut remonter au delà de cette date, cela tient sans doute à ce que ces comptes sont les premiers où la caisse publique forme un chapitre de la comptabilité des hiéropes.

Bien antérieurement à cette date, le décret publié ci-dessus au n° 50, et le texte d'Éphèse que nous avons cité dans le commentaire, démontrent que le commerce des blés est entre les mains des convoyeurs rhodiens ; on a vu aussi plus haut (n° 46) que Délos est un des grands marchés des céréales. La guerre, en concentrant dans la mer Égée les flottes des divers belligérants, devait grandir le rôle du port ouvert à tous en vertu de la neutralité sainte. Elle imposa plus sérieusement encore à Délos une politique du blé et étendit ces relations aux pays occidentaux, grands producteurs de céréales, à la Sicile et à la Numidie, pourvoyeuse des armées romaines : Liv., XXXI, 19 ; XXXII, 27 ; XXXVI, 4 ; XLII, 29.

On verra plus loin (section III) que le souvenir du roi de Numidie reparaît à Délos sous la domination athénienne.

---

1. La revision du texte m'a permis de lire, à la l. 101, après les noms des trois sitônes, καὶ ὁ πρεσβευτὴς Ῥοδ[ί]ων.

**70.** Dédicace de Délos en l'honneur de la reine Laodice, épouse de Persée (178?). — Base de marbre. — *CIG*, 2275 *a*; Michel, 1298; *IG*, XI, 4, 1074; *Sylloge*[3], 639.

Ὁ δῆμος ὁ Δηλίων βασίλισσαν | Λαοδίκην βασιλέως Σελεύκου, | γυναῖκα δὲ βασιλέως Περσέως, | ἀρετῆς ἕνεκεν καὶ εὐσεβείας ||[5] τῆς περὶ τὸ ἱερὸν καὶ εὐνοίας | | τῆς εἰ|ς τὸν δῆμον τὸν Δηλίω|ν. |

« Le peuple de Délos (a consacré la statue de) la reine Laodice, fille du roi Séleucos, épouse du roi Persée, pour son mérite, sa piété envers le sanctuaire et sa bienveillance envers le peuple de Délos. »

Persée épousa la fille de Séleucos IV Philopator dès le début de son règne (179-168); car, en 177, les Romains reprochaient aux Rhodiens la magnificence du cortège qui, « tout récemment, » avait conduit la reine auprès du prince à travers les mers: Polyb., XXV, 4, 8-10. Dittenberger a supposé que Laodice fît escale à Délos et que des largesses faites au temple furent pour le peuple l'occasion de cette dédicace. Les inventaires déliens n'ont pas gardé la trace de ces libéralités ; mais les offrandes du ministre de Séleucos, Héliodoros, qui sont exactement de l'année 178 (n° 71), paraissent avoir quelque relation avec le séjour de la princesse à Délos.

Persée avait continué d'entretenir avec Délos les mêmes relations amicales que son père Philippe V (n° 57). Dès avant son avènement, il avait offert à Apollon une couronne, en même temps que son frère Démétrios, mort en 181 : *Sylloge*[2], 588, l. 55 et 75-76. En 175, le peuple délien lui décerna une couronne, nous ne savons à quelle occasion : *BCH*, 1910, p. 146, n. 34, *A*, l. 14. Les Romains ne pouvaient guère prendre ombrage de ces manifestations, puisqu'ils venaient eux-mêmes de renouveler avec Persée le pacte d'alliance qu'ils avaient conclu avec son père Philippe: Liv., XL, 58, 9 ; Diod., XXIX, 30 ; cf. Polyb., XXV, 3, 1. Les Déliens semblent s'être plus compromis en laissant afficher dans leur sanctuaire, d'abord en 176 une proclamation du roi, qui offrait un refuge dans ses États aux faillis et aux exilés des cités grecques : Polyb., *ibid.* ; puis un traité d'alliance conclu, peu avant la guerre, entre lui et les Béotiens : Liv., XLII, 12, 5 ; cf. P. Roussel. *Délos col. ath.*, p. 8, note 7. Toutefois ce ne sont pas des appels aux armes, et il est peu vraisemblable que Rome eût toléré une bravade, ni Délos risqué une imprudence. Au contraire l'île atteste à Rome son loyalisme persistant par les distinctions décernées aux généraux de la République de 171 à 169 (n° 65). La dernière année de la guerre, en 168, Délos, bon gré mal gré, dut se résigner à donner également asile dans son port aux flottes de Persée, des Romains et d'Eumène, mais sous réserve du caractère sacré de l'île qui interdisait toute hostilité : Liv., XLIV, 28 et 29. C'est le seul grief que les Romains eussent pu, à notre connaissance, faire valoir, et non sans injustice, puisque Délos ne disposait d'aucune force pour maintenir la neutralité de ses eaux. En fait, il semble que les sentiments des Déliens et les droits mêmes qu'ils auraient pu invoquer à un traitement de faveur, ou tout au moins au maintien équitable de leur indépendance, aient pesé fort peu dans les décisions du Sénat. On crut faire assez pour eux en respectant et en rehaussant le prestige religieux de leur île et en leur préparant, quoi qu'ils en eussent, un avenir de prospérité au prix d'une tutelle étrangère, dont ils semblaient n'avoir jamais pu se passer. Cette tutelle fut confiée aux Athéniens, en souvenir de l'amphictyonie, des antiques traditions mythologiques, et en récompense de leur docile et fidèle dévouement.

Bien plus que du désir de châtier Délos ou de récompenser Athènes, le peuple romain semble s'être inspiré des intérêts de ses nationaux déjà établis dans l'île et de plus en plus attirés vers elle, et du double profit qu'il trouvait à supprimer pour eux la concurrence commerciale de Rhodes et à punir les manœuvres équivoques ou hostiles de la politique rhodienne. La cession de Délos aux Athéniens est un fait connexe et une conséquence de la création du port franc de la mer Égée : Homolle, *BCH*, 1884, p. 81 et suiv. ; P. Roussel, *Délos col. ath.*, p. 9, 13-15 ; J. Hatzfeld, *Les Trafiquants italiens*, p. 35 et suiv. et p. 374 ; cf. les remarques, à notre sens très judicieuses, de M. Besnier, *Journ. des Savants*, 1920, p. 273.

**71.** Double dédicace en l'honneur d'Héliodoros, ministre du roi de Syrie Séleucos IV (178?). — Deux plaques, trouvées à quelques années d'intervalle, à l'ouest du temple d'Apollon. Elles contiennent deux dédicaces dont l'une (I) occupe la première plaque tout entière et se continue sur la seconde, et dont l'autre (II) est gravée à droite de la première sur la seconde plaque. — Homolle, *BCH*, 1879, p. 364, n° 4 (première dédicace, moins l'extrémité des lignes à droite) ; *IG*, XI, 4, 1112, 1113.

I

Ἡλιόδωρον Αἰσχύλου τὸν σ[ύντροφον βα]σιλέως | Σελεύκου, τεταγμένον δὲ κα[ὶ ἐπὶ τῶ]ν πρ[α]γμάτων | καὶ τὴν συγγένειαν αὐτο[ῦ] | Ἀρτεμίδωρος Ἡρακλείδου τῶν τ[οῦ βα]σιλέω[ς φ]ίλων ‖⁵ ἀρετῆς μὲν ἕνε[κεν] καὶ δικα[ιο]σύνης ἧς ἔχων | διατελεῖ εἴς τε τὸν βασιλέα καὶ τὰ π[ρά]γματα, | φιλίας δὲ καὶ εὐεργεσίας τῆς εἰς [α]ὐτὸν | Ἀπόλλωνι.

## II

Βασιλεὺς Σέλευκ[ος] Ἡλιόδωρον Αἰσχύλου | τὸν σύντροφον, τετ[αγμ]ένον δὲ καὶ ἐπὶ τῶν πραγμάτων | πρὸς ὅν ἔχει τε κ[αὶ ἕξ]ει ὡς πρὸς ἑαυτὸν | διά τε τὴν φιλ[ίαν καὶ δικαιοσύν]ην ||⁵ εἰς τὰ πράγμα[τα | Ἀπ]όλλ[ωνι.]

I. « (Statues d') Héliodoros fils d'Aischylos, compagnon du roi Séleucos, ministre d'État et de sa famille, (consacrées) à Apollon par Artémidoros fils d'Héracleidès, ami du roi, en raison de son mérite et du dévouement qu'il ne cesse de témoigner au roi et à sa cause, de son amitié et de ses bienfaits envers lui-même. »

II. « Le roi Séleucos (consacre) à Apollon (la statue d') Héliodoros fils d'Aischylos, son compagnon, ministre d'État, qu'il aime et aimera à l'égal de lui-même, en raison de son amitié et de son dévouement à sa cause. »

M. Homolle a déjà identifié Héliodoros avec le ministre du roi de Syrie Séleucos IV Philopator (187-175), qui conspira ensuite contre son roi et le tua : Appien, *Syr.*, 45. C'est à lui que les livres juifs attribuent l'expédition de Jérusalem : 2 *Macch.*, 3, 7, où il porte précisément le titre de ὁ ἐπὶ τῶν πραγμάτων. Sur ce personnage, voy. en dernier lieu Pauly-Wissowa, *Realenc.*, VIII¹, s. v. *Heliodoros*, 6 (W. Otto). — L'appellation de σύντροφος n'est pas un titre impliquant une fonction ; elle désigne dans toutes les monarchies hellénistiques les fils de famille élevés avec les princes des familles royales : *Or. gr.*, 247, note 2. Quant aux mots τὴν συγγένειαν (I, l. 3), ils signifient, sous une forme générale assez étrange, que l'auteur de la dédicace avait consacré, outre la statue d'Héliodoros, celles de plusieurs membres de sa famille ; cf. Wilhelm, *Beiträge*, p. 162 et 312, qui cite Athen., V, p. 205 *f* : ἵδρυτο..... τῆς τῶν βασιλέων συγγενείας ἀγάλματα εἰκονικά.

L'inventaire daté de l'archonte Xénotimos (178) énumère, parmi les offrandes de l'année, une série de vases consacrés par Héliodoros dans le temple d'Apollon. Elle y occupe deux lignes et demie (*B, b.* l. 71-74), malheureusement incomplètes, en sorte qu'il n'est possible de déterminer ni le nombre exact ni le nom spécial de tous les vases ; mais il subsiste encore l'indication relative à six d'entre eux, parmi lesquels une *séleukis* et une oinochoé ; il y en avait en tout sans doute huit ou neuf ; le poids des plus riches était de 253 et de 304 drachmes. Ce texte étant encore inédit, nous croyons utile de le reproduire ici : Καὶ τὰ ἀνατεθέντα ἐπὶ τῆς ἡμετέρας ἀρχῆς εἰς τὸν ναὸ[ν | τ]οῦ [Ἀπόλλωνος · — 25 à 30 lettres —], ἀνάθεμα Ἡλιοδώρου, ὀλ(κὴ) ΗΗ⌐ΗΗ · οἰνόχους, ἀνάθεμα Ἡλιοδώρου, ὀλ(κὴ) Η Η ΗΗΗ · σελευκίς, ἀνάθεμα Ἡλιο[[δώρου, ὀλ(κὴ)] ΔΔ — *3o lettres* —, ἀνάθεμα Ἡλιοδώρου, ὀλ(κὴ) ⌐ΔΔΗΗ · ἄλλη, ἀνάθεμα Ἡλιοδώρου, ὀλ(κὴ) ⌐ΔΔΗⳆ⊓ · ἄλλη, ἀνάθεμα Ἡλιοδώ[[ρου, ὀλ(κὴ)] ΔΗΙ —.

Cette abondance inusitée d'offrandes, provenant d'un même donateur et entrées d'un coup dans le trésor, non moins que leur richesse, marque quelque circonstance extraordinaire. Il y a toute apparence que l'occasion de cette libéralité fut précisément l'escale de la reine Laodice à Délos (n° 70) ; on peut supposer que plusieurs des offrandes ont été faites en son nom, sans que cette indication figure dans le libellé du texte.

**72. Dédicace des négociants de Laodicée en Phénicie en l'honneur d'Héliodoros** (187-175). — Base de marbre noirâtre, au sud-est du temple d'Apollon. – Homolle, *BCH*, 1877, p. 285, n° vii ; *Or. gr.*, 247 ; *IG*, XI, 4, 1114.

Ἡλιόδωρον Αἰσχύλου Ἀντ[ιοχέα] | τὸν σύντροφον τοῦ βασιλέως Σ[ελεύκου] | Φιλοπάτορος καὶ ἐπὶ τῶν πρα[γμάτων] | τεταγμένον οἱ ἐν Λα[οδικείαι] ||⁵ τῆι ἐν Φοινίκηι ἐγδοχεῖς καὶ να[ύκληροι] | εὐνοίας ἕνεκεν καὶ φιλοστο[ργίας | τ]ῆς εἰς τὸν βασιλέα καὶ εὐεργ[εσίας] | τῆς εἰς αὐτοὺς | Ἀπόλλωνι.

« (Statue d') Héliodoros, fils d'Aischylos, d'Antioche, compagnon du roi Séleucos Philopator et ministre d'État, (consacrée) à Apollon (par) les entrepositaires et armateurs de Laodicée de Phénicie en raison de son dévouement et de son attachement au roi et de ses bienfaits à leur égard. »

Sur Héliodoros, cf. les dédicaces précédentes n°ˢ 70-71. La ville de Laodicée de Phénicie, comme l'a démontré P. Roussel, n'est autre que Bérytos (Beyrout) : *BCH*, 1911, p. 433-440.

Les entrepositaires et armateurs de Laodicée-Bérytos établis à Délos, d'abord isolément, puis en groupe, sont les prédécesseurs du florissant κοινόν des Poseidoniastes, qui occupèrent à la fin du iiᵉ siècle une place éminente dans le commerce délien, et qui s'étaient élevé à l'ouest du lac sacré une somptueuse demeure, à la fois club, bourse et sanctuaire (section III). Les noms par lesquels ils se désignent, ἐγδοχεῖς et ναύκληροι, auxquels s'ajoute dans les dédicaces ultérieures du κοινόν celui de ἔμποροι, prouvent l'importance déjà acquise sur la place de Délos, dans le commerce de transit, par les négociants syriens, qui s'y rencontrent avec ceux de l'Égypte, de Rhodes, de l'Italie méridionale et de la Numidie.

Aux gens de Bérytos il faut ajouter en première ligne ceux de Tyr, dont la dédicace gréco-phénicienne des ἱεροναῦται de Tyr et de Sidon marque le passage à

Délos dès le ivᵉ siècle : *BCH*, 1880, p. 69-71 = *CISem.*, I, 114. En 276 et en 269, des marchands de Tyr font à Délos le commerce de l'ivoire : *IG*, XI, 2, 163, *Aa*, l. 45 ; 203, *A*, l. 71 (avec la note critique à ce passage) ; cf. Glotz, *Journ. des Savants*, 1913, p. 26. Un proxène de cette même ville est mentionné au début du iiᵉ siècle : *IG*, XI, 4, 777 ; et ce sont des négociants de Tyr qui fondèrent, avant l'année 153, la puissante association des Héracléistes tyriens (section III). — Les rapports de Sidon avec Délos sont attestés par différents indices : c'est de cette ville qu'était originaire le roi Philoclès, qui fut nésiarque pour Ptolémée Philadelphe (nᵒ 18) ; en 269, des jeunes gens de Sidon et de Byblos sont vainqueurs aux jeux déliens : *IG*, XI, 2, 203, *A*, l. 68 ; un citoyen de Sidon est proxène de Délos au début du iiᵉ siècle : *IG*, XI, 4, 747. — On voit installée à Délos, pendant plusieurs générations, une famille originaire d'Arados : *IG*, XI, 4, 1203 ; et cette ville compte trois proxènes déliens : *ibid.*, 601, 776, 816. — On rencontre encore un proxène d'Antioche : *ibid.*, 600 ; deux d'Ascalon, 817, 818, qui annoncent les banquiers ascalonitains du iiᵉ siècle ; trois de Séleucie (de Phénicie ?) : 772, 773-4, 815.

Parmi les patrons des Syriens, comme parmi ceux des Occidentaux, nous retrouvons fréquemment Télemnestos fils d'Aristeidès (p. 82, note 1), qui semble avoir pressenti et préparé l'avenir économique de Délos.

**73.** Décret d'Athènes en l'honneur de Pharnace, roi du Pont, et de la reine Nysa (172/1 av. J.-C.). — Stèle de marbre, brisée en quatre fragments ; les trois derniers se rajustent (*b*), le premier en est séparé par un intervalle (*a*). — Durrbach et Jardé, *BCH*, 1905, p. 169, n. 61 ; *Or. gr.*, 771 ; *IG*, XI, 4, 1056.

*a*) [Θε]ο[ί.] | [ Ἐπὶ Τυχάνδρου ἄρχοντ]ος ἐπὶ τῆς Οἰνείδος ἐνάτης π|[ρυτανείας ἧι Σωσιγέ]νης Μενεκράτου Μαραθώνιος ἐγραμ[μάτευεν, Ἐλαφηβολιῶνο]ς τετράδι ἱσταμένου, ἐνάτει καὶ ||ᵇ [δεκάτει τῆς πρυτανεί]ας· ἐκκλησία κυρία ἐν τῶι θεάτρωι· | [*vide* ? τῶν προέδρων] ἐπεψήφισεν Ἀκταῖος Σίμωνος Ἀ[θμονεὺς καὶ συμπρόεδροι· ἔ|δοξεν τεῖ βουλεῖ καὶ τῶι δήμωι· | — — — — ν εἶπεν· Ἐπειδὴ τῶν προγόνων τ[οῦ | βασιλέως Φαρνάκου φίλων] ὑπαρχόντων τοῦ δήμου τοῦ Ἀ[θηναί||¹⁰ων] — — — ι τὰ προγεγονότα φιλ[ανθρωπα] — | — — — — ν τε τὸν βασιλέα ι — — | — — — — [ψήφ]ισμα ἀπο[δοῦναι] — — — . | — — μϛ — — —

*b*) — — [ἐ]πηγγείλατο.... | — — — [παραχρ]ῆμα ἔδωκεν το[ῖς πρεσ]βευταῖς | — — — ὀλίγον ᾠήθη δεῖν παραλαμβάνειν καὶ πάλιν τ[. | ........ το]ῖς ἐλθοῦσιν συνέθηκεν καίπερ οὐκ εὐκαιρῶν, ἀλλὰ ||⁵ [καὶ το]ὺς ἄλλους παρῃτημένος διὰ τὸ μήπω καθεστηκέναι τὰ πρά[[γμ]ατα, ἐπήγγελται δὲ καὶ εἰς

13

τὸ λοιπὸν ἐξαποστελεῖν κατὰ τὰ ὡμο|λογημένα πρότερον· ἀγαθεῖ τύχει· δεδόχθαι
τεῖ βουλεῖ τοὺς λαχόντας προέδρους ε[ἰς τὴν] ἐπιοῦσαν ἐκκλησίαν χρηματίσαι περὶ
τού|των, γνώμην δὲ [ξυμβάλ]λεσθαι τῆς βουλῆς εἰς τὸν δῆμον ὅτι δοκεῖ ||¹⁰ τεῖ
βουλεῖ· ἐπαιν[έσαι μὲν] τὸν βασιλέα Φαρνάκην καὶ στεφανῶσαι χρυ|σῶι στεφάνωι
ἀρισ[τε]ίωι κατὰ τὸν νόμον καὶ ἀνειπεῖν τὸν στέφα|νον τοῦτον Διονυσίων τε τῶν ἐν
ἄστει τραγωιδῶν τῶι καινῶι ἀγῶνι | καὶ Παναθηναίων καὶ Ἐλευσινίων καὶ
Πτολεμαίων τοῖς γυμνικοῖς | ἀγῶσιν· ἐπεὶ δὲ καὶ προσήγγελται τὴν βασίλισσαν
Νῦσαν βασιλέ||¹⁵ως Ἀντιόχου θυγατέρα συνοικηκέναι τῶι βασιλεῖ Φαρνάκει,
καθῆκον | δ᾽ ἐστὶν Ἀθηναίοις μεμνημένους ἐπ᾽ ἀγαθῶι καὶ τιμῶντας φαίνεσθαι |
τοὺς εὐεργέτας τοῦ δήμου καὶ τοὺς ἐξ εὐεργετῶν γεγονότας· ἐπαινέσαι | τὴν
βασίλισσαν Νῦσαν βασιλέως Ἀντιόχου καὶ βασιλίσσης Λαοδί|κης καὶ στεφανῶσαι
χρυσῶι στεφάνωι κατὰ τὸν νόμον καὶ ἀναγορεῦ||²⁰σαι καὶ τοῦτον τὸν στέφανον
Διονυσίων τε τῶν ἐν ἄστει τραγωιδῶν | τῶι καινῶι ἀγῶνι καὶ Παναθηναίων καὶ
Ἐλευσινίων καὶ Πτολεμαίων | τοῖς γυμνικοῖς ἀγῶσιν· στῆσαι δὲ τοῦ βασιλέως
Φαρνάκου καὶ τῆς βασιλίσσης Νύσης ἑκατέρου εἰκόνα χαλκῆν καὶ ἀναθεῖναι ἐν
Δήλωι· τῆς δὲ ἀναγορεύσεως τῶν στεφάνων καὶ τῶν εἰκόνων ἐπιμελη||²⁵θῆναι
τοὺς στρατηγοὺς καὶ τὸν ταμίαν τῶν στρατιωτικῶν· χειρο|τονῆσαι δὲ τὸν δῆμον
ἤδη τρεῖς ἄνδρας ἐξ Ἀθηναίων ἁπάντων, οἵτι|νες ἐπιμελήσονται τῆς κατασκευῆς
καὶ τῆς ἀναθέσεως τῶν εἰκό|νων· ἀναγράψαι δὲ τόδε τὸ ψήφισμα τὸν γραμματέα
τὸν κατὰ πρυτα|νείαν ἐν στήλει λιθίνει καὶ στῆσαι παρὰ τὰς εἰκόνας· εἰς δὲ τὴν
ἀ[να]||³⁰γραφὴν καὶ τὴν ἀνάθεσιν τῆς στήλης τὸ γενόμενον ἀνάλωμα μ[ερίσαι] |
τὸν ταμίαν τῶν στρατιωτικῶν· ὅπως δ᾽ ἂν καὶ νῦν καθήκοντος τοῦ καιροῦ |
πενφθεῖ ὁ ἀποκομιῶν τὰ ἐπιβάλλοντα δοθῆναι ἀκολούθως τεῖ [τ]οῦ βασιλέ|ως
αἱρέσει καὶ τοῖς γεγονόσιν ὑπ᾽ αὐτοῦ προστάγμασιν, χειροτονῆσαι | τὸν δῆμον ἤδη
ἕνα ἄνδρα ἐξ Ἀθηναίων ἁπάντων ὅστις ἀφικόμενος ||³⁵ πρὸς τὸν βασιλέα Φαρνάκην
τό τε ψήφισμα ἀποδώσει καὶ προσαγορεύσει | [καὶ] αὐτὸν καὶ τὴν βασίλισσαν
ὑπὲρ τοῦ δήμου καὶ, ἐὰν ἐν δυνατῶι εἶ, πα[ρα|λ]ήψεται τὰ γινόμενα μέρη τῶι
ἐνιαυτῶι· ἀναγγέλλειν δὲ τῶι βασιλεῖ τὸν κ[ε|χ]ειροτονημένον ὅτι ὁ δῆμ[ος
π]ειράσεται μηθενὸς καταδεέστερον πρ[ο|άγ]εσθαι τ[ῶ]ν ἄλλων [βασι]λέων, ἀλλὰ
πάντα τὰ πρὸς δόξαν καὶ μνήμην||⁴⁰ [αὑτῶι ἀνήκο]ντα συνκατασκευάσει καθάπερ
καὶ τοῖς ἄλλοις εὐεργέταις | [τῆς πό]λεως· τῶι δὲ χειροτονηθέντι ἀνδρὶ μερίσαι τὸ
ἐφόδιον τὸν ταμίαν | [τῶ]ν στρατιωτικῶν. Ὁ ἀποδημήσων πρὸς τὸν βασιλέα
Φαρνάκην κατὰ τὸ ψή[φι]σμα κεχειρότόνηται Φιλόξενος Πειραιεύς· οἱ
ἐπιμελησόμενοι τῆς κατα|[σκ]ευῆς καὶ τῆς ἀναθέσεως τῶν εἰκόνων κατὰ τὸ
ψήφισμα οἵδε κεχειροτόνην||⁴⁵ται· Λέων Αἰξωνεύς, Φιλόξενος Πειραιεύς, Διονύσιος

ἐγ Μυρρινούττης. | Ἡ βουλή, ὁ δῆμος τὸν βασιλέα Φαρνάκην. | Ἡ βουλή, ὁ δῆμος τὴν βασίλισσαν Νῦσαν.

« Dieux. Sous l'archontat de Tychandros, à la neuvième prytanie échue à la tribu Oinéis, dont Sosigénès fils de Ménécratès, de Marathon, était secrétaire, le 4 Élaphébolion, 19ᵉ jour de la prytanie ; assemblée principale au théâtre ; présidence d'Actaios fils de Simon, d'Athmonon, assisté des autres proèdres. Le Conseil et le peuple décrètent : proposition de X. : Attendu que les ancêtres du roi Pharnace ayant été les amis du peuple athénien — — — les actes antérieurs de bienveillance — (*lacune indéterminée*) —

« — — (ce que le roi Pharnace) a promis — — ; qu'il a donné immédiatement aux ambassadeurs — — ; qu'il a estimé qu'ils devaient recevoir une somme modeste, et que de nouveau il a fait une convention avec ceux qui étaient allés vers lui, bien qu'il ne fût pas en bonne posture et qu'il eût même éconduit les autres (créanciers), ses affaires n'étant pas encore rétablies ; et qu'il s'est engagé à faire à l'avenir des envois conformément aux conventions antérieures ; à la bonne fortune : le Conseil décide que les proèdres désignés par le sort pour la prochaine assemblée mettront à l'ordre du jour et introduiront devant le peuple la résolution du Conseil que voici :

« L'éloge est décerné au roi Pharnace ; il recevra, conformément à la loi, une couronne d'or pour son mérite éclatant ; proclamation de cette couronne sera faite à la fête des Dionysies urbaines, lors du concours des tragédies nouvelles, et aux fêtes des Panathénées, des Éleusinia et des Ptolémaia, lors des concours gymniques. Et comme, d'autre part, notification nous a été faite du mariage de la reine Nysa, fille du roi Antiochos, avec le roi Pharnace, et qu'il convient de montrer que les Athéniens rappellent avec reconnaissance en leur mémoire et honorent les bienfaiteurs du peuple et les enfants de leurs bienfaiteurs, l'éloge est décerné à la reine Nysa, fille du roi Antiochos et de la reine Laodice, et elle recevra une couronne d'or conformément à la loi ; proclamation sera faite aussi de cette couronne aux Dionysies urbaines lors du concours des tragédies nouvelles, ainsi qu'aux Panathénées, aux Éleusinia et aux Ptolémaia, lors des concours gymniques. On érigera une statue de bronze du roi Pharnace et une autre de la reine Nysa, et on les exposera à Délos ; la proclamation des couronnes et des statues est confiée aux stratèges et au trésorier des fonds militaires ; le peuple élira dès maintenant, sur l'ensemble des citoyens, trois commissaires qui veilleront à l'exécution et à la pose des statues ; le secrétaire de la prytanie fera graver ce décret sur une stèle de marbre et l'exposera auprès des statues :

le trésorier des fonds militaires soldera la dépense pour la gravure et l'exposition de la stèle.

« Pour envoyer, maintenant que le temps fixé est venu, quelqu'un qui rapporte les arrérages échus conformément à la volonté du roi et aux instructions données par lui, le peuple élira séance tenante, sur l'ensemble des Athéniens, un délégué qui, à son arrivée auprès du roi Pharnace, lui remettra le décret, le saluera, lui et la reine, au nom du peuple, et, s'il est possible, prendra livraison des sommes afférentes à l'année. Le délégué annoncera au roi que le peuple s'efforcera de ne l'honorer en rien moins que les autres rois, mais de prendre toutes les mesures convenables pour assurer sa gloire et sa mémoire, comme il fait pour les autres bienfaiteurs de la ville. Le trésorier des fonds militaires paiera au citoyen élu l'indemnité de route.

« A été élu pour se rendre auprès du roi Pharnace, conformément au décret, Philoxénos du Pirée. Ont été élus commissaires pour l'exécution et la pose des statues, conformément au décret, Léon d'Aixoné, Philoxénos du Pirée, Dionysios de Myrrhinoutta. »

Au-dessous du décret : « Le Conseil et le peuple au roi Pharnace. — Le Conseil et le peuple à la reine Nysa. »

L'archonte athénien Tychandros est contemporain du règne d'Eumène II de Pergame, ainsi que nous l'apprend le décret athénien *IG,* II, 436 ; il est donc nécessairement enfermé entre les limites extrêmes de ce règne, 197/6 et 160/59. Dans cet intervalle, la loi de Ferguson, qui semble avoir joué régulièrement, réduit les possibilités chronologiques aux quatre années 196/5, 184/3, 172/1 et 160/59, les seules où la tribu Aiantis, à laquelle appartient le secrétaire Σωσιγένης Μενεκράτου Μαραθώνιος, ait fourni le secrétaire de la prytanie. Une indication, malheureusement incomplète, de la l. 10 du texte *IG,* II, 436 (κ]αὶ νῦ[ν] Εὐ[μέ]-νο[υς τ]ὴν ἀρχ[ὴν —) ne suffit pas à fixer le choix entre ces quatre années, car on peut y voir à volonté une allusion soit à l'avènement d'Eumène, soit à sa mort récente, soit à l'un des intérims dont ce règne offre plusieurs exemples : sur les différentes hypothèses et restitutions qu'on peut faire à ce sujet, cf. P. Roussel, *Délos col. ath.,* p. 356 et suiv.[1]. Cependant l'année 184/3 est mise hors de cause, car elle n'est marquée par aucune des éventualités qu'on peut envisager ; et quant

---

1. Je dois dire cependant qu'entre ces hypothèses, la plus improbable, à mon sens, c'est qu'il soit fait ici allusion à la mort d'Eumène. Que l'on restitue après τ]ὴν ἀρχ[ὴν un verbe comme καταλιπόντος ou παραδόντος, la formule est non seulement insolite, mais vraiment inadmissible avec cette signification.

à l'année 160/59, elle paraît devoir être réservée, pour de très valables arguments, à l'archonte Aristaichmos : Ferguson, *The athen. archons*, p. 65 et suiv. Restent les années 196/5 et 172/1. W. Kolbe hésite entre ces deux dates : *Die att. Archonten*, p. 95-96 et p. 151 ; *Gött. gel. Anz.*, 1916, p. 453, n. 2. Ferguson a opté pour la seconde : *ouvr. cité*, p. 60-61 ; cf. *Hell. Athens*, p. 302, ainsi que Kirchner, *Gött. gel. Anz.*, 1900, p. 459 ; cf. *Berl. phil. Wochenschr.*, 1909, p. 851-2. C'est aussi vers l'année 172/1 que nous orientent nettement les circonstances connues du règne de Pharnace et celles que suppose le décret rendu en son honneur.

Pharnace, cinquième roi du Pont, grand-père de Mithridate VI Eupator, fait son apparition dans l'histoire en 183, par la conquête inopinée de Sinope, devenue depuis la capitale du royaume : ce fut le début d'une série de guerres où Pharnace non seulement tint tête à tous ses voisins, mais élargit son royaume par l'annexion de Tios, de la Paphlagonie et d'une partie de la Galatie ; en 179 seulement, pressé de tous côtés, et sommé par Rome de céder, il est réduit à traiter dans les conditions les plus onéreuses : restitution des territoires conquis, à l'exception de Sinope et de ses colonies, indemnités écrasantes, soit 900 talents aux rois de Paphlagonie et de Cappadoce, dont il avait emporté les trésors, 300 talents à Eumène pour frais de guerre, 300 enfin au satrape d'Arménie Mithridate : Polyb., XXV, 2. Voilà une situation fort obérée et qui a dû peser longtemps et lourdement sur Pharnace : elle explique les lenteurs mises par lui à s'acquitter de sa dette envers les Athéniens, les réclamations que ceux-ci ont présentées, leur gratitude pour le roi, qui a consenti à traiter leur créance en privilégiée entre plusieurs autres (*l*, l. 6 : τοὺς ἄλλους παρῃτημένος). Nous trouvons ainsi, dans des faits historiquement attestés, une situation qui répond aux données du décret. La détresse financière, dont arguait Pharnace et que les Athéniens reconnaissaient, fut sans doute la conséquence du traité de 179 ; elle a dû se prolonger pendant plusieurs années, et nous sommes ainsi amenés à la date de 172/1, où la crise a pu être assez atténuée pour permettre à Pharnace d'acquitter un à-compte en attendant le versement régulier des arrérages.

Sur la nature et l'origine de ces obligations financières, il n'est pas impossible de se former une opinion. On écartera, de toute évidence, l'idée d'un emprunt, par conséquent de versements échelonnés d'intérêts ou de remboursements partiels d'un capital : la situation financière d'Athènes, toujours gênée, ne lui permettait guère de faire une importante avance de fonds à un souverain étranger ; ajoutons que le simple remboursement d'une somme empruntée ne justifierait pas les hommages et honneurs dont on trouve l'expression dans le texte. A l'hypothèse d'une dette, on préférera donc celle d'une contribution volontaire : Dittenberger, note 9. L'engagement souscrit par Pharnace vise une donation, qu'il s'agisse de la fondation d'une fête. de sacrifices, ou de largesses envers une institution, par exemple pour le gymnase. suivant une forme de libéralité dont nous trouvons de nombreux exemples à l'époque hellénistique. Quant aux modalités de la donation, elles nous sont mal connues, la pierre étant très incomplète aux lignes qui eussent pu nous renseigner ; les expressions qu'on trouve plus loin paraissent démontrer qu'il s'agissait d'une contribution annuelle et renouvelable (b, l. 32 : τὰ ἐπιβάλλοντα δοθῆναι ; l, 36-37 : τὰ γιγνόμενα μέρη τῶι ἐνιαυτῶι). Au moment où le décret fut rendu, Pharnace avait remis, semble-t-il, un modeste à-compte (b, l. 3) ; mais, n'ayant pu tenir tous ses engagements, il avait fait de nouvelles promesses et conclu avec les envoyés d'Athènes une nouvelle convention (πάλιν — — συνέθηκεν[1]). — Que si l'on recherche maintenant les mobiles auxquels le roi a obéi, on se rappellera sans doute que Pharnace a pu s'inspirer d'anciennes traditions de famille. Athènes était en contact, dès le ive siècle, avec les satrapes prédécesseurs de la monarchie fondée en 302 par Mithridate Ktistès : Th. Reinach, *Mithrid. Eup.*, p. 138 ; Ferguson, *Hell. Athens*, p. 302 et 437 ; cf. mon commentaire, p. 176 et suiv., et l'allusion de notre texte, a. l. 9 et 11 ; τῶν προγόνων et τὰ προγεγονότα φιλ[άνθρωπα]. Mais on évoquera, avec plus de vraisemblance encore, les entreprises heureuses qui marquent, pour Pharnace, les années 183 à 181. La ville de Sinope, où il entra, port prospère, habité par une population grecque, commerçante et riche, issue en partie de colons athéniens, le mettait en relation immédiate avec Athènes. On sait l'attrait exercé par Athènes sur les monarchies hellénistiques, dont les princes rivalisèrent de libéralités envers la capitale intellectuelle du monde grec. Dans la première moitié du iie siècle, les Attalides, Antiochos Épiphane, Ariarathe de Cappadoce, y multiplient les monuments et les offrandes : Ferguson, *Hell. Athens*, p. 299 et suiv. Il n'est pas étonnant que Pharnace, prince ambitieux et qui cherchait à établir son prestige, ait participé à ce concours de munificence ; mais si l'on cherche une date dans son règne où il ait eu plus spécialement l'occasion et le désir de prendre posture de bienfaiteur, c'est aux environs de 183 qu'on la trouvera de préférence : se montrer généreux envers Athènes, c'était flatter à

---

1. Je crois devoir maintenir ce sens, malgré la critique de Dittenberger, note 7. Il est vrai que la conclusion d'un contrat s'exprime d'ordinaire par le moyen συντίθεσθαι ; mais je trouve dans le *Thesaurus* (s. v., t. VII, 1474) l'indication suivante qui justifie l'emploi de l'actif dans ce sens : « *Medii signif. ponunt Gl.* : συντίθημι, συναινῶ, ... *paciscor*, ... *consentio.* » Bien que je n'aie pas réussi à découvrir les textes que vise cette référence, je crois pouvoir m'en autoriser ; le mot πάλιν me paraît imposer le sens que j'indique. Peut-être convient-il de restituer καὶ πάλιν τ[ὸ] ὁμόλογον το[ῖς] ἐλθοῦσιν συνέθηκεν (Homolle).

la fois ses nouveaux sujets et la ville d'où ils étaient originaires, et cette attitude convenait tout particulièrement au maître de Sinope et d'Amisos.

Le mariage de Pharnace, tout récent au moment du décret (*b*, l. 15-16), ne nous apporte pas de précision chronologique nouvelle : du moins n'y a-t-il aucune difficulté pour en chercher la date aux environs de 172/1, qui est l'année de Tychandros. Les unions de famille étaient de tradition entre dynasties de la Syrie et du Pont. Elles remontaient au mariage de Laodice I, fille d'Antiochos Théos, avec Mithridate II ; elles se continuent par celui de Laodice II, fille de celui-ci, avec Antiochos le Grand. Précisément la princesse Nysa est « fille du roi Antiochos et de la reine Laodice » (l. 18). On sera donc tenté tout d'abord de reconnaître en elle une des filles nées du second mariage que nous venons de rappeler. Quatre filles en étaient issues ; trois, qui nous sont connues, sont hors de cause ; une quatrième, dont le nom ne nous a pas été transmis, fut proposée en mariage, vers 193, à Eumène II qui, par déférence pour Rome, déclina cette alliance : serait-ce notre Nysa ? Nubile en 193, peut-être trouvera-t-on qu'elle était trop âgée pour être proposée, une vingtaine d'années plus tard, à Pharnace. C'est pourquoi je préfère reconnaître dans « le roi Antiochos », père de Nysa, le fils d'Antiochos III, qui fut associé à la royauté, porta le titre de roi, épousa en 196/5 sa sœur, une Laodice comme sa mère, et mourut brusquement après trois ans de mariage : cf. mon commentaire, p. 193, note 1. Aucun témoignage ne nous apprend s'il laissa des enfants ; une fille de lui et de Laodice aurait eu, en 172, une vingtaine d'années. Nysa est donc, suivant qu'on admettra l'une ou l'autre de ces deux hypothèses, la sœur ou la nièce d'Antiochos IV Épiphane.

Pharnace ne devait pas survivre longtemps à ce mariage. La date de sa mort n'est point attestée ; mais on l'a fixée avec toute apparence de raison, en faisant état d'un fragment de Polybe (XXVII, 17) tiré du livre où étaient relatés les événements de l'hiver 170/69 ; c'est un jugement qui donne l'impression d'être porté en manière d'oraison funèbre : Ed. Meyer, *Gesch. des Königreichs Pontos*, p. 81. Cette interprétation est confirmée par le silence qui se fait à partir de cette date sur le roi Pharnace, et bien plus encore par l'entrée en scène dès 168 de son successeur Mithridate IV Philopator Philadelphe, son frère (n° 74). L'époque du mariage de Pharnace, et la naissance tardive d'un fils, le futur Mithridate V Évergète, âgé d'un an ou deux quand mourut son père, paraît expliquer le règne de Philopator, qui en réalité n'aurait dû exercer qu'une régence et porta cependant le titre de roi. C'est en 149 seulement que nous trouvons Évergète sur le trône ; il est aux côtés des Romains, dans la troisième guerre punique : Appien, *Mithrid.*, 10. Une fille née de ce prince, sœur cadette de Mithridate Eupator, porte le nom de Nysa, qu'elle tenait, suivant toute probabilité, de sa grand'mère, épouse de Pharnace et mère d'Évergète.

Ainsi fixé à la date de 172/1, le décret pour Pharnace s'adapte à merveille aux circonstances historiques qui nous sont connues par ailleurs, et certaines de ces données ne s'expliquent bien que dans cette hypothèse. Cependant cette conclusion a été contestée. Un article du texte (*b*, l. 23-25) ordonne que la stèle sera déposée à Délos ; et pourtant on n'y trouve aucune formule protocolaire pour demander au peuple de Délos l'autorisation d'y afficher le document. Or une pareille démarche était nécessaire, et plusieurs décrets exhumés à Délos même exposent la procédure suivie en ce cas (n°ˢ 49 I-III ; 50 I, II ; 75 ; cf. *IG*, XI, 4, 1022-1024). Le silence à cet égard du décret concernant Pharnace est d'autant plus singulier que nous avons, à n'en pas douter, la teneur intégrale du texte officiel, et non pas, comme il arrive souvent, une rédaction abrégée. On envisagera donc cette éventualité : le peuple d'Athènes, en se dispensant d'une obligation consacrée par un usage général, fait un acte d'autorité souveraine qui démontre sa mainmise sur l'île, et par conséquent le décret est postérieur à l'année 167/6 ; on l'attribuera à l'année 160/59, seule année qui reste disponible pour l'archonte Tychandros. C'est la conclusion que présente avec fermeté P. Roussel, qui, après avoir admis, non sans réserve, le décret parmi les textes de l'indépendance délienne, est revenu, pour la date de Tychandros, à la date primitivement indiquée par Koehler : *Délos col. ath,,* p. 3-4 ; 357-359. — Il est possible cependant d'échapper à cette conséquence ; et, comme l'a fait valoir W. Kolbe (*Gött. gel. Anz.,* 1916, p. 453, note 2), P. Roussel a fourni, par avance, un argument valable pour expliquer l'anomalie apparente du décret en l'honneur de Pharnace. C'est une question de savoir si les décrets rendus par le κοινόν des Insulaires étaient exposés de droit dans le sanctuaire d'Apollon ; on l'a résolue généralement par l'affirmative, et j'ai moi-même souscrit à cette opinion, ci-dessus, p. 20. Cependant le fait que Délos ne fait pas effectivement partie de la confédération rend la réponse à cette question fort douteuse. Or rien n'indique, dans la rédaction des actes du κοινόν exposés à Délos que l'assentiment de la βουλή sera sollicité ; mais il est possible que la formule ἀναγράψαι τοὺς συνέδρους εἰς στήλην λιθίνην καὶ ἀναθεῖναι ἐν Δήλωι εἰς τὸ ἱερὸν τοῦ Ἀπόλλωνος (*IG*, XI, 4, 1038 = ci-dessus, n° 21, 1039-1041, 1043, 1048) implique « qu'il incombait aux synèdres de remplir les formalités nécessaires pour cette exposition » : *BCH*, 1911, p. 447. Le bénéfice de cette observation doit s'étendre au décret rendu par les Athéniens pour Pharnace. D'après les formules de résolution, il sera procédé à l'élection de trois citoyens qui veilleront à la confection et à la pose des deux statues à Délos (*b*, l. 26-29 ;

cf. l. 44-45), manifestement aussi de la stèle, qui n'est visée qu'à la l. 3o, à propos de la dépense. On peut estimer que ces trois commissaires sont chargés implicitement de s'aboucher avec les autorités déliennes pour obtenir l'autorisation et l'emplacement nécessaires. Le décret ne spécifie pas, et il n'est pas nécessaire qu'il spécifie par le menu ces formalités, qui sont d'ordre diplomatique ; mais il suffit qu'il vise, fût-ce sous une forme très générale, la procédure à engager. Ainsi peut être écartée très simplement la difficulté qu'on a pensé trouver dans le silence apparent du texte à ce propos ; et nous n'avons plus qu'à maintenir, sans le moindre embarras, nos conclusions qui attribuent le décret, avec l'archonte Tychandros, à l'année attique 172/1.

**74.** Dédicace en l'honneur de Laodice princesse du Pont, sœur du roi Pharnace et de Mithridate IV Philopator Philadelphe (avant 169 av. J.-C.). — Plinthe moulurée provenant d'une exèdre, à l'ouest du Portique de Philippe. — Th. Reinach, *BCH*, 1910, p. 429, 1°.

Λαοδίκην τὴν βασιλέως Φαρνάκου | καὶ Μιθραδάτου ἀδελφὴν | Ἀσκληπιόδωρος καὶ Ἑρμογένη[ς] | Ἀσκληπιοδώρου ||⁵ καὶ Ἀγαθάναξ Ἐπιγένευς Ῥόδι[ος].

« (Statue de) Laodice, sœur du roi Pharnace et de Mithridate. (consacrée par) Asclépiodoros et Hermogénès fils d'Asclépiodoros et par Agathanax fils d'Épigénès, de Rhodes, »

La dédicace est certainement antérieure à la mort de Pharnace (n° 73), qui seul est ici qualifié de roi. Mithridate son frère, quatrième du nom, lui succéda sans doute en 169 sous les surnoms de Philopator Philadelphe, qui sont établis, ainsi que sa filiation, par une dédicace bilingue trouvée à Rome : *IG*, XIV, p. 696 = *Or. gr.*, 375. En rapprochant de ce texte le témoignage apporté par les monnaies et le compte des rois antérieurs à Mithridate Eupator dans un passage d'Appien resté inaperçu (*Mithrid.*, 9), M. Th. Reinach a établi l'existence et fixé la place de ce roi dans la dynastie pontique : *Rev. num.*, 1902, p. 52 et suiv. = *L'histoire par les monnaies*, p. 127 et suiv. Ces conclusions sont vérifiées et complétées par la dédicace de Délos : elle nous apprend que Laodice, épouse de ce Mithridate, était aussi sa sœur et celle de Pharnace, par conséquent fille comme eux de Mithridate III. Le mariage, postérieur à cette dédicace, n'a dû être célébré qu'après la mort de Pharnace ; suivant la remarque de M. Th. Reinach, il a les apparences d'un mariage politique : Pharnace n'ayant pu laisser qu'un héritier encore en bas âge, — le futur Mithridate V Évergète, — son frère n'avait

14

droit qu'au titre de régent ; en épousant sa sœur, il facilitait son ascension au trône ou, pour mieux dire, son usurpation.

Les personnages qui sont les auteurs de la dédicace ne nous sont pas connus. Toutefois les deux premiers sont fils d'un Asclépiodoros : on sera tenté de soupçonner un lien de parenté entre eux et le prêtre Hélianax fils d'Asclépiodoros, d'Athènes, qui, vers la fin du II⁰ siècle, dédie à Délos une série de statues, en particulier aux « amis » de Mithridate le Grand (Th. Reinach) ; cf. plus loin, section III.

**75.** Décret des artistes dionysiaques de l'Ionie et de l'Hellespont en l'honneur de l'aulète Craton, agonothète et bienfaiteur de l'association (Iʳᵉ moitié du II⁰ siècle av. J.-C.). — Plaque de marbre provenant de Délos, aujourd'hui au Louvre. — *CIG*, 3067 ; Michel, 1015 ; *IG*, XI, 4, 1136 et 1061.

Τὸ κ[ο]ινὸν τῶν περὶ τὸν Διόνυσον τεχνιτῶν τῶν ἐπ' Ἰ[ωνίας] | καὶ Ἑλλησπόντου καὶ τῶν περὶ τὸν καθηγεμόνα Διό[νυσον] | Κράτωνα Ζωτίχου εὐεργέτην ἀρετῆς ἕνεκα καὶ [εὐνοίας] | ἣν ἔχων διατελεῖ εἰς τὸ κοινὸν τῶν περὶ τὸν Διόνυσον [τεχνιτῶν. ]|| ᵇ

Ἔδ[οξε]ν τῶι κοινῶι τῶν περὶ τὸν Διόνυσον τεχνιτῶν τῶν ἐπ' Ἰωνίας καὶ Ἑλλησ-[πόντου καὶ τῶν περὶ τὸν | καθηγε]μόνα Διόνυσον· ἐπειδὴ Κράτων Ζωτίχου αὐλητὴς πρότερόν τε γενόμενο[ς ἱερεὺς τοῦ Διονύσου | καὶ ἀγω]νοθέτης καλῶς καὶ ἐνδόξως προέστη τῆς τε ἱερωσύνης καὶ τῆς ἀγων[οθεσίας καὶ δοκιμασ|θ]εὶς ἄξιος εἶναι ταύτης τῆς τιμῆς ὑπὸ τοῦ πλήθους τῶν τεχνιτῶν καὶ αἱρεθε[ὶς πάλιν ἱερεὺς] | τοῦ Διονύσου καὶ ἀγωνοθέτης ἐν τῶι αὐτῶι ἔτει, ὑπερθέμενος τοὺς [πρὸ αὐτοῦ γενομένους πάν||¹⁰τ]ας ἀγωνοθέτας τῆι τε χορηγίαι καὶ τῆι δαπάνηι καὶ τῆι αὐτοῦ μεγαλο[πρεπείαι, καλῶς καὶ πρεπόν]|τως καὶ ἀξίως τῆς συνόδου πάντα τὰ πρὸς τιμὴν καὶ δόξαν ἀνήκοντα [ἐ]π[οίησε τῶι τε Διονύ||σωι καὶ ταῖς Μούσαις καὶ τῶι Ἀπόλλωνι τῶι Πυθίωι καὶ τοῖς ἄλλοις θεοῖ[ς πᾶσι καὶ τοῖς τε βασι||λεῦσι καὶ ταῖς βασιλίσσαις καὶ τοῖς ἀδελφοῖς βασιλέως Εὐμένου καὶ τῶι [κοινῶι τῶν περὶ τὸν Διόνυ||σον τεχνιτῶν ἀποδεικνύμενος τὴν αὐτοῦ καλοκαγαθίαν καὶ εὐσέβε[ιαν καὶ — — — ἐν παντὶ καὶ||¹⁵ρῶι καὶ ἰδίαι καὶ κοινῆι ἀεί τινος ἀγαθοῦ παραίτιος γινόμενος, ὅπω[ς διαμένηι εἰς τὸν ἀεὶ | ] χρόνον ἡ παρὰ τῶν τεχνιτῶν ἀθάνατος δόξα, οὓς καὶ θεοὶ καὶ βασιλ[εῖς καὶ πάντες Ἕλ||ληνες τιμῶσιν, δεδωκότες τήν τε ἀσυλίαν καὶ ἀσφάλειαν πᾶσι τεχν[ίταις πολέμου καὶ εἰ||ρήνης, κατακολουθοῦντες τοῖς τοῦ Ἀπόλλωνος χρησμοῖς δι' οὓς [καὶ ἐν τοῖς ἀγῶσιν τοῖς τοῦ | ] Ἀπόλλωνος τοῦ Πυθίου καὶ τῶν Μουσῶν τῶν Ἑλικωνιάδων καὶ τοῦ [Ἡρακλέους, ἐν Δελφοῖς μὲν

τοῖς] ||²⁰ Πυθίοις καὶ Σωτηρίοις, ἐν Θεσπιαῖς δὲ τοῖς Μουσείοις, ἐν Θήβαις δὲ τοῖ[ς
Ἡρακλείοις ἠξιώθησαν αὐτοί] | ἐκ πάντων τῶν Ἑλλήνων εὐσεβέστατοι· ἀγαθῆι
τύχηι· δεδόχθαι [τῆι συνόδωι· ἵνα φαίνηται τιμῶ]|σα τοὺς αὐτῆς εὐεργέτας καταξίως
τῶν εὐεργετημάτων· στεφανῶ[σαι Κράτωνα Ζωτίχου αὐλη|τ]ὴν εὐεργέτην καθ'
ἕκαστον ἔτος εἰς ἀεὶ ἐν τῶι θεάτρωι ἐν ἧι ἡμέραι ἡ π[ανήγυρις τε|λ]εῖται μετὰ τὴν
στεφάνωσιν τῶν δήμων στεφάνωι τῶι ἐκ τοῦ νόμο[υ ἀρετῆς ἕνεκα καὶ εὐ||²⁵ν]οίας
ἣν ἔχων διατελεῖ εἰς τὸ κοινὸν τῶν περὶ τὸν Διόνυσον τεχνιτῶ[ν· τῆς δὲ
ἀναγορεύσεως τοῦ στε|φ]άνου ἐπιμέλειαν ποιεῖσθαι τὸν ἑκάστοτε γινόμενον
ἀγωνοθέτην· [ἀναθεῖναι δὲ αὐτοῦ εἰκόνας | τ]ρεῖς· τὴν μὲν μίαν ἐν Τέωι ἐν τῶι
θεάτρωι, ὅπως οἱ καθ' ἕκαστον ἔτος ἀ[γωνοθέται ἐν τῆι | π]ανηγύρει καὶ ὅταν ἡ
Τηίων πόλις συντελῇ Διονύσια ἢ ἄλλον τιν[ὰ ἀ]γ[ῶνα στεφανώσωσι (τὴν εἰκόνα)] | τὴν
Κράτωνος στεφάνωι τῶι ἐκ τοῦ νόμου ὧι πάτριόν ἐστι τοῖ[ς τεχνίταις στεφανοῦν
τοὺς αὐ]||³⁰τῶν εὐεργέτας· τὴν δὲ ἄλλην ἐν Δήλωι, ὅπως καὶ ἐκεῖ στεφανω[θήσεται
ὑπὸ τοῦ κοινοῦ τῶν τε]||χνιτῶν· τὴν δὲ τρίτην οὗ ἂν ἀναθῇ Κράτων, ἵνα εἰς ἅπαντα
τὸν [χρόνον ὑπόμνημα ἦι τῆς τε πρός] | τὸ θεῖον εὐσεβείας καὶ τῆς εἰς τοὺς
βασιλέας καὶ βασιλίσσας [καὶ τοὺς ἀδελφοὺς τοῦ] | βασιλέως Εὐμένου καὶ τὸ
κοινὸν τῶν περὶ τὸν Διόνυσον τεχ[νιτῶν εὐνοίας, ἅμα δὲ | κ]αὶ τῆι συνόδωι τῆς
εὐχαριστίας διότι τὸν αὐτῆς εὐεργέτ[ην Κράτωνα ἐτίμησεν ἀπο]||³⁵διδοῦσα χάριτας
τὰς δικαίας τῶν εὐεργετημάτων· ἀναγρ[άψαι δὲ τόδε τὸ ψήφισμα] | εἰς στήλην
λιθίνην καὶ στῆσαι παρὰ ταῖς εἰκόσι ταῖς Κράτ[ωνος· πέμψαι δὲ πρέσβεις] | δύο
πρὸς τὸν δῆμον τὸν Τηίων οἵτινες αἰτήσονται τόπον [ἐν τῶι θεάτρωι ἐν ὧι
σταθήσεται] | ἡ εἰκὼν Κράτωνος καὶ ἄλλους πρὸς τὸν δῆμον τὸν Δηλίων [— — —,
οἵτινες] | ἐπελθόντες ἐπὶ τὸν δῆμον καὶ τὴν βουλὴν ἀξιώσουσιν α[ὐτῶν τοὺς
πρυτά]||⁴⁰νεις δοῦναι τῆι συνόδωι τῶν τεχνιτῶν τὸν τόπον ἐν ὧι [σταθήσεται ἡ
εἰκών.]

La restitution de la l. 20 est probable, sans être certaine. L'expression ἐκ πάντων τῶν
Ἑλλήνων εὐσεβέστατοι désigne-t-elle les Amphictyons, comme on l'a pensé? P. Roussel
et Th. Reinach préfèrent, et il semble qu'ils aient raison, l'appliquer aux artistes eux-
mêmes, que l'oracle a loués pour leur très grande piété lors de la célébration des fêtes.

« La compagnie des artistes dionysiaques de l'Ionie et de l'Hellespont et de
ceux qui sont groupés sous le patronage de Dionysos Kathégémon (couronne)
son bienfaiteur Craton fils de Zotichos pour son mérite et pour le dévouement
qu'il ne cesse de témoigner à la compagnie des artistes dionysiaques.

« Décret de la compagnie des artistes dionysiaques de l'Ionie et de l'Hellespont
et de ceux qui sont groupés sous le patronage de Dionysos Kathégémon :

Attendu que Craton fils de Zotichos, aulète, précédemment prêtre de Dionysos et agonothète, s'est acquitté dignement et avec éclat de la prêtrise et des fonctions d'agonothète ; que, jugé digne de cet honneur par l'assemblée des artistes, et choisi derechef comme prêtre de Dionysos et agonothète dans le courant de la même année, il a surpassé par ses dépenses, ses libéralités, sa munificence, tous les agonothètes qui l'ont précédé ; qu'il a rempli avec une convenance parfaite et digne de la compagnie toutes les obligations que lui imposaient l'honneur et la gloire, témoignant à l'égard de Dionysos, des Muses, d'Apollon Pythien et de tous les autres dieux, ainsi qu'envers les rois, les reines et les frères du roi Eumène et envers la compagnie des artistes dionysiaques son zèle, sa piété et ....., et qu'en toute circonstance, soit en particulier, soit à l'égard de la société, il n'a cessé de rendre service ; afin donc de perpétuer à jamais la gloire immortelle des artistes, qu'honorent aussi les dieux, les rois et tous les Hellènes en accordant à tous les artistes, pendant la paix et pendant la guerre, l'inviolabilité et la sécurité conformément aux oracles d'Apollon, par lesquels ils ont été déclarés les plus pieux des Hellènes aux concours d'Apollon Pythien, des Muses de l'Hélicon et d'Héraclès, savoir à Delphes aux jeux Pythiens et aux Sotéria, à Thespies aux fêtes des Muses, à Thèbes aux fêtes d'Héraclès : à la bonne fortune : la compagnie décrète : Pour manifester à ses bienfaiteurs une reconnaissance digne de leurs bienfaits, elle couronnera chaque année, et à perpétuité, l'aulète Craton fils de Zotichos, son bienfaiteur, au théâtre, le jour où elle célèbre sa grande fête, après la proclamation des couronnes accordées à des villes, de la couronne spécifiée par la loi, en raison de son mérite et du dévouement qu'il ne cesse de témoigner à la compagnie des artistes dionysiaques ; la proclamation de la couronne se fera chaque fois par les soins de l'agonothète en exercice. On dressera aussi de Craton trois statues : la première à Téos, au théâtre, afin que les agonothètes de chaque année, soit à la grande fête de la compagnie, soit lorsque la ville des Téiens célèbre les Dionysies ou tout autre concours, couronnent l'image de Craton de la couronne spécifiée par la loi, que les artistes décernent traditionnellement à leurs bienfaiteurs ; la seconde à Délos, pour que là aussi elle soit couronnée par la compagnie des artistes ; et la troisième à l'endroit où voudra la dresser Craton, en sorte que subsiste à jamais le témoignage de sa piété envers la divinité et de son dévouement aux rois, aux reines et aux frères du roi Eumène, ainsi qu'à la compagnie des artistes dionysiaques, et que se perpétue aussi le souvenir de la reconnaissance de la compagnie, attendu qu'elle a honoré son bienfaiteur Craton en lui rendant l'hommage mérité par ses bienfaits. Ce décret sera gravé sur une stèle de marbre et exposé auprès des statues de Craton. Deux députés seront envoyés au peuple de Téos pour demander un emplacement au théâtre afin d'y dresser la statue de Craton, et d'autres au peuple de Délos qui, introduits auprès de l'assemblée et du Conseil, demanderont aux prytanes d'accorder à la compagnie des artistes l'emplacement où sera érigée la statue. »

Le document a été rédigé sous Eumène II (197-159), mais avant 166 ; la mention du « peuple de Délos » (l. 38) implique en effet que l'île a encore son indépendance ; l'expression « les rois » (l. 12-13, 32) ne peut s'appliquer qu'au prince régnant, divinisé, et à son père Attale I : Hirschfeld, *Sitzungsber. Berl. Akad.*, 1888, p. 834, note 7. — Sur l'organisation des sociétés d'artistes dionysiaques, voy. l'ouvrage fondamental de P. Foucart, *De collegiis scenicorum artificum* (résumé dans le *Dict. des antiq.*, s. v. *Dionysiaci artifices*) ; pour les questions spéciales que soulève notre texte, nous renvoyons à la bibliographie donnée par P. Roussel. — L'association paraît être le groupement formé par deux compagnies d'abord indépendantes : celle qui résida longtemps à Téos, mais qui parcourait les villes de l'Ionie et de l'Hellespont ; et une autre qui était sédentaire, sans doute la troupe royale de Pergame, sous le patronage de Dionysos Kathégémon, l'archégète de la ville et de la dynastie : von Prott, *Ath. Mitt.*, 1902, p. 166 et suiv.

Craton de Chalcédoine devint un personnage considérable, et laissa par testament à la confrérie dont il était membre des immeubles et une somme de 10 500 drachmes, libéralités qui lui valurent après sa mort des honneurs exceptionnels : cf., outre notre texte, *CIG*, 3068 A, B, C (= Michel, 1016), 3069-3071.

Le nom de Craton ne figure pas parmi les artistes dont les listes chorégiques de Délos ont conservé le souvenir ; mais il n'est guère douteux, même à défaut de témoignage direct, que le κοινόν de l'Ionie et de l'Hellespont ait fréquemment participé aux représentations théâtrales de Délos. Nous savons d'autre part qu'elle n'en avait pas le monopole : l'association des technites de l'Isthme et de Némée y prenait part également, comme on le voit par un décret qu'elle rendit pour reconnaître les bons offices d'un Délien : *IG*, XI, 4, 1059. Un autre décret, d'un groupe dont le nom s'est perdu, fait encore la preuve des relations fréquentes et amicales entretenues par les artistes dionysiaques avec l'île de Délos : *ibid.*, 1060.

Les inscriptions chorégiques, découvertes dans le prytanée où Dionysos voisinait avec Hestia (*IG*, XI, 2, 105-134), nous font connaître pour une longue période, avec les noms des citoyens ou métèques qui ont assumé la charge des chœurs pour les *Apollonia* ou les *Dionysia*, ceux des artistes lyriques et drama-

tiques qui ont donné des représentations ou concouru en l'honneur du dieu (ἐπε-
δείξαντο, ἠγωνίσαντο τῶι θεῶι). Le programme des spectacles ou des auditions diffère
selon les années entre 286 et 170 ; on y trouve en nombre variable des artistes de
spécialités diverses : tragédiens, comédiens, aulètes, citharistes, citharèdes, plus
rarement des rhapsodes, des psaltes, un aulode, un parode, un ὀρχηστής et jusqu'à
des prestidigitateurs. Quelques-uns étaient des chefs d'emploi célèbres, comme
le cithariste Épicratès d'Argos, dont un sobriquet caractéristique attestait la supé-
riorité sur ses rivaux (IG, XI, 2, 105, l. 26 avec le commentaire), ou encore
Xénophantos de Thèbes (ibid., 106, l. 16), un des aulètes les plus renommés de
son temps, qui avait accompagné à travers les Cyclades le cortège funèbre de
Démétrios Poliorcète (Plut., Dem., 53), et qui consacra à Délos, en témoignage
de sa piété, une couronne d'or dans le temple d'Apollon (IG, XI, 2, 161, B, l. 89).
Dans ces programmes figurent, à l'occasion, des auteurs dramatiques, qui faisaient
aussi partie des corporations d'artistes.

A ces listes les décrets ajoutent des artistes qui s'étaient particulièrement
distingués par leur talent ou leur zèle pour le dieu et la ville : IG, XI, 4, 511,
décret pour un aulète de Sicyone(?) ; — 567, pour un tragédien de Chalcis ;
— 575, pour un citharède d'Athènes ; — 577, pour un cithariste de Samos ;
— 646, pour un citharède anonyme ; — la lyre sculptée en épisème au haut de la
stèle 705 désigne encore un autre musicien. Le peuple de Délos avait élevé une
statue à Satyros fils d'Euménès, de Samos (1079), qui fut aulète et prêtre des
artistes dionysiaques de l'Ionie. D'autres encore sont récompensés pour la part
qu'ils ont prise aux représentations et aux concours, sans qu'on spécifie en quelle
qualité : 652, 702, 744.

Les rapports de la ville et du temple de Délos avec ces artistes sont encore
illustrés par les données que fournit la comptabilité des hiéropes sur les frais des
représentations. Les aulètes y figurent pour une allocation fixe de 3 470 drachmes,
qui n'est pas toujours intégralement dépensée. Elle se divise en salaire, μισθός, —
frais de réception pour les artistes étrangers, ξένιον, — fournitures en nature, σιτη-
ρέσιον, — frais des chœurs, χορήγημα ou χορηγιαύν, — prix aux vainqueurs, νικητή-
ριον. Un certain Télémachos (IG, XI, 2, 129, l. 9 ; 130, l. 27) touche à ces titres
divers 1 500 + 130 + 60 + 50 + 50 = 1 790 drachmes : comptes inédits de Polyxénos I, A, l. 51 et 56 ; comptes de Démarès, BCH, 1882, p. 6 et suiv., A, l. 85
et suiv., 113, 128 ; cf. l. 13, 18, 23, 53 ; comptes d'Amphiclès II, BCH, 1878,
p. 572 et suiv. ; etc.

Le théâtre de Délos avait été élevé à grands frais, et les dépenses y continuent
pour la construction ou l'entretien durant toute la période de l'indépendance :

c'était un des bâtiments les plus somptueux de Délos et un des grands théâtres de la Grèce : Chamonard, *BCH*, 1896, p. 256-318, et pl. XIV-XX (description et plan) ; W. Doerpfeld, *ibid.*, p. 563-580[1]. Toutes les études qui ont porté depuis lors sur l'aménagement du théâtre grec ont fait une place importante à celui de Délos ; on trouvera les éléments de la bibliographie dans l'article *Theatrum* du *Dict. des antiquités* (O. Navarre) ; M. Homolle (*BCH*, 1894, p. 162 et suiv.) a réuni les principaux textes épigraphiques qui concernent l'édifice[2]. Il semble que la construction ait été entreprise à la fin du ive siècle ou au début du iiie : c'est à cette époque que paraît remonter un fragment du devis relatif à l'établissement de substructions pour les gradins : *ibid.*, 1905, p. 468, n. 146 ; en 269, on adjuge les travaux d'un paraskénion et on achète le marbre destiné aux escaliers des gradins supérieurs : G. Glotz, *Rev. des ét. gr.*, 1919, p. 240 et suiv. ; mais le théâtre ne fut terminé qu'au milieu du iiie siècle : la dédicace par laquelle les Déliens commémorent l'achèvement de l'édifice, et qui est inscrite sur l'épistyle du proskénion (*IG*, XI, 4, 1070), est datée de l'année 250 par les comptes de *Sosisthénès*, où figure un salaire de 5 drachmes payé à Néogénès, qui a gravé l'inscription : *IG*, XI, 2, 287, *A*, l. 80. Toutefois, l'on doit admettre que bien avant cette date il était en usage, grâce sans doute à des aménagements provisoires : en 282, on paie à différents peintres la décoration de plusieurs panneaux de bois destinés au proskénion (*ibid.*, 158. *A*, l. 67-68). et ces panneaux sont mis en place l'année suivante (*ibid.*, 159, *A*, l. 30) : d'autre part, les inscriptions chorégiques nous permettent de remonter jusqu'à l'année 284 (*ibid.*, 105) : et la plus ancienne, peut-être, des proclamations de couronnes au sujet desquelles il est spécifié qu'elles doivent être faites « au théâtre » est celle dont est l'objet le roi Philoclès (ci-dessus, n° 18), c'est-à-dire aux environs de l'année 282.

1. R. Vallois a fait en 1913 une nouvelle exploration du théâtre et repris ses recherches en 1920 ; mais les résultats n'en ont pas encore été publiés.
2. Pour les textes qui vont jusqu'à l'année 250, voici, avec quelques additions, les numéros de la nouvelle édition (*IG*, XI, 2) : n. 142, l. 27 ; n. 150, l. 10 ; n. 153, l. 14 ; n. 158, *A*, l. 67-68, 78-79 ; n. 159, *A*, l. 30, 31 ; n. 161, *A*, l. 68, 81-82 ; *B*, l. 114 ; *D*, l. 125 et suiv. (mention du λογεῖον) ; n. 163, *A a*, l. 25-26 ; n. 199, *A*, l. 37, 39, 51, 52, 59, 63 et suiv., 89-102 ; n. 203, *A*, l. 79-92 ; *B*, l. 10-19 (cf., pour ce texte, les restitutions de G. Glotz, *Rev. des ét. gr.*, 1919, p. 240 et suiv.) ; n. 204, l. 51, 56 ; n. 287, *A*, l. 46, 47, 50, 79, 80, 92-93, 120. — Après 250, je signalerai seulement que des travaux assez importants sont mentionnés dans les comptes inédits d'*Eidocritos* (246), l. 176-192.

# SECTION III

# DÉLOS SOUS LA DEUXIÈME DOMINATION ATHÉNIENNE
## (de 166 av. J.-C. à la fin du paganisme).

C'est en 167/6, après la guerre de Persée, que le Sénat prit la décision de rendre Délos aux Athéniens (nᵒˢ 70, 76). Depuis lors, et pendant plusieurs siècles, elle ne cessa de leur appartenir. Les textes épigraphiques nous permettent de suivre ses destinées jusqu'aux derniers temps du paganisme; ils remplissent les cadres de cette histoire, dont les principales vicissitudes sont indiquées en termes très sommaires par les historiens.

Pendant les vingt-cinq ou trente premières années, c'est Athènes qui est au premier plan dans l'histoire de sa colonie. Elle l'administre par le moyen des magistrats qu'elle y délègue, ses clérouques se réunissent en assemblées qui délibèrent ; non seulement les Athéniens tiennent les emplois officiels, mais ils paraissent avoir été les plus nombreux parmi les détenteurs des terres, les négociants et les hommes d'affaires.

Quand cette première génération d'immigrants s'est éteinte, entre les années 140 et 130 environ, un régime nouveau se substitue à celui de la clérouchie. Les étrangers, Orientaux et Italiens, dont le nombre est allé sans cesse grandissant, débordent le noyau de la population athénienne : groupés en communautés distinctes les unes des autres, distinctes aussi de la communauté athénienne qu'ils enveloppent, ils se substituent, pour certaines démarches faites de concert avec elle, aux anciennes assemblées des clérouques : sous l'autorité nominale des fonctionnaires d'Athènes, et avec leur coopération, c'est le règne des grandes compagnies commerciales. La physionomie de Délos est à cette époque celle d'une grande place de commerce cosmopolite, où les Italiens prédominent. Toutes les causes qui devaient déterminer le grand essor économique de l'île donnèrent alors leur plein effet : c'était, après la franchise accordée à son port en 166 et l'affaiblissement consécutif du marché rhodien, la destruction de Corinthe (146), la constitution de la province d'Asie (130), et la disparition successive des grandes monarchies orientales. Dans l'envahissement progressif de l'Orient hellénique par les négociants venus d'Italie, Délos marque l'une des étapes les plus fréquentées, les plus actives et les plus prospères. Cette phase, après s'être prolongée pendant une quarantaine d'années, et avoir atteint son point culminant entre 110 et 90, fut enrayée brusquement, en 88, par les guerres de Mithridate.

Une première fois, cette année-là, les troupes pontiques envahirent l'île, la saccagèrent, massacrèrent les Romains et leurs partisans. L'île commençait à peine à se remettre de cet assaut, lorsqu'une seconde fois, en 69, la catastrophe s'abattit sur elle ; elle fut soumise, par les pirates alliés de Mithridate, à une destruction plus féroce encore. Il semble qu'elle ait fait ensuite un dernier effort pour se relever de ce coup, mais en vain, et la chute fut cette fois définitive.

Vers le milieu du 1er siècle avant notre ère, le commerce abandonna la place ; le rôle économique de Délos avait pris fin. Les étrangers ayant déserté son sol, l'« île sainte » ne fut plus entre les mains des Athéniens, pendant les siècles qui suivirent, qu'une dépendance administrative ; ils continuaient d'y envoyer leurs magistrats parmi une population clairsemée ; mais la vie s'en retira peu à peu. Seul son prestige religieux survécut jusqu'à la fin, comme le dernier legs d'un passé glorieux.

Afin d'introduire quelque clarté dans l'histoire de cette longue période, et d'y faire apparaître avec netteté les différentes phases que nous y avons distinguées, il a paru opportun de distribuer nos textes sous les quatre chefs suivants :

§ 1. — Régime athénien de la clérouchie (167/6-130 environ av. J.-C.).

§ 2. — Régime international des grandes compagnies commerciales de l'Orient et de Rome (130-88 av. J.-C.).

§ 3. — Crise mithridatique et double essai de renaissance (88-milieu du 1er siècle av. J.-C.).

§ 4. — Décadence et fin de la colonie (milieu du 1er siècle av. J.-C.-1ve siècle ap. J.-C.).

On trouvera, en tête du livre de P. Roussel, *Délos colonie athénienne*[1], p. 20-29, une analyse générale de la documentation épigraphique, dont nous n'avons ici qu'à indiquer les traits essentiels.

Les documents, très inégalement répartis dans le temps, sont aussi d'un caractère fort différent suivant les phases dont nous avons marqué la succession. A la première répond un certain nombre de décrets, une douzaine en tout, rendus par la communauté athénienne de Délos ou par la métropole, et qui nous renseignent sur l'organisation politique de la clérouchie (cf. n° 78) ; le dernier connu est de l'année 145/4 (n° 84). Les pièces de la comptabilité sacrée, rédigées annuellement par les administrateurs athéniens, constituent le groupe épigraphique le plus considérable, sinon par le nombre, du moins par l'étendue ; à part de menus fragments, deux de ces pièces seules ont été intégralement publiées ; celle qui porte dans le *CIG* le n° 2860 et l'inventaire daté de Phaidrias (153/2) : *BCH*, 1905, p. 532, n. 182. Pour l'ordinaire, ces documents ne sont que des inventaires des temples ; ils fournissent quelques données pour la chronologie et la prosopographie, mais point de comptes de recettes et de dépenses analogues à ceux que tenaient les hiéropes au temps de l'indépendance : c'est dire que l'intérêt en est moindre pour suivre

1. Nous désignerons désormais cet ouvrage et l'étude du même auteur sur *Les cultes égyptiens à Délos* par les abréviations *DCA* et *CÉ*.

dans le détail la vie de la colonie. Quelques-uns d'entre eux enregistrent des contrats de
prêt ou de location : P. Roussel a extrait et édité les passages de ces documents qui
apportent les données les plus instructives à ces différents titres : *DCA*, notamment
chap. II, sect. ɪ-ɪɪɪ, p. 97-178; et Append. II, p. 382-409; il a aussi publié in extenso
des portions considérables des inventaires des divinités égyptiennes, *CÉ*, IIᵉ partie,
section ɪɪ, p. 207-238. Toutes ces pièces datent des trente premières années de la colonie;
on n'en connaît point qui soit postérieure à 135 : non pas sans doute qu'on ait renoncé,
dès lors, à tenir les inventaires des richesses sacrées; mais, selon toute apparence, on a
cessé désormais de les transcrire sur marbre.

Les autres textes épigraphiques peuvent être mentionnés plus sommairement. Si l'on
met à part quelques documents d'une importance capitale, comme un sénatus-consulte
des environs de 164, une loi de l'année 58, et quelques actes étrangers exposés à Délos, ils
comprennent essentiellement des dédicaces votives ou honorifiques, publiques ou privées,
des catalogues divers, des listes de souscripteurs associés pour élever des monuments; le
total peut en être évalué à 1 200 environ (*DCA*, p. 26, note 1). La plupart sont publiés
depuis longtemps dans le *CIG*, dans l'ouvrage de Lebègue, dans l' 'Αθήναιον, t. II et V,
dans les *Monuments Grecs* de 1879, surtout dans le *BCH*, qui constitue depuis son origine l'arsenal principal de notre documentation ; P. Roussel en a donné de nouvelles séries,
avec des rééditions, dans *DCA*, Append. III, p. 410-432, et dans *CÉ*, IIᵉ partie, sect.
ɪ, p. 71-216. Il faut y joindre la très nombreuse ⸢collection des inscriptions funéraires en
provenance de Rhénée, *CIG*, II, Add., p. 1041 et suiv. Dédicaces et catalogues, rares
au temps de la clérouchie, de plus en plus clairsemés après la crise mithridatiqne, se
multiplient surtout entre les années 130 et 88 ; et leur nombre même, dans cet intervalle
de moins d'un demi-siècle, suffit à retenir l'attention sur cette période, qui marque l'apo-
gée de la prospérité commerciale de Délos.

§ ɪ. — **Le régime athénien de la clérouchie** (166-130 av. J.-C.).

**76.** Iɴᴛɪᴛᴜʟᴇ́ ᴅ'ᴜɴᴇ ʟɪsᴛᴇ ᴅᴇ ɢʏᴍɴᴀsɪᴀʀϙᴜᴇs ғɪxᴀɴᴛ ᴇɴ 167/6 ʟ'ᴏʀɪɢɪɴᴇ ᴅᴜ ʀᴇ́ɢɪᴍᴇ
ᴀᴛʜᴇ́ɴɪᴇɴ ᴀ Dᴇ́ʟᴏs. — A. Plassart, *BCH*, 1912, p. 395, n. 9 et pl. VI-VII ; *Sylloge*³, 657
(l. 1-5); P. Roussel, *DCA*, p. 196 et suiv. (l. 6-65).

Φωκίων 'Αριστοκράτου Μελιτεὺς | γυμνασιαρχήσας ἀνέγραψεν | τοὺς γυμνα-
σιαρχήσαντας | ἀφ' οὗ ὁ δῆμος διὰ 'Ρωμαίων ἀνεκτήσατο ||⁵ τὴν νῆσον.

« Phokion fils d'Aristocratès, du dème de Mélité, ayant été gymnasiarque, a
fait graver les noms de ceux qui ont été gymnasiarques depuis que le peuple a
été par les Romains remis en possession de l'île. »

Phokion paraît avoir tenu avec un soin attentif les archives du gymnase : il
avait dressé les catalogues de ceux qui, dans le gymnase, avaient été canéphores

d'Apollon, d'Athéna et d'Hermès, ou qui avaient gagné le prix de la course : *BCH,* 1912, p. 411 et suiv., n. 10-12. De ces listes les intitulés seuls nous sont parvenus. Une heureuse fortune a conservé en entier celle des gymnasiarques, magistrats élus annuellement (cf. le commentaire du n° 82) ; elle comptait, quand Phokion la rédigea, 13 noms le sien compris, et fut portée dans la suite jusqu'à un total de 56.

Cette longue série de magistrats joue, en chronologie, le rôle d'un catalogue d'éponymes, car on peut fixer, par un certain nombre de synchronismes connus d'autre part, la date de quelques gymnasiarchies. Les gymnasiarques qui occupent dans le catalogue les 41ᵉ, 45ᵉ et 50ᵉ places, [Διο]σκουρίδης Διοσκουρίδου Ῥαμνούσιος, Σώνικος Σώτου Φιλαΐδης, Ἀρίστων Ἀρίστωνος Μαραθώνιος, sont, par des inscriptions de Délos ayant un caractère officiel, mis respectivement en relation directe avec des archontats rigoureusement datés : ceux de Théodoridès (127/6), de Démétrios (123/2) et de Lénaios (118/7) : *BCH,* 1908, p. 293, n. 65 (cf. 1912, p. 399, note 3) ; p. 414, n. 2 ; *ibid.*, 1892, p. 159, n. 17, et 1909, p. 489, n. 12. L'intervalle entre ces divers archontats est précisément celui que la liste de Phokion établit entre les trois gymnasiarques correspondants.

Si l'on ajoute respectivement aux années 127/6, 123/2 et 118/7 le nombre des gymnasiarchies antérieures, 40, 44 et 49, on obtient pour la première gymnasiarchie l'année 167/6. Ainsi est fixée d'une manière incontestable et définitive l'époque où Délos fut rendue aux Athéniens par le Sénat romain, contrairement au témoignage de l'annaliste Valérius Antias (Liv., XXXIII, 30), et conformément à celui de Polybe (XXX, 20, 1-2 ; 7).

Il ne semble pas que l'installation des Athéniens à Délos ait eu lieu dès le début de cette année 167/6. D'après Polybe (XXX, 20, 14-17), le Sénat romain ne donna une réponse aux nombreuses députations étrangères venues à Rome qu'après le refus d'audience signifié à Eumène au début de l'hiver 167 : τούτων δὲ γινομένων ἔτι κατ' ἀρχὰς τοῦ χειμῶνος, λοιπὸν ἡ σύγκλητος ἅπασι τοῖς παραγεγονόσι κατὰ πρεσβείαν... ἀπήντησε. Il paraît difficile de ne pas trouver dans cette phrase une indication chronologique précise. Puis, après la décision favorable du Sénat, les Athéniens ont dû procéder à l'organisation de la colonie, au recrutement des clérouques, à la désignation des magistrats ; cette mise en train suppose quelque délai ; l'administration nouvelle n'a guère dû être en fonctions avant la fin de l'année julienne 167 ou tout au début de 166 : cf. P. Roussel, *DCA,* p. 140, n. 1.

**77.** Lettre des stratèges athéniens a l'épimélète Charmidès et Sénatus-consulte accordant a Démétrios, prêtre de Sarapis, la libre célébration de son culte (vers 164 av. J.-C.). — Stèle de marbre. — Éd. Cuq, *Le sénatus-consulte de Délos,* dans les *Mém.*

*de l'Acad. des Inscr.*, 1912, p. 139 et suiv.; P. Roussel, *BCH*, 1913, p. 310 et suiv. ; *CÉ*, p. 92, n. 14; *Sylloge*[3], 664.

Οἱ στρατηγοὶ Χαρμίδει ἐπιμελη|τεῖ Δήλου χαίρειν· γενομένων | πλειόνων λόγων ἐν τεῖ βουλεῖ | περὶ τοῦ δόγματος οὗ ἤνεγκεν ||[5] ἐκ Ῥώμης Δημήτριος Ῥηναι|εὺς ὑπὲρ τῶν κατὰ τὸ Σ[α]ραπι|εῖον· ἔδοξεν μὴ κωλύειν αὐ|τὸν ἀνοίγειν καὶ θεραπεύειν | τὸ ἱερὸν καθάπερ καὶ πρότε||[10]ρον, γράψαι δὲ καὶ πρὸς σὲ πε|ρὶ τούτων ἵνα εἰδῆς· ὑποτε|τάχαμεν δὲ σοι καὶ τοῦ ἐνε|χθέντος ὑπ' αὐτοῦ δόγματος | τὸ ἀντίγραφον. ||[15]

Κόιντος Μινύκιος Κοίντου | υἱὸς στρατηγὸς τεῖ συνκλή|τωι συνεβουλεύσατο ἐν κο|μετίωι εἰδυιοῖς ἐντερκ(α)λα|[ρ]ίοις· γραφομένου παρῆσαν ||[20] Πόπλιος Πόρκιος Ποπλίου, Τε|βέριος Κλαύδιος Τεβερίου | Κρυστομίνας, Μάνιος Φοντήιος Γαίου· περὶ ὧν Δημήτριος | Ῥηναῖος λόγους ἐποιήσατο, ||[25] ὅπως τὸ ἐν Δήλωι ἱερὸν Σαρά|πιδος αὐτῶι θεραπεύειν ἐ|ξεῖ, Δηλίους δὲ κωλύειν καὶ | τὸν ἐξ Ἀθηνῶν ἔπαρχον | παραγινόμενον ὧι ἔλασ||[30]σον θεραπεύει· περὶ τούτου | τοῦ πράγματος οὕτως ἔδο|ξεν· καθὼς τὸ πρότερον ἐ|θεράπευεν, ἕνεκεν ἡμῶν | θεραπεύειν ἔξεστιν, τοῦ ||[35] μή τι ὑπεναντίον τῶι τῆς | συγκλήτου δόγματι γένηται· | ἔδοξεν.

« Les stratèges à Charmidès, épimélète de Délos, salut. A la suite des débats prolongés qui ont eu lieu au Conseil sur le sénatus-consulte qu'a rapporté de Rome Démétrios de Rhénée relativement à l'affaire du Sarapieion, il a été décrété de ne pas l'empêcher d'ouvrir et de desservir le sanctuaire comme il l'a fait précédemment, puis de t'écrire à ce sujet pour que tu sois informé. Nous joignons ci-après la copie de la décision rapportée par lui.

« Quintus Minucius, fils de Quintus, préteur, a consulté le Sénat dans le comitium, le jour des Ides intercalaires ; furent témoins à la rédaction Publius Porcius, fils de Publius ; Tiberius Claudius, fils de Tiberius, de la tribu Crustumina ; Manius Fonteius, fils de Gaius. Sur ce qu'a exposé Démétrios de Rhénée : (demandant) qu'il lui soit permis de desservir le sanctuaire de Sarapis à Délos ; et (rapportant) que les Déliens et le préfet venu d'Athènes l'en empêchent ; sur cela il a été décidé ainsi : comme il le desservait précédemment, il lui est permis, en tant qu'il dépend de nous, d> le desservir, à condition que rien ne se fasse de contraire au sénatus-consulte. Adopté. »

L. 24 : la forme insolite de l'ethnique Ῥηναῖος (au lieu de Ῥηναιεύς, cf. l. 5-6) se retrouve une fois, à l'époque amphictyonique, dans une liste de tributaires assujettis au νησιωτικὸς φόρος : Ῥηναῖοι, *IG*, I, 237, l. 28. — L. 34-35 : τοῦ μή : même tournure dans le sénatus-

consulte de Priène, où l'on a supposé à tort une faute de texte: *Inschr. Priene*, n. 41
= *Sylloge*³, 688, l. 11 ; c'est la combinaison de deux constructions μή (ἵνα μή) avec le
subjonctif et de τοῦ μή avec l'infinitif: P. Wahrmann, *Berl. phil. Wochenschr.*, 1914,
p. 406; elle répond au latin *ita ut non*: G. De Sanctis, *Atti Accad. Torino*, 1919, p. 279.
Pour le sens, nous adoptons l'interprétation de ce dernier savant: « étant entendu que
rien ne se fera de contraire au sénatus-consulte » (non pas de celui qui concerne Démétrios — auquel cas la clause serait complètement oiseuse —, mais de celui qui a remis
Délos en la possession des Athéniens); par cette dernière formule, le Sénat se donne l'apparence de réserver les droits souverains d'Athènes ; c'est aussi la portée de l'expression
ἕνεκεν ἡμῶν qui précède (l. 33).

Les circonstances qui ont motivé la plainte du prêtre Démétrios nous reportent
à la période de crise qui a suivi, après 167/6, l'annexion de Délos à Athènes.
On ne connaît la date ni de Charmidès, l'épimélète de Délos, à qui est adressée
la lettre des stratèges athéniens, ni celle du préteur romain Q. Minucius Q. f.
qui présidait le Sénat ; nous savons seulement que ce dernier n'a pu être en
charge avant l'année 164, car Tite-Live donne les noms de tous les préteurs de
l'an 588 de Rome = 166 av. J.-C. (XLV, 16), comme aussi de ceux qui furent
désignés pour l'année suivante (*ibid.*, 44), et Minucius ne figure ni parmi les
uns ni parmi les autres. D'autre part il n'est pas vraisemblable qu'il faille descendre beaucoup plus bas que l'année 164, car le conflit entre Démétrios et ses persé-
cuteurs a dû s'élever et recevoir sa solution dès le début de l'occupation athénienne : aussi bien l'acte qui a autorisé cette occupation est-il appelé sans plus
« le sénatus-consulte ».

Le retour de Délos à la domination athénienne fut suivi de l'expulsion en masse
de la population indigène ; les habitants allèrent chercher asile en Achaïe, où ils
s'agrégèrent à la ligue achéenne : Polyb., XXXII, 7, 2. Cette mesure rigoureuse
n'a certainement pas été décrétée dès le principe. On ne voit pas la raison pour
laquelle les Athéniens, qui s'étaient accommodés avant 314 du voisinage des
Déliens, auraient jugé en 167/6 cette cohabitation impossible. Rome d'ailleurs
avait bien pu céder aux instances d'Athènes en lui sacrifiant l'indépendance de
l'île, elle n'eût sans doute pas traité d'emblée avec une rigueur brutale une
population contre laquelle aucun grief ne pouvait être allégué, et qui avait
multiplié à son égard les témoignages de déférence (nᵒˢ 65 et 70). Au surplus,
Polybe parle des difficultés nombreuses avec lesquelles les Athéniens furent aux
prises dans leur contact avec les Déliens : πολλὰ ὑπέμειναν δυσκληρήματα συμπλεκόμενοι
τοῖς Δηλίοις, et il cite à ce propos le proverbe « tenir le loup par les oreilles » :
XXX, 20, 8-9. On doit donc admettre, après 167/6, une période de litiges qui,
en s'exaspérant, créèrent une situation inextricable et amenèrent Rome à sacrifier

l'une des deux parties à l'autre : la querelle fut portée par elles devant le Sénat, qui donna l'ordre d'expulsion. L'arrêt concédait aux Déliens le droit d'emporter leurs biens (τὰ ὑπάρχοντα). Cette clause même ne tarda pas à susciter de nouvelles contestations qui mirent aux prises les Athéniens d'une part, de l'autre les Déliens et les Achéens ; il fallut, pour trancher les différends, un nouvel arbitrage du Sénat romain, qui, cette fois, se prononça contre Athènes (vers 159/8) : Polyb., XXXII, 7 ; G. Colin, *Rome et la Grèce*, p. 503 ; Ferguson, *Hell. Athens*, p. 323 et suiv. ; P. Roussel, *DCA*, p. 16 et suiv. Un certain laps de temps s'était écoulé entre l'arrêt d'expulsion et l'arbitrage de 159/8 ; mais on ne saurait préciser plus exactement la date où fut prononcée la dépossession des Déliens. On en constate l'effet à la disparition complète de l'onomastique délienne [1], dont certains noms étaient caractéristiques. A titre exceptionnel, quelques Déliens furent probablement autorisés à rester dans l'île, mais ce fut à condition de renoncer à leur nationalité ; l'ethnique Δήλιος fut officiellement aboli. Quelque soixante ans plus tard nous le retrouverons, dans des circonstances que nous aurons à déterminer (n⁰ˢ 139 et 140).

Le culte de Sarapis, dont Démétrios était le desservant, avait été apporté à Délos par un certain Apollonios, prêtre égyptien de Memphis, et transmis par héritage à son fils Démétrios I, puis à son petit-fils Apollonios II qui, vers la fin du IIIe siècle, construisit pour Sarapis un modeste sanctuaire, où il continua d'officier à titre privé. Les deux récits, en prose et en vers, où nous trouvons les éléments de cette chronique (*IG*, XI, 4, 1299 = P. Roussel, *CÉ*, p. 71, n. 1, et p. 245 et suiv.), insistent surtout sur la « mauvaise haine » qui accueillit cette initiative d'Apollonios II. sur le procès qui mit en danger ses biens et sa vie, sur le miracle du dieu qui, au jour de l'audience, confondit ses adversaires.

Le successeur du prêtre molesté, Démétrios II, était probablement son fils, puisque, suivant l'usage égyptien, le sacerdoce se perpétuait dans les mêmes familles, et que le nouveau prêtre portait le nom du père d'Apollonios II. Démétrios s'est trouvé aux prises avec les mêmes difficultés que son père ; et l'on a l'impression que c'est la vieille querelle qui se réveille après trente ou quarante ans ; les ennemis du prêtre sont sans doute les survivants ou les descendants de ceux qui, naguère, avaient persécuté Apollonios.

---

1. Dans un document administratif daté de l'archonte Aristolas (161/0), sont énumérés qnelques Déliens, dépourvus d'ethnique, mais reconnaissables à leurs noms, qui ont remboursé leurs dettes cette année-là et les deux années précédentes : P. Roussel, *DCA*, p. 387 et suiv. Il est possible d'ailleurs que ce document ait suivi de très près l'exode des habitants. — On peut noter qu'une débitrice, Échéniké, Délienne à coup sûr, est dite οἰκοῦσα ἐν Δήλωι : elle est donc considérée comme métèque, c'est-à-dire comme une étrangère domiciliée.

Une objection peut se faire à l'interprétation que nous proposons[1]. La lettre de l'épimélète, aussi bien que le sénatus-consulte, qualifie Démétrios de « Rhénéen » ('Ρηναιεύς-'Ρηναῖος). Démétrios est certainement un Délien, comme en font foi deux dédicaces, trouvées dans son sanctuaire, rédigées par des Δήλιοι, et datées de son nom suivi de l'ethnique Δήλιος : ἐπὶ ἱερέως Δημητρίου τοῦ καὶ Τελεσαρχίδου Δηλίου : P. Roussel, CÉ, p. 94, n. 15 et 15 bis. On doit conclure de ces textes qu'il avait acquis la nationalité délienne, — peut-être pour désarmer l'hostilité qui le poursuivait après son père, — et qu'à cette occasion il avait adopté, outre son nom de naissance, le nom indigène de Télésarchidès. Le cas du prêtre Démétrios-Télésarchidès paraît exactement le même que celui du poète Amphiclès (n° 78), qui porte, suivant l'occasion, l'ethnique de Délien ou celui de Rhénéen. A propos d'Amphiclès, G. Fougères a présenté une explication qui a rencontré l'adhésion unanime : c'est qu'Athènes, après l'éviction des Déliens, a voulu abolir jusqu'au souvenir de leur nationalité, proscrit leur ethnique, et officiellement rattaché ce qui restait de l'ancienne population à l'île de Rhénée : BCH, 1889, p. 249. Il semble que cette ingénieuse hypothèse ait besoin d'être rectifiée. Nous rencontrons, dans les années qui ont suivi 160, trois Déliens, reconnaissables à leurs noms, qui, restés à Délos, sont désignés par des démotiques athéniens et ont donc été incorporés à des dèmes : P. Roussel, DCA, p. 18, note 1. Ont-ils obtenu, après le départ de leurs compatriotes, par une faveur spéciale, leur admission dans la cité athénienne ? Il se peut aussi que cette mesure ait été imposée comme une condition à tous ceux qui étaient autorisés à rester dans l'île ; ainsi l'appellation de 'Ρηναιεύς n'aurait pas prévalu dans la suite ; elle n'a été que temporaire. On est ainsi conduit à la conclusion suivante : la qualification de 'Ρηναιεύς a été en usage, non pas après l'expulsion des Déliens, mais dans les années qui l'ont précédée ; elle a été introduite par les Athéniens pour définir, après 166, le statut civil des Déliens comme individus ; sa fonction est ainsi comparable à celle d'un démotique, et elle a pu coexister avec l'ethnique proprement dit de Δήλιοι resté en usage pour désigner l'ensemble des insulaires ou les Déliens eux-mêmes dans leurs rapports avec les étrangers.

Rome prononça en faveur de Démétrios. Peut-être avait-il quelque appui ; peut-être aussi le Sénat obéit-il à un simple sentiment d'équité, comme dans l'affaire des Déliens réfugiés en Achaïe, comme dans celle, presque contemporaine, d'Oropos. Mais il est assurément digne de remarque et que Démétrios se soit adressé à Rome, et que le Sénat n'ait pas hésité à intervenir, à propos d'une

---

1. P. Roussel admet que les Δήλιοι ne sont pas les Déliens eux-mêmes, mais les clérouques nouvellement arrivés dans l'île; cette appellation équivaudrait à la formule complexe et officielle Ἀθηναίων οἱ κατοικοῦντες ἐν Δήλῳ : BCH, 1913, p. 313, note 1, et CÉ, p. 261.

affaire qui paraît de médiocre importance et qui est en tout cas d'un caractère tout local, sur un territoire où Athènes exerçait une autorité souveraine.

L'épimélète de Délos, à qui les stratèges communiquent docilement la décision du Sénat, est le magistrat délégué par Athènes pour présider à l'administration de l'île. Il est en charge pour un an ; d'ordinaire, — mais la règle n'est pas absolue, — il figure comme éponyme dans les actes publics et privés. Les titulaires se recrutaient parmi les familles influentes d'Athènes ou de Délos ; plusieurs d'entre eux eurent des intérêts dans l'île et y avaient commencé leur carrière ; souvent ils avaient exercé antérieurement des magistratures élevées à Athènes, notamment celle de l'archontat ; mais il est sans doute inexact de prétendre, comme on l'a fait, qu'ils étaient nécessairement recrutés parmi les membres de l'Aréopage. Les textes sont brefs sur le détail de leurs attributions ; les inscriptions dédicatoires les louent, en termes généraux, « de leur mérite et de leur justice » ; nous entrevoyons seulement que, sans se substituer aux magistrats chargés des différents services, ils prenaient part au règlement de toutes les questions administratives ou religieuses : P. Roussel, *DCA*, p. 97-125.

**78.** Décret des clérouques athéniens de Délos en l'honneur du poète-musicien Amphiclès (165/4). — Stèle de marbre décorée en haut d'un bandeau plat, brisée en deux morceaux qui se raccordent ; la première partie (l. 1-24) publiée par Homolle, *BCH*, 1886, p. 37, n° 19 ; l'ensemble par G. Fougères, *ibid.*, 1889, p. 244, n. 12 ; Michel, 162 ; *Sylloge³*, 662.

Ἐπὶ Πέλοπος ἄρχοντος, Γαμη|λιῶνος ἕκτει μετ᾽ εἰκάδας, | ἐκκλησία κυρία ἐν τῶι ἐκκλη|σιαστηρίωι· Ἀγαθοκλῆς Ἀπολλο||⁵δώρου Παιανιεὺς εἶπεν· Ἐπειδὴ | Ἀμφικλῆς, μουσικὸς καὶ μελῶν | ποητής, ἀκροάσεις καὶ πλείους | ἐποήσατο, καὶ προσόδιον γράψας | ἐμμελὲς εἰς τὴν πόλιν τούς τε ||¹⁰ θεοὺς τοὺς τὴν νῆσον κατέ-χοντας || καὶ τὸν δῆμον τὸν Ἀθηναίων | ὕμνησεν, ἐδίδαξεν δὲ καὶ τοὺς τῶν | πολιτῶν παῖδας πρὸς λύραν τὸ | μέλος ἄιδειν ἀξίως τῆς τε τῶν θεῶν ||¹⁵ τιμῆς καὶ τοῦ Ἀθηναίων δήμου, | ἐπαγγέλλεται δὲ καὶ εἰς τὸ λοιπὸν | εὔχρηστον ἑαυτὸν παρασκευάζ[ειν] | καθ᾽ ὅ τι ἂν ἧι δυνατός· ὅπως οὖν καὶ ἡ | βουλὴ καὶ ὁ δῆμος ὁ Ἀθηναίων τῶν ||²⁰ ἐν Δήλωι κατοικούντων φαίνωνται | τιμῶντες τοὺς ἀξίους· ἀγαθεῖ τύχει· | δεδόχθαι τεῖ βουλεῖ, τοὺ[ς λαγόντας] | προέδρους εἰς [τὴν] ἐ[πι]οῦσαν ἐκκλη[σ]ία[ν] | χρηματί[σ]αι περὶ τούτων, γνώμην δὲ ||²⁵ [ξ]υμβάλλεσ-θαι τῆς βουλῆς εἰς τὸν | δῆμον, ὅτι δοκεῖ τεῖ βουλεῖ ἐπαινέσαι | τε Ἀμφικλῆν Φιλο[ξ]ένου Ῥηναέα ἐπί | τε τῆι εἰς τοὺς θεοὺς εὐσεβείαι | καὶ τεῖ εἰς τὸν δῆμον τὸν Ἀθηναίων ||³⁰ εὐνοίαι, καὶ στεφανῶσαι αὐτὸν δάφνης | στεφάνωι· ἀποστεῖλαι δ' αὐτῶι καὶ | ξένιον, καλέσαι δὲ αὐτὸν καὶ εἰς τὸ | πρυτανεῖον εἰς τὴν κοινὴν ἑστίαν· | ἀναγράψαι δὲ τόδε (τὸ) ψήφισμα ||³⁵ εἰς στήλην λιθίνην καὶ στῆσαι ἐν | τῶι ἱερῶι τῆς Ἀρτέμιδος.

« Sous l'archontat de Pélops, le vingt-six Gamélion, assemblée principale dans l'ecclésiastérion. Proposition d'Agathoclès fils d'Apollodoros, du dème de Paiania : Attendu qu'Amphiclès, musicien et poète lyrique, a donné des auditions en nombre ; qu'ayant composé un hymne de procession pour la ville il y a célébré les dieux maîtres de l'île et le peuple athénien ; qu'il a enseigné aux fils des citoyens à chanter cet hymne avec accompagnement de la lyre de façon à honorer dignement les dieux et le peuple athénien, et qu'il s'engage aussi pour l'avenir à se rendre utile autant qu'il en sera capable ; afin donc que le Conseil et le peuple des Athéniens résidant à Délos montrent qu'ils honorent le mérite ; à la Bonne Fortune : plaise au Conseil que les proèdres désignés par le sort pour la prochaine assemblée mettent l'affaire en délibération et soumettent au peuple la résolution du Conseil que voici : Amphiclès fils de Philoxénos, de Rhénée, recevra l'éloge pour sa piété envers les dieux et son dévouement envers le peuple athénien ; il sera couronné d'une couronne de laurier ; on lui enverra un présent d'hospitalité, et on le conviera à la table commune, au prytanée ; ce décret sera gravé sur une stèle de marbre et dressé dans le sanctuaire d'Artémis. »

L'archonte Pélops, comme le démontre ce décret, est postérieur à l'occupation de Délos par les Athéniens. Il ne doit pas être éloigné de l'année 167/6. Sous cet archonte, le secrétaire de la prytanie, connu par un décret attique (*IG*, II, 5, 477 c), est choisi dans la tribu Ptolémaïs ; cette donnée laisse le choix entre 165/4 et 153/2 : c'est pour la première de ces dates qu'on s'est prononcé d'ordinaire : Ferguson, *The Ath. secr.*, p. 64, n. 54 ; Kolbe, *Die att. Arch.*, p. 83 ; elle paraît plus vraisemblable, sans qu'on puisse alléguer un argument péremptoire [1].

Le poète Amphiclès, récompensé à Délos par l'éloge, la couronne de laurier et d'autres honneurs, a reçu à Oropos le titre de proxène et de bienfaiteur pour y avoir donné, comme à Délos, des auditions musicales : *IG*, VII, 373. A Oropos, il est qualifié de « Délien », tandis qu'à Délos il porte l'ethnique de « Rhénéen », comme le prêtre Démétrios, dont la famille originaire d'Égypte avait été naturalisée délienne (nᵒ 77 : cf. notre commentaire, p. 120). Amphiclès apparaît à Délos comme un dévot des dieux nationaux et un fidèle partisan d'Athènes

---

1. L'année 153/2 est, il est vrai, revendiquée pour Phaidrias, mais sans certitude absolue (nᵒ 80). Quant à l'ethnique Ῥηναιεύς attribué à Amphiclès, il se justifierait mieux en 165/4 : cf. ci-dessus, p. 120.

(l. 10). La différence de l'ethnique dans les décrets d'Oropos et de Délos s'explique tout naturellement par une différence de date, si l'un est antérieur à 167, l'autre postérieur. Cependant, comme celui d'Oropos n'est pas susceptible d'être daté rigoureusement, on peut encore supposer que les habitants d'Oropos ont honoré Amphiclès après 167 : après cette date, comme auparavant, ils ont pu désigner le poète par le glorieux ethnique qui lui convenait de par sa naissance, puisque l'ethnique Δήλιος n'a pas cessé immédiatement d'avoir cours après l'annexion.

Nous avons conservé huit décrets rendus par la communauté athénienne de Délos, qui se groupent entre les années 165/4 et 146/5 ; il y faut joindre quatre décrets d'Athènes, contemporains des précédents, trouvés à Délos, et qui concernent la colonie[1]. Nous reproduisons six de ces pièces (n[os] 78-84). Ce sont les documents essentiels, encore qu'insuffisants sur plus d'un point, pour l'histoire de la clérouchie, pour l'étude de son organisation et de ses rapports avec la métropole. Tous sont des décrets honorifiques. Les bénéficiaires sont : 1° des poètes qui ont célébré la gloire de Délos et de ses dieux (n[os] 78, 84 ; BCH, 1905, p. 196, n. 62), ou des pédagogues qui se sont consacrés à l'éducation de la jeunesse (n° 81 ; BCH, 1886, p. 37) ; 2° des magistrats qui ont rempli leur charge à leur honneur : gymnasiarques (n° 82), agoranomes (n° 83 : BCH, 1889, p. 409), épimélètes de l'emporion ou port de commerce (BCH, 1892, p. 374, n. 2), prêtres (n[os] 79 et 80), et un personnage dont les fonctions sont indéterminées (DCA, p. 410, n. 1). Les premiers sont des étrangers, de Phocée, de Laodicée, de Délos-Rhénée ; les autres des Athéniens, résidant à Délos ou envoyés d'Athènes en mission, et qui portent le démotique athénien. Comme, à propos de la magistrature qui vaut au titulaire l'honneur du décret, sont rappelés les autres services rendus par lui, on peut dresser d'après ces documents une liste partielle des fonctions civiles ou religieuses qu'on pouvait exercer à Délos, et quand les décrets concernent des collèges entiers, ils en révèlent la composition. On y voit que magistratures et prêtrises, à Délos comme à Athènes, sont conférées par l'élection ou dévolues par le sort ; peut-être combinait-on parfois les deux procédés, mais la question reste douteuse : n° 79, p. 127.

Les Athéniens transportés à Délos pour y remplacer, partiellement d'abord et

1. Malgré la simplification du formulaire dans les textes de Délos (cf. ci-dessous, p. 124-125), on ne peut faire avec précision le départ entre les décrets votés à Athènes et ceux qui émanent de l'assemblée des clérouques. Seul, le décret en l'honneur des prêtres en charge sous Phaidrias (n° 80) est attribué avec certitude à Athènes. Je considère comme très probable l'origine athénienne de trois autres décrets : celui qui décerne l'éloge aux agoranomes en charge sous Zaleucos (BCH, 1889, p. 409), celui qui concerne Théodoros (ibid., 1886, p. 36 ; sur ce texte, cf. plus loin, p. 125, note 1), enfin le décret en faveur de Dioscouridès et de ses deux filles (DCA, p. 410) : cf. les remarques de P. Roussel, DCA, p. 42-43.

bientôt en totalité, la population indigène, forment une communauté sous le nom de Ἀθηναῖοι οἱ ἐν Δήλῳ οἰκοῦντες ou κατοικοῦντες. C'est une véritable clérouchie, bien que ce nom ne figure dans aucun document, et qu'on ne puisse déterminer ni le nombre des colons, ni la proportion respective de chaque tribu dans leur recrutement, ni le mode de répartition qui fut adopté. Quant à la situation sociale des colons, il semble bien que, s'il y eut parmi eux des indigents, beaucoup appartenaient à la bourgeoisie, étaient hommes d'affaires ou négociants : les documents administratifs citent, parmi eux, des locataires de maisons, des fermiers de domaines sacrés, des garants de contrats ; ils obtiennent des prêts pour faire valoir leurs exploitations. D'autres encore sont apparentés à des familles nobles d'Athènes ; ils s'acquittent de fonctions religieuses ou civiles, quelques-unes onéreuses : P. Roussel, *DCA*, p. 37 et suiv.

Les Athéniens de Délos composent un δῆμος ; ils ont leur assemblée populaire, ἐκκλησία, qui se tient à époques fixes dans l'ἐκκλησιαστήριον, ainsi que leur Conseil, βουλή. Comme à Athènes, les délibérations, engagées sur la motion d'un orateur, sont prises par le Conseil d'abord, qui formule sa proposition (γνώμη) dans un projet de résolution soumis ensuite au vote du peuple. La compétence du δῆμος et de la βουλή, à en juger par les seuls documents qui nous soient parvenus, et abstraction faite des décisions relatives aux affaires municipales courantes qui n'étaient pas gravées sur marbre, se bornait au vote d'éloges publics ou de couronnes. Ne constituant pas un État, mais une dépendance, la communauté n'avait ni le droit ni l'occasion de conférer la proxénie. Elle est traitée en mineure, comme le prouvent, outre l'éponymat de l'archonte athénien, la présence du gouverneur envoyé d'Athènes, l'épimélète de Délos, et l'ingérence souveraine des stratèges : n° 77 ; cf. Joseph., *Ant. Jud.*, XIV, 231. Il ne semble pas qu'elle ait élu elle-même aucun de ses magistrats principaux, même s'ils étaient pris parmi les clérouques, mais qu'elle les ait reçus par désignation de la métropole ; car elle ne pouvait valablement, à leur sortie de charge, leur décerner éloges et couronnes que sous réserve de l'approbation du pouvoir central. Toutes les fois qu'il s'agit d'honorer un magistrat, une délégation, composée de trois, cinq ou dix membres, est élue à mains levées et envoyée à Athènes pour y présenter le décret au Conseil et au peuple et obtenir leur assentiment. Les documents, quand ils sont complets, ne contiennent pas seulement la mention de cette procédure (n° 79, l. 40), mais sont suivis du texte intégral du décret d'Athènes : n°ˢ 82, 83 ; *BCH*, 1892, p. 374, n. 2. La métropole a même tout pouvoir pour légiférer sur les affaires de Délos et pour y disposer du sol comme de son domaine propre : *DCA*, p. 410, n. 1.

Les formules protocolaires des décrets reproduisent celles d'Athènes, mais simplifiées. Le secrétaire de la prytanie qui, à Athènes, tient dans l'organisation politique et dans le protocole une place éminente, ne figure jamais dans les décrets de Délos. Le président des proèdres n'est pas mentionné davantage[1], bien que les proèdres soient chargés, comme à Athènes, de faire mettre en discussion les résolutions du Conseil ; ils sont tirés au sort comme à Athènes. Enfin, à l'ordinaire, la date de l'assemblée n'est pas donnée, à la mode athénienne, par la double mention du mois et de la prytanie, mais seulement par le quantième du mois ; cependant une exception, comme celle du n° 81, paraît indiquer que la clérouchie comptait les éléments suffisants pour assurer le jeu régulier des prytanies.

**79.** Décret des clérouques athéniens en l'honneur d'Euboulos de Marathon (160/59 av. J.-C.). — Marbre de Délos, conservé à la Bibliothèque de Saint-Marc, à Venise. — *CIG*, 2270 ; Michel, 163.

Ἐπὶ Ἀρισταίχμου ἄρχοντος, | Γαμηλιῶνος δεκάτει ἱσταμένου, | ἐκκλησία κυρία ἐν τῶι ἐκκλησιαστηρίωι· | Μένανδρος Μενάνδρου Μελιτεὺς εἶπεν· ||[5] Ἐπειδὴ Εὔβουλος Δημητρίου Μαραθώνιος | ἔν τε ταῖς ἀρχαῖς ἐφ' ἃς ἐχειροτονήθη, καλῶς | καὶ ἐνδόξως ἀναστραφείς, ἀνέ(ν)κλητον ἑαυ|τὸν παρέσχετο, ἀρχεθέωρός τε αἱρεθεὶς καὶ | μετὰ τοῦ υἱοῦ καὶ τῶν ἄλλων συνθεώρων ||[10] πάντα καλῶς καὶ πρεπόντως βραβεύσας, | τότε πρῶτον Παναθηναίοις ἐποίησεν τὸν | δῆμον τὸν Ἀθηναίων τῶν ἐν Δήλωι τιμηθῆ|ναι χρυσῶι στεφάνωι ἀν(η)γορευμένωι ἐν | τῶι ἐν ἄστει θεάτρωι, πρεσβεύσας τε πλεονάκις ||[15] καὶ ἀγωνισάμενος ἐκτενῶς πολλὰ τῶν χρη|σίμων Ἀθηναίοις τοῖς ἐν Δήλωι περιεποίησεν, | ἱερεύς τε γενόμενος τῶμ Μεγάλων Θεῶν καὶ | πάλιν τοῦ Ἀσκληπιοῦ, καὶ πάλιν αἱρεθεὶς ὑπὸ τοῦ | δήμου, καὶ λαχὼν τοῦ Διονύσου, καὶ ἐκ τῶν ἰδίων πάσ[ας] ||[20] δαπανήσας τάς πομπάς καὶ τάς θυσίας ὑπὲρ Ἀθηναί|ων καὶ Ῥωμαίων καλῶς καὶ ἱεροπρεπῶ(ς) συνε|τέλε|σεν· ὅπως οὖν ὁ δῆμος φαίνηται τοῖς εὐχρηστοῦ|σιν ἀξίας ἀποδιδοὺς χάριτας· ἀγαθεῖ τύχει· δε|δόχθαι τῆι βουλῆι, τοὺς λαχόντας προέδρους ||[25] εἰς τὴν ἐπιοῦσαν ἐκκλησίαν χρηματίσαι | περὶ τούτων, γνώμην δὲ ξυμβάλλεσθαι τῆς | βουλῆς εἰς τὸν δῆμον, ὅτι δοκεῖ τεῖ βουλεῖ· στε|φανῶσαι Εὔβουλον Δημητρίου Μαραθώνιον | τῶι ἱερῶι τοῦ θεοῦ στεφάνωι ἀρετῆς ἕνεκεν ||[30] καὶ εὐνοίας τῆς εἰς τὸν δῆμον, χειροτονῆσαι | δὲ καὶ πρέσβεις ἤδη τρεῖς, οἵτινες ἐπελθόν|τες ἐπὶ τὴν Ἀθήνησιν βουλὴν καὶ ἐκκλησίαν | παρακαλέσουσι τὸν δῆμον συνεπιχωρῆσαι | τοῖς ἐψηφισμέ-

---

1. Sauf dans l'intitulé d'un décret en l'honneur de Théodoros fils d'Aristion préposé à l'éducation des enfants : *BCH*, 1886, p. 38 ; mais c'est peut-être une raison pour attribuer ce décret à Athènes : P. Roussel, *DCA*, p. 43, note 3 ; cf. ci-dessus, p. 123, note 1.

νοις Εὐβούλωι φιλανθρώποις· ||³⁵ ἀναγράψαι δὲ τόδε τὸ ψήφισμα καὶ εἰς στήλην |
λιθίνην, καὶ στῆσαι ἐν τῶι Ἡρακλείωι. Πρέσβεις | εἰς Ἀθήνας κατὰ τὸ ψήφισμα
οἵδε κεχειρο|τόνηνται· Ἀνθεστήριος ἐκ Μυρρινούττης, | Ξενόφιλος Οἰναῖος, Δημή-
τριος Μαραθώνιος. ||⁴⁰ Ἐπεψηφίσθη καὶ Ἀθήνησιν.

|  |  |  |
|:---:|:---:|:---:|
| Ἡ βουλὴ | Ἡ βουλὴ | Ἡ βουλὴ |
| καὶ ὁ δῆμος. | καὶ ὁ δῆμος. | καὶ ὁ δῆμος. |
| Ἱερεὺς | Ἱερεὺς | Ἱερεὺς |
| Θεῶν Μεγάλων. | Διονύσου. | Θεῶν Μεγάλων. |
| Ἡ βουλὴ | Ἱερεὺς | Ἡ βουλὴ |
| καὶ ὁ δῆμος. | Ἀσκληπιοῦ. | καὶ ὁ δῆμος. |

« Sous l'archonte Aristaichmos, le dix du mois Gamélion, assemblée principale
dans l'ecclésiastérion. Proposition de Ménandros fils de Ménandros, de Mélité :
Attendu qu'Euboulos fils de Démétrios, de Marathon, dans les magistratures où il
a été appelé par le vote, s'est, par sa belle et brillante conduite, montré
irréprochable ; que, élu archithéore, il a accompli tous ses devoirs avec une parfaite
convenance ainsi que son fils et ses autres compagnons de théorie ; qu'alors, pour
la première fois, il a fait décerner au peuple de Délos, dans les Panathénées, la
couronne d'or proclamée au théâtre de la ville ; que, chargé de plusieurs,
ambassades, il a, par des efforts soutenus, fait prévaloir souvent les intérêts des
Athéniens de Délos ; qu'ayant été prêtre des Grands Dieux, et ensuite d'Asclépios, puis, élu de nouveau par le peuple, et désigné par le sort pour la prêtrise de Dionysos, il a accompli correctement et pieusement, à ses propres
frais, toutes les processions et tous les sacrifices pour les Athéniens et les
Romains ; afin donc que le peuple manifeste qu'il rend aux citoyens méritants la
reconnaissance qui leur est due ; à la Bonne Fortune : plaise au Conseil que les
proèdres désignés par le sort pour la prochaine assemblée mettent l'affaire en délibération et introduisent devant le peuple la résolution du Conseil que voici :
Euboulos fils de Démétrios, de Marathon, recevra la couronne sacrée du dieu pour
son mérite et son dévouement au peuple ; le peuple élira immédiatement trois
députés qui se présenteront dans Athènes au Conseil et à l'assemblée et demanderont au peuple de s'associer aux Déliens en confirmant les honneurs votés à
Euboulos. Le décret sera inscrit sur une stèle de marbre et exposé dans l'Héracleion. Ont été élus députés, conformément au décret, pour se rendre à Athènes :
Anthestérios de Myrrhinoutta, Xénophilos d'Oinoé, Démétrios de Marathon. Le
décret a été voté également à Athènes. » — Au-dessous du texte, neuf couronnes :

cinq d'entre elles contiennent l'inscription : « Le Conseil et le peuple ; » les quatre autres rappellent les prêtrises exercées par Euboulos.

Ferguson attribue à l'archonte Aristaichmos l'année 160/59 : *The Ath. archons*, p. 65. D'autre part W. Kolbe estime que les calculs fondés sur l'*Index Herculanensis*, qui ont servi à déterminer cette date, laissent le choix entre 160/59 et 159/8, et il pense trouver dans le décret en l'honneur d'Euboulos de Marathon la raison qui impose la seconde de ces dates : *Die att. Arch.*, p. 102-3 ; mais cet argument, nous l'allons voir, se dérobe.

Le décret énumère trois sacerdoces d'Euboulos : ceux des Grands Dieux, d'Asclépios, de Dionysos (l. 17-19). Le premier est rappelé par deux couronnes, alors que le texte ne fait pas allusion au renouvellement de cette prêtrise. Cette différence a embarrassé les critiques : P. Roussel, *DCA*, p. 203. Nous estimons que le témoignage des couronnes doit faire foi, et qu'Euboulos a été à deux reprises titulaire de ce sacerdoce [1]. — Cette constatation n'est pas sans conséquence pour la chronologie. On admet qu'au II$^e$ siècle les prêtres des Grands Dieux se succédaient dans l'ordre officiel des tribus : *DCA*, p. 349 et suiv. ; d'après ce roulement, Euboulos de Marathon, appartenant à la tribu Aiantis, aurait exercé la prêtrise en 161/0 ; puis, si l'on se réfère à l'ordre indiqué par le décret, il aurait été prêtre d'Asclépios et de Dionysos en 160/59 et en 159/8 : cette dernière année étant la plus basse qu'on puisse attribuer à l'archonte Aristaichmos, il faudrait admettre qu'il a reçu l'éloge et la couronne alors qu'il était encore en charge, ce qui est contraire à l'usage et à la loi. Mais cette conclusion ne s'impose nullement. La succession des prêtres des Grands Dieux suivant l'ordre officiel des tribus, attestée pour le dernier tiers du II$^e$ siècle, n'est pas démontrée pour le début du régime athénien : elle n'a paru établie que d'après le cas d'Euboulos, qui précisément est en question. Il se peut donc fort bien qu'Euboulos ait exercé ses deux sacerdoces, consécutifs ou non, des Grands Dieux dans les années qui ont précédé 161/0 ; et ainsi le décret ne fournit pas une donnée chronologique précise pour dater l'archonte Aristaichmos.

La désignation pour la prêtrise de Dionysos est indiquée par une double expression : αἱρεθείς et λαχών, qui semble impliquer une combinaison de l'élection et du tirage au sort ; mais peut-être y a-t-il ici quelque confusion dans le texte.

Il faut renoncer à chercher les dates relatives où, dans l'intervalle de 167/6 à

---

1. Les couronnes qui enferment la mention ἡ βουλὴ καὶ ὁ δῆμος semblent se référer, elles aussi, aux prêtrises, et non aux autres fonctions dont s'est acquitté Euboulos, sans quoi le libellé eût spécifié ces fonctions. Or il y a cinq de ces couronnes, et seulement quatre sacerdoces expressément nommés. On se demandera si les deux couronnes qui, à la troisième rangée horizontale, encadrent la prêtrise d'Asclépios n'indiquent pas aussi une itération de ce sacerdoce ; il paraît plus probable que la couronne a été ici répétée simplement par une raison de symétrie.

160/59. Euboulos a été investi des multiples magistratures ou ambassades auxquelles le décret fait allusion en termes généraux ; selon l'apparence, elles ne
devaient pas être incompatibles avec la qualité de prêtre dont il fut revêtu quatre
fois durant cette période de six ou sept ans. Nous pouvons enfin être assurés
qu'Euboulos était lui-même clérouque : dans les premiers temps de la colonie,
c'est parmi la population de l'île que les prêtres étaient désignés : cf. les exemples
réunis par P. Roussel, *DCA*, p. 203, note 1, et plus loin n° 80. Le frère d'Euboulos, Δημήτριος Δημητρίου Μαραθώνιος, est locataire d'un domaine sous Anthestérios : *DCA*, p. 150, n. 8 ; son fils lui éleva une statue dans le sanctuaire
égyptien : *BCH*, 1882, p. 332, n. 29.

Trois délégués de la colonie doivent se rendre à Athènes pour solliciter un
vote confirmant les honneurs décernés à Euboulos. Le sens de cette formalité a été
discuté : d'après Bœckh, elle avait simplement pour but de rehausser, par une
manifestation de la métropole, la valeur des récompenses votées dans la colonie ;
en réalité la ratification par l'assemblée d'Athènes était une nécessité constitu-
tionnelle : Doublet, *BCH*, 1892, p. 373 ; cf. Francotte, *Mélanges de droit public
grec*, p. 155 et suiv. ; P. Roussel, p. 43 et suiv. ; elle paraît impliquer que les
magistrats pour lesquels on l'appliquait étaient nommés par Athènes.

**80.** Décret d'Athènes décernant la couronne aux prêtres de Délos en charge sous
l'archonte Phaidrias (vers 152/1 av. J.-C.). — Stèle de marbre, brisée en haut et en bas.
— L. Bizard et P. Roussel, *BCH*, 1907, p. 425, n. 17.

— λι..... ίσχου | [εἶπεν]· Ἐπειδὴ οἱ ἱερεῖς οἱ ἐν Δήλωι οἱ | [ἐπὶ Φαιδρίου
ἄρχ]οντος τάς τε θυσίας ἔθυ||σαν τὰς καθηκ]ούσας ἀπάσας ὑπέρ τε τῆς ||⁵ [βουλῆς
καὶ τ]οῦ δήμου τοῦ Ἀθηναίων καὶ | [παίδων] καὶ γυναικῶν καὶ τοῦ δήμου τοῦ
Ῥω||[μ]αίων καὶ τῶν κατοικούντων Ἀθηναίων | [τ]ῶν ἐν Δήλωι καὶ ἐν ταύταις
κεκαλλιερ[η|κ]έναι αὐτούς, ἀνεστράφησαν δὲ καὶ ἐν [τοῖς ||¹⁰ ἄλ]λοις κατὰ τὴν ἀρχὴν
καλῶς καὶ εὐσχημό|νως· ἀγαθεῖ τύχει δεδόχθαι τεῖ βουλεῖ, | τοὺς λαχόντας
προέδρους εἰς τὴν ἐπιοῦσαν | ἐκκλησίαν χρηματίσαι περὶ τούτων, γνώμην δὲ
ξυμβάλλεσθαι τῆς βουλῆς εἰς τὸν δῆ||¹⁵μον ὅτι δοκεῖ τεῖ βουλεῖ ἐπαινέσαι τοὺς |
ἱερεῖς τοὺς ἐν Δήλωι τοὺς ἐπὶ Φαιδρίου ἄρχον|τος Δρά[κ]οντα Φλυέα, Γοργίαν |
Ἰωνίδην, Λήναιον Ἕρμειον, Σαραπίωνα | Παμβωτάδην, Ἡρακλείδην Παμβω-
τάδην, ||²⁰ Πρωτογένην Παιαν(ι)έα, Λεόντιχον Δεκε|λέα, Στράτωνα Κηφισιέα,
Πυλάδην Περι|θοίδην, καὶ στεφανῶσαι ἕκαστον | αὐτῶν δάφνης στεφάνωι εὐσε-
[βείας ἕ]νεκα | τῆς πρός τοὺς θεοὺς καὶ —.

« — [Proposition de X. fils de]...iscos : Attendu que les prêtres de Délos en

charge sous l'archonte Phaidrias ont offert tous les sacrifices prescrits pour le
Conseil et pour le peuple athénien, les enfants et les femmes, pour le peuple romain
et pour les Athéniens qui habitent à Délos, et que ces sacrifices ont eu l'agrément
des dieux ; que dans les autres actes de leur magistrature ils se sont comportés avec
correction et convenance ; » résolution du Conseil soumise à l'assemblée : « l'éloge
sera décerné aux prêtres de Délos en charge sous l'archonte Phaidrias, (à savoir)
Dracon du dème de Phlya, Gorgias du dème d'Ionidai, Lénaios du dème d'Hermos, Sarapion du dème de Pambotadai, Héracleidès du dème de Pambotadai,
Protogénès du dème de Paiania, Léontichos du dème de Décélie, Straton du dème
de Képhisia, Pyladès du dème de Périthoidai, et chacun d'eux sera couronné de
la couronne de laurier en raison de sa piété envers les dieux et... »

L. 8-9 : il y a dans la phrase une anacoluthe, l'infinitif κεκαλλιερ[ηκ]έναι ne dépendant
d'aucun verbe exprimé ; on attendrait κεκαλλιερήκασι.

La date de l'archonte Phaidrias n'est pas déterminée avec une précision
rigoureuse ; on reconnaît cependant, par l'étude des listes éphébiques, qu'elle est
postérieure de quatre à six ans à celle d'Anthestérios (157/6) : elle se place donc
entre 153/2 et 151/0 : Kolbe, *Die att. Arch.*, p. 109 ; P. Roussel, *DCA*, p. 359 ; le
décret lui-même est de l'année suivante, et date par conséquent de 152/1 au plus tôt.
Les prêtres ici nommés sont au nombre de neuf. Une liste de Délos, qui date de
quelques années auparavant (158/7 d'après P. Roussel, p. 349), énumère dix sacerdoces : *BCH*, 1908, p. 438, n. 4, avec les rectifications *ibid.*, 1909, p.525 ; *DCA*,
p. 132, note 4 et p. 202, note 4. La nomenclature de cette liste suit apparemment
l'ordre hiérarchique : 1° Apollon ; — 2° Hestia, Délos, Rome ; — 3° Zeus Kynthios,
Athéna Kynthia ; — 4° Zeus Soter, Athéna Soteira, Zeus Polieus, Athéna Polias :
— 5° Artémis ἐν νήσῳ ; — 6° Grands Dieux Dioscures Cabires ; — 7° Dionysos,
Hermès, Pan ; — 8° Asclépios ; — 9° Sarapis ; — 10° Anios. Il manque dans cette
liste une prêtrise, celle de la Déesse syrienne, dont le culte, sous le nom d'Hagné
Aphrodité, n'est devenu public qu'aux environs de 118/7 : *DCA*, p. 257.
Il est probable que le décret d'Athènes suit dans l'énumération l'ordre même
de la liste délienne ; il demeure singulier que nous trouvions, dans deux documents également autorisés et d'une date toute voisine, une variation dans le
nombre des sacerdoces, dix dans la liste, neuf dans le décret. On peut, à ce
propos, recourir à diverses hypothèses : la plus simple, c'est que le prêtre d'Apollon, supérieur en dignité à ses collègues, a été l'objet d'un décret spécial.
Parmi les prêtres nommés dans le décret, Gorgias, du dème d'Ionidai, est
connu par ailleurs pour avoir été gymnasiarque, agoranome, ambassadeur (n° 82).

17

Un autre, Pyladès, du dème de Périthoidai, a été président des proèdres à Athènes (cf. ci-dessus. p. 125, note 1) en 148/7 : BCH, 1886, p. 38, l. 4 ; cf. 1907, p. 427. Ces exemples suffisent pour attester à Délos, comme c'était le cas pour Athènes, le caractère civil et administratif du sacerdoce : choisis parmi les clérouques ou parmi les citoyens de la métropole, il semble qu'ils aient été désignés par celle-ci, puisqu'ils restaient soumis à son contrôle. Quand l'assemblée des clérouques couronne l'un d'eux, comme Euboulos de Marathon (n° 79), les honneurs, suivant l'usage établi pour toutes les magistratures, doivent recevoir l'approbation du peuple athénien de la métropole. Ici c'est l'assemblée de la métropole qui se réserve le droit de décerner l'éloge et la couronne.

**81.** Décret des clérouques athéniens en l'honneur de l'hoplomaque Apollonios de Laodicée (148/7). — Stèle de marbre ornée d'un fronton. — Homolle, BCH, 1889, p. 420 ; Michel, 164.

Ἐπὶ Ἄρχοντος ἄρχοντος, ἐπὶ τῆς Ἀτταλίδος ἕκτης πρυ|τανείας, Ποσιδεῶνος δεκάτει προτέραι· ἐκκλησία κυρί[α] | ἐν τῶι ἐκκλησιαστηρίωι· Πέλοψ Εὐβούλου Ἀτηνεὺς εἶ|πεν· Ἐπειδὴ Ἀπολλώνιος Δημητρίου Λαοδικεὺς ὁρμώμε||⁵νος ἀπὸ παιδείας τὴμ πλείστην πρόνοιαν πεποίηται εἰς | τὸ παραγενόμενος εἰς τὴν νῆσον μὴ μόνον τὴν ἀνα|στροφὴν ἀξίαν τοῦ ἐπιτηδεύματος παρασκευάσαι, | ἀλλὰ καὶ τοὺς πλείστους τῶν ἐλευθέρων παίδων | ἔτι δὲ καὶ τῶν ἐφήβων καὶ νεανίσκων ἐπὶ τὴν αὐτὴν ||¹⁰ αἵρεσιν προτρέψασθαι, ἐπεστατηκὼς δὲ αὐτῶν ἔτη | καὶ πλείω ἐν τοῖς ὅπλοις, καὶ τούτοις ἀνέγκλητον αὑ|τὸν παρεσκεύασεν, ἔτι δὲ καὶ τοῖς ἀεὶ χειροτο|νουμένοις | γυμνασιάρχοις· ὅπως οὖν καὶ ὁ δῆμος ὁ Ἀθηναίων τῶν | ἐν Δήλωι κατοι|κούντων φαίνηται τιμῶν τοὺς ἀξί||¹⁵ους τῶν ἀνδρῶν· τύχει ἀγαθεῖ· δεδόχθαι τεῖ βουλεῖ, τοὺς λα|χόντας προέδρους εἰς τὴν ἐπιοῦσαν ἐκκλησίαν χρημα|τίσαι περὶ τούτων, γνώμην δὲ ξυμβάλλεσθαι τῆς βο[υ|λ]ῆς εἰς τὸν δῆμον ὅτι δοκεῖ τεῖ βουλεῖ· ἐπαινέσαι μὲ[ν] | Ἀπολλώνιον Δημητρίου Λαοδικέα καὶ στεφανῶσαι ||²⁰ δάφνης στεφάνωι τῶι ἱερῶι τοῦ θεοῦ ἐπί τε τεῖ αἱρέ|σει ἢ ἔχων διατελεῖ περὶ τοὺς ἐν Δήλωι πολίτας καὶ ἐπὶ | τεῖ ἄλλει ἀναστροφεῖ καὶ παρεπιδημίαι ἧι πεποίηται | ἐν τεῖ νήσωι· τοὺς δὲ κεχειροτονημένους ἄνδρας ἐπὶ τὴ[ν] | φυλακὴν τῶν ἱερῶν χρημάτων Γόργιν καὶ Νικόδημον ||²⁵ μερίσαι Ἀπολλωνίωι ξένιον ὅσον ἂν αὐτοῖς εὔκαιρον εἶ[ν]αι φαίνηται· ἀναγράψαι δὲ τόδε τὸ ψήφισμα εἰς σ[τή|λ]ην λιθίνην καὶ ἀναθεῖναι αὐτὴν ἐν τῶι ἱερῶι· τὸ [δὲ] | γενόμενον εἰς αὐτὴν ἀνάλωμα μερίσαι | Γόργιν καὶ Νικόδημον.

« Sous l'archontat d'Archon, à la sixième prytanie échue à la tribu Attalis, le onzième jour de Posidéon ; assemblée principale dans l'ecclésiastérion. Proposition de Pélops fils d'Euboulos, du dème d'Aténé : Attendu qu'Apollonios fils de Démétrios, de Laodicée, ayant débuté par l'éducation des enfants, a mis sa principale attention, quand il est venu dans l'île, non seulement à rendre sa conduite digne de sa profession, mais encore à inspirer les mêmes goûts à la plupart des enfants libres, des éphèbes et des jeunes hommes ; qu'ayant présidé pendant de nombreuses années à leurs exercices en armes, il s'est montré irréprochable à leur égard aussi bien qu'envers les gymnasiarques successivement désignés par l'élection ; » pour ces motifs, la communauté athénienne de Délos lui décerne l'éloge et une couronne cueillie au laurier sacré ; « les magistrats préposés à la garde des richesses sacrées, Gorgis et Nicodémos, lui alloueront le présent d'hospitalité qu'ils jugeront convenable ; » ils feront graver le décret sur une stèle de marbre, l'exposeront dans le sanctuaire et règleront la dépense.

L'archontat d'Archon, éponyme de la gymnasiarchie de Gorgias, qui occupe le vingtième rang dans la liste de Phokion (n° 76), peut être rigoureusement fixé en 148/7 : P. Roussel, *DCA*, p. 196 et suiv., p. 345.

L. 4-5 : ὁρμώμενος ἀπὸ παιδείας. L'expression est des plus obscures. Nous entendons qu'Apollonios a d'abord exercé les fonctions de maître d'école, auxquelles il a plus tard ajouté un enseignement technique d'hoplomachie dans le gymnase public de la colonie. — L. 8-9 : on voit que tous les enfants de naissance libre (ἐλευθέρων), et non seulement ceux des familles athéniennes, étaient admis à l'enseignement ; dans les listes des palestres, les étrangers, Romains et Orientaux, voisinent en effet avec les Athéniens : *BCH*, 1891, p. 255 et suiv., n. 2 et 3 ; 1912, p. 413, n. 13. Les termes de παῖδες, ἔφηβοι, νέοι (ou νεανίσκοι) correspondent aux trois classes entre lesquelles la jeunesse était répartie suivant l'âge. — L. 23-24 : sur le titre et les fonctions des administrateurs des biens sacrés, voy. P. Roussel, *ouvr. cité*, p. 126 et suiv. ; sur les titulaires ici nommés, *ibid.*, p. 136 et suiv., n. 8 et 27.

**82.** Décret des clérouques de Délos en l'honneur du gymnasiarque Gorgias et décret d'Athènes ratifiant la décision des clérouques (147/6 av. J.-C.). — Trois fragments d'une plaque de marbre, trouvés à l'Est du lac sacré. — Homolle, *BCH*, 1889, p. 413 et suiv. Le haut de la stèle a été retrouvé en 1911 ; il contenait une vingtaine de lignes complètement effacées.

I

— — [Ἐπειδὴ Γοργίας Ἀσκληπιάδου Ἰωνίδης — — ἔθυσεν τὰς θυσίας —

—, καλλι]ερήσας δ' ἔνειμεν [τὰ κρέα ? — — | — — καὶ] τοῦτ' ἔπραξεν ἐν
παντ[ὶ καιρῶι, δεικνύμενος ? τὴν] ἰδίαν φιλαγαθίαν, ἔθηκεν δὲ καὶ ἀγ[ῶνα ἐπὶ τῆι
||⁵ τῶν] Ἀθηναίων θυσίαι, ἐν ὧι καὶ δέδωκεν ἆθλα [τοῖς νέοις ὅσον |ἐν]εδέχετο
κάλλιστα, καὶ εἰς ταῦτα διάφορον ἀνή[λωσεν ἐκ τῶν | ἰ]δίων οὐκ ὀλίγον, ἔν τε τοῖς
ἄλλοις ἅπασιν κατὰ τὸν [τῆς ἀρχῆς] | χρόνον ἀνεστράφη φιλοδόξως καὶ ἀξίως τοῦ
τε τόπου καὶ τῆ[ς τοῦ] | δήμου προαιρέσεως, κατεβάλετο δὲ καὶ τοὺς λόγους τοῖς
νόμ[οις ||¹⁰ ἀκο]λούθως ἁπάντων τῶν (ω)ἰκονομημένων ἐφ' ἑαυτοῦ, ἔδωκεν δὲ κ[αὶ
|τὰ]ς εὐθύνας τῆς ἀρχῆς ἔν τε<ι> τεῖ ἐκκλησίαι, ὁμοίως δὲ καὶ ἐν τῶι [με]ρισ-
θέντι κατὰ τὸν νόμον δικαστηρίωι· ἵνα οὖν καὶ Ἀθηναίων | [οἱ κα]τοικοῦντες ἐν
Δήλωι φαίνωνται τιμῶντες τοὺς ἀγαθο[ὺς | τῶν ἀνδρῶ]ν καὶ ἀξίας αὐτοῖς ἀποδι-
δόντες τιμὰς καὶ χάριτας [τὰς ||¹⁵ ἐπι6]α[λλούσας]· ἀγαθεῖ τύχει· δεδόχθαι τεῖ
βο[υλ]εῖ, τοὺς λαχόν[τας] | προέδρ[ους εἰς τὴν ἐπιοῦ]σαν ἐκκλησίαν χρημα[τ]ίσαι
περὶ τούτ[ων], | γνώμην δὲ ξυμβά[λλεσθαι τῆς β]ουλῆς εἰς τὸν δ[ῆμ]ον ὅτι δοκεῖ
τ[εῖ βου]λεῖ· | ἐπαινέσαι Γοργία[ν Ἀσκληπιάδου] Ἰωνίδη[ν καὶ] στεφανῶσ[αι
δά]|φνης στεφάνωι τῶι ἱερῶι [τοῦ θεοῦ ἀρετῆς καὶ φ]ιλοδοξίας ἕ[νεκεν], ||²⁰ ἑλέσθαι
δὲ καὶ πρὸς τὸν δῆμ[ον τὸν Ἀθηναίων πρέσβεις] δέ[κα ἐξ Ἀ]θ(η)ναίων ἁπάντων,
οἵτινες ἀφικόμενο[ι Ἀθήναζε καὶ ἀποδόντες] | τόδε τὸ ψήφισμα παρακαλέσουσιν τήν
[τε βουλὴν καὶ τὸν δῆμον ἐ]πιχωρῆσαι Ἀθηναίοις τοῖς κατοικοῦσιν ἐν Δήλ[ωι τὰς
ἐψηφισμένας τι]|μὰς Γοργίαι Ἰωνίδει, ἵνα τούτων συντελεσθέντων κα[ὶ Ἀθηναίων
οἱ κα]||²⁵τοικοῦντες ἐν Δήλωι φαίνωνται τὰς ἐπιβαλ[λού]σας τ[ιμὰς ἀποδιδόν]|τες
τοῖς ἀγαθοῖς ἀνδράσιν· ἀναγράψαι δὲ τόδε [τὸ] <δε> ψ[ήφισμα τὸν γραμ]|ματέα
τοῦ ἐπιμελητοῦ εἰς στήλην λιθίνην καὶ στῆ[σαι ἐν τῶι γυμνα]|σίωι· τὸ δὲ
γενόμενον ἀνάλωμα μερίσαι [τοὺ]ς ἐπὶ τὴν φυ[λακὴν τῶν ἱερῶν] | χρημάτων
καθεσταμένους Ἀριστόνικον Ἐ[καλῆθ]εν καὶ Ἀμφ — — — ||³⁰. ἦθεν.

## II

Ἐπὶ Ἐπικράτου ἄρχοντος ἐπὶ τῆς Λεωντίδος ἕκτης πρυτανείας ἧ[ι] | — —
Συπαλήττιος ἐγραμμάτευεν, Ποσιδεῶνος ἐνάτη ἐπὶ δέκα ἐνάτη [τῆς πρυτα|ν]είας·
ἐκκλησία ἐν τῶι θεάτρωι· Περιγένης Θαλησιγένου Τρι[κορύσιος εἶπεν· ἐπειδὴ
Ἀθη|ναίων οἱ κατο]ικοῦντ[ες ἐν] Δήλωι ψήφισ[μα] — —.

I. Décret de Délos. — « …Attendu que Gorgias fils d'Asclépiadès du dème
d'Ionidai… a offert des sacrifices… et qu'ayant été agréé par les dieux, il a distribué
les chairs ?…; qu'il a fait cela en toute circonstance, montrant son amour du bien ;
qu'il a aussi institué, à l'occasion du sacrifice des Athénaia, un concours pour

lequel il a donné en faveur des jeunes hommes des prix les plus beaux qu'il fût possible, et qu'il a dépensé à cette fin, de son argent, une somme importante ; que, dans tout le reste, pendant le temps de sa magistrature, il a agi avec zèle et d'une façon digne à la fois du lieu et du sentiment du peuple ; qu'il a, conformément aux lois, rendu les comptes de tous les fonds gérés par lui ; et qu'il a présenté la justification de tous les actes de sa magistrature devant l'assemblée du peuple et aussi devant le tribunal qui lui a été assigné conformément à la loi : afin donc de montrer avec évidence que les Athéniens domiciliés à Délos honorent, eux aussi, les hommes de bien et leur accordent les honneurs et la reconnaissance qui leur sont dus ; à la Bonne Fortune : plaise au Conseil que les proèdres qui seront désignés par le sort pour la prochaine assemblée mettent cette question en délibération et communiquent au peuple la résolution que voici du Conseil : le Conseil décide de décerner l'éloge à Gorgias fils d'Asclépiadès, du dème d'Ionidai, et de le couronner de la couronne sacrée de laurier du dieu pour son mérite et son zèle, et d'élire, sur l'ensemble des Athéniens, dix députés auprès du peuple athénien, lesquels, après leur arrivée à Athènes et la remise de ce décret, inviteront le Conseil et le peuple à ratifier les honneurs votés par les Athéniens en résidence à Délos en faveur de Gorgias du dème d'Ionidai, afin que, ces formalités ayant été accomplies, il devienne manifeste que les Athéniens résidant à Délos accordent, eux aussi, aux hommes de bien les honneurs qui leur sont dus. Ce décret sera gravé sur une stèle de marbre par les soins de l'épimélète et exposé au gymnase ; la dépense sera soldée par les magistrats préposés à la garde du trésor sacré, Aristonicos du dème d'Hécalé, et Amph... du dème... »

II. Décret d'Athènes ratifiant le décret ci-dessus, voté sous l'archonte Épicratès, sixième prytanie échue à la tribu Léontis, X. du dème de Sypalettos étant secrétaire, le 19 du mois Posidéon, 9ᵉ jour de la prytanie ; assemblée tenue au théâtre.

L. 5 : la fête des *Athénaia*, célébrée en l'honneur d'Athéna, paraît avoir été une fête éphébique : Plassart, *BCH*, 1912, p. 413, note 1 ; elle est attestée à Délos par d'autres textes provenant du gymnase : *ibid.*, p. 412, n. 12 ; p. 422, n. 16 ; p. 426, n. 20. Gorgias est loué, non pour l'avoir instituée, mais pour en avoir rehaussé l'éclat par un concours de νέοι (Plassart). — L. 10 : on attendrait ὑφ' ἑαυτοῦ ; faute de pouvoir la contrôler, je conserve la leçon du premier éditeur. — L. 11-12 : [με]ριϲθέντι : cf. n° 83, I, l. 9.

Les deux décrets sont datés, comme ceux qui concernent les agoranomes (n° 83), de l'archonte Épicratès. Les honneurs décernés à un magistrat ne pouvant lui être votés qu'à l'expiration de sa charge, Gorgias a été gymnasiarque sous l'archonte précédent, lequel est Archon : cf. n° 83, I, l. 15. D'autre part, dans la liste des gymnasiarques commencée par Phokion (n° 76), Gorgias occupe la vingtième place : *BCH*, 1912, p. 396, l. 25 = *DCA*, p. 167 : Archon se trouve donc rigoureusement fixé en 148/7, et par suite Épicratès en 147/6.

Le décret de Délos est incomplet ; un fragment, qui a été retrouvé, contenait le haut de la stèle ; il est illisible, mais on voit qu'il comptait une vingtaine de lignes : P. Roussel, *DCA*, p. 188, note 3. Il rappelait sans doute, dans les considérants, la carrière antérieure de Gorgias. Nous savons, par d'autres documents, que ce personnage a rempli diverses fonctions : il avait été prêtre sous Phaidrias, soit vers 153/2 : n° 80, l. 17-18 ; agoranome peu après, sous Zaleucos : Homolle, *BCH*, 1889, p. 410, *A*, l. 5 ; *B*, l. 17-18. Une dédicace, rédigée en son honneur par ses fils, est suivie de six couronnes, qui commémoraient autant d'honneurs : *BCH*, *ibid.*, p. 412-3 ; le mot πρεσβεύσαντα, qui s'est conservé à l'intérieur d'une de ces couronnes, indique qu'il avait été ambassadeur des clérouques.

La gymnasiarchie fut réorganisée par les Athéniens dès qu'ils reprirent possession de Délos, et les titulaires étaient renouvelés chaque année : c'est le double renseignement que fournit la liste de Phokion (n° 76). Beaucoup des noms de cette liste sont ceux de clérouques, comme Gorgias lui-même. Il est probable que c'est la métropole qui désignait les titulaires par l'élection ; tout au moins, si Délos les nommait, on doit croire qu'Athènes ratifiait le choix, puisqu'elle se réserve de sanctionner les honneurs qui leur sont votés : Francotte, *Mélanges de droit public grec*, p. 152 ; P. Roussel, *DCA*, p. 43 et suiv., et p. 188 et suiv. : cf. ci-dessus, p. 124.

La gymnasiarchie athénienne de Délos ressemble moins à celle de la métropole qu'à celle d'autres clérouchies. A Athènes, le gymnasiarque s'est effacé devant un autre magistrat, le cosmète, qui est le véritable directeur des éphèbes : *Dict. des ant.*, s. v. *Gymnasiarchia* (G. Glotz), p. 1676-8. A Salamine et à Éleusis, le gymnasiarque est personnellement à la tête du gymnase, c'est lui qui préside chaque mois aux marches d'entraînement ; il offre les sacrifices, traite les habitués du gymnase (ἀλειρόμενοι), ou même, dans certaines fêtes, le peuple entier, subvient de ses deniers à des dépenses de nécessité ou d'ostentation : *IG*, II, 594 et 614 *b* = Michel, 159 et 606. Ainsi en allait-il à peu près à Délos, comme le prouve ce qui reste des considérants du décret pour Gorgias. Mais, tandis que le gymnasiarque de Salamine ne relève que des clérouques et qu'il n'est pas soumis au contrôle de la métropole, celui de Délos, après avoir rendu ses comptes et obtenu décharge devant l'assemblée et devant un tribunal de clérouques, ne peut recevoir l'éloge et la couronne de la colonie qu'après approbation de la métropole : ce qui implique sans doute une nouvelle procédure engagée à Athènes même : P. Roussel, *l. l.*

Dans le catalogue de Phokion, le nom du gymnasiarque de 142/1 est, par exception, suivi de la mention χειροτονηθεὶς ὑπὸ τοῦ ἐπιμελητοῦ καὶ τῶν ἀλειφομένων. Cette année-là, le gymnasiarque a donc été élu, non par le peuple athénien, mais par une assemblée des habitués du gymnase sous la présidence de l'épimélète de l'île. Pour les trois noms qui suivent, la mention χειροτονηθείς ὑπὸ τοῦ δήμου, répétée à chaque fois, indique le retour à la règle. L'année 142/1 paraît donc avoir été marquée par une crise passagère dans l'histoire de la gymnasiarchie ; on trouve, dans cette crise, comme le signe précurseur de la transformation qui s'opère, vers la même date, dans la clérouchie elle-même, puisque les ἀλειφόμενοι, qui font cette année l'élection, comprennent, avec des Athéniens, des étrangers de toute nationalité : nous aurions ici, au gymnase de Délos, un premier exemple de ces groupements formés des divers éléments de la population délienne qui, dans la suite, se substituèrent aux assemblées des clérouques dans certaines de leurs prérogatives : P. Roussel, *BCH*, 1912, p. 436 et suiv. ; *DCA*, p. 54 et suiv. ; cf. le commentaire du n° 95.

Sur le gymnase de Délos cf. plus loin notre n° 117.

**83**. DÉCRET DES CLÉROUQUES DE DÉLOS EN L'HONNEUR D'UN COLLÈGE D'AGORANOMES ET DÉCRET D'ATHÈNES RATIFIANT LA DÉCISION DES CLÉROUQUES (147/6 av. J.-C.) — Stèle de marbre, brisée en haut et à droite. — G. Doublet, *BCH*, 1892, p. 370 et suiv.

I

— ιλι — — | — — εἰς ἑαυτ[ό]ν, τ[ήν τε θυσίαν ἔθυσαν ἐν τεῖ πομπεῖ τοῦ
Ἀ|πόλ]λωνος καὶ καλλιερή[σαντες ἔνειμαν τὰ κρέα τοῖς τε Ἀθηναίοις καὶ τοῖς |
φί]λοις καὶ συμμάχοις τοῦ [δήμου, καὶ ἐμ παντὶ καιρῶι ? φιλοτί||⁵μ]ους καὶ
δικαίους ἑαυτοὺς [παρέσχον καὶ ἀνεστράφησαν φιλοδόξως καὶ ἀξίως] | τοῦ τε
δήμου τοῦ Ἀθηναίων [καὶ τῶν φίλων καὶ συμμάχων τοῦ δήμου, τούς] | τε λόγους
πάντων τῶν χειρι[σθέντων ὑφ' ἑαυτῶν κατὰ τὸν τῆς ἀρχῆς χρόνον] | κατεβάλοντο
εἰς τὸ Μητρῶιον ἀκολούθ[ως τοῖς νόμοις, ἔδωκαν δὲ καὶ τὰς εὐ]|θύνας ἐν τῶι
μερισθέντι δικαστηρίωι κα[τὰ τὸν νόμον· ἵνα οὖν καὶ Ἀθη]||¹⁰ναίων οἱ κατοικοῦντες
ἐν Δήλωι φαίνωντ[αι τιμῶντες τοὺς ἀγαθοὺς] | τῶν ἀνδρῶν καὶ ἀκόλουθα
πράττοντες τοῖς ὑφ' ἑαυ[τῶν ἐψηφισμένοις ? εὑ]|ρίσκωνται· ἀγαθεῖ τύχει· δεδό-
χθαι τεῖ βουλεῖ, τοὺς λαχόντ[ας προέδοους] | εἰς τὴν ἐπιοῦσαν ἐκκλησίαν χρη-
ματίσαι περὶ τούτων, γνώμη[ν δὲ ξυμβάλ]|λεσθαι τῆς βουλῆς εἰς τὸν δῆμον ὅτι
δοκεῖ τεῖ βουλεῖ ἐπαινέ[σαι τοὺς] ||¹⁵ ἀγορανομήσαντας εἰς τὸν ἐπὶ Ἄρχοντος
ἄρχοντος ἐνιαυτόν, [τὸν δεῖνα]| Ἀγνούσιον, Σωτῆρα Ἀναγυράσιον, καὶ στεφα-
νῶσαι ἕκαστον αὐ[τῶν] | δάφνης στεφάνωι τῶι τοῦ θεοῦ ἐπὶ τῶι πάντα τὰ κατὰ
τ[ὴν ἀρ]|χὴν διεξῆχέναι ἴσως καὶ δικαίως καὶ ἀδωροδοκήτως· ἀναγορ[εῦ]|σαι δὲ τὸν

στέφανον τοῦτον ἐν τῶι θεάτρωι ἐν τοῖς κατ' ἐνια[υ]|||²⁰τὸν συντελουμένοις
Διονυσίοις, ἐπιμεληθῆναι δὲ | τῆς ἀναγορεύσεως τὸν ἱερέα τοῦ Διονύσου· ἐλέσθαι
δὲ τὸν | δῆμον ἤδη πρέσβεις πέντε ἄνδρας ἐξ Ἀθηναίων ἀπάντων, | οἵτινες
ἀφικόμενοι Ἀθήναζε καὶ ἀποδόντες τόδε τὸ | ψήφισμα, παρακαλέσουσιν τήν τε
βουλὴν καὶ τὸν δῆ||²⁵μον τὸν Ἀθηναίων ἐπιχωρῆσαι ἑαυτοῖς τὰς ἐψηφισμέν[ας] |
τιμάς, ἵνα τούτων συντελεσθέντων Ἀθηναίων τε οἱ | κατοικοῦντες ἐν Δήλωι
φαίνωνται τὰς ἐπιβαλλού|σας ἑαυτοῖς τιμὰς ἀποδιδόντες τοῖς ἀξίοις τῶν || ἀνδρῶν,
οἵ τε τῶν ἀρχείων τυγχάνοντες ζηλωταὶ ||³⁰ γίνωνται ἐφαμίλλου τῆς τιμῆς αὐτοῖς
παρὰ τῶν πο|λιτῶν τιθεμένης· ἀναγράψαι δὲ τόδε τὸ ψήφισμα τὸν | γραμματέα
τοῦ ἐπιμελητοῦ Μνησίφιλον εἰς στήλην | λιθίνην καὶ στῆσαι ἀκολούθως τοῖς
ἄρξασιν τὸν ἐπὶ | Λυ[σ]ιάδου ἄρχοντος ἐνιαυτόν· ἐπαινέσαι δὲ καὶ τὸν ||³⁵ γραμμα-
τέα Διογείτονα Διογνήτου Ῥαμνούσιον καὶ | στεφανῶσαι αὐτὸν θαλλοῦ στεφάνωι
ἀρετῆς ἕνεκεν | καὶ δικαιοσύνης. Πρέσβεις οἵδε κεχειροτόνηνται· | Ἀνθεστήριος ἐγ
[Μυρρι]νούττης, Πολύξενος Παιανιεύς, Λυχομήδης Ἀλωπεκῆθεν, Θεοκλῆς Παια-
νιεύς, ||⁴⁰ [Ξενοκ?]λῆς Ῥαμνούσιος.

## II

Ἐπὶ Ἐπικράτου ἄρχοντος, ἐπὶ τῆς Ἀτταλίδος ἐνδεκάτης | πρυτανείας, Θαργη-
λιῶνος [δ]ευτέραι μετ' εἰκάδας, ἐνάτει καὶ | [ε]ἰκοστεῖ τῆς πρυτανείας, [ἐκκλη]σία
ἐμ Πειραιεῖ· Περι[γ]έ[ν]ης [Θ]αλη[σ]ιγένου Τριχορύσιος εἶπεν· Ἐπειδὴ Ἀθη-
ναίων ||⁵ οἱ κατοικοῦντες ἐν Δήλωι ψήφισμα καὶ πρεσβευτὰς ἀποστεί|λαντες
παρακαλοῦσιν τὴν βουλὴν καὶ τὸν δῆμον ἐπιχωρ[ῆ]σαι [ἑ]αυτοῖς τὰς ἐψηφισ-
μένας τιμὰς τοῖς ἀγορανόμοις τοῖς χειρ[ο]τ[ο]νηθεῖσιν εἰς τὸν ἐπὶ Ἄρχοντος ἄρχοντος
ἐνιαυτόν· ἀγαθεῖ τύ|χει· δεδόχθαι τεῖ βουλεῖ, τοὺς λαχόντας προέδρους εἰς ||¹⁰ [τὴ]ν
ἐπιοῦσαν ἐκκλησίαν χρηματίσαι περὶ τούτων, | [γνώμ]ην δὲ ξυμβάλλεσθαι [τῆς
β]ουλ[ῆς] εἰς τὸν δῆμον ὅτι δο|κεῖ τεῖ βουλεῖ ἐπικεχωρῆσθαι Ἀθηναίων τοῖς
κατοικοῦσιν ἐν Δήλωι τ|ὰς ἐψηφισμένας ὑφ' ἑαυτῶν (τιμὰς) τοῖς ἀγορανόμοις τοῖς
χειροτονη|θεῖσιν εἰς τὸν ἐπὶ Ἄρχοντος ἄρχοντος ἐνιαυτόν· ἐπαινέσαι δὲ καὶ τοὺς||¹⁵
παρ' ἑαυτῶν παραγγελθέντας πρεσβευτάς, Ἀνθεστήριον ἐγ Μυρρινούττη[ς], |
Πολύξενον Παιανιέα, Λυχομήδην Ἀλωπεκῆθεν, Θεοκλῆν Παιανιέα, | [Ξενοκ?]λῆν
Ῥαμνούσιον, καὶ στεφανῶσαι ἕκαστον αὐτῶν θαλλοῦ στεφάνωι.

I. Décret de Délos. — [« Attendu que les agoranomes X. du dème d'Hagnonte et
Soter du dème d'Anagyronte, en charge sous l'archonte Archon ont...; qu'ils ont
offert le sacrifice lors de la procession en l'honneur d'Apollon], et qu'ayant

obtenu l'agrément des dieux ils ont distribué les chairs aux Athéniens et aux amis et alliés du peuple ; que dans toute circonstance ils se sont montrés zélés et justes, et qu'ils se sont comportés avec émulation et d'une façon digne du peuple athénien et des amis et alliés du peuple ; qu'ils ont déposé au Métrôon les comptes de tous les fonds maniés par eux pendant l'année de leur magistrature conformément aux lois, et que, suivant la loi, ils ont aussi produit leurs justifications devant le tribunal ; afin donc que les Athéniens domiciliés à Délos manifestent qu'ils honorent les bons citoyens et qu'ils conforment leurs actes [aux décisions prises ?] par eux » ; pour ces motifs le Conseil propose au peuple « d'accorder l'éloge aux agoranomes qui ont été en charge pendant l'année de l'archonte Archon, X. du dème d'Hagnonte et Soter du dème d'Anagyronte, et de couronner chacun d'eux de la couronne de laurier du dieu pour avoir accompli toutes les obligations de leur charge avec équité, justice et intégrité ; proclamation sera faite de cette couronne au théâtre pendant les *Dionysia* célébrées annuellement, et le soin de la proclamation reviendra au prêtre de Dionysos : le peuple élira séance tenante, sur l'ensemble des Athéniens, cinq députés qui, après leur arrivée à Athènes et la remise de ce décret, inviteront le Conseil et le peuple athénien à leur consentir les honneurs qui ont été votés... — Le secrétaire de l'épimélète de l'île, Mnésiphilos, fera graver ce décret sur une stèle de marbre et l'exposera à la suite des (stèles consacrées aux) magistrats en charge pendant l'année de l'archonte Lysiadès ; l'éloge est accordé aussi au secrétaire (des agoranomes) Diogeiton fils de Diognétos, du dème de Rhamnonte, et il sera couronné de la couronne de feuillage en raison de son mérite et de sa justice. Ont été élus députés : Anthestérios du dème de Myrrhinoutta, Polyxénos du dème de Paiania, Lycomédès du dème d'Alopéké, Théoclès du dème de Paiania, Xénoclès ? du dème de Rhamnonte. »

II.  Décret d'Athènes ratifiant le décret ci-dessus, voté sous l'archonte Épicratès ; onzième prytanie échue à la tribu Attalis, le vingt-deuxième jour de Thargélion, vingt-neuvième de la prytanie, assemblée au Pirée. Proposition de Périgénès fils de Thalésigénès, du dème de Tricorythos. Le Conseil et le peuple « ratifient les honneurs votés par les Athéniens résidant à Délos aux agoranomes élus pour l'année de l'archonte Archon ; ils accordent l'éloge aux députés accrédités par eux, et couronnent chacun d'eux de la couronne de feuillage. »

Plusieurs des compléments que j'introduis dans les premières lignes du décret de Délos n'ont que la valeur d'une approximation. — L. 2-3 ; [— ἐν τεῖ πομπεῖ τοῦ Ἀπόλ.]λωνος paraît autorisé par l'indication d'une formule que P. Roussel (*DCA*, p. 180, note 8) a déchiffrée dans le décret pour les épimélètes de l'emporion : *BCH*, 1892, p. 374, n. 2, l. 6, ἐν τεῖ πομπεῖ τῶν Ἀ[πολλωνίων] ; on comparera le décret pour les agoranomes daté de

Zaleucos : *BCH*, 1889, p. 409, *B*, l. 12, où P. Roussel (*ibid.*, p. 183, note 1) a lu τοῖς
Ἀπολλων[ίοις τοὐ]ς ταύρου[ς]. — L. 18 : cf. *DCA*, p. 183, note 2. — L. 40 : [Ξενοκ]λῆς.
Ce nom avec le même démotique se retrouve plusieurs fois : *IG*, II, 985, *A*, l. 14 ; *D*,
l. 4 ; cf. Kirchner, *Prosop. att.*, n° 11231.

La date des deux décrets est la même que celle du n° 82 ; les agoranomes ici
honorés ont donc été en charge l'année précédente, sous Archon, soit en 148/7.

Les agoranomes existaient à l'époque de l'indépendance délienne ; ils étaient
au nombre de trois. On les voit figurer comme témoins, au début du III° siècle,
dans des contrats passés entre la ville et des entrepreneurs : Homolle, *Archives*,
p. 117 et suiv., n. VII et VIII. Quelques-unes de leurs attributions, avec celles
d'autres magistratures préposées au marché et aux transactions commerciales,
nous sont connues, au même siècle, par la loi qui réglait la vente du bois et du
charbon : Schulhof et Huvelin, *BCH*, 1907, p. 46 et suiv ; Ad. Wilhelm, *Neue
Beiträge*, IV, p. 23 et suiv. Ils avaient la garde des mesures publiques, encaissaient
les loyers des boutiques louées aux marchands de l'agora, et les amendes infligées
aux délinquants. Ceux qui leur succédèrent, sous le régime de la clérouchie, eurent
sans doute des fonctions analogues. Outre le décret que nous reproduisons, nous
en avons conservé un autre, dont les considérants sont plus mutilés encore, en
l'honneur des agoranomes en charge sous l'archontat de Zaleucos (vers 150). Cette
année-là, leur collège se composait encore de trois membres, auxquels était adjoint
un secrétaire. Dans notre texte, ce nombre est réduit à deux ; il ne paraît pas avoir
varié depuis lors. On le constate pour l'année 124/3 : *BCH*, 1908, p. 419,
n. 12 et 13 ; pour 100/99 : inscription des ἀπαρχαί, *IG*, II, 985, l. 37[1] ; et dans
une dédicace qui paraît dater du début du I° siècle : *BCH*, 1908, p. 420, n. 14.
Le bureau où ils siégeaient, ἀρχεῖον τῶν ἀγορανόμων (*BCH*, 1889, p. 409, *B*, l. 21-22),
identique sans doute à l'ἀγορανόμιον du temps de l'indépendance (*IG*, XI, 2, 287,
*B*, l. 142-3), devait être à proximité de l'agora du Sud, le plus ancien marché de
l'île ; on a supposé que, lorsque furent construits les différents portiques en bordure
de cette place, il fut transféré dans l'un de ces portiques : P. Roussel, *DCA*, p. 182,
note 5. C'est dans cette région qu'ont été retrouvées les différentes inscriptions
— décrets et dédicaces — qui concernent à la fois les agoranomes et les asty-
nomes. L'une de ces dédicaces est adressée par les deux collèges conjoints à
Aphrodite et à Hermès : *BCH*, 1902, p. 514, n. 6 ; ce sont les mêmes divinités
qu'ils invoquaient déjà du temps de l'indépendance : *IG*, XI, 4, 1143-1146.

1. Il est vrai que pour les années 102/1, 98/7 et 95/4, la même inscription des ἀπαρχαί ne
mentionne qu'un agoranome : *B*, l. 19 ; *C*, l. 4, mais « la fréquente irrégularité des versements que font les magistrats [d'après les listes de cette inscription] ne permet point d'en faire
état pour admettre des variations dans le nombre des agoranomes » : P. Roussel, *DCA*, p. 184.

Des agoranomes on ne peut guère séparer la mention des épimélètes de l'emporion (ou port de commerce), fonctionnaires introduits par Athènes quand elle reprit possession de l'île. Un décret honorifique de Délos en l'honneur du collège qui fut en charge sous Métrophanès (146/5), et dont les termes rappellent de très près ceux qui concernent les agoranomes, ne nous renseigne pas sur leurs fonctions, car il ne reste des considérants que des débris : Doublet, *BCH*, 1892, p. 374, n. 2. Leur nombre, de trois d'abord, fut successivement réduit à deux, puis à un. Si nous n'avons guère, pour conjecturer la nature de leurs fonctions, d'autre indice que leur titre et l'analogie de leurs homonymes athéniens, chargés, d'après Aristote (*Resp. Athen.*, LI, 4), de la surveillance des entrepôts, on soupçonne que cette magistrature avait une certaine importance, car tous les titulaires connus appartenaient à de notables familles athéniennes : *Dict. des antiq.*, s. v. *Epimeletai* (G. Glotz), p. 674 ; P. Roussel, *DCA*, p. 180 et suiv.

**84.** Décret des clérouques athéniens en l'honneur d'Ariston de Phocée, poète épique (146/5). — Fragment de stèle. — G. Fougères, *BCH*, 1889, p. 250, n° 13 ; cf. Ad. Wilhelm, *Arch.-epigr. Mitt. aus Oesterr.*, 1897, p. 87 ; Holleaux, *Rev. des Ét. anc.*, 1899, p. 11.

Ἐπὶ Μητροφάνου ἄρχοντος, Σκιροφοριῶνος | πέμπτει ἐπὶ δέκα, βουλὴ ἐν τῶι ἐκκλησιαστ[η]|ρίωι· Διόφαντος Ἑκαταίου Ἕρμειος εἶπεν· | Ἐπειδὴ Ἀρίστων Ἀκρισίου Φωκαιεὺς [ποι]||⁵ητὴς ἐπῶν [ὑ]πάρχων ἐν τεῖ τοῦ παι[δὸς] | ἡλικίαι, παραγενόμενος εἰς τὴν ν[ῆσον] | ἐποιήσατο καὶ πλείο[νας ἀ]κροάσεις [ἐν] | τῶι ἐκκλησιαστηρίωι καὶ ἐν τῶι θεάτ[ρωι, καὶ ἀναγ]νοὺς τὰ [π]επραγματευμένα ἐ[γκώμια ||¹⁰ ὕ]μνησεν τόν τε ἀρχηγέτην Ἀπόλλωνα καὶ | [τ]οὺς ἄλλους θεοὺς τοὺς κατέχοντας τὴν | [ν]ῆσον κ[αὶ] τὸν δῆμον τὸν Ἀθηνα[ίων] | ⸌— — —⸍.

« Sous l'archonte Métrophanès, le 15 Skirophorion, Conseil tenu dans l'ecclésiastérion. Proposition de Diophantos fils d'Hécataios, du dème d'Hermos : Attendu qu'Aristion fils d'Acrisios, de Phocée, poète épique, qui, étant dans l'âge des « enfants », est venu dans l'île et y a donné plusieurs auditions dans la salle de l'assemblée et au théâtre, qu'il y a récité les *encomia* composés par lui, où il célèbre l'archégète Apollon et les autres dieux souverains de l'île ainsi que le peuple athénien... »

L'archonte Métrophanès est postérieur de peu à Archon (148/7 : cf. n° 81) ; il est antérieur à Théaitétos à qui le catalogue de Phokion (n° 76) permet d'assigner l'année 144/3. Dans cet intervalle l'année 147/6 est occupée par Épicratès (n° 86); on n'a donc le choix qu'entre 146/5 et 145/4. On devra préférer la première de ces deux dates, car Métrophanès a pour successeur un archonte dont le nom commence par E... : Doublet, *BCH*, 1892, p. 376, deuxième décret, l. 1. Comme le secrétaire en charge sous Métrophanès appartient à la tribu Érechthéis (*IG*, II, 408), à laquelle reviendrait l'année 145/4, on en conclura que l'ordre des secrétaires n'a pas été strictement suivi pendant cette période : P. Roussel, *DCA*, p. 362-3. — Du même archontat on possède un inventaire du temple d'Apollon : P. Roussel, p. 401 et suiv., n. xxv. Ces actes sont parmi les plus récents qui nous restent de la cléruchie athénienne, et le décret pour Ariston de Phocée est le dernier par lequel nous est attestée son activité législative.

Ariston, quand il donna ses auditions, était encore dans l'âge de l' « enfance » ; mais on sait que cet âge se prolongeait, chez les Grecs, jusqu'à l'éphébie, c'est-à-dire jusqu'à dix-huit ans.

De ce décret on rapprochera celui qui fut rendu par la colonie en l'honneur du poète musicien Amphiclès de Rhénée (n° 78) ; cf. encore le décret mutilé en l'honneur d'un autre μουσικός dont le nom a disparu : *BCH*, 1905, p. 196, n. 62 ; mais il s'agit ici d'un poète épique. Les compositions désignées par le mot ἐγκώμια (l. 9 ; cf. *Sylloge*³, 702, l. 6 ; Ad. Wilhelm, *Anz. der Wien. Akad.*, 1922, n. vii, p. 16) étaient des récits versifiés qui avaient pour thèmes les traditions locales, historiques ou mythologiques, du genre de ceux où le poète Dioscouridès de Tarse avait célébré la ville de Cnossos (n° 112).

**85.** Décret de la corporation des Héracléistes de Tyr (vers 153/2). — Marbre provenant de Délos, au Musée du Louvre. — *CIG*, 2271 ; P. Foucart, *Les Associations religieuses*, n° 43 ; Ad. Wilhelm, *Beiträge z. griech. inschr.*, p. 163 (l. 1-27); Schürer, *Gesch. d. jüd. Volkes*, 3° éd., III, p. 57 (l. 35-fin).

Ἐπὶ Φαιδρίου ἄρχοντος, Ἐλαφηβολιῶνος ὀγδόει, ἐκκλη|σία ἐν τῶι ἱερῶι τοῦ Ἀπόλλωνος· Διονύσιος Διονυσίου | ἀρχιθιασίτης εἶπεν· | Ἐπειδὴ Πάτρων Δωροθέου, τῶν ἐκ τῆς συνόδου, ἐπελθὼν || ⁵ ἐπὶ τὴν ἐκκλησίαν καὶ ἀνανεωσάμενος τὴν ὑπάρ|χου|σαν αὐτῶι εὔνοιαν εἰς τὴν σύ(ν)οδον, καὶ ὅτι πολλὰς χρείας | παρείσχηται ἀπαρακλήτως, διατελεῖ δὲ διὰ παντὸς κ[οι]|νεῖ τε τεῖ συνόδωι [λ]έγων καὶ πράττων τὰ συνφέροντα, | καὶ κατ' ἰ(δί)αν εὔνους ὑπάρχων ἑκάστωι τῶν πλοϊζομέ[νων] || ¹⁰ ἐμπόρων καὶ ναυκλήρων, νῦν [δ᾽ἔτι] μᾶλλον ἐπευξημέ|νης αὐτῆς μετὰ τῆς τῶν θεῶν εὐνοίας, παρεκάλεσεν τὸ | κοινὸν ἐξαποστεῖλαι πρεσβείαν πρὸς τὸν δῆμον τὸν Ἀθη|ναίων ὅπως δοθῇ αὐτοῖς τόπος ἐν ὧι κατασκευάσουσιν τέ|μενος Ἡρακλέους τοῦ πλείστων [ἀγαθ]ῶν παραιτίου γε|| ¹⁵γονότος τοῖς ἀνθρώποις, ἀρχηγοῦ δὲ τῆς

πατρίδος ὑπάρ|χοντος· αἱρεθεὶς πρεσβευτὴς πρός τε τὴν βουλὴν καὶ | τὸν δῆμον τὸν
Ἀθηναίων προθύμως ἀναδεξάμενος ἔ|πλευσεν δαπανῶν ἐκ τῶν ἰδίων, ἐμφανίσας
τε τὴν | τῆς συνόδου πρὸς τὸν δῆμον εὔνοιαν παρεκάλεσεν ||²⁰ αὐτὸν καὶ διὰ ταύτην
τὴν αἰτίαν ἐπετελέσατο | τὴν τῶν θιασιτῶν βούλησιν καὶ τὴν τῶν θεῶν τιμὴν <συνεύ-
ξησεν>, |·καθάπερ ἥρμοττεν αὐτῶι· πεφιλανθρωπηκὼς δὲ | καὶ πλείονας ἐν τοῖς
ἁρμόζουσιν καιροῖς, εἴρηκεν | δὲ καὶ ὑπὲρ τῆς συνόδου ἐν τῶι ἀναγκαιοτάτωι||²⁵ καιρῶι
τὰ δίκαια μετὰ πάσης προθυμίας καὶ φιλοτι|μίας καὶ ἐδέξατό τε τὸν θίασον ἐφ᾿ ἡμέρας
δύο ὑπὲρ | τοῦ υοῦ· <ιν> ἵνα οὖν καὶ εἰς τὸν λοιπὸν χρόνον ἀπαρά|κλητον ἑαυτὸν
παρασκευάζηι καὶ ἡ σύνοδος φαί|νηται φροντίζουσα τῶν διακειμένων ἀνδρῶν εἰς
ἑαυ||³⁰ τὴν εὐνοϊκῶς καὶ ἀξίας χάριτας ἀποδιδοῦσα τοῖς | εὐεργέταις, καὶ ἕτεροι
πλείονες τῶν ἐκ τῆς συνό|δου διὰ τὴν εἰς τοῦτον εὐχαριστίαν ζηλωταὶ γί|νωνται
καὶ παραμιλλῶνται, φιλοτιμούμενοι | περιποιεῖν τι τεῖ συνόδωι· ἀγαθεῖ τύχει·
||³⁵ δεδόχθαι τῶι κοινῶι τῶν Τυρίων Ἡρακλειστῶν | ἐμπόρων καὶ ναυκλήρων,
ἐπαινέσαι Πάτρωνα Δω|ροθέου καὶ στεφανῶσαι αὐτὸν κατ᾿ ἐνιαυτὸν χρυ|σῶι στε-
φάνωι ἐν ταῖς συντε[λου]μέναις θυσίαις | τῶι Ποσειδῶνι ἀρετῆς ἕνεκεν καὶ
καλοκαγαθί||⁴⁰ας ἧς ἔχων διατελεῖ εἰς τὸ κοινὸν τῶν Τυρί|ων ἐμπόρων καὶ
ναυκλήρων· ἀναθεῖναι δὲ αὐ|τοῦ καὶ εἰκόνα γραπτὴν ἐν τῶι τεμένει τῶι Ἡρακλέους
καὶ ἀλλαχῆ οὗ ἂν αὐτὸς βούληται· ἔσ|τω δὲ ἀσύμβολος καὶ ἀλειτούργητος ἐν ταῖς
||⁴⁵ γινομέναις συνόδοις πάσαις· ἐπιμελὲς δὲ ἔστω | τοῖς καθισταμένοις ἀρχιθιασίταις
καὶ ταμίαις | καὶ τῶι γραμματεῖ ὅπως ἐν ταῖς γινομέναις θυ|σίαις καὶ συνόδοις
ἀναγορεύηται κατὰ ταύτην | τὴν ἀναγόρευσιν· Ἡ σύνοδος τῶν Τυρίων ἐμπό||⁵⁰ρων
καὶ ναυκλήρων στεφανοῖ Πάτρωνα Δωροθέου | εὐεργέτην. Ἀναγραψάτωσαν δὲ
τόδε τὸ ψή|φισμα εἰς στήλην λιθίνην καὶ στησάτωσαν ἐν | τῶι τεμένει τοῦ
Ἡρακλέους· τὸ δὲ ἐσόμενον ἀνάλωμ[α] | εἰς ταῦτα μερισάτω ὁ ταμίας καὶ ὁ ἀρχι-
θιασίτης. ||⁵⁵ Ἐπὶ ἀρχιθιασίτου | Διονυσίου τοῦ Διονυσίου, | ἱερατεύοντος δὲ |
Πάτρωνος τοῦ Δωροθέου. |

Ὁ δῆμος ||⁶⁰ ὁ Ἀθηναίων. |

Ἡ σύνοδος | τῶν Τυρίων | ἐμπόρων | καὶ ναυκλήρων.

« Sous l'archontat de Phaidrias, le huit Élaphébolion ; assemblée tenue dans
le sanctuaire d'Apollon. Proposition de Dionysios fils de Dionysios, président du
thiase : Attendu que Patron, fils de Dorothéos, membre de la corporation, s'étant
présenté à l'assemblée et ayant rappelé à nouveau ses sentiments de bienveillance
à l'égard de la corporation et les nombreux services qu'il lui a rendus spontanément ; qu'il ne cesse, par ses actes et ses paroles, de servir les intérêts
communs et de témoigner individuellement sa bienveillance aux négociants

et armateurs de passage ; que maintenant, en particulier, la corporation s'étant
accrue par un effet de la faveur divine, il l'a engagée à dépêcher une ambassade
auprès du peuple athénien afin d'obtenir de lui un emplacement où elle édifiera
un sanctuaire à Héraclès, auteur des plus grands biens pour les hommes et
fondateur de notre patrie ; que, choisi comme ambassadeur auprès du Conseil
et du peuple d'Athènes, il a accepté avec empressement cette mission et a
fait la traversée en prenant les frais à sa charge ; qu'ayant déclaré l'attachement
de la corporation à l'égard du peuple, il a présenté à celui-ci sa requête et a
ainsi accompli les intentions des membres de la corporation et servi la gloire
des dieux, comme il en avait le devoir ; qu'ayant obligé beaucoup des
membres de la société dans des circonstances opportunes, il a aussi fait valoir,
de tout son zèle et de tout son cœur, les justes revendications de la communauté
à un moment des plus critiques ; qu'enfin il a traité le thiase, pendant deux
jours, en l'honneur de son fils : afin donc qu'à l'avenir encore il montre le même
empressement ; que la corporation manifeste le souci qu'elle a des hommes qui
sont bien disposés pour elle et témoigne à ses bienfaiteurs une juste reconnaissance ; et que d'autres membres de la communauté déploient le même zèle en
raison de la gratitude exprimée à Patron et rivalisent de sollicitude pour le bien
de la corporation : à la Bonne Fortune, l'association des Héracléistes de Tyr,
négociants et armateurs, décide : Patron fils de Dorothéos recevra l'éloge et sera
couronné chaque année d'une couronne d'or lors des sacrifices offerts à Poseidon,
en raison de son mérite et de la bienveillance qu'il ne cesse de témoigner à la
corporation des négociants et armateurs de Tyr ; son effigie peinte sera exposée
dans le sanctuaire d'Héraclès et ailleurs où il le voudra lui-même ; il sera dispensé
des cotisations et des liturgies dans toutes les réunions de la communauté ; les
présidents de la corporation, les trésoriers et le secrétaire qui se succéderont
auront soin de faire prononcer, aux sacrifices et aux réunions de l'assemblée, la
proclamation suivante : « La corporation des négociants et armateurs de Tyr
couronne son bienfaiteur Patron fils de Dorothéos ». Ils feront graver ce décret
sur une stèle de marbre et l'exposeront dans le sanctuaire d'Héraclès. La dépense
afférente sera payée par le trésorier et le président. Sous la présidence de Dionysios fils de Dionysios, et la prêtrise de Patron fils de Dorothéos ».

Dans deux couronnes : « Le peuple athénien. — La corporation des négociants
et armateurs de Tyr. »

Sur l'année de l'archonte Phaidrias, cf. le n° 80. La date du décret est indiquée
comme dans les documents officiels de la colonie délienne, les thiases adoptant
d'ordinaire la chronologie locale ; cf., par exemple, la dédicace du prêtre hiéro-

politain Achaios : *BCH*, 1882, p. 495, n. 12 ; P. Foucart, *Assoc. relig.*, p. 18 et 239 ; P. Roussel, *DCA*, p. 253.

Parmi les négociants étrangers que le commerce attirait à Délos, les Orientaux, et surtout ceux de Syrie et de Phénicie, ont formé une colonie particulièrement importante. Nous avons signalé (n° 72, commentaire) les rapports qui unissent ces pays à Délos dès le iv^e siècle, puis au iii^e et au début du ii^e [1]. A l'époque athénienne, les étrangers originaires de ces régions abondent parmi les locataires des maisons, figurent comme cautions dans les contrats, apparaissent dans les inscriptions agonistiques et éphébiques : P. Roussel, *DCA*, p. 85-86, 89, note 2. Le culte des divinités Hadad et Atargatis, attesté à partir de 128/7, confirme l'importance de cet élément de population. Les Syriens, comme les autres étrangers, ont trouvé à Délos, depuis la franchise accordée au port, des facilités pour leur trafic avec l'Italie ; et ces relations expliquent sans doute, pour une part, l'intérêt que les souverains de Syrie ont témoigné à Délos : P. Roussel, *ibid.*, p. 88 et note 3.

Il faut descendre jusqu'en 153/2 pour constater la présence, à Délos, d'une communauté tyrienne organisée. Elle avait déjà sans doute à cette date plusieurs années d'existence, car il est fait allusion au dévouement prolongé de Patron envers elle (l. 5-7) et à sa croissante prospérité. Sous le nom de κοινόν, de σύνοδος ou de θίασος, elle est comme une filiale des maisons de Tyr ; elle groupe les Tyriens domiciliés à Délos et accueille comme à un foyer les trafiquants de passage (l. 9-10) ; elle célèbre avec eux le culte des dieux nationaux. Au moment où le décret fut rendu, elle avait encore un caractère privé : elle ne possédait point en propre de local, puisqu'elle tint alors son assemblée dans un endroit banal, l'ἱερόν d'Apollon (l. 2).

Devenus plus nombreux, enrichis, les Tyriens voulurent obtenir la reconnaissance publique de leur culte, se mettre chez eux avec leurs dieux ; ils demandèrent au peuple athénien un emplacement pour le consacrer à Héraclès-Melkarth. C'était la procédure ordinaire à Athènes en matière de religions étrangères, celle qu'avaient suivie en 333/1 les ἔμποροι de Kition et avant eux les Égyptiens adorateurs d'Isis : *IG*, II², 337 = *Sylloge*³, 280 ; c'est celle que semble avoir adoptée à Délos le prêtre Démétrios I et ensuite Démétrios II (n° 77). Patron, chargé par

---

1. J'ai admis, avec P. Roussel (*BCH*, 1911, p. 439 ; *DCA*, p. 12), que la dédicace pour Héliodoros (n° 72) était l'œuvre d'un groupe de Bérytiens établis à Délos entre 187 et 175. L'expression οἱ ἐν Λαοδικείαι (et non ἐγ ou ἀπὸ Λαοδικείας) désigne des négociants en résidence dans leur ville d'origine ; mais leur qualification d'ἐγδοχεῖς jointe à celle d'ἔμποροι convient plutôt à des entrepositaires établis dans la place de transit qu'était Délos. De toute façon, on croira volontiers que les maisons de commerce de Laodicée-Bérytos entretenaient dès ce moment à Délos des agents et des succursales, tout comme celles d'Alexandrie (n°ˢ 105-108).

les Tyriens de l'ambassade auprès du Conseil et du peuple, en prit les dépenses à son compte ; il réussit dans sa négociation, comme le prouve la double couronne qu'il reçut de son κοινόν et du peuple d'Athènes. On peut donc dater de l'archontat de Phaidrias l'existence officielle du κοινόν et du culte d'Héraclès tyrien à Délos. En 128/7 les Hiéropolitains (*DCA*, p. 253 et note 4), puis en 122/1 les négociants et armateurs de Bérytos (n° 127) semblent avoir bénéficié d'une semblable autorisation. — On n'a aucune donnée sur l'emplacement occupé par le téménos des Héracléistes.

Ce décret est le seul document connu sur l'histoire et l'organisation de la communauté. Les membres, armateurs ou négociants, rapprochés par leur profession, ne paraissent pas cependant avoir constitué une société commerciale proprement dite ; tout en se prêtant sans doute une assistance mutuelle, ils gardaient en affaires leur individualité et leur indépendance ; ils avaient pour lien, plus encore que le commerce, la nationalité et le culte. Ils se réunissaient en assemblées (σύνοδοι, ἐκκλησίαι) pour délibérer et pour célébrer des sacrifices ou des banquets. Ils avaient un président (ἀρχιθιασίτης) et un prêtre (ἱερεύς), qui tous les deux étaient éponymes (l. 55-59), un secrétaire (γραμματεύς), qui peut-être était perpétuel (l. 47 ; *DCA*, p. 89, note 6), enfin un trésorier (l. 46, 54). Les finances étaient alimentées par des redevances et des liturgies, dont étaient seuls dispensés, par faveur spéciale, les bienfaiteurs (l. 44) ; on pouvait faire appel aussi à des souscriptions volontaires. Les principales dépenses étaient celles du culte, sacrifices et banquets, et des récompenses accordées aux bienfaiteurs.

Les dieux qui sont qualifiés de πάτριοι sont Héraclès, sous le vocable de qui est placé le κοινόν, et auprès de lui, secondairement, Poseidon (l. 39). La présence de Poseidon dans le culte des Tyriens, plus tard l'introduction d'Héraclès dans une chapelle des Bérytiens, ont fait supposer qu'il s'était opéré une fusion entre les deux associations : Homolle, *BCH*, 1884, p. 93, note 3, et, *contra*, P. Roussel, *DCA*, p. 90 ; cf. Ch. Picard, *BCH*, 1920, p. 293 et suiv. Ce qui est sûr, c'est que si des Tyriens apparaissent encore isolément dans les textes jusqu'en 103/2 (*DCA*, p. 86, 4° ; p. 89, note 2), il n'est plus désormais question du κοινόν des Héracléistes.

**86.** DÉDICACE PAR LES HERMAÏSTES D'UN TEMPLE A MERCURE ET A MAIA (vers 140 av. J.-C.). — Deux blocs d'épistyle provenant d'un petit temple, qui devait être situé non loin de l'agora dite des Compétaliastes, au sud du port sacré, mais dont on ignore l'emplacement exact (cf. la rectification de J. Hatzfeld, *BCH*, 1912, p. 164, note 2) ; l'un d'eux édité par Homolle, *BCH*, 1884, p. 96 ; l'ensemble par P. Roussel et J. Hatzfeld, *ibid.*, 1910, p. 402, n. 52. L'inscription se complétait par un troisième bloc ; elle est disposée sur trois lignes, le texte grec à droite du texte latin.

*M'. M[arcius M'. f.* (ou *l.*), *N. Obellius M.* (ou *M'.*) *f.* (ou *l.*)], — — *ius G. l.* |
*M. Lo[llius Q. f.* (ou *l.*), *Sp. Anicius M.* (ou *M'.*) *f.* (ou *l.*)], — — *us N. f.* |
*ma[gistreis Mercurio et Maiae* — — — — — — — *fe ?]cerunt.*

Μάνιος Μαάρκιος Μανίου, Νε[μ]έ[ριος Ό]6έλλιος Μα — —, — — [ιος
Γαίου], | Μάαρκος Λόλλιος Κοίντου, Σπόρι[ος] Άνίκιος Μ — —, — — [ιος
Νεμερίου], | οἱ Ἑρμαισταὶ Ἑρμεῖ καὶ Μαίαι τὸν να[ὸν ἀνέθηκαν].

Six personnages, tous Romains, et qui portent en latin le titre de *magistreis*[1],
en grec celui d'Hermaïstes, consacrent en commun une chapelle à Mercure-
Hermès et à Maia.

Sept inscriptions au moins, sans parler de quelques autres d'une attribution
incertaine, nous révèlent l'existence à Délos de groupements d'Hermaïstes :
J. Hatzfeld, *BCH*, 1912, p. 155, note 1. Celle que nous reproduisons paraît
être la plus ancienne. L'indice chronologique le plus précis est le nom de
M. Lollius, qui a fait une offrande l'année de Métrophanès, soit vers 136/5 : inv.
inédit daté de cet archonte, *B*, l. 63-64. Elle peut être un peu plus ancienne ou
un peu plus récente : on ne se trompera guère en l'attribuant à l'intervalle entre
les années 150 et 140[2].

Une des nouveautés qu'apporte notre texte, c'est l'emploi de la langue latine,
concurremment avec le grec ; de même, la plupart des dédicaces qui émanent des
Hermaïstes sont bilingues, et le latin y occupe la première place. Nos Hermaïstes sont ici, comme dans tous les cas, exclusivement des Romains, si
l'on emploie ce terme, comme d'usage, dans le sens large, c'est-à-dire des
Italiens ou des Italo-Grecs (cf. le commentaire du n° 131). Les divinités qu'ils
invoquent, Mercure et Maia, sont leurs dieux nationaux. Mercure a toujours été
en Italie le patron des négociants et des financiers. Quant à Maia. c'est aussi une
ancienne déesse italique, préposée originairement à la croissance de la végétation,
dont le culte était célébré dans le courant du mois auquel elle a peut-être donné
son nom. Lorsque les Romains eurent été mis en contact avec le panthéon

---

1. Forme ancienne pour *magistri* : cf. Neue, *Formenlehre d. lat. Sprache*, I², p. 95, § 30.
2. Sous l'archonte Dionysios, daté approximativement de 142/1 (*DCA*, p. 363 et suiv.),
quatre Romains, deux ingénus et deux affranchis, s'associent pour offrir une statue à Maia : *BCH*,
1902, p. 536, n. 8. Ce groupement rappelle celui des Hermaïstes, mais les donateurs ne portent
point ce titre, et ils ne sont que quatre au lieu de six, nombre ordinaire des Hermaïstes :
P. Roussel estime en conséquence que le collège n'était pas encore constitué, et qu'ainsi la
dédicace reproduite ci-dessus est postérieure : *DCA*, p. 76, note 2. Cependant rien n'em-
pêche d'admettre que des particuliers, isolés ou en groupes, faisaient des actes de piété à titre
privé, même à l'époque où les collèges d'Hermaïstes existaient officiellement.

hellénique, une homonymie toute fortuite l'a fait identifier avec la mère de l'Hermès grec ; elle a partagé les attributions de son fils, dont elle est devenue la parèdre : *Dict. des antiq.*, s. v. (A. Legrand).

On signalera plus loin (n° 96), à propos d'une dédicace d'Hermaïstes dont le texte est complet, le problème qui se pose sur la nature et l'origine de ce collège. Quelque opinion que l'on se fasse à cet égard, que les *magistreis* soient les délégués de l'ensemble des Italiens ou d'un groupement particulier, cette première dédicace atteste, pour l'époque où elle remonte, l'existence d'une colonie romaine où l'on discerne un principe d'organisation. Les étrangers, Orientaux ou Italiens, qui avaient commencé de fréquenter Délos dès le temps de l'indépendance (n°ˢ 66 et 72), s'y étaient multipliés après 166, attirés par les conditions favorables que procurait à la place le régime de franchise octroyé par le Sénat. Les textes épigraphiques n'accordent à ces immigrés, durant la période de la clérouchie, qu'une place restreinte ; mais si les étrangers n'avaient pas dès lors commencé d'affluer, on n'expliquerait pas la prépondérance qu'ils prirent tout à coup dans le dernier tiers du siècle et la disparition du régime clérouchique.

**87.** Dédicace en l'honneur d'Antiochos IV Épiphane (166-164). — Fragment de base, près du temple d'Apollon. — Homolle, *BCH*, 1879, p. 363, n. 3 et *Monuments grecs*, 1879, p. 49 ; *Or. gr.*, 250 ; Loewy, *Inschr. gr. Bildhauer*, p. 159, n. 210.

B[ασιλέα] Ἀν[τίοχον Ἐπιφανῆ] | βα[σιλέ]ως με[γάλου Ἀντιόχου] | Ἀλ[έξ]-ανδρος Ἀπολλ[οδώρου] | ἀρετῆς ἕνεκεν καὶ εὐ[νοίας τῆς] ||⁵ εἰς τὸν δῆμον τὸν Ἀθ[ηναίων] | Ἀπόλλωνι Δη[λίωι.] | Βόηθος Ἀθανα[ί]ωνο[ς ἐποίησεν.]

« (Statue du) roi Antiochos Épiphane, fils du grand roi Antiochos, (consacrée) à Apollon Délien par Alexandros fils d'Apollodoros, en raison de son mérite et de sa bienveillance pour le peuple athénien. — Œuvre de Boéthos fils d'Athanaion. »

L. 2 : sur la valeur de l'épithète μέγας attribuée à Antiochos, cf. le commentaire du n° 59.

Deux statues avaient été élevées à Délos par des Athéniens à Antiochos IV Épiphane (175-164) : celle-ci, et une autre dont la dédicace est plus mutilée, *BCH*, 1879, p. 362, n. 2 = *Or. gr.*, 249 ; toutes deux consacrées sans doute après 166 [1]. Elles s'ajoutent à la série des témoignages qui nous sont par-

---

1. Le souvenir du même roi se retrouve peut-être dans une autre dédicace très mutilée, en l'honneur d'un couple royal et qui émane de thérapeutes de Sarapis : *Or. gr.*, 251 = *IG*, XI,

venus sur les bonnes relations d'Athènes avec le prince qu'on a appelé « le plus
philhellène des Séleucides » (Holleaux).

Lorsque Antiochos, retenu depuis treize ans comme otage à Rome, céda en 176
la place à son jeune neveu Démétrios et prit le chemin du retour, il s'arrêta à
Athènes ; ce séjour fut l'origine d'une étroite amitié pour la république, à laquelle
Antiochos resta fidèle pendant toute la durée de son règne[1]. Peut-être fit-il don
cette année même aux Athéniens de l'égide d'or qui décorait le mur de l'Acropole
au-dessus du théâtre : Paus., V, 12, 4 ; cf. I, 21, 3 ; peut-être aussi conçut-il à ce
moment le projet, réalisé plus tard, d'achever le temple somptueux de Zeus Olympien, un des édifices les plus magnifiques qui aient embelli Athènes : Polyb.,
XXVI, 1, 11 ; Liv., XLI, 20, 8 : Ferguson, *Hell. Athens*, p. 304 et suiv. Les
Athéniens, de leur côté, tant pour reconnaître les amicales attentions du prince,
que pour honorer en lui le client et l'obligé de Rome, le comblèrent d'hommages. S'il n'est pas exact sans doute, comme on l'a cru, qu'ils l'aient promu à
la plus haute dignité de la cité, celle de στρατηγὸς ἐπὶ τὰ ὅπλα (Sundwall, *Untersuch.*,
p. 14 et suiv.), ils lui conférèrent, au titre de magistrat monétaire, le privilège
d'inscrire son nom, avec son emblème dynastique, l'éléphant, sur les monnaies de
la république : Th. Reinach, *Rev. des Ét. gr.*, 1888, p. 168 et suiv. = *L'Hist. par
les monnaies*, p. 109 et suiv. : Head, *Hist. num²*., p. 320 ; Babelon, *Rois de Syrie*,
XCI et suiv. Le décret *Or. gr.*, 248, qu'Holleaux a heureusement restitué à Athènes
(*Rev. des Ét. gr.*, 1900, p. 258), rappelle incidemment (l. 53) les statues du roi
qui se dressaient sur l'agora de la ville. C'est à Athènes qu'Antiochos, vers la fin
de 176, apprit l'assassinat de Séleucos IV par Héliodoros ; c'est là que se noua
l'intrigue qui mit ce prince sur le trône de Syrie au détriment de l'héritier
légitime, le jeune Démétrios. Eumène II en aurait eu l'initiative par l'entremise
de Philétairos, son frère, qui dans le même temps se trouvait à Athènes, où il avait
droit de cité : Ferguson, *ouvr. cité*, p. 303.

Parmi les villes grecques où le fastueux Antiochos multiplia les témoignages
de sa piété et de sa générosité, les historiens mentionnent tout spécialement Délos ;
Polybe rappelle les nombreuses statues qu'il fit dresser « autour de l'autel »
d'Apollon : XXVI, 1, 11 ; cf. Liv. XLI, 20, 9 : *sed et Delon aris insignibus sta-
tuarumque copia exornavit*. On ne peut décider, d'après des indications aussi sommaires, si ces libéralités ont précédé ou suivi la reprise de l'île par Athènes.

4, 1215 et P. Roussel, *C É*, p. 106, n. 41. Il est possible cependant que le Δημήτριος de ce texte
ne soit qu'un particulier.

1. On relève, parmi les vainqueurs aux Panathénées, son fils, le roi-enfant Antiochos V
Eupator, qu'il associa à la royauté en 165 et qui régna après lui de 164 à 162 : *IG*, II, 969, *A*,
l. 37 et 47.

Une autre signature de Boéthos fils d'Athanaion, de Chalcédoine, a été trouvée à Lindos sur une base de statue datée des environs de 155-150 par le nom de Nicagoras fils de Panaitios, prêtre d'Athéna Lindia : Kinch, *Bull. de l'Acad. roy. de Danemark*, 1904, p. 74 ; cf. Hiller von Gaertringen, *Arch. Anz.*, 1904, p. 212-3. Cet artiste doit être identifié avec l'auteur de la *Minerva Lindia*, mentionné par Pline parmi les excellents toreuticiens, et qui créa aussi le motif de l'enfant étranglant une oie : Pline, *H. N.*, XXXIII, 155 ; XXXIV, 84 ; cf. la signature Βόηθος Καλχηδόνιος ἐποίει sur un des bronzes trouvés dans la mer à Mahdia : *Mon. Piot*, XVII, p. 42, pl. IV, fig. 12. Il doit être distingué du Carthaginois Boéthos, qui avait fait pour Olympie la statue en bronze d'un enfant nu assis, placé devant une statue d'Aphrodite (Pausan., V, 17) : celui-ci paraît être le même que Βόηθος Ἀπολλοδώρου Καρχηδόνιος dont la signature a été retrouvée aussi à Rhodes : Keil, *Wien. Jahresh.*, 1913, *Beibl.*, p. 208-10.

**88. Dédicace en l'honneur de Ménocharès, « ami » et secrétaire du roi Démétrios I de Syrie (162-150).** — Exèdre à l'est du Portique de Philippe. — P. Roussel, *DCA*, p. 431, n. 59.

['Η σύνοδο]ς ? τῶν ἐν Δήλωι Λ — — | [Μηνο]χάρην Διονυσίο[υ — —, τῶν πρώ|των φί]λων βασιλέως Δημ[ητρίου καὶ | ἐπιστολα]γράφον, φιλοτι[μί]ας [ἕνεκεν || καὶ εὐνοίας] τῆς εἴς τε τὸν [β]ασιλέ[α| καὶ εἰ]ς αὐτούς.

Une association établie à Délos consacre la statue de « Ménocharès fils de Dionysios, ami du premier rang et secrétaire du roi Démétrios, pour son zèle et son dévouement envers le roi et envers elle-même. »

L. 3 : pour l'orthographe [ἐπιστολα]γράφον, cf. le n° 127.

Au revers de la même exèdre est gravée une autre dédicace, où l'on déchiffre seulement le nom Ἀ[π]πολή[ιον] et le titre [πρε|σβευτ[ήν] : Doublet, *BCH*, 1892, p. 157, n. 9 *bis*, avec les corrections de P. Roussel, *ibid.*, 1910, p. 424. Il s'agit donc d'un légat romain, et l'on songerait d'abord à L. Appuleius qui fut en 156, — c'est-à-dire à une époque toute voisine de la dédicace pour Ménocharès, — chargé avec C. Petronius d'une ambassade pour régler les différends entre Prusias et Attale : Polyb., XXXII, 16,5. Mais l'écriture, au témoignage de P. Roussel, reporte la date de cette seconde dédicace à plus d'un siècle au delà. Ajoutons qu'il est impossible qu'une exèdre eût porté, sur ses deux faces, des dédicaces à deux personnages contemporains ; manifestement la base de Ménocharès a été dans la suite remployée en faveur d'un Appuleius inconnu de nous.

Démétrios, fils de Séleucos IV, avait remplacé à Rome comme otage son oncle

Antiochos IV Épiphane (n° 87) ; il y était toujours retenu quand ce roi mourut en 164. Évincé une première fois du trône de Syrie au bénéfice de son oncle en 175, il en fut encore écarté, à la mort de ce dernier, par l'opposition systématique du Sénat, au profit du jeune Antiochos V Eupator. Le conseil de quelques amis autorisés qu'il comptait à Rome le décida à faire valoir ses droits : déjouant la surveillance, il réussit à s'embarquer secrètement à Ostie et fit voile vers ses États. Il fut reçu comme un sauveur ; Eupator et son tuteur Lysias furent égorgés par l'armée, qui s'était déclarée tout aussitôt pour l'héritier légitime de Séleucos. Le Sénat ne fit aucun effort pour arrêter le fugitif : peut-être n'était-il pas fâché de voir la Syrie déchirée par la guerre civile que l'on pouvait présager ; il se borna à déléguer trois ambassadeurs, parmi lesquels Tiberius Gracchus, qui s'acheminèrent lentement vers la Syrie. Ménocharès, qui les rencontra en Cappadoce, s'empressa d'informer son maître de leur passage. Démétrios, qui n'était pas sans inquiétude sur l'attitude de Rome à son égard, dépêcha auprès d'eux une députation qui se répandit en protestations de déférence et sollicita la reconnaissance de sa nouvelle royauté. Il se trouva que Ti. Gracchus était favorablement disposé envers lui : sur les assurances qu'il donna, une ambassade partit pour Rome, apportant au Sénat, avec d'autres satisfactions, une couronne d'or de 10000 statères. A la tête de cette ambassade était encore Ménocharès, qui paraît avoir été, dans toutes ces circonstances, l'homme de confiance du roi. Le Sénat, sans se départir d'une certaine froideur, accepta le fait accompli, se bornant à déclarer « que le roi serait traité avec bienveillance s'il donnait satisfaction au Sénat » : Polyb., XXXI, 15 et 33 ; Diod.. XXXI, 28-30 ; App. *Syr.*, 47 ; cf. Niese, *Gesch.*, III, p. 244 et suiv. ; Bouché-Leclercq, *Hist. des Séleucides*, p. 312 et suiv., 316 et suiv.

**89.** Dédicace du peuple athénien en l'honneur de la reine Stratonice, fille du roi Ariarathe (138-134? av. J.-C.). — Inscription gravée sur bronze, aujourd'hui disparue. — *CIG*, 2280; *Or. gr.*, 350.

Ὁ δῆμος ὁ Ἀθηνα[ίων] | βασίλισσαν Στρατον[ίκην] | βασιλέως Ἀρια(ρ)ά[θου] | ἀρετῆς ἔνεκεν καὶ εὐνοίας ||⁵ τῆς εἰς ἑαυτὸν | Ἀρτέμιδι, [Λητ]οῖ, Ἀ(π)ό[λλωνι].

« Le peuple des Athéniens (consacre) à Artémis, Latone et Apollon (la statue de) la reine Stratonice, fille du roi Ariarathe, pour son mérite et sa bienveillance. »

L. 3 : la lecture ΑΡΙΑΒΑ, donnée par Stuart, le premier éditeur du texte, *Antiq.*, *Att.*, III, p. 57, a été corrigée par Th. Reinach, *Trois royaumes de l'Asie Mineure*, p. 15, note 1, et par Dittenberger, note 2. — L. 6 : Dans la triade divine, Apollon est, en règle absolue, nommé le premier. Du fait qu'il a cédé ici sa place à Artémis, Boeckh et Dittenberger ont conclu que la dédicace concerne une jeune fille ; l'hypothèse ne peut se défendre : l'ordre d'énumération des divinités était rituel et ne variait pas au gré des convenances personnelles ; peut-être doit-on soupçonner une faute dans la copie de Stuart. On connaît cependant deux autres exemples de la même interversion dans l'ordre des divinités : *BCH*, 1879, p. 36o, n. 18 ; 1909, p. 484.

   Ariarathe IV de Cappadoce (220-163) participa dans l'hiver 189/8 aux négociations engagées à Éphèse entre les Romains et Antiochos III, dont il était l'allié ; il obtint la paix pour son compte en fiançant sa fille Stratonice à Eumène II de Pergame (197-159) ; et ce mariage lui valut, avec l'alliance de Rome, une réduction de moitié sur l'indemnité de 6oo talents qui lui avait été imposée : Liv. XXXVIII, 39, 6 ; Strab., XIII, 4, 2, p. 624. Après la mort d'Eumène, Stratonice épousa son frère et successeur Attale II (159-138), auquel elle survécut pendant quelques années sous le règne de son fils Attale III (138-133) ; elle mourut sans doute en 134 : Th. Reinach, *BCH*, 1906, p. 46 et suiv. ; 1910, p. 432. Comme elle est qualifiée, dans la dédicace, par sa seule filiation, et qu'il n'y est fait mention d'aucun de ses deux mariages successifs, Dittenberger admet que l'inscription est antérieure au premier, soit à l'année 189. Mais le titre de reine que Stratonice porte ici n'a jamais été attribué, sauf en Égypte, à une princesse hellénistique à moins qu'elle ne régnât elle-même ou n'eût épousé un roi. On a conclu, en conséquence, que la dédicace doit être rejetée à l'extrême fin de la vie de Stratonice, aux années qui ont suivi son second veuvage, soit à l'intervalle 138-134 : Th. Reinach, *ibid.* ; cf. Ferguson, *Hell. Athens,* p. 3o1, et P. Roussel, *DCA,* p. 7, note 1. Mais on peut envisager une autre hypothèse : c'est que la statue, de Stratonice avait fait groupe avec une autre, soit d'Eumène, soit d'Attale II, chacun des époux étant désigné par sa filiation ; la conjonction même des bases suffisait à démontrer l'union du couple royal.

   Eumène avait suivi à l'égard d'Athènes les traditions généreuses de son père Attale I et fait édifier au pied de l'Acropole un somptueux portique à double étage contigu au théâtre : hommage que les Athéniens payèrent de retour en consacrant les statues colossales du roi et de son frère Attale : Plut., *Anton.,* 6o. Des couronnes d'or furent décernées aux quatre Attalides, en même temps qu'à leur père Attale I mort depuis vingt ans et à sa veuve Apollonis, pour l'appui donné à Antiochos IV, qu'ils mirent en possession du trône de Syrie (*Or. gr.,* 248 ; cf. notre n° 87) ; on conféra le droit de cité à Attale et à son frère Philétairos (*Sylloge*³, 666 ; cf. *IG,* II², 9o5, et II², 945) ; à celui-ci on éleva une statue à Olympie (*Sylloge*³, 641). D'autre part Attale II, après son avènement, par gratitude sans doute pour l'hospitalité dont il avait joui à Athènes et les égards qu'il y avait reçus, construisit, à l'exemple de son frère Eumène, un imposant portique en bordure de l'agora : *IG*, II, 3, 1170.

C'est par l'entremise des princes de Pergame que la Cappadoce entra dans l'alliance de Rome et dans l'amitié d'Athènes. Attale, durant son séjour à Athènes, fut le condisciple d'Ariarathe, frère de Stratonice, qui devint roi plus tard sous le nom d'Ariarathe V (163-130) et qui initia ses États à la civilisation hellénique ; les deux princes suivaient ensemble les leçons du philosophe Carnéade. Les Athéniens ne les séparèrent pas dans leurs hommages ; ils firent d'Ariarathe, comme d'Attale, un citoyen d'Athènes, et les inscrivirent ensemble dans le dème de Sypalettos : *Sylloge*[3], 666 ; cf. Ferguson, *Hell. Athens*, p. 229 et suiv. [1].

La dédicace pour la reine Stratonice s'insère dans les série de ces témoignages réciproques d'amitié entre Athènes d'une part, les Attalides et la dynastie de Cappadoce d'autre part. Quelle qu'en soit la date, elle traduit sans doute la reconnaissance du peuple athénien pour quelque bienfait dont le souvenir n'est pas venu jusqu'à nous.

**90.** DÉDICACE D'AREIOS D'ATHÈNES EN L'HONNEUR DE CHRYSERMOS D'ALEXANDRIE, « PARENT » DE PTOLÉMÉE VI (milieu du IIe siècle). — Base de marbre, dans le voisinage du temple d'Apollon. — Homolle, *BCH*, 1879, p. 470, II ; Michel, 1154 ; *Or. gr.*, 104.

Χρύσερμον Ἡρακλείτου Ἀλεξανδρέα, | τὸν συγγενῆ βασιλέως Πτολεμαίου | καὶ ἐξηγητὴν καὶ ἐπὶ τῶν ἰατρῶν | καὶ ἐπιστάτην τοῦ Μουσείου, ||[5] Ἄρειος

1. Sur la foi de quelques monnaies, on a cru qu'Ariarathe (V) avait été, comme Antiochos Épiphane, magistrat monétaire à Athènes : Kirchner, *Prosop. att.*, 1608 ; Sundwall, *Untersuch. über att. Münzen*, p. 19 et suiv. ; c'est une erreur : cf. Weil, *Berl. phil. Woch.*, 1909, 1475. Ferguson propose de reconnaître en ce personnage un Ariarathe, fils d'Attale II et de Stratonice, qui aurait vécu en simple citoyen à Athènes, et qui fut pythaïste enfant en 128/7 (Colin, *Fouilles de Delphes*, III, 2, n. 12, col. III, l. 10) : *Klio*, 1908, p. 353 et suiv. ; *Hell. Athens*, p. 301, note 1. Mais aucune raison sérieuse n'appuie cette hypothèse. — D'autre part, on a exhumé à Délos trois σηκώματα, ou mesures-étalons, qui portent la même suscription, complète ou mutilée, Ἀριαράθης ἐμπορίου ἐπιμελητής | Ἀπόλλωνι : *BCH*, 1905, p. 18 ; 226, n. 85 ; 1910, p. 409, n. 59. A. Jardé a pensé reconnaître, ici encore, le futur roi Ariarathe V ; l'absence du titre royal s'expliquerait par la date, antérieure à son avènement. P. Roussel rejette avec raison cette interprétation : *DCA*, p. 181, note 3. Qu'il s'agisse d'une magistrature effective, ou simplement d'un titre, honorifique comme la qualité même de citoyen octroyée au prince, l'hypothèse paraît également improbable. Ariarathe est donc sans doute un Athénien de naissance. A partir du IIe siècle, on voit se multiplier dans la nomenclature athénienne les noms empruntés aux personnages illustres de l'étranger, souverains ou généraux de l'Orient ou de Rome : Ferguson, *Klio*, 1908, p. 354 ; *Hell. Athens*, p. 424 ; P. Roussel, *DCA*, p. 70.

Παμφίλου Ἀθηναῖος | καλοκαγαθίας ἕνεκεν τῆς εἰς ἑαυτὸν | Ἀπόλλωνι, Ἀρτέμιδι, Λητοῖ.

« (Statue de) Chrysermos fils d'Héracleitos, d'Alexandrie, parent du roi Ptolémée, exégète, chef des médecins, directeur du Musée, (consacrée par) Areios fils de Pamphilos, d'Athènes, en reconnaissance de ses bontés pour lui, à Apollon, Artémis et Latone. »

Un Ptolémaios fils de Chrysermos, d'Alexandrie, a été favori de Ptolémée IV Philopator (221-203) : Plut., *Cleom.*, 36. Deux de ses fils et un petit-fils ont été proxènes de Delphes, Ptolémaios en 188/7, Glaucon et Galestas en 185/4 : *Sylloge*[3], 585, l. 132, 133, 186. Chrysermos paraît être son petit-fils par Héracleitos, et le roi Ptolémée est Philométor (181-146) : Dittenberger, notes 1 et 3.

Dans la hiérarchie établie à la cour des Ptolémées, et qui date peut-être d'Épiphane (203-181), la dignité des συγγενεῖς ou « parents du roi » était la plus élevée ; les titulaires étaient admis à la table royale, avaient pour insignes la mitre et l'agrafe d'or qui maintenait le manteau sur l'épaule ; ils furent même, après l'expulsion de Ptolémée XIII (80-51), associés au gouvernement de l'Égypte. Ensuite venaient des dignitaires qui leur étaient assimilés, ὁμότιμοι τοῖς συγγενέσι, puis les commandants des gardes du corps, ἀρχισωματοφύλακες, puis les « amis du premier rang » ou πρῶτοι φίλοι, les simples « amis », φίλοι, enfin les διάδοχοι, c'est à dire ceux qui, en attendant de porter ce dernier titre, étaient désignés pour remplir, au fur et à mesure, les vacances : *Or. gr.*, 99, note 1 ; 100, note 5 ; 104, note 2. Sur cette hiérarchie, cf. Strack, *Rhein. Mus.*, 1900, p. 161 et suiv. ; Bouché-Leclercq, *Hist. des Lagides*, t. III, p. 102 et suiv. ; Ad. Wilhelm, *Neue Beiträge*, VI, p. 38. — Les fonctions de l'ἐξηγητής, ou interprète, sont celles d'un administrateur qui « applique à des cas particuliers les traditions religieuses ou des lois considérées comme empruntant leur autorité à la religion » : Bouché-Leclercq, *ibid.*, p. 157 ; c'est une magistrature municipale ; Strabon la mentionne pour Alexandrie (XVII, 1, 12, p. 797), mais elle se retrouve ailleurs, notamment à Oxyrhynchos : *Or. gr.*, 104, note 4. — La profession de médecin est rétribuée par l'État (Diod., I, 82, 2-3) sur le produit d'un impôt spécial, ἰατρικόν : c'est donc une charge publique. Le titre attribué à Chrysermos paraît indiquer qu'il est investi de la direction du corps médical ; *ibid.*, note 5. — La direction du Musée d'Alexandrie était liée, comme on sait, au sacerdoce des Muses : Strab., XVI, 1, 8, p. 794 ; cf. *Dict. des antiq.*, s. v. *Museum*, avec la bibliographie de la note 5 (E. Michon).

On notera que les fonctions énumérées par la dédicace sont des fonctions municipales d'Alexandrie, comme aussi celle qu'exerça Dionysios de Mylasa, autre « parent du roi » (n° 91). Chrysermos lui-même était natif d'Alexandrie, comme beaucoup d'autres dignitaires des Ptolémées : n° 111 ; *Or. gr.*, 102, 105, 115, 117.

**91.** DÉDICACE DU PEUPLE DE THÉRA EN L'HONNEUR DE DIONYSIOS DE MYLASA, « AMI » DE PTOLÉMÉE IV PHILOMÉTOR (milieu du IIe siècle). — Sur la moulure d'une base de marbre. — Homolle, *BCH*, 1878, p. 398, n. 4; Strack, *Dynastie der Ptolemaeer*, p. 169; *Or. gr.*, 136 ; *IG*, XI, 4, 1131.

Ὁ δᾶμος ὁ Θηραίων | Διονύσιον Τιμώνακτος Μυλασέα τῶν | βασιλέως Πτολε-μαίου καὶ βασιλίσσας Κλεοπάτρας | πράτων φίλων καὶ ἀρχιδικαστὰν ἀρετᾶς ἕνεκα || ⁵ τᾶς εἰς αὐτὸν θεοῖς. | Ζωίλος Ζωίλου ἐποί[ησε].

« Le peuple de Théra (consacre) aux dieux (la statue de) Dionysios fils de Timonax, de Mylasa, ami du premier rang du roi Ptolémée et de la reine Cléopâtre, juge suprême, pour son mérite envers lui. — Œuvre de Zoïlos fils de Zoïlos. »

Au revers sont gravés les mots ὁ δῆμος ὁ 'Αθηναίων ; mais cette formule, inscrite posté-rieurement, n'a pas, quoi qu'en ait pensé Ferguson (*Klio*, 1908, p. 342, note 1), de valeur chronologique.

Dittenberger hésite pour la date entre le règne de Ptolémée V Épiphane (203-181) et celui de Ptolémée VI Philométor (181-146). P. Roussel opte pour ce dernier en raison de l'écriture qui rappelle de très près une dédicace, découverte à Théra, en l'honneur de Ptolémée, de la reine Cléopâtre, qualifiés de θεῶν Φιλομ̣ατόρων, et de leurs enfants : *IG*, XII, 3, 468 = *Or. gr.*, 112. Le mariage de Ptolémée VI avec sa sœur Cléopâtre n'étant pas antérieur à 172, la dédicace de Théra, qui mentionne les enfants nés de cette union, a été gravée un certain nombre d'années plus tard, comme aussi sans doute celle de Délos, que les indices paléographiques en rapprochent. Il paraît impossible au surplus de déter-miner, dans les péripéties du règne agité de Philométor, l'événement qui en fut l'occasion — D'autres documents rappellent, à Théra, la mémoire du même souverain. Cf. la lettre adressée au gouverneur militaire de l'île Apollonios par un « roi Ptolémée » en qui l'on s'accorde aujourd'hui à reconnaître Philométor : Hiller von Gaertringen, *Klio*, 1921, p. 94 et suiv. ; la dédicace d'un autre gouverneur, Aristippos d'Alexandrie, aux θεοί Φιλομήτορες et à leur fils : *IG*, XII, 3, 467 = *Or. gr.*, 110 ; et certainement aussi *Or. gr.*, 102. Dans les années 156-152, les jeux

20

gymniques consacrés à Héraclès et à Hermès sont célébrés en l'honneur de ce prince : *IG*, XII, 3, 331, l. 15, 16, 44.

Les hommages rendus, dans l'île, aux rois d'Égypte depuis le fondateur de la dynastie jusqu'à Ptolémée VI font la preuve de la souveraineté des Lagides à Théra ; cette île fut, pendant le troisième siècle, le chef-lieu et la place d'armes du gouvernement égyptien dans les Cyclades ; c'est l'une des dernières que la monarchie y ait conservées, après l'abandon successif de son domaine colonial dans l'Archipel sous les règnes nonchalants d'Évergète et de Philopator. Cf., outre les dédicaces citées ci-dessus, *IG*, XII, 3, 320, 327 (=*Or. gr.*, 59), 462-465, 466 (=*Or. gr.*, 102) : Hiller von Gaertringen, *Thera*, I, p. 162-5, et *passim*.

Dionysios fils de Timonax, de Mylasa, est inconnu. Il a tenu une place élevée à la cour, étant parmi les « amis du premier rang » (n° 90), et dans l'administration royale, comme juge suprême. Les fonctions d'ἀρχιδικαστής sont mentionnées dans Strabon, XVII, 1, 12, p. 797, et fréquemment citées dans les papyrus : Ditten-berger, note 3 ; Bouché-Leclercq, *Hist. des Lagides*, t. III, p. 155. Le siège de ce magistrat est à Alexandrie, mais sa juridiction s'étend à d'autres régions de l'Égypte ; il préside les juges dits χρηματισταί, qui appliquent le droit grec, et les autres collèges de juges royaux, et il exerce parfois des fonctions sacerdotales, comme il arrive en Égypte pour d'autres officiers civils ou militaires. Peut-être Dionysios fut-il envoyé à Théra pour arbitrer des différends, comme Eumédès de Clazomènes l'avait fait à Syros au nom d'Antigone Gonatas (n° 45).

**92.** Décret des auxiliaires crétois de Ptolémée VI Philométor en l'honneur d'Aglaos de Cos (entre 158 et 150). — Stèle de marbre, couronnée d'un fronton. — Holleaux, *Archiv f. Papyrusforschung*, VI (1913), p. 9 et suiv.

Ἔδοξε τοῖς ἐξαπε[σταλ]μένοις εἰς Ἀλεξάνδρει|αν ὑπὸ τοῦ κοινοῦ τῶ[ν Κρητ]αιέων
συμμάχοις · ἐπε[ι]|δὴ Ἄγλαος Θεοκλέου[ς Κ]ῶιος τῆς μεγίστης | τιμῆς καὶ
προαγωγῆς ἠξιωμένος παρὰ βασιλ[εῖ] ||⁵ Πτολεμαίωι τῶι πρεσβυτέρωι πρότερόν τε
πολ|λὰς ::αὶ καλὰς ἀποδείξεις ἐν τοῖς ἀναγκαιο|τάτοις καιροῖς πεποίηται τῆς πρὸς
τὰ πράγμα|τ' εὐνοίας καὶ δὴ καὶ νῦν ἐν τῆι γενομένηι | κατὰ Κύπρον στρατείαι,
βουλόμενος πᾶσι φα||¹⁰νερὰν καθιστάναι τὴν ἑαυτοῦ καλοκαγαθίαν | καὶ τὴν εἰς τὸν
βασιλέα φιλοστοργίαν, οὔτε | κίνδυνον οὔτε κακοπαθίαν οὐδεμίαν ἐκκέ|κ[λ]ικεν,
ἀκολούθως δὲ τοῖς προπεπραγμένοις ἀπορρασίστως ἑαυτὸν ἐπιδιδοὺς καὶ διὰ ||¹⁵ τῶν
ἔργων καὶ διὰ τῶν ἀρίστων συμβουλιῶν ἀγα|θὸς ὑφηγητὴς ἐγίνετο καὶ ἄξιος τῆς τε
πατρίδος κα[ὶ] τ]ῆς ὑπαρχούσης αὐτῶι δόξης καὶ ἐν τῶι βίωι κα[[τ]ὰ πάντα

καθαρειότητός τε καὶ δικαιοσύνης, [ὑπ]άρχων τε πάντων Κρηταιέων πρόξενος, τοὺς
‖²⁰ παραγινομένους ἀπὸ τῶν πατρίδων ἡμῶν | [κ]ατὰ πρεσβείαν ἢ κατ'ἄλλην
ἡνδηποτοῦν χρεί|[αν] τιμῶν καὶ πολυωρῶν διατελεῖ, ἀκολού|[θ]ως δὲ καὶ τοῖς στρα-
τευομένοις Κρητῶν ἐν τῆι | βασιλείαι προθύμως ἑαυτὸν εἰς πᾶν τὸ παρακα‖²⁰λού-
μενον ἐπιδίδωσιν, πειρώμενος ἑκάστωι | τῶν προσδεομένων ἀγαθοῦ τινος γίνεσθαι
παραί|τιος, κρίνων ἀεί ποτε κάλλιστον εἶναι μὴ μόνον | τοῖς ἀπὸ τῆς ἰδίας ἀρετῆς,
ἀλλὰ καὶ ἀπὸ τῆς | τύχης προτερήμασιν καταχρῆσθαι πρὸς εὐεργε‖³⁰σίαν ἀνθρώπων
ἐφ' ὅσον ἐστὶ δυνατός· ὅπως | οὖν καὶ οἱ πεμφθέντες κατὰ συμμαχίαν ὑπὸ τοῦ|
κοινοῦ τῶν Κρηταιέων πρὸς βασιλέα Πτολεμαῖ|ον εὐχάριστοί τε φαίνωνται καὶ τοὺς
ἀξίους ἄν|δρας καὶ πολὺ διαφέροντας ἐν πᾶσιν ἐπισημα[ι]‖³⁵νόμενοι· τύχηι ἀγαθῆι·
δεδόχθαι διά τε τὰ | προδεδηλωμένα καὶ διὰ τὴν εὐσέβειαν ἣν ἔχει | πρὸς τὸ θεῖον
ἐπαινέσαι Ἄγλαον Θεοκλέους Κῶι|ον καὶ στεφανῶσαι χρυσῶι στεφάνωι, στῆσαι|
δ'αὐτοῦ καὶ εἰκόνας χαλκᾶς δύο, ὧν τὴν μὲν ἐν Κῶι, ‖⁴⁰τὴν δ'ἑτέραν ἐν Δήλωι,
καὶ παραστῆσαι ἑκατέ|ραι αὐτῶν στήλην ἀναγράψαντας τόδε τὸ ψήφισ|μα· ἑλέσθαι
δὲ καὶ πρεσβευτήν, ὅστις Κώιους τε | παρακαλέσει ἀποδεῖξαι τὸν κάλλιστον πρὸς |
τὴν ἀνάθεσιν τόπον, καὶ Ἀθηναίους ἵνα καὶ ἐν Δή‖⁴⁵λωι κατὰ τὸ ὅμοιον ἐπιφανέ-
στατος ἀποδειχθῆι | τόπος.

« Décret des soldats auxiliaires députés à Alexandrie par la Confédération des
Crétois : Attendu qu'Aglaos fils de Théoclès, de Cos, promu aux plus hauts honneurs et emplois auprès du roi Ptolémée l'aîné, a donné précédemment, dans les
circonstances les plus difficiles, des preuves nombreuses et éclatantes de son
dévouement à nos intérêts ; que, récemment encore, dans la campagne de Cypre,
pour rendre évidents à tous son généreux caractère et son attachement au roi, il
n'a décliné aucun péril ni aucune peine ; que, se dépensant, comme dans le passé,
sans réserve par ses actions et ses excellents avis, il s'est montré un conseiller
parfait, digne de son pays, de sa gloire, d'une vie tout entière d'honnêteté et de
justice ; que, déjà proxène de tous les Crétois, il ne cesse d'honorer et d'accueillir
avec égards tous ceux qui, de nos différentes cités, se présentent à lui soit comme
députés soit à tout autre titre, et conséquemment aussi se donne de tout cœur à toute
requête des Crétois engagés au service du royaume, s'efforçant de faire du bien à
chacun de ceux qui le prient, et jugeant toujours que le mieux est d'user non
seulement de sa valeur personnelle, mais des avantages de la fortune pour
obliger les hommes autant qu'il en est capable : afin donc que ceux qui, en
qualité de soldats auxiliaires, ont été envoyés par la Confédération des Crétois
auprès du roi Ptolémée se montrent eux aussi reconnaissants et témoignent toute
leur gratitude aux hommes qui l'ont méritée par leurs éminents services : à la

Bonne Fortune : ils ont décidé d'accorder l'éloge et une couronne d'or à Aglaos fils de Théoclès, de Cos. pour les motifs exposés ci-dessus et pour sa piété envers la divinité : de dresser deux effigies en bronze d'Aglaos, l'une à Cos, l'autre à Délos. et à côté de chacune d'elles une stèle où sera inscrit le présent décret, et de choisir un député qui invitera les habitants de Cos à désigner l'emplacement le plus favorable à l'érection de la statue, et les Athéniens à leur désigner également un lieu bien en évidence. »

Le roi (l. 5) ne peut-être que Ptolémée VI Philométor (181-146) : il est reconnaissable à l'épithète d'« aîné » (πρεσβύτερος), par laquelle on le distingue de son frère et rival Ptolémée Évergète II ou Physcon : Polyb., XXIX, 23, 4 ; Wilhelm, Ἐφ. Ἀρχ., 1903, p. 117, et 1904, p. 97. L'expédition de Cypre (l. 9) est un incident de la guerre entre les deux frères pour la possession de cette île. Non content de la royauté de Cyrène, qui lui avait été attribuée en 164 par le traité passé sous les auspices de Rome avec Philométor, Évergète réclamait Cypre, et les deux frères se la disputèrent à la fois par des ambassades à Rome et par les armes. Philométor fut vainqueur à Lapéthos en 158 ou 154 (Holleaux, *art. cité*, p. 17, notes 2 et 3) et par cette victoire assura son trône.

Aglaos fils de Théoclès (l. 3, 37) appartient à une illustre famille de Cos. Son grand-père Aglaos fut probablement éponyme de sa ville natale ; son père Théoclès avait mérité la reconnaissance de ses concitoyens pour les avoir défendus contre les descentes des ennemis au cours de deux guerres où Cos fut impliquée, la guerre dite « crétoise » (κρητικὸς πόλεμος) que firent les États crétois aux Rhodiens et à leurs alliés (205 ou 204), et celle que soutinrent Rhodes et Attale contre Philippe V de Macédoine (201) : Holleaux, *Rev. des Ét. gr.*, 1917, p. 88 et suiv. ; p. 94 et note 3 ; 1920, p. 223 et suiv. Aglaos, deuxième du nom, fait ici figure de condottiere. Il paraît avoir joui d'une influence générale dans toute la Crète : proxène de « tous les Crétois » (l. 19), il était particulièrement à même de recruter dans l'île entière les mercenaires que la Crète fournissait en ce temps à tous les rois et à tous les États qui avaient besoin d'eux et qui les payaient. Son rôle rappelle celui que joua plus tard dans toute la Crète Dorylaos, le τακτικός, au profit du roi de Pont Mithridate Évergète : Strab., X, 4, 10, p. 477 ; cf. plus loin, n° 135 a. — Les σύμμαχοι de notre texte (l. 2) ne sont pas autre chose que ces mercenaires ou auxiliaires recrutés parmi la Confédération des Crétois ; cf. l. 30-31, où κατὰ συμμαχίαν peut se traduire : « en qualité d'auxiliaires » : Holleaux, *Arch. f. Papyrusf.*, 1913, p. 13, et les exemples réunis à la note 1. Ces soldats, étant à la disposition du roi, pouvaient servir dans les différentes parties de l'empire (l. 23-24 : ἐν τῆι βασιλείαι) ; ceux de notre document devaient tenir garnison à Alexandrie ; ils y reviennent comme délégués de leurs camarades, qui ont fait campagne en Cypre et qui ont eu à se louer des libéralités et de l'obligeance d'Aglaos.

Le rôle d'Aglaos auprès de Ptolémée paraît s'être exercé pendant une période prolongée (l. 5-8 : πρότερόν τε — καὶ δὴ καὶ νῦν), et sa situation avoir été très élevée (l. 3-4). Les « circonstances très difficiles » (l. 6-7) se rapportent sans doute aux périodes critiques du règne, soit aux guerres malheureuses contre la Syrie (170-168), soit plutôt aux événements qui remirent Philométor en possession de son trône et de l'île de Cypre, en 168 d'abord, puis et surtout après 164.

Sur la Confédération des Crétois, cf. Cardinali, *Riv. di Filol.*, 1907, p. 17 et note 1. — L'importance du rôle de la Crète dans les affaires d'Égypte est attestée par l'organisation des troupes stationnées dans cette île (*Or. gr.*, 102), apparemment sous les ordres du gouverneur égyptien de Théra (n° 91) ; par la nationalité crétoise des généraux commandant à Cypre, Dictys et Agias (*Or. gr.*, 108, 113, 116) et des troupes placées sous leurs ordres. Philométor et Physcon y recrutaient également leurs mercenaires : pour ce dernier, cf. Polyb., XXXI, 26,8.

Nombreux sont les documents relatifs à la guerre de Cypre et à la souveraineté de Philométor : trois dédicaces trouvées à Paphos, à Salamis et à Kition : *Or. gr.*, 105, 108, 113 ; deux décrets d'Athènes en l'honneur de Nikératos d'Alexandrie, « ami » de Ptolémée, stratège égyptien de Cypre, et de Timarchos de Salamis en Cypre : *Or. gr.*, 117. 118 ; enfin et surtout, pour incomplet qu'il soit, un décret trouvé à Délos en l'honneur du roi Ptolémée Philométor : *Or. gr.*, 116 (amélioré par Holleaux, *Archiv. ibid.*, p. 10-11). Ce dernier décret, qui loue la piété du roi, sa douceur et son dévouement aux Romains, est l'œuvre des auxiliaires du roi qui ont fait campagne dans l'île de Cypre (l. 11-12 : οἱ συμμαχήσαντες [ἐν] Κύπρωι) et ont été associés à ses exploits (l. 12 μετε[σχη.]κότες τῶν ἐνδόξων) ; il fut rendu à l'occasion de la paix (l. 7-8 : τήν τε φιλία[ν καὶ] τὴν εἰρήνην) qu'il venait de conclure avec son frère après lui avoir repris Cypre. L'une des deux statues de bronze qui lui sont votées doit être exposée à Cos, l'autre à Délos (l. 22 et suiv.). Enfin les formules reproduisent les termes mêmes du décret ci-dessus. Les deux décrets sont donc sans doute contemporains et ont été votés par les mêmes soldats, dans les mêmes circonstances, pour honorer le roi d'Égypte en même temps que leur général. — Les allusions à la modération du roi victorieux répondent au témoignage de Polybe (XXXIX, 7, 6) et de Diodore (XXXI, 33) : Ptolémée le jeune renonçait à Cypre, mais gardait Cyrène avec des indemnités et des présents, et se fiançait à Cléopâtre, la fille de son frère. Cette mansuétude inattendue, comme aussi l'humeur accommodante de Philométor à l'égard des Romains, s'expliquent sans nul doute par la crainte de Rome, qui avait ouvertement soutenu son cadet et eût pris ombrage d'une attitude moins conciliante.

**93.** Dédicace du roi Nicomède II au roi Massinissa (149/8). — Deux fragments d'une plaque de marbre blanc qui formait le devant d'un grand piédestal. Celui de droite a été publié par G. Fougères, *BCH*, 1887, p. 255, n. 6 ; l'ensemble par P. Roussel, *ibid.*, 1909, p. 484, n. 11 ; cf. p. 485, *fig.* 3.

[Βασιλεὺ]ς Νικομήδης Ἐπι[φ]ανὴς | [βασιλέως] Προυσίου | β[ασιλέα Μασα]ν-
νάσ[α]ν βασιλέως Γαία | πατ[ρικὴν ἐσχ]ηκότα πρὸς αὐτὸν α[ἵ]ρεσιν καὶ εὔνοιαν.

« Le roi Nicomède Épiphane, fils du roi Prusias, (a consacré la statue du) roi Massinissa, fils du roi Gaia, qui a eu pour lui une affection et une bienveillance paternelles. »

Sur l'orthographe Γαία (l. 3), cf. les n^os 68-69. Ces deux dédicaces donnent aussi la forme Μασαννάσας, qui se retrouve, à Athènes, dans la liste des vainqueurs aux Panathénées rappelée ci-dessous ; elle est notable en raison du redoublement du ν, que ne présente aucune des nombreuses variantes dans la tradition manuscrite des différents auteurs ou dans l'épigraphie latine : cf. C. Wachsmuth, *Rhein. Mus.*, 1879, p. 159 ; Th. Mommsen, *Hermes*, 1878, p. 560.

Nicomède II Épiphane est le premier roi de Bithynie dont la trace se soit retrouvée à Délos. Il succéda à son père Prusias II en 149 ; Massinissa mourut au début de 148 ; la date de la dédicace est comprise dans ce court intervalle de temps.

Massinissa était depuis longtemps en relations avec l'Orient grec pour le commerce des blés et le ravitaillement des armées romaines : ci-dessus, p. 92. A Athènes, la famille royale de Numidie participe aux concours de l'hippodrome comme tous les souverains riches et philhellènes. Mastanabal, fils de Massinissa, y gagne le prix de l'attelage à deux poulains (συνωρὶς πωλική) aux Panathénées de 168 ou 164 : *IG*, II, 968, l. 43-44 ; Ferguson, *Hell. Athens*, p. 293. D'autre part la politique de Massinissa, constamment fidèle depuis un demi-siècle à l'alliance romaine, dont le roi allait si largement profiter après la troisième guerre punique (149 av. J.-C.), devait le rapprocher de Nicomède et du gouvernement athénien, l'un et l'autre clients de Rome. — Nicomède avait été amené à Rome par son père en 167 :

Liv., XLV, 44 ; plus tard il y retourna et y séjourna plusieurs années, s'y créa des amitiés parmi les membres de l'aristocratie ; nous savons en particulier qu'il eut des relations avec les Scipions ; peut-être eut-il l'occasion d'y rencontrer les fils du roi de Numidie, Gulussa et Micipsa, venus à diverses reprises à Rome pour y remplir plusieurs missions[1], et qui furent aussi les hôtes des Scipions. Ce fut là l'origine des rapports entre Nicomède et Massinissa ; le roi, à la requête de ses amis romains, aura fourni à l'héritier de Prusias subsides et assistance dans l'expédition qui devait lui donner le trône de Bithynie (P. Roussel).

La dédicace conservée ne nomme que le roi Massinissa ; mais il est possible que la base ait associé au nom du roi d'autres membres de sa famille. Précisément le fragment de gauche de l'assemblage présente encore les lettres — ιαν qui subsistent d'une autre dédicace. Une autre plaque de marbre blanc, provenant de Délos, aujourd'hui à Leeds, portant à sa partie supérieure, sur la gauche, le nom Γόλοσσαν, faisait probablement partie du même ensemble : CIG, 2823 ; Hicks, Journ. of Hell. slud., 1891, p. 258, n. 2 ; BCH, 1909, p. 486. On aurait ici un nouvel exemple de ces groupements de personnages d'une famille royale, si fréquents à Délos et ailleurs : cf., outre le monument d'Antigone (n° 36), la dédicace des Déliens à la famille d'Alexandre (n° 14), le Philippeion d'Olympie (Pausan., V, 20, 10), etc.

**94.** Dédicace du Romain Lucius Babullius en l'honneur de Scipion Émilien (134 av. J.-C. ?). — Base de marbre, en place, devant le Portique de Philippe. — Homolle, BCH, 1884, p. 137 et 1905, p. 228, n. 98 ; J. Hatzfeld, ibid., 1912, p. 198, n. 4 ; cf. Holleaux, Στρατηγὸς ὕπατος, p. 29.

[Πόπ]λ[ιον Κορνήλιον Ποπλίου | Σ]κιπίων[α] Ἀ[φρικανὸν| σ]τρατηγ[ὸ]ν [ὕπ]α[τον Ῥ]ωμα[ίων] Λεύκιος Βαβύλλιος [Τ]ι6[ερίου] ||⁵ Ῥωμαῖος τὸν ἑαυτοῦ φίλο[ν], | εὐεργεσίας ἕνεκεν | καὶ καλοκαγαθίας | τῆς εἰς [ἑα]υτ[όν], | Ἀπόλλωνι, Ἀρτέμ[ιδι, Λη]τοῖ.

« (Statue de) Publius Cornelius Scipion l'Africain, fils de Publius, consul des Romains, (consacrée) à Apollon, Artémis et Latone, par Lucius Babullius, fils de Tiberius, Romain, son ami, en raison de ses bienfaits et de sa bienveillance envers lui. »

1. Tite-Live mentionne, d'après Polybe, deux de ces ambassades, en 172 et en 171 : XLII, 23, 24 ; XLIII, 3 ; elles sont toutes deux antérieures au premier séjour que fit Nicomède à Rome, en 167.

La restitution 'Α[ρριχχνόν], proposée par P. Roussel, *ap.* Hatzfeld, est des plus vraisemblables ; elle est confirmée par une inscription de Thermae en Sicile : *IG*, XIV, 315 = *Sylloge*³, 677 (Holleaux).

Lucius Babullius, fils — ou peut-être affranchi — de Tiberius, figure dans une liste de souscripteurs datée de 108/7 : Hatzfeld, *BCH*, 1912, p. 21 ; on ne sait s'il faut l'identifier avec un L. Babullius, nommé dans une liste similaire, que P. Roussel attribue à la fin du II° siècle ou au début du I°ʳ : *C É*, p. 174, n. 168, col. I, l. 36. Ces indications chronologiques permettent de reconnaître en Scipion le second Africain, deux fois consul, en 147 et en 134. On inclinera à croire que la dédicace rappelle la seconde de ces magistratures, plus voisine de l'époque où vivait L. Babullius. Dans l'intervalle entre ces deux consulats, Scipion Émilien présida une commission de légats qui, en 141, visita l'Égypte et l'Asie, et revint à Rome au bout de deux ans en passant par Pergame et la Grèce : *Realenc²*., s. v. *Cornelius*, n° 335 (Münzer), col. 1452-3 ; il est possible que l'itinéraire du retour l'ait fait passer par Délos, où il aura noué avec Babullius les relations dont témoigne la dédicace.

### § 2. — Le régime international des grandes compagnies commerciales de l'Orient et de Rome (130-88 av. J.-C.).

**95.** DÉDICACE D'UNE STATUE A THÉOPHRASTOS, ÉPIMÉLÈTE DE DÉLOS, PAR LES ATHÉNIENS, LES ROMAINS ET AUTRES ÉTRANGERS (126/5 av. J.-C.). — Piédestal d'une statue, en place au milieu de l'esplanade au Nord du port sacré. — Homolle, *BCH*, 1884, p. 123-124 ; *Exploration arch. de Délos*, fasc. II (G. Leroux), p. 1, note 3 (la fig. 1, même page, en frontispice, reproduit l'aspect actuel de la place) ; P. Roussel, *DC*1, p. 297.

Θεόφραστο[ν Ἡραχ]λ[είτου Ἀχαρ]νέα, ἐπιμελητὴν Δήλου γενόμενο[ν] | καὶ κατασκευάσα[ν]τα τὴν ἀγορὰν καὶ τὰ χώματα περιβαλόντα τῶι λιμένι | Ἀθηναίων οἱ κατοικοῦντες ἐν Δήλωι καὶ οἱ ἔμποροι καὶ οἱ ναύκληροι | καὶ Ῥωμαῖ[ω]ν καὶ τῶν ἄλλων ξένων οἱ παρεπιδημοῦντες ἀρετῆς ||⁵ ἕνεκεν καὶ καλοκαγαθίας καὶ τῆς εἰς ἑαυ[τοὺ]ς εὐεργεσίας ἀνέθηκαν.

« (Statue de) Théophrastos fils d'Héracleitos, du dème d'Acharnes, ancien épimélète de Délos, qui a aménagé la place et entouré de quais le port, consacrée par les Athéniens qui habitent Délos, par les négociants et les armateurs, Romains et autres étrangers, en séjour à Délos, à raison de son mérite, de son dévouement et de ses bienfaits envers eux. »

L. 2 : la première édition donne indûment τὰ χώματα τὰ περιβαλόντα.

Le père de Théophrastos, Ἡράκλειτος Ἀχαρ[νεύς], figure dans une liste de souscripteurs de 183/2 : *IG*, II, 983, col. I, l. 116. Théophrastos lui-même remporta dans sa jeunesse des succès agonistiques aux *Théseia*, sous Phaidrias (153/2) ; il fut vainqueur, parmi les éphèbes, à l'épreuve du javelot, où il représentait sa tribu : *IG*, II ², 958, l. 78. Peut-être faut-il l'identifier avec le Θεόφραστος Ἡρα[κλ]είτου Ἀθηναῖος, qui fut vainqueur à la même fête dans l'épreuve de la course double (l. 94), bien qu'il s'agisse cette fois du concours des « hommes » (ἄνδρες δίαυλος). Plus tard, et deux ans juste avant la dédicace de Délos, en 128/7, il fut stratège des hoplites, magistrature qui était devenue, depuis le ɪɪɪᵉ siècle, la plus haute dignité de la république : *Fouilles de Delphes*, III, 2 (G. Colin), n. 24, l. 3-4. On sait que les épimélètes de l'île se recrutaient parmi les plus grandes familles d'Athènes, et que beaucoup d'entre eux avaient déjà rempli des charges importantes : P. Roussel, *DCA*, p. 118 ; cf. ci-dessus, p. 121.

La date de l'épimélétat de Théophrastos nous est fournie par une inscription agonistique de Délos : *BCH*, 1883, p. 369, n. 19, qui établit le synchronisme avec l'archonte Diotimos, soit l'année 126/5 : *DCA*, p. 348. — Th. Homolle a signalé une table de marbre portant une· dédicace faite par l'épimélète Théophrastos à Athéna-Niké et au peuple romain : *Arch. des Missions*, 1885, p. 412, n. 17. La table s'est retrouvée, mais l'inscription, mutilée au début, n'a conservé ni le nom ni le titre de Théophrastos : — — [τὸ] δεύτερον τὴν τράπεζαν Ἀθηνᾶι Νίκη[ι καὶ τ]ῶι δήμωι τῶι Ῥωμαίων ἀνέθηκεν : *DCA*, p. 105, note 3. En rapprochant de ce texte les indications données au moment de la découverte, P. Roussel a admis que Théophrastos avait été sans doute renouvelé dans sa charge. Ce serait un exemple unique dans la série des épimélètes ; on le voudrait établi sur un témoignage plus explicite.

Deux autres dédicaces sont relatives au même épimélète : l'une est celle d'un monument consacré par Théophrastos lui-même, car son nom et son titre, qui occupent les deux seules lignes conservées, sont au nominatif : L. Bizard et P. Roussel, *BCH*, 1907, p. 469, n. 77 : l'autre est une dédicace en son honneur par le même groupement que ci-dessus d'Athéniens, de Romains et d'étrangers : *CIG*, 2286.

L'inscription attribue à Théophrastos deux sortes d'ouvrages : une agora, et des jetées ou quais — car le mot χῶμα comporte les deux sens (cf. n° 66, p. 89) — dont il « entoura » le port.

L'agora se situe sans difficulté : c'est la place même où se dressait la statue de l'épimélète ; elle se déploie au Nord du « port sacré », devant la Salle Hypostyle. L' « agora du Sud », la seule que l'on connaisse au temps de l'indépendance (cf. n° 138), était dans l'origine proche du rivage, qui dessinait une baie assez prononcée au Sud du téménos ; deux grands édifices l'en avaient isolée dans la suite : le « Portique du Sud-Ouest », qui est peut-être l'œuvre d'Attale (cf. n° 52, p. 69), et celui de Philippe (n° 57). C'est pourquoi, sans doute, vers le milieu du II° siècle, on aménagea une nouvelle agora, dite du « Sud-Ouest » ou « des Compétaliastes », conquise sur la mer au moyen de remblais, et devenue depuis lors le principal débarcadère. Un peu auparavant, sans doute entre 166 et 150, les Athéniens avaient doublé le Portique de Philippe, grandiose édifice d'apparat, en lui adossant un « Portique annexe », ouvert sur la mer et destiné à l'exposition des marchandises : R. Vallois, *Comptes rendus de l'Acad. des Inscr.*, 1911, p. 219 et 221. L'agora de Théophrastos compléta en 126/5 cet ensemble : constituée, comme celle « des Compétaliastes », à laquelle elle faisait face, par des remblais de terre qui rejetèrent le rivage au sud, elle ne comportait pas d'édifice permanent, et sans doute elle ne fut occupée que par les installations légères et mobiles des marchands : cf. P. Roussel, *DCA*, p. 298, 300-302 ; J. Paris, *BCH*, 1916, p. 27-30. Tous ces travaux multipliaient les dégagements du port, et réservaient au mouvement croissant du commerce l'espace et les commodités dont apparemment l'urgence s'était révélée.

Il est plus malaisé de définir les travaux auxquels fait allusion la phrase τὰ χώματα περιβαλόντα τῶι λιμένι, et la question a été discutée : L. Cayeux, cité par Holleaux, *Comptes rendus de l'Acad. des Inscr.*, 1907, p. 362-3 ; Holleaux, *ibid.*, 1909, p. 398-403 ; P. Roussel, *l. l.*, p. 299 et suiv. ; J. Paris, *art. cité*, p. 13 et suiv. ; p. 62 et suiv., et la *Carte des ports antiques de Délos*, *ibid.*, pl. I-IV. Dans l'ensemble complexe des bassins qui constitue le port de Délos, celui dont il est ici question, c'est le port sacré, où abordaient les pèlerins, mais où l'on débarquait aussi les marchandises ; c'est celui sur lequel s'ouvrait la nouvelle agora. Or le grand môle, qui le défendait contre les grands vents du Nord, et sans lequel le mouillage était impossible sur ce point de la côte, remonte aux origines mêmes du sanctuaire ; et le quai qui longe, à l'Est du bassin, le téménos d'Apollon, est également d'une date ancienne. Entre ce môle et ce quai, l'agora de Théophrastos ne fut point protégée, sur le rivage, par un quai proprement dit, mais par un simple amas d'enrochements ; le terme de χώματα s'applique sans doute moins à ce système de protection qu'aux remblais qui agrandirent l'esplanade et reportèrent la ligne du rivage plus avant dans la mer. Mais le mot περιβαλόντα paraît indiquer une entreprise de plus grande envergure. Le remaniement du bassin, dans sa partie méridionale, vers le milieu du II° siècle, comportait une nouvelle ligne de quais devant le « Portique annexe » et devant l' « agora des Compétaliastes » ; de plus, à l'extrémité Ouest de cette agora, un petit môle s'en détachait, dans la direction du Nord, à la rencontre du grand môle, pour garantir le bassin contre les vents du Sud ; il est, au témoignage de L. Cayeux, « nettement postérieur au quai Sud ». Peut-être faut-il chercher là le complément de la « ceinture » indiquée par les termes de la dédicace : cf. J. Paris, *art. cité*, p. 67-68.

Pausanias (VIII, 33, 2) appelle Délos « l'entrepôt commun de la Grèce », κοινὸν Ἑλλήνων ἐμπόριον. A aucune époque, cette définition n'est mieux justifiée que dans la seconde moitié du II$^e$ siècle. Des causes anciennes avaient de longue date préparé Délos à cette destinée : sa situation géographique, au centre des Cyclades, et au carrefour des routes entre la Grèce et l'Asie, entre le Nord et le Midi, puis entre l'Italie et l'Orient ; l'éclat de ses fêtes, rendez-vous des riverains de la mer Égée et propices aux transactions commerciales : ἡ πανήγυρις ἐμπορικόν τι πρᾶγμά ἐστι (Strabon, X, 5, 4, p. 486) ; sa neutralité sacrée enfin, gage de sécurité pour ces relations. Après 166,, les circonstances historiques accélèrent une prospérité économique qui était déjà en plein essor. Favorisée par le régime de franchise dont Rome l'avait dotée (Polyb., XXX, 31, 10 : Δῆλον... ἀτελῆ ; Strab., *ibid.* : ἀτελείας τοῦ ἱεροῦ), Délos bénéficia de la ruine de Carthage, qui détourna les voies du commerce syrien, puis de la destruction de Corinthe, qui attira chez elle un nouveau contingent de négociants romains, déjà nombreux (Strab., *ibid.*) ; enfin le mouvement d'affaires qui se dessina entre l'Italie et l'Orient après l'annexion à Rome du royaume de Pergame et la création de la province d'Asie (133-130) eut sa répercussion naturelle à l'escale de Délos : cf. Homolle, *BCH*, 1884, p. 97 et suiv., et l'excellent aperçu de J. Hatzfeld. *Les Trafiq. ital.*, p. 30-37. C'est à ce moment précis que s'achève, sous l'administration de l'épimélète Théophrastos, la transformation du port sacré. A la même époque, et dans les années qui suivirent, le quartier marchand, au Sud du port principal, recevait une nouvelle et considérable extension : là se déployait un ample système de bassins et de docks, — entrepôts pour le transit et magasins ouverts au commerce de détail : cf. Homolle, *art. cité*, p. 122 et suiv. ; Ardaillon, *BCH*, 1896, p. 439-444 ; A. Jardé, *ibid.*, 1905, p. 5-40 ; 1906, p. 632-664 ; P. Roussel. *DCA*, p. 300-302 ; J. Paris, *BCH*, 1916, p. 30-61, 68-69. Ce développement des installations maritimes, publiques et privées, est le signe éclatant d'une ère de prospérité, la plus brillante qu'ait connue Délos. Dans l'exécution de ce vaste ensemble de travaux, l'initiative des particuliers a joué, sans aucun doute, un rôle important ; mais il est juste d'en revendiquer une part pour les Athéniens, à qui Strabon a rendu le témoignage qu'ils se sont montrés des administrateurs avisés : τῶν τε ἱερῶν ἅμα καὶ τῶν ἐμπόρων ἐπεμελοῦντο ἱκανῶς (*l. l.*).

La clérouchie athénienne, étroitement soumise à la métropole, n'avait jamais détenu qu'une ombre de pouvoir : ses assemblées ne légiféraient point, et ne rendaient que des décrets honorifiques : cf. ci-dessus, p. 123-125. Lorsque les étrangers eurent atteint à ses côtés une importance numérique dont ils pouvaient se prévaloir, elle ne fut pas capable de maintenir, en face d'eux, une personnalité qui, dès le principe, n'était qu'un fantôme. Elle perdit, à leur bénéfice, l'unique prérogative dont les textes fassent mention, celle de décerner éloges et couronnes. Le plus récent des décrets connus de la clérouchie est de l'année 145/4 (n° 84); la dédicace pour Théophrastos de 126/5 est le plus ancien exemple daté d'un groupement où nous trouvons associés, pour voter une statue à un épimélète, les Athéniens, et les Romains et autres étrangers : c'est dans l'intervalle que la transformation s'est accomplie. On a essayé de rattacher cette « dissolution » de la clérouchie à un événement déterminé : Ferguson, *Klio*, 1907, p. 236-240 ; *Hell. Athens*, p. 380 ; il est probable qu'elle s'est opérée sans crise, et par le simple effet d'un déplacement d'équilibre entre les Athéniens et les étrangers de diverse origine : P. Roussel, *DCA*, p. 50 et suiv. ; cf. J. Hatzfeld, *BCH*, 1912, p. 190-196.

On connaît, sauf erreur, vingt-trois dédicaces qui groupent, comme ici, les différents éléments de la population délienne : J. Hatzfeld, *ibid.*, p. 104-107 ; cf. P. Roussel, *DCA*, p. 51, note 4. Plus de la moitié d'entre elles, une douzaine, sont faites en l'honneur d'épimélètes de l'île, et quatre en l'honneur d'autres magistrats athéniens, un épimélète du port, un agoranome, un préposé à la banque d'État, un prêtre d'Apollon ; d'autres concernent des banquiers, des Romains ; quatre, des personnages dont la qualité ne peut être déterminée : J. Hatzfeld, *art. cité*, p. 195. La formule par laquelle se désignent les auteurs des dédicaces présente d'un texte à l'autre des variantes ; P. Roussel distingue cinq types principaux de rédaction : *l. l.*, p. 51. Dans presque tous les textes figurent les trois mêmes catégories de population, énumérées suivant le même ordre. Une dédicace, en l'honneur de l'épimélète Ἐπιγένης Δίου Μελιτεύς (*BCH*, 1880, p. 220, n. 12), dont la date précise n'est pas connue, ne nomme que les Athéniens et les Romains ; une autre, pour ce même épimélète (*ibid.*, 1887, p. 263, n. 23), est faite par les ἔμποροι et ναύκληροι sans indication de nationalité : peut-être ces deux dédicaces correspondent-elles à un premier essai de groupement, antérieur à l'époque de Théophrastos : P. Roussel, *l. l.*, p. 52, note 2, et p. 105.

La première place dans l'énumération revenait, d'après les convenances officielles, aux Athéniens, maîtres de l'île ; eux seuls ont qualité pour disposer du sol en faveur des étrangers qui demandent à y placer des actes publics (cf. les n°ˢ 111 et 112) ou des statues. Après eux sont toujours nommés les Ῥωμαῖοι : c'est la dénomination conventionnelle qu'avaient choisie les Italiens à l'étranger, quelle que fût individuellement leur condition juridique, pour se distinguer des populations au milieu desquelles ils s'étaient fixés ; on verra plus loin qu'entre eux, et quand ils rédigeaient des actes qui ne concernaient qu'eux-mêmes, ils s'appelaient de préférence Ἰταλικοί — *Italici* : cf. n° 131. Quant au troisième groupe, les ἄλλοι ξένοι, c'est-à-dire les étrangers de toute origine, il ne tardera pas à préférer l'appellation de οἱ ἄλλοι Ἕλληνες, qui sonnait mieux et répondait en somme à l'état du monde oriental, depuis longtemps hellénisé, où se recrutaient les négociants qui fréquentaient à Délos : P. Roussel, *DCA*, p. 84.

Parmi les éléments disparates qui s'unissaient ainsi pour voter des résolutions, le libellé des dédicaces spécifie notamment la profession des ἔμποροι et des ναύκληροι (cf. nᵒˢ 118-119). Il distingue aussi ceux qui résident en permanence à Délos, κατοικοῦντες, et ceux qui y font un séjour temporaire, παρεπιδημοῦντες ; parfois s'adjoignent à eux des négociants de passage, καταπλέοντες εἰς τὸ ἐμπόριον. L'énumération de ces diverses catégories, qui ont un droit égal de vote, jette quelque jour sur le caractère de ces assemblées composites. Leur cadre est flottant, et leurs réunions occasionnelles. Elles ne supposent aucune organisation politique et ne légifèrent point. On a pu voir en elles, non sans raison, le prototype de ces assemblées complexes et sans mandat officiel qu'on trouve, aux premiers siècles de l'Empire romain, dans les villes de l'Égypte et de l'Asie Mineure, et dont tout le rôle était d'acclamer, en certains jours, quelque magistrat ou quelque bienfaiteur. Peut-être choisissait-on de préférence, à Délos, pour rehausser l'éclat de ces manifestations, les panégyries où accouraient, avec la foule des pèlerins, bon nombre de ces marchands de passage à qui Délos devait en grande partie sa prospérité : P. Roussel, *ibid.*, p. 53-54.

**96.** Dédicace bilingue des Hermaïstes a Mercure et a Maia (vers 125 av. J.-C.). — Plaque de marbre ayant servi, avec trois autres, de revêtement à une grande base, près de l'angle Sud du Portique de Philippe. — P. Jouguet, *BCH*, 1899, p. 56, n. 1 ; *CIL*, III, *Suppl.* 2, 14203ᵇ.

*M. Pactumeius M. f., | M. Tuscenius L. f. Nobilior, | D. Folvius D. f., | D. Gessius D. l., ||⁵ P. Granius A. (et) P. l., | L. Arelius L. (et) A. l., | magis[t]reis, Mirqurio et Maiae. |*

Μάαρκος Πακτομήιος Μαάρκου, | Μάαρκος Τοσκήνιος Λευκίου Νοϐε(ίλιωρ), ||¹⁰ Δέκμος Φόλουιος Δέκμου, | Δέκμος Γέσσιος Δέκμου, | Πόπλιος Γράνιος Αὔλου καὶ Ποπλίου, | Λεύκιος Ἀρέλλιος Λευκίου καὶ Αὔλο[υ], | οἱ Ἑρμαισταὶ Ἑρμεῖ καὶ Μαίαι ||¹⁵ ἀνέθηκαν.

Dédicace de six *magistreis* ou Hermaïstes à Mercure et à Maia : cf. n° 86. — La liste que nous reproduisons, une des plus anciennes, est la seule qui donne au complet, avec les noms des *magistri,* la qualité (fils ou affranchi) de chacun d'eux. Le collège est ici composé par moitié d'hommes de naissance libre et d'affranchis ; cette proportion, autant qu'on en peut juger, varie quelque peu suivant les textes : on n'y voit jamais figurer d'esclaves. Leur nombre est uniformément de six [1] ; d'une dédicace à l'autre, les noms se renouvellent intégralement. Il apparaît par là que les personnages énumérés dans les dédicaces ne constituent pas à eux seuls une association ; et cela résulte aussi du titre de *magistri,* qui implique une certaine dignité ou fonction. Le titre est parfois déterminé par le nom de la divinité : *magistri Mirquri* ; des groupements similaires se qualifient également de *magistri Apollinis* et *Neptuni* (ou *mag. Neptunales*), en grec Ἀπολλωνιασταί, Ποσειδωνιασταί : n°ˢ 97 et 98. L'expression Ἑρμαισταί (ou Ἀπολλωνιασταί, Ποσειδωνιασταί) γενόμενοι, qui se rencontre dans quelques dédicaces (*BCH,* 1907, p. 439, n. 30 ; cf. n°ˢ 97, 144 et 157) achève de prouver qu'il s'agit d'une fonction temporaire, presque sûrement annuelle. Les *magistri* sont donc bien les mandataires d'un groupement plus étendu ; ils forment son comité exécutif ou directeur : J. Hatzfeld, *BCH,* 1912, p. 155-6. Si le grec n'emploie, pour les désigner, que le mot simple Ἑρμαισταί (ou Ἀπολλωνιασταί, Ποσειδωνιασταί), qui convenait à tous les membres de la communauté, c'est faute d'un terme adéquat pour définir leur qualité, les magistratures des associations, chez les Grecs, « n'étant jamais organisées sur le principe de la collégialité » : *ibid,* p. 177-8 ; *Les Traf. ital.,* p. 272-3.

Il est plus difficile de définir le groupement général que représentent les *magistri* ; une laborieuse discussion s'est engagée à ce sujet : cf. J. Hatzfeld, *BCH,* 1912, p. 153-196, et *Les Traf. ital.,* p. 266-273 ; P. Roussel, *DCA,* p. 76-81 ; A.-E.-R. Boak, *Classical philol.,* 1916, p. 25-45. — On trouve en Campanie des collèges de *magistri* (Mommsen, *CIL,* X, p. 365 et suiv.) auxquels il est naturel de comparer ceux de Délos. Lorsque les Romains, en 211, privèrent Capoue de son organisation municipale, ils répartirent son territoire en *pagi* ou cantons, dont chacun fut gouverné par une sorte de préfet, le *magister pagi,* auprès duquel sont des *magistri ad fana, de lubra, templa,* commissions déléguées à l'administration des divers sanctuaires du *pagus,* soumises à l'autorité du *pagus,* et apparemment désignées par lui : Boak, p. 27-35. D'après ce

---

1. Sauf peut-être une exception : dans l'inscription *BCH,* 1912, p. 205, 18 *c,* J. Hatzfeld pense qu'il convient de supposer douze noms : *Les Traf. ital.,* p. 266, note 2 ; cf. *BCH,* 1921, p. 485.

dernier savant, c'est sur ce type qu'auraient été créés les collèges de Délos : ce sont des *magistri fani* : p. 35 et suiv. Il n'y a pas à Délos de *pagus*, mais ils représentent toute la communauté des Italiens, comme ils sont en Campanie les délégués du *pagus*. La colonie italienne, sans avoir formé sans doute un *conventus* au sens juridique du mot (n° 131), avait le sentiment de sa solidarité ; elle éprouvait le besoin de se réunir pour accomplir certains actes et pour célébrer en commun certains cultes : c'est cette tâche qui était dévolue aux trois collèges d'Hermaïstes, d'Apolloniastes et de Poseidoniastes. En même temps, comme les Italiens n'avaient pas, sur le sol où ils vivaient en étrangers, de magistrats officiels, les *magistri*, nommés pour desservir certains cultes déterminés, pouvaient recevoir une sorte de délégation régulière pour certaines démarches de la colonie romaine tout entière (honneurs publics décernés par elle, dédicaces à des divinités diverses, relations avec l'épimélète athénien, etc.) : dans ces cas-là, les collèges s'unissaient pour agir de concert (n°⁵ 116, 144, 157), — Plus simplement, nous verrions dans les *magistri*, comme l'a proposé J. Hatzfeld, les présidents de trois associations particulières, qui, sans comprendre la colonie italienne dans son entier, se recrutaient exclusivement parmi elle, et se groupaient, suivant l'usage commun à toute l'antiquité, sous l'invocation de divinités qu'elles avaient choisies pour patronnes. Nous ignorons si, outre le sentiment d'une origine commune et le besoin d'une cohésion plus intime, d'autres raisons poussaient les adhérents à s'unir ; rien n'indique que ces groupements aient eu, par surcroît, un caractère professionnel. De leur organisation nous ne connaissons guère que le rôle prépondérant joué par leurs comités directeurs ; encore est-il difficile de décider si les *magistri* agissaient de leur propre initiative, et dans quelle mesure ils étaient tenus d'en référer à l'assemblée des sociétaires.

**97.** Dédicace par les Apolloniastes d'une statue a Apollon (vers 125 avant J.-C.). — Fût cylindrique en marbre : à l'agora dite des Compétaliastes. — L. Bizard et P. Roussel, *BCH*, 1907, p. 442, n. 33.

Κ[οί]υ[τ]ος [Τύ]λλιος Κοίν[του], | Μάαρκος Πακώνιος Λευκίου, | Λεύκιος Μαμίλιος Λευκίου, | Δέκμος Φόλουιος Κοίν[το]υ, ||⁵ Μάαρκος Γράνιος Μαάρκου, | Λεύκιος Μαίκιος Λευκίου, | Ἀπολλωνιασταὶ γενόμενοι, | Ἀπόλλωνι. | Ἀμμώνιος Ζωπύρου [ἐποίει].

Le terme de collège doit être interprété pour les Apolloniastes comme pour les Hermaïstes (n°⁵ 86 et 96). Ils sont au nombre de six, périodiquement renouve lables, comme l'indique le participe γενόμενοι qui suit leur titre. Le prénom au génitif qui accompagne leur nom exprime aussi bien la filiation que la relation d'affranchi à patron. La dédicace ci-dessus est la seule qui nous soit parvenue de ce collège ; mais les Apolloniastes se groupent plusieurs fois avec les Hermaïstes et les Poseidoniastes : nᵒˢ 116, 144, 157.

La divinité qu'ils invoquaient était depuis longtemps populaire dans la Campanie d'où beaucoup d'Italiens de Délos étaient originaires ; le centre principal de ce culte était à Cumes, où s'était constitué un *collegium apollinarium*. Mais il est probable que les Italiens venus à Délos ne tardèrent pas à identifier leur divinité nationale avec le grand dieu de l'île, et que leur culte ne distingua plus entre les deux Apollons : P. Roussel, *DCA*, p. 273.

**98.** Dédicace bilingue des Poseidoniastes romains a Neptune (vers 125 av. J.-C.). — Bloc de marbre blanc, dans le voisinage de l'agora de Théophrastos ; le texte latin est gravé au-dessous du texte grec. — P. Roussel et J. Hatzfeld, *BCH*, 1909, p. 501, n. 17.

[Μ]αραῖος Γερίλλανὸς Στατίου, | Γάιος Λα[ρ]ώνιος Γαίου, | [Γά]ιος Λικίνιος Γαίου, | [Πό]πλιος Τουτώριος Ἀντίοχο[ς] ||ʰ Ποσειδωνιασταὶ | Ποσειδῶνι. |

*Mar. Gerillanus St. f.,* | *C. Laronius C. f.,* | *C. Licinius C. l.,* |¦ ¹⁰ *P. Tutorius Antiocus,* | *mag(istreis) Neptunales,* | *Neptuno.*

Les Poseidoniastes latins ne doivent pas être confondus avec ceux de Bérytos (nᵒ 119), comme on l'avait cru tout d'abord ; ils forment un collège analogue à ceux des *magistri* dits Hermaïstes et des Apolloniastes (nᵒˢ 86, 96, 97), et on les trouve associés avec ceux-ci dans des dédicaces communes. — Une autre dédicace de Poseidoniastes énumère six noms : *BCH*, 1909, p. 503, n. 18 ; ici la liste n'en contient que quatre, parmi lesquels deux hommes de naissance libre ; l'un de ceux-ci est sans doute le père des banquiers Maraios fils de Maraios et Aulus Gérillanus (nᵒ 138).

Le dieu à qui s'adresse la dédicace est probablement le *Neptunus* italique, que les Italiens avaient apporté avec eux et qui, au contact du Poseidon de la Grande-Grèce, « était devenu le protecteur du trafic romain » : P. Roussel, *DCA*, p. 273-4.

**99.** Dédicace du gymnasiarque Séleucos en l'honneur du roi de Pont Mithridate V Évergète (!29 av. J.-C.). — Base de marbre. — *CIG*, 2276 ; *Or. gr.*, 366.

Βασιλέως Μιθραδάτου | Εὐεργέτου. Σέλευκος | Μαραθώνιος γυμνασιαρχῶν.

« (Statue) du roi Mithridate Évergète, (consacrée par) Séleucos, de Marathon, gymnasiarque.

Le nom du roi étant au génitif, Bœckh en a conclu que Mithridate est l'auteur de la dédicace ; il en est en réalité le bénéficiaire, et le donateur est Séleucos : avec le premier nom, on sous-entendra un mot comme εἰκών, et avec le second le verbe ἀνέθηκεν. Dans deux autres dédicaces de Délos, l'une en l'honneur de Nicomède III de Bithynie (n° 101), l'autre de Mithridate Eupator (n° 113), le libellé est le même ; dans cette dernière le verbe ἀνέθηκεν est exprimé.

Mithridate V Évergète (Strabon, X, 4, 10, p. 477 ; App., *Mithrid.*, 10), fils de Pharnace I (n° 73), et longtemps cru son successeur immédiat, succéda en réalité à son oncle, Mithridate Philopator Philadelphe, frère de Pharnace[1] : Th. Reinach, *L'Histoire par les monnaies*, 1902, p. 127 et suiv. La date de son avènement est ignorée ; d'après Appien, il régnait en 149 ; il eut pour successeur, en 120, son fils Mithridate VI Eupator (n° 113). La dédicace se date très exactement par le synchronisme du gymnasiarque Séleucos, qui fut en charge, d'après la liste de Phokion (n° 76), en 129/8 : P. Roussel, *DCA*, p. 197.

La dédicace de Séleucos et celles que nous avons rappelées plus haut ne sont pas sans doute des hommages personnels rendus par les gymnasiarques aux princes qu'ils honoraient : la mention de leur titre officiel démontre, selon toute apparence, qu'ils entendaient reconnaître quelque libéralité faite au gymnase dont ils avaient la direction. Sur l'intérêt que les souverains étrangers et les personnages des familles royales ont témoigné au gymnase de Délos, comme à ceux des autres cités de la Grèce hellénistique, voy. le commentaire du n° 117.

Sur les relations d'Athènes avec la monarchie du Pont, cf. n°⁵ 73, 100, 113, 114, 133-137.

---

1. Depuis la distinction établie par Th. Reinach entre Mithridate Philopator Philadelphe (IV) et Mithridate Évergète (V), il faut renoncer à voir, comme l'avait supposé précédemment ce même savant (*Mithr. Eup.*, p. 42), dans le surnom d'Évergète, attribué à ce dernier, une épithète imaginée par les historiens pour commémorer ses bienfaits envers Athènes et Délos. La dédicace de Délos suffit d'ailleurs à donner à l'épithète sa valeur officielle. — Quant au n° d'ordre (IV) et (V) attribué à chacun des deux rois, dans la généalogie des Mithridatides, il se fonde sur le dédoublement de Mithridate II, troisième prince de la dynastie (250 à 190 env.), en deux Mithridate, (II) et (III), distinction vraisemblable en raison de la longue durée de ce prétendu règne, proposée par E. Meyer, *Gesch. d. Kœnigr. Pontus*, p. 54, adoptée par Th. Reinach, *L'Hist. par les monnaies*, p. 131.

22

**100.** Dédicace d'Hermogénès d'Amisos en l'honneur de l'Athénien Dionysios fils de Boéthos, « ami » de Mithridate Évergète (avant 120). — Base de marbre. — P. Roussel, *BCH*, 1908, p. 431, n. 44.

[Δ]ιονύσιον Βοήθου Ἀθηναῖον, | [τ]ῶν τιμωμένων φίλων βασιλέως | Μιθραδάτου Εὐεργέτου, | Ἑρμογένης Χαιρέου Ἀμισηνός, ||ⁿ [δ]ικα[ιο]σύνης καὶ εὐεργεσίας ἕνεκεν | [τῆς ε]ἰς ἑαυτόν, Ἀπόλλωνι, | [Ἀ]ρτέμιδι, Λητοῖ.

« (Statue de) Dionysios fils de Boéthos, Athénien, l'un des amis d'honneur du roi Mithridate Évergète, (consacrée) à Apollon, Artémis et Latone, par Hermogénès fils de Chairéas, d'Amisos, en raison de sa justice et de sa bienfaisance envers lui. »

Dionysios fils de Boéthos (Kirchner, *Prosop. att.*, 4118 ; P. Roussel, *BCH*, 1907, p. 323, n. 174) appartient à une famille connue, dont on peut à Délos suivre la généalogie pendant trois générations : P. Roussel, *DCA*, p. 67 ; il est, conjointement avec son frère, l'auteur d'une dédicace en l'honneur d'un Athénien, son ami : G. Fougères, *BCH*, 1887, p. 264, n. 25 ; cf. P. Roussel, *ibid.*, 1908, p. 376 ; sa nièce et ses neveux furent ensevelis à Rhénée : *CIG*, 6911, 6998.

Xénophon signale, dans la *Cyropédie* (VIII, 8, 4), à la cour de Perse, les τιμώμενοι, qui reçoivent cette appellation en récompense de services rendus ; ailleurs (*ibid.*, VIII, 3, 9), il note que les τετιμημένοι ont un privilège d'accès auprès du roi ; ce mot paraît donc désigner, à la cour des Achéménides, un honneur plutôt qu'une fonction. Le participe τιμώμενος de notre texte a sans doute le même sens ; comme les πρῶτοι φίλοι (nⁿ 90). les τιμώμενοι φίλοι répondent simplement à un degré de la hiérarchie aulique. Il n'est donc point nécessaire de supposer que Dionysios fut au service du roi de Pont, comme l'Athénien Stolos, par exemple, a été au service d'un Ptolémée (nᵒˢ 127-128) ; il a pu recevoir, au cours de quelque voyage d'affaires, une distinction tout honorifique : *DCA*, p. 67 et note 1.

L'auteur de la dédicace, Hermogénès, inconnu d'ailleurs, est originaire d'Amisos, colonie athénienne du Pont, comme aussi plusieurs officiers de l'entourage de Mithridate Eupator : cf. les dédicaces d'Hélianax, nᵒˢ 136 *a, c, d, f*. La ville d'Amisos paraît avoir été représentée à Délos même par un groupe de négociants : ce sont bien des Amiséniens que Pharnakès et son frère Myron, dont une épitaphe métrique nous conte la fin tragique : jetés sur les côtes de Sériphos par la tempête, pris pour des pirates, et tués comme tels par les paysans : Kaibel,

*Epigr. gr.*, 214 ; Ad. Wilhelm, *Wien. Jahresh.*, IV, Beibl., 17 ; et *BCH*, 1905, p. 410 et suiv. Protos, qui leur éleva un cénotaphe à Rhénée, et qui était lui-même d'Amisos, vivait certainement à Délos, où ses quatre fils lui dressèrent une statue : Fougères, *BCH*, 1887, p. 259, n. 15. On ne se trompera pas en reconnaissant dans ces différents personnages, suivant la conjecture de Wilhelm, des gens d'Amisos fixés à Délos pour leur trafic.

**101.** Dédicace du gymnasiarque Dioscouridès en l'honneur du roi Nicomède III de Bithynie (127/6). — Base ronde, aujourd'hui disparue. — *CIG*, 2279, d'après la copie de Tournefort ; *Or. gr.*, 346 ; P. Roussel, *Rev. épigr.*, I, p. 31 et suiv., d'après une copie prise, en 1738, par le comte de Sandwich.

Βασιλέως Νικομήδ[ου], | τοῦ ἐγ βασιλέως | Νικομήδου Ἐπιφανοῦ[ς]. | Διοσκου-ρίδης Διοσκουρίδου ||᾽ Ῥαμνούσιος γυμνασιαρχῶν.

« (Statue) du roi Nicomède, fils du roi Nicomède Épiphane, (consacrée par) Dioscouridès fils de Dioscouridès, du dème de Rhamnonte, gymnasiarque. »

La formule ὁ ἐγ pour marquer la filiation est connue par de multiples exemples : *Or. gr.*, 256, 258, 259, 354, etc. (P. Roussel, p. 34, note 1); ci-après, n⁰ˢ 110, 120, 121, 122.

Le successeur immédiat de Nicomède II Épiphane (n° 93) fut, non pas, comme on l'a cru longtemps, Nicomède Philopator, mais Nicomède III Évergète : Th. Reinach, *L'Hist. par les monnaies*, p. 167 et suiv. — La date de la dédicace est fixée avec précision par la gymnasiarchie de Dioscouridès sous l'archontat de Théodoridès, en 127/6 : P. Roussel, *BCH*, 1908, p. 439, n. 65 (cf. J. Plassart, *ibid.*, 1912, p. 399, note 3); *DCA*, p. 197. 345. Cette année est aussi celle de l'avènement de Nicomède III, dont le père régnait encore en 128/7 : *Inschr. von Priene*, n. 55. Il n'avait pas encore pris son surnom d'Évergète, qui ne lui a été attribué que dans le cours de son long règne (127/6-début du Iᵉʳ siècle ?).

**102.** Dédicace du prêtre Sosion pour le peuple athénien et le roi Nicomède III (110/109 av. J.-C.). — Bloc de marbre, découvert dans le voisinage du sanctuaire de Sarapis (Sarapieion C). — Hauvette, *BCH*, 1882, p. 337, n. 39 ; *Or. gr.*, 342 ; P. Roussel, *CÉ*, p. 158, n. 138.

Σωσίων Εὐμένους Οἰναῖος, ἱε|ρεὺς ὤν, ὑπὲρ τοῦ δήμου τοῦ Ἀθη|ναίων καὶ ὑπὲρ βασιλέως Νικομή|δου, ἀνέθηκεν τὸν ναὸν καὶ τὸ ἄγαλ||"μα Ἴσιδος Νεμέσεως, ἐπὶ ἐπιμελητοῦ | τῆς νήσου Διονυσίου τοῦ Νίκωνος | Παλληνέως.

« Sosion fils d'Euménès, du dème d'Oiné, étant prêtre, a consacré le temple et la statue d'Isis Némésis pour le peuple athénien et pour le roi Nicomède, sous l'épimélète de l'île Dionysios fils de Nicon, du dème de Palléné. »

La date (110/109) est donnée par l'épimélète Dionysios fils de Nicon, contemporain de l'archonte Polycleitos : *BCH*, 1878, p. 397, n. 3.

Sosion fils d'Euménès agit en qualité de prêtre de Sarapis : cf. P. Roussel, *CÉ*, p. 159 et suiv., n. 139-143. Il unit, dans la dédicace qu'il fait du temple et de la statue d'Isis-Némésis, le peuple d'Athènes et le roi Nicomède III (n° 101) ; dans une autre (*CÉ*, n. 140), il associe le peuple d'Athènes et le peuple romain. On ne saurait dire à quel titre le roi Nicomède figure ici. Ferguson admet qu'il a contribué de ses deniers à la construction du temple : *Hell. Athens*, p. 389 ; et c'est en effet l'hypothèse la plus plausible, que la dédicace s'inspire d'un sentiment de reconnaissance.

Sur le syncrétisme Isis-Némésis, cf. Perdrizet, *BCH*, 1912, p. 256 et suiv.

**103.** Dédicace des négociants et armateurs qui trafiquent avec la Bithynie (deuxième moitié du II<sup>e</sup> siècle av. J.-C.). — Homolle, *BCH*, 1880, p. 222, n. 5 ; *Or. gr.*, 344.

Μελέαγρον Ζμερτομάρου | Νικαιέα οἱ καταπλέοντες | εἰς Βιθυνίαν ἔμποροι καὶ | ναύκληροι [φιλα|γαθίας ἕνεκεν ||"τῆς εἰ|ς ἑα|υτοὺς | Ἀπόλλωνι, Ἀρτέμιδι, Λητοῖ.

« (Statue de) Méléagros fils de Zmertomaros, de Nicée, (consacrée) à Apollon, Artémis et Latone par les négociants et armateurs qui trafiquent avec la Bithynie, en raison de sa bienveillance à leur égard. »

Méléagros est inconnu, aussi bien que son père. Le nom de celui-ci indique une origine thrace (cf. le nom féminin Σμερτομάρα : *Anthol., App.*, 103). qui s'explique par son lieu de naissance, Nicée, puisque la population bithynienne passait pour avoir une origine thrace : Hérod., III, 90 ; VII, 75 ; Thuc. IV, 75, 2 ; etc. ; cf. *Or. gr.*, 341, note 3. — La ville de Nicée, qui avait reçu son nom de Nicaia, fille d'Antipater et femme de Lysimaque, prit depuis lors une grande importance, et elle la garda même en face de Nicomédie. capitale officielle des rois de Bithynie.

Suivant la remarque de Poland, *Griech. Vereinswesen*, p. 113, note ** (cf.

P. Roussel, *DCA*, p. 88, note 2), il est possible que les négociants et armateurs trafiquant avec la Bithynie aient formé un groupement occasionnel pour remercier Méléagros de ses bons offices, et non une corporation commerciale. On ne connaît pas leur nationalité, et peut-être étaient-ils d'origine diverse, n'ayant de lien que la communauté de leur profession. Ce ne sont pas des Grecs de Nicée, mais des étrangers qui y fréquentent pour leur trafic ; il pouvait y avoir parmi eux des Athéniens. comme ce Dionysios fils de Boéthos à qui un habitant d'Amisos avait élevé une statue : n° 100 ; P. Roussel, *ibid.*, p. 67.

**104.** Dédicace éphébique en l'honneur du prince Nicomède, fils de Nicomède III (105-103). — Base de marbre. — Homolle, *BCH*, 1880, p. 188, n 3 ; *Or. gr.*. 343.

[Νικο]μήδην | [βασιλέως] Νικομήδου | [Εὐεργέτου ο]ἱ ἐφηβεύσαντες | [ἐπὶ ἄρχοντ]ος Διο[κλ]έους, ||⁵[γυμνασιαρ]χοῦντος [δὲ | — — — το]ῦ Γηροστράτου | — — — —, τὸν ἑαυτῶν | [εὐεργέτην,] Ἀπόλλωνι. | [ Ἐπὶ ἐπιμελητοῦ — —]ώρου τοῦ — — Στειριέως.

« (Statue de) Nicomède, fils du roi Nicomède Évergète et leur bienfaiteur, consacrée à Apollon par les éphèbes sous l'archontat de Dioclès, X. fils de Gérostratos, du dème de X., étant gymnasiarque. Sous l'épimélétat de ... oros fils de X., du dème de Steiria. »

Nicomède n'est pas encore roi, car devant son nom, qui occupe exactement le milieu du marbre, il est impossible de restituer le titre βασιλέα ; il ne le devint que dans les premières années du Iᵉʳ siècle, avec le surnom de Philopator. Il était fils, non pas de Nicomède II Épiphane, comme on l'a cru longtemps, mais de Nicomède III Évergète. et par conséquent le quatrième du nom : n° 101. La date de cette dédicace doit être cherchée entre 105/4 et 103/2 : P. Roussel, *DCA*, p. 374. On peut supposer que le jeune prince a séjourné à Délos et qu'il est honoré par ses camarades de « promotion ». Son père Nicomède III (n° 101) avait déjà mérité la reconnaissance d'un gymnasiarque de Délos.

Après son avènement, Nicomède IV (début du Iᵉʳ siècle ?-74) demeura en relations avec les sanctuaires grecs ; une inscription de Delphes rappelle sa générosité et celle de la reine Stratonice envers le temple d'Apollon Pythien : *Or. gr.*, 345. — C'est ce roi qui légua, à sa mort, la Bithynie aux Romains.

**105.** Dédicace des négociants romains en l'honneur de Lochos, « parent » de

Ptolémée VIII Evergète II (vers 127 av. J.-C). — Base de marbre. — Homolle, *BCH*, 1884, p. 107; *Or. gr.*, 135.

Ῥωμαίων οἱ εὐεργετηθέντες ναύκληροι | καὶ ἔμποροι ἐν τῆι γενομένηι καταλή|ψει Ἀλεξανδρείας ὑπὸ βασιλέως | Πτολεμαίου θεοῦ Εὐεργέτου ||⁵ Λόχον Καλλιμήδου, τὸν συγγενῆ βασι|λέως Πτολεμαίου καὶ βασιλίσσης | Κλεοπάτρας, ἀρετῆς ἕνεκεν καὶ | εὐεργεσίας τῆς εἰς ἑαυτοὺς | Ἀπόλλωνι.

« Les Romains, armateurs et négociants, qui, lors de la prise d'Alexandrie, ont éprouvé les bienfaits du roi Ptolémée. dieu Évergète, (consacrent) à Apollon (la statue de) Lochos fils de Callimédès, parent du roi Ptolémée et de la reine Cléopâtre, en reconnaissance de son mérite et de sa bienfaisance pour eux. »

Ptolémée VIII Évergète II (146-116) s'établit trois fois comme roi dans Alexandrie, d'abord en 170 durant la captivité de son frère : puis à la mort de celui-ci en 146, avec la complicité de sa veuve Cléopâtre qu'il épousa ; enfin en 127, où il y rentra de vive force en réprimant une sédition, et reconquit son trône. Le mot κατάληψις, « prise à main armée », ne peut convenir qu'à ce dernier épisode. La mention de Lochos comme στρατηγὸς τῆς Θηβαΐδος dans un papyrus de l'année 127 confirme la date : peut-être exerçait-il quelque commandement sur les troupes qui prirent la ville : Dittenberger, note 4. Le même personnage est nommé encore trois fois dans une correspondance relative au culte d'Isis et des Ptolémées divinisés à Philae : *Or. gr.*, 137-139. Il est qualifié comme ici de συγγενής (cf. n° 90, comm.) et même d'ἀδελφός des souverains : *ibid.*, 138 ; il porte en outre le titre de gouverneur de la Thébaïde, comme dans le papyrus de 127. L'inscription de Délos fait connaître son patronymique.

Les Romains avaient formé à Alexandrie, comme à Délos, des associations d'armateurs et de négociants : cf. n°ˢ 106-108 ; ils étaient en correspondance d'une place à l'autre, et tenaient sans doute des comptoirs dans les deux : Hatzfeld, *Les Traf. ital.*, p. 51 ; P. Roussel, *Rev. des Ét. anc.*, 1920, p. 139.

**106.** Dédicace des deux frères Pedii en l'honneur de Polémarchos, « parent » de Ptolémée VIII (127 av. J.-C.?). — Marbre provenant de Délos, aujourd'hui à Oxford. — *CIG*, 2285 ; *Or. gr.*, 133.

[Πολέ]μαρ(χ)ον, συνγενῆ | βασιλέως Πτολεμαίου Εὐεργέτου | καὶ βασιλίσσης Κλεοπάτρας καὶ | ἐπιστράτηγον ||⁵ Λ(ε)ύκιος καὶ Γάιος Πέδιοι Γαίου υἱοὶ |

Ῥωμαῖοι ἀρετῆς ἕνεκεν καὶ | καλοκαγαθίας καὶ τῆς εἰς ἑαυτοὺς | εὐνοίας Ἀπόλλωνι, Ἀρτέμιδι.

« (Statue de) Polémarchos, parent du roi Ptolémée Évergète et de la reine Cléopâtre et épistratège, (consacrée) à Apollon et à Artémis par Lucius et Gaius Pedii, fils de Gaius, Romains, pour son mérite, sa générosité de cœur et sa bienveillance envers eux. »

L'épistratège commandait une des trois ἐπιστρατηγίαι (gouvernements généraux) établies par Ptolémée V Épiphane ; il avait sous ses ordres les στρατηγοί commandant chacun les troupes d'un des nomes de la région. Polémarchos a rang de συγγενής (cf. n° 90); ailleurs un épistratège est classé parmi les πρῶτοι φίλοι: *Or. gr.*, 103.

Les Pedii étaient héréditairement fixés à Délos ; ils y tiennent une place honorable dans le dernier quart du IIᵉ siècle jusqu'à l'invasion de Mithridate, peut-être même après : Hatzfeld, *BCH*, 1912, p. 65. Les contributions de plusieurs d'entre eux dans le Sarapieion (P. Roussel, *CÉ*, p. 174, n° 168, col. I, l. 51 ; II, l. 49), ou pour l'Ἰταλικὴ παστάς (cf. n° 131) indiquent leurs relations avec l'Égypte et leur profession de commerçants. Lucius et Gaius étaient probablement du groupe des Romains qui, faisant le commerce de transit entre l'Égypte et Délos, éprouvèrent, en 127, les bienfaits du roi Ptolémée VIII (n° 105).

La présence persistante des Italiens à Alexandrie est encore démontrée par la dédicace ci-après que nous donnons ici, immédiatement, bien qu'elle soit postérieure sans doute d'une trentaine d'années environ.

**107.** Dédicace bilingue des négociants italiens d'Alexandrie (vers la fin du IIᵉ siècle). — Grande base de marbre qui avait porté une statue ou un groupe du sculpteur Agasias. — Homolle, *BCH*, 1884, p. 108 ; S. Reinach, *ibid.*, p. 178; *CIL*, III, *Suppl. 1*, 7241; cf. *BCH*, 1910, p. 480.

— — um Alexandreae Italicei quei fuere | [virtut]is beneficique ergo.
Ἀγασίας Μηνοφίλου | Ἐφέσιος ἐποίει.

Au-dessous, la dédicace grecque qui répond au texte latin :

— — την οἱ ἐν Ἀλεξανδρείαι | [γενόμενοι Ἰταλικ]οὶ ἀρετῆς καὶ εὐνοίας [ἕνεκεν].

Le mot γενόμενοι est celui qui répond le mieux à *quei fuere* ; comme on ignore l'étendue exacte de la lacune à gauche de la l. 2, on pourrait, s'il fallait quelques lettres de plus, supposer παραγενόμενοι, ou encore soit πραγματευόμενοι, soit συνπραγματευόμενοι. Il semble qu'on ait restitué à tort, dans l'inscription latine, après *quei fuere* [*ibi cum eo*] au début de la l. 2 ; ces mots sont inutiles et en excès, car il y avait nécessairement, pour la symétrie, à gauche du mot *virtutis* un blanc égal à celui de droite après *ergo*.

En tête des deux dédicaces figurait le nom du personnage honoré, suivi peut-être d'un titre de magistrature, [*legat*]*um* = [πρεσβευ]τήν. La signature d'Agasias et l'emploi de l'ethnique *Italicei* (n° 131) ramènent l'inscription à une date voisine de la fin du ıı<sup>e</sup> siècle ou au début du ı<sup>er</sup>.

Pour les autres corporations de trafiquants entrepositaires qui commerçaient entre l'Égypte et Délos, cf. le n° suivant.

**108.** Dédicace des entrepositaires d'Alexandrie en l'honneur de Crocos, officier de Ptolémée VIII (127-116). — Base de marbre. — Fougères, *BCH*, 1887, p. 249, n. 2 ; *Or. gr.*, 140.

Κρόκον, τὸν [σ]υ[γγε]νῆ βασιλέως | Πτολεμαίου καὶ [βασιλ]ίσσης | Κλεοπάτρας τῆς ἀδελφῆς καὶ | βασιλίσσης Κλεοπάτρας τῆς ||⁵ γυναικὸς καὶ ν[α]ύ[αρ]χον καὶ στρατηγὸν | αὐτοκράτορα καὶ ὑπέρ[τατον] καὶ ἀρχιε|ρέα τῶν κατὰ Κύ[πρ]ον, ἡ σύνοδος τῶν| ἐν Ἀλεξανδρείαι πρεσβυτέρων ἐ|γδογέων εὐνοίας ἕνεκεν καὶ ||¹⁰ δικαιο-σύνης τῆς εἰς ἑαυτὴν | καὶ τοὺς ἄλλους ξένους, | Ἀπόλλωνι, Ἀρτέμιδι, Λητοῖ.

« (Statue de) Crocos, parent du roi Ptolémée, de la reine Cléopâtre sa sœur et de la reine Cléopâtre son épouse, navarque, généralissime avec pleins pouvoirs, archiprêtre de Cypre, (consacrée) à Apollon, Artémis et Latone par le Conseil des Anciens des entrepositaires d'Alexandrie, en raison de sa bienveillance et de sa justice envers eux et envers les autres étrangers. »

L'épithète ὑπέρ[τατον] jointe à στρατηγόν (l. 6), restituée par G. Fougères, a beaucoup embarrassé les critiques, qui ont vainement tenté de l'amender : Dittenberger, note 5 ; en réalité, cette forme n'est qu'un doublet de ὕπατος ; le mot n'a ici qu'une valeur honorifique, et rehausse le titre officiel : Holleaux, Στρατηγὸς ὕπατος, p. 128.

Ptolémée VIII Évergète II (n° 105) épousa successivement Cléopâtre II sa sœur, veuve de Philométor, puis la fille de celle-ci et de Philométor, sa nièce et belle-fille, Cléopâtre III, et régna conjointement avec l'une et l'autre de 127 à 116: *BCH*, 1881, p. 223 ; 1887, p. 250; *Or. gr.*, 137-139, avec le commentaire 138, note 7.

Crocos cumule les fonctions de ναύαρχος, de στρατηγὸς αὐτοκράτωρ καὶ ὑπέρ[τατος], et d'ἀρχιερεύς de l'île ; il réunit donc dans Cypre l'universalité des pouvoirs suprêmes au nom du roi ; une double et exceptionnelle épithète exprime la plénitude et l'étendue de ses droits de στρατηγός. Cette concentration des pouvoirs avait pu paraître nécessaire en raison de circonstances difficiles, dans une dépendance éloignée et menacée, où les chefs d'armée avaient à prendre des décisions sans en référer au roi, et où des contingents nombreux de nations diverses étaient casernés (Lyciens, Ciliciens, Thraces, cavaliers et fantassins). Les mêmes titres, moins l'épithète ὑπέρτατος, sont portés par Théodoros fils de Séleucos, Séleucos fils de Bithys, Hélénos, Ptolémaios (*Journ. of hell. stud.*, 1888, p. 225, 247), officiers des mêmes souverains dans la même île : *Or. gr.*, 93, 105, 143, 148, 152, 155-8, 161-2. — Crocos avait été à Paphos honoré d'une statue : *Journ. of hell. stud.*, *ibid.*, p. 247, n° 92 ; dans l'inscription dédicatoire, on lit seulement les titres de συγγενής, στρατηγός, ἀρχιερεύς, et un autre qui manque ici, celui d'ἐπιστάτης. Le sacerdoce était déjà joint au commandement militaire sous Ptolémée V Épiphane (203-181) ; le titre de navarque est une addition qui ne date que d'Évergète II : *Or. gr.*, 84, note 1.

Les ἐγδοχεῖς sont proprement les entrepositaires des marchandises en transit, intermédiaires entre les armateurs qui les transportent, ναύκληροι, et les marchands qui les vendent ou achètent, ἔμποροι. Les uns et les autres forment des associations séparées, ou se groupent au contraire en une plus large corporation : ἐγδοχεῖς seuls comme ici ; ἐγδοχεῖς et ἔμποροι comme à Laodicée de Phénicie (n° 72) : ἔμποροι καὶ ναύκληροι comme dans la société des Héracléistes de Tyr (n° 85) ; tous ensemble comme dans celle des Poseidoniastes de Bérytos (n° 119).

Une seconde dédicace, de même provenance que celle-ci, a également pour auteur l'association des πρεσβύτεροι ἐγδοχεῖς : Fougères, *ibid.*, p. 252, n. 3. Le terme de πρεσβύτεροι désigne souvent, en Égypte, des commissaires élus par les membres d'une confrérie pour administrer les affaires communes : Strack, *Zeitschr. f. d. neutestam. Wissensch.*, 1903, p. 230 et suiv. ; il faut sans doute reconnaître ici un comité de ce genre : *Or. gr.*, I, p. 653 (*add.* à la p. 227, n. 194), et P. Roussel, *DCA*, p. 92 et suiv.

Si la corporation choisit Délos pour y exposer l'image d'un bienfaiteur, elle n'obéit pas seulement à un sentiment de piété envers le sanctuaire ; ses affaires la conduisaient au marché de l'île d'Apollon ; elle y retrouvait une colonie de compatriotes associés, eux aussi, en corporations : on a découvert à Délos un décret rendu par une confrérie de ce genre, dont l'origine gréco-égyptienne est certaine, groupée autour d'un sanctuaire, et en relations avec les confréries similaires de son pays d'origine : G. Fougères, *ibid.*, 1889, p. 239, n. 11 = P. Roussel, *CÉ*, p. 204, n. 216. L'importance de l'élément hellénique de l'Égypte parmi la colonie étrangère nous est révélée par la vogue croissante des cultes d'Isis et de Sarapis,

23

qui s'introduisent dès le III<sup>e</sup> siècle, non moins que par le nombre des Alexandrins qu'on relève dans les inscriptions des deux siècles suivants : P. Roussel, *DCA*, p. 86, et p. 93, note 4.

**109.** Dédicace au prince Antiochos Philopator par Sosistratos de Samos (130-117 av. J.-C.). — Grande base de marbre, près du Portique de Philippe. — Homolle, *BCH*, 1880, p. 218 ; *Or. gr.*, 255.

'Αντίοχον Φιλοπάτορα, βασιλέως μεγάλου | 'Αντιόχου υἱὸν καὶ βασιλίσσης Κλεοπάτρας, | Σωσίστρατος Σωσιστράτου Σάμιος, τῶν | πρώτων φίλων, ἀρετῆς ἕνεκα καὶ εὐνοίας ||⁵ τῆς εἰς ἑαυτόν, 'Απόλλωνι, 'Αρτέμιδι, Λητοῖ.

« (Statue d') Antiochos Philopator, fils du grand roi Antiochos et de la reine Cléopâtre, (consacrée par) Sosistratos fils de Sosistratos, de Samos, ami du premier rang, en raison de son mérite et de sa bienveillance à son égard, à Apollon, Artémis, et Latone. »

Antiochos VII Évergète, dit de Sidé (138-129), reçut le surnom de βασιλεὺς μέγας après la conquête de Babylone en 130 av. J.-C. : Justin, XXXVIII, 10, 6. La dédicace est donc postérieure à cette date. Dittenberger (note 2) veut qu'elle soit d'autre part antérieure à la mort de ce prince (129), parce que son fils ne porte pas encore le titre de roi. Ce fils est Antiochos IX dit de Cyzique (116-95), à qui les monnaies donnent le titre de Philopator : *Catal. of greek coins, Seleucid coins*, p. 91 et suiv. ; il avait pour mère Cléopâtre Théa, fille de Ptolémée VI, mariée d'abord vers 150 au prétendant Alexandre Bala, soi-disant fils d'Antiochos VI Épiphane ; puis, en 146, au roi Démétrios II Nicator ; enfin, en troisièmes noces, au frère cadet de ce dernier, Antiochos de Sidé. Comme Antiochos de Cyzique ne fit acte de prétendant que vers l'âge de vingt ans, en 117/6, contre son frère utérin Antiochos VIII Épiphane (ou Grypos), souverain légitime (Bouché-Leclercq, *Hist. des Séleucides*, p. 402), la dédicace est antérieure à cette année-là, où il dut prendre le titre royal en revendiquant le trône.

**110.** Dédicace a Cratéros d'Antioche, précepteur d'Antiochos Philopator (130-117 av. J.-C.). — Sur la même base que la dédicace précédente. — Homolle, *BCH*, 1880, p. 218 ; Michel, 1158 A ; *Or. gr.*, 256.

Κράτερον Κρατέρου 'Αντιοχέα, τὸν τροφέα | 'Αντιόχου Φιλοπάτορος, τοῦ ἐγ βασιλέως | μεγάλου 'Αντιόχου καὶ βασιλίσσης Κλεοπάτρας, | γεγονότα δὲ καὶ τῶν

πρώτων φίλων βασιλέως Ἀντι‖⁵όχου καὶ ἀρχίατρον καὶ ἐπὶ τοῦ κοιτῶνος τῆς |
βασιλίσσης, Σωσίστρατος Σωσιστράτου | Σάμιος, τῶν πρώτων φίλων, ἀρετῆς ἕνεκα
καὶ | εὐνοίας καὶ φιλοστοργίας τῆς εἰς ἑαυτὸν | Ἀπόλλωνι, Ἀρτέμιδι, Λητοῖ. ‖
¹⁰ Φιλότεχνος Ἡρώδου Σάμιος ἐποίει.

« (Statue de) Cratéros fils de Cratéros, d'Antioche, précepteur d'Antiochos Philopator, le fils du grand roi Antiochos et de la reine Cléopâtre, ami du premier
rang du roi Antiochos, médecin en chef et chambellan de la reine, (consacrée) à
Apollon, Artémis et Latone par Sosistratos fils de Sosistratos, Samien, ami du premier rang, en raison de son mérite, de sa bienveillance et de son affection pour
lui. — Œuvre de Philotechnos fils d'Hérodès, de Samos. »

Sur les princes ici nommés, cf. la dédicace précédente. — Le titre de τροφεύς,
qui rappelle l'institution des σύντροφοι τοῦ βασιλέως (n° 71, II), répond à une
fonction précise, celle de « nourricier » ou gouverneur du jeune Antiochos. Nous
en connaissons un autre exemple à la cour de Syrie, où Polybe (XXXI, 12, 3) appelle
Diodoros τροφεύς de Démétrios: c'est ce Diodoros qui, espionnant pour le
compte de ce prince, lui signale l'état trouble du pays, l'engage à y réclamer
la royauté, et prépare sa fuite clandestine de Rome (ci-dessus, p. 149). Le titre se
retrouve en Égypte, porté par un certain Hélénos, τροφεύς de Ptolémée VIII
Évergète II : Or. gr., 148. A l'époque impériale, il persiste comme titre honorifique
d'un magistrat du Pont, à Amisos, peut-être par allusion à ses libéralités envers
un temple : Or. gr., 531, l. 5 et la note 5. — Ἀρχίατρος paraît être l'équivalent de
ἐπὶ τῶν ἰατρῶν, qu'on rencontre dans la dédicace de Chrysermos (n° 90). — L'ἐπὶ
τοῦ κοιτῶνος est le préfet des appartements royaux et de la chambre du roi. Cette
fonction existait sous les Achéménides ; l'eunuque Mithridate, dit κατακοιμιστής,
introduit l'assassin Artaban dans la chambre de Xerxès : Diod., XI, 69, 1.

Philotechnos est l'auteur d'une statue élevée par le peuple de Samos à un Cn.
Domitius Cn. f., que l'on n'a pu identifier : Lœwy, Bildhauerinschr., n. 295.

**111.** Convention d'arbitrage entre trois villes crétoises (116/5 av. J.-C.). —
Stèle de marbre. — Homolle, BCH, 1879, p. 290 et suiv. ; Cauer, Del²., n. 120;
Semenoff, Antiq. iuris publici Cretensium, p. 61 et 119; Michel, 28 ; SGDI, 5149;
Sylloge³, 712. — Cf. Maiuri, R. C. Accad. Lincei, 1910, p. 109 et suiv.

I. Ἀγαθᾶι τύχαι. Πρειγευσάντων Κνωσίων τᾶς πόλιος ἐπὶ τὰς πόλειις τάν τε
τῶν Λατίων καὶ τῶν Ὀλοντίων καὶ παρκαλεσάν|των δόμεν αὐτοῖς ἐξαρχίδιον τὰν
ἐπιτροπὰν περὶ ὧν | καὶ πρὸ τῶ, ἔδοξε Λατίοις καὶ Ὀλοντίοις κοινᾶι βωλευσαμέ‖⁵νοις

ἐπὶ κοσμῶν Κνωσοῖ μὲν τῶν σὺν Νενναίω(ι) τῶ[ι] | Μοψείω, μηνὸς Σπερμίω δευτέραι, Λατοῖ δὲ ἐπὶ τῶν σὺν Διο|κλεῖ τῷ Ἡρώιδα μηνὸς Θιοδαισίω δευτέραι, ἐν δὲ Ὀλόντι | τῶν σὺν Μενοντίδαι τῶ Ἀκάσσονος, μηνὸς Ἐλευσυνίω | δευτέραι, δόμεν τὰν ἐπιτροπὰν Λατίος καὶ Ὀλοντίος ||[10] τᾶι τῶν Κνωσίων πόλι περὶ τῶν ἀμφιλλεγομένων αὐτοῖς | πόλι πορτὶ πόλιν πάντα περὶ πάντων, καὶ θέμεν στάλαν ἐ|ν ἀμέραις τριάκοντα Κνωσοῖ μὲν ἐν τῶι ἱαρῶι τῶι Ἀπόλλωνος | Δελφιδίω καὶ ἐν τῶι ἱαρῶι τῷ Δέραι, Λατοῖ δὲ ἐν τῶι τᾶς Ἐλευ|θυίας, ἐν δὲ Ὀλόντι ἐν τῶι ἱαρῶι τῶ Ζηνὸς τῶ Ταλλαίω, ἄλλαν ||[15] δὲ κοινᾶι ἐν Δάλωι ἐν τῶι ἱαρῶι τῶ Ἀπόλλωνος. Ὑπὲρ δὲ τοῦ|δε τῶ τιθεμένω ἐγγρόφω ἐς Δᾶλον ἀποστηλάντων οἵ τε | Κνώσιοι καὶ οἱ Λάτιοι καὶ οἱ Ὀλόντιοι πορτὶ τὸν ἐπιμελη|τὰν πρειγείαν καὶ γράμματα ἐν ἀμέραις τριάκοντα ὥστε στᾶ||[σα]ι στάλαν, ἐς ἂν ἀναγραφησ[εῖ] τὰ δεδογμένα. Καὶ ταῦτα ἔσ||[20]τω κύρια. Κρινόντων δὲ οἱ Κνώσιοι ἐν ἐξαμήνωι, ἄρχοντος | μηνὸς Καρωνίω τῶ ἐπὶ Νενναίω⟨ι⟩, ὡς δὲ Λάτιοι ἄγοντι μηνὸς | .α. τιωβιαρίω, ὡς δὲ Ὀλόντιοι ἄγοντι μηνὸς Δελφινίω. Καὶ κύ|ριοι ἔντων οἱ Κνώσιοι ἀνγράφοντ[ε]ν τὸ γενόμενον κρίμα ἐμ μὲν | ταῖς ἐν Κρήται στάλαις ἐν ἀμέραις τριάκοντα, ἐς δε Δᾶλον ἐξα||[25]ποστηλάντων ἐν ταῖς αὐταῖς ἀμέραις· εἰ δέ κα παργένηται | ὁ πρειγευτὰς ὁ ἀπεσταλμένος [ὑ]πὸ τῶν Κνωσίων ἐς Δᾶλον, | κύριος ἔστω ἀγγράφων ἐς τὰν αὐτὰν στάλαν τὸ κρίμα. Τὰ δὲ | κριθέντα καὶ ἀγγραφέντα ὑπὸ τῶν Κνωσίων βέβαια καὶ κύρια | ἤμεν ἐς τὸν πάντα χρόνον, καὶ μηκέτι ὑπολείπεσθαι αὐτοῖς ||[30] περὶ μηθενὸς ἔγκλημα μηθὲν παρευρέσει μηδεμιᾶι. Δόντων δὲ | Λάτιοι καὶ Ὀλόντιοι τούτω τῶ ἐγγρόφω ἑκάτεροι χέρα τᾶι τῶν Κνω|σίων πόλι καὶ αὐτοσαυτοῖς. Ἐγγύος δὲ καταστασάντων ἐν ἀμέ|ραις εἴκοσι Κνωσίος διὰ τῶ Κνωσοῖ χρεωφυλακίω ὑπὲρ τούτω τῶ ἐγ|γρόφω οἵ τε Λάτιοι καὶ οἱ Ὀλόντιοι τοῖς Κνωσίοις ἑκάτεροι ἀργυρίω ἀ||[35]λεξανδρείων ταλάντων δέκα [ἐφ᾽ὧ]ι ἐμμενίοντι ἐν τούτω τῶ ἐγγρόφω | καὶ ἐν τοῖς κριθένσι ὑπὸ τᾶς πόλε[ο]ς· ὁπότεροι δὲ μὴ ἐμμένοιεν, τὰν | πρᾶξιν ἤμεν ἐκ τῶν ἐγγύων, καὶ οἱ τῶν Κνωσίων κόσμοι πράξαν[τες ἀποδόντων τοῖς ἐμμένον[σ]ι, καὶ πάντως ἔστω τὰ κριθέντα | κύρια. Ἔντων δὲ οἱ ἔγγυοι, μέστα κα ἡ κρίσις ἐπιτελεσθῆι καὶ ἀγγρα||[40]φῆι, καθὼς προγέγραπται. Εἰ δέ τί κα δόξηι ὕστερον ταῖς πόλεσι, Κνω|σίοις καὶ Λατίοις καὶ Ὀλοντίοις, ἤ τι πορτιγράψαι ἢ ἀφελέν, ταῦτα | ἔστω κύρια.    . .

II. Ἀγαθᾶι τύχαι. Ἐπὶ Σαραπίωνος ἄρχοντος, μηνὸς Πυανοψι|ῶνος· ὁ παραγενόμενος πρεσβευτὰς παρὰ τᾶς πόλεος ||[45] τᾶς Κνωσίων Ἀγησίπολις Ἀγαθάνδρω ποτανέγραψε | τὸ ὑποτεταγμένον ψάφισμα, συνευ⟨ε⟩δοκιόντων | καὶ τῶν παραγενομένων πρεσβευτᾶν, παρὰ μὲν τᾶς | Λατίων πόλεος Ἀριστάνδρω τῶ Γλαυκία, παρὰ δὲ | τᾶς Ὀλοντίων πόλεος Ἰκαδίωνος τῶ Ἀργικώμω, κατὰ τὰ ἁ||⁵⁰ποδοθέντα ποτὶ τὸν ἐπιμελητὰν παρὰ τῶν πόλεων γράμματα.

Ἔδοξε Λατίοις καὶ Ὀλοντίοις κοινᾶι βουλευσαμένοις, συν|ευδοκησάντων καὶ Κνωσίων, ἀμβαλὲν ὑπερθεμένοις | κατὰ τὰν ἐπιτροπὰν τὸν προ(γε)γραμμένον χρόνον ἐν τᾶι | στάλαι, τὸν ἐπὶ Νενναίω⟨ι⟩ Κνωσοῖ κόσμω καὶ Διοκλεῖος Λα||⁵⁵τίω καὶ Μενοντίδα Ὀλοντίω · ἐγγράψαι δὲ ὥστε κυρίος ἦμεν | κρίνοντας Κνωσίος ἐν μησὶν δεκαδύο, ἄρχοντος μηνὸς Νε|κυσίω ἐπὶ Ἀγήμονος Κνωσοῖ κόσμω, Λατοῖ δὲ ἐπὶ τῶν σὺν Κυ|δάννωι τῶι Ἐνίπαντος μηνὸς Θεσμοφορίω, ἐν δὲ Ὀλόντι ἐπὶ | τῶν σὺν Ἀντικλεῖ τῶι Εὐβώλω⟨ι⟩ μηνὸς Ἀπελλαίω. ||⁶⁰ Δόντων δὲ Λάτιοι καὶ Ὀλόντιοι τούτω τῶ ἐνγρόφω ἑκάτε|ροι χέρα τᾶι τῶν Κνωσίων πόλει καὶ αὐτοσαυτοῖς.

I. « A la Bonne Fortune. La ville de Cnossos ayant envoyé une ambassade aux villes de Lato et d'Olonte pour les inviter à lui remettre l'arbitrage des mêmes litiges que devant depuis l'origine, les villes de Lato et d'Olonte ont décidé, après en avoir délibéré en commun, l'année où étaient cosmes : à Cnossos, Nennaios fils de Mopseios et ses collègues, le deux du mois Spermios ; à Lato, Dioclès fils d'Hérodas et ses collègues, le deux du mois Théodaisios ; à Olonte, Ménontidas fils d'Acasson et ses collègues, le deux du mois Éleusynios : Le peuple de Lato et le peuple d'Olonte remettront à la ville de Cnossos l'arbitrage de tous les litiges pendants de ville à ville, absolument et en toutes choses, et dresseront (chacun) une stèle, dans les trente jours, à Cnossos dans le temple d'Apollon Delphidios et dans celui sis à Déra, à Lato dans celui d'Éleuthyia, à Olonte dans le temple de Zeus Tallaios, et une autre en commun à Délos dans le temple d'Apollon. Au sujet de cet exemplaire (de la convention) qui sera exposé à Délos, les peuples de Cnossos, de Lato et d'Olonte enverront à l'épimélète (de l'île) une ambassade et des lettres dans le délai de trente jours aux fins d'y dresser la stèle où seront inscrites les décisions prises. Que ces décisions aient force de loi. La ville de Cnossos rendra son jugement dans les six mois à partir du mois Karonios de l'année de Nennaios, du mois .a.tiobiaros suivant le calendrier de Lato, du mois Delphinios suivant le calendrier d'Olonte. Le peuple de Cnossos aura autorité pour faire graver le jugement prononcé sur les stèles de Crète, dans un délai de trente jours. Il enverra à Délos dans un délai d'autant de jours ; et si l'ambassadeur envoyé par la ville de Cnossos à Délos y est présent, il aura autorité pour faire graver le jugement sur la même stèle (que la présente convention). Le jugement prononcé et inscrit par le peuple de Cnossos aura force et autorité à jamais ; et désormais il ne subsistera plus entre eux aucun grief sur aucun sujet et sous aucun prétexte. Les gens de Lato et ceux d'Olonte remettront les uns et les autres à la ville de Cnossos et se remettront réciproquement une copie de la présente convention. Les gens de Lato et ceux d'Olonte donneront, dans les vingt jours, aux gens de Cnossos, des garants Cnossiens par l'entremise du bureau des titres de Cnossos, chacune des deux cités s'engageant pour la somme de dix talents d'Alexandre, à charge de s'en tenir à la présente convention et au jugement rendu par la ville (de Cnossos) ; si l'un des deux peuples vient à y manquer, on poursuivra le recouvrement sur les répondants ; les cosmes de Cnossos opéreront le recouvrement et (en) remettront (le produit) à ceux qui sont restés (dans la convention) ; et que le jugement ait force absolue de loi. Les répondants seront tenus jusqu'au prononcé et à l'inscription du jugement dans les formes prescrites ci-dessus. Si plus tard les cités de Cnossos, de Lato et d'Olonte décident d'ajouter ou de supprimer quelque clause, ces modifications auront toute vigueur.

II. « A la Bonne Fortune. Sous l'archontat de Sarapion, au mois Pyanopsion, l'ambassadeur de la ville de Cnossos, présent à (Délos), Agésipolis fils d'Agathandros, a fait graver en outre le décret ci-dessous, avec l'assentiment des ambassadeurs présents (à Délos), Aristandros fils de Glaukias, pour la ville de Lato, et Icadion fils d'Archicomos, pour la ville d'Olonte, et conformément aux lettres adressées par ces villes à l'épimélète (de Délos).

« Le peuple de Lato et le peuple d'Olonte ont décidé, après avoir délibéré en commun, et avec l'assentiment du peuple de Cnossos : on prorogera, suivant le sursis demandé par les arbitres, les délais prescrits ci-dessus dans la stèle et comptés, pour Cnossos sur l'année du cosme Nennaios, pour Lato sur celle de Dioclès et pour Olonte sur celle de Ménontidas. Il est convenu que le peuple de Cnossos aura autorité pour prononcer son jugement dans les douze mois qui commenceront à courir à Cnossos du mois Nékysios, Agémon étant cosme, à Lato du mois Thesmophorios, sous Kydannos fils d'Énipas et ses collègues, à Olonte du mois Apellaios, sous Anticlès fils d'Eubolos et ses collègues.

« Les gens de Lato et ceux d'Olonte remettront les uns et les autres à la ville de Cnossos et se remettront réciproquement les uns aux autres une copie de la présente convention. » .

L. 3 : ἐξαρχίδιον est sans doute un adjectif pris adverbialement = ἐξαρχῆθεν ; cf. un texte de Cyrène, *CIG*, 5235, l. 2 : Maiuri, *art. cité*, p. 110, note 1. — L. 7 et suiv. Sur le calendrier des villes crétoises, cf. les notes de la *Sylloge*[3], en particulier la note 6 (Hiller). Le mois Ἐλευσύνιος tire probablement son nom du culte d'Ilithyia (Ἐλευθία, l. 13), dont on sait l'importance en Crète. On remarquera la coïncidence du *jour* dans les différents calendriers, ce qui prouve leur unité malgré la différence des noms. —

L. 13 : ἐν τῶι ἱαρῶι τῶ Δέραι. Le second article est au datif, malgré l'omission de l'ι (même omission aux l. 6, 7, 24, 35 ; en revanche, le lapicide ajoute parfois un ι à des génitifs en ω, l. 26, 54, 59) ; Δέραι est un locatif. — L. 14 : Δελφιδίω : même forme au nᵒ 112, l. 46 ; c'est manifestement la même épithète que Δελφίνιος, attribuée à Apollon dans une autre inscription crétoise : *Sylloge³*, 527, l. 21. — L. 20 : ἐν ἑξαμήνωι. Ces six mois sont les derniers de la magistrature exercée par les cosmes nommés aux l. 5 et suiv. Les douze mois ajoutés au délai pour le prononcé du jugement, l. 53, sont ceux de l'année suivante. — L. 31 (cf. l. 61) : χείρ = χειρόγραφον ; cf. un acte d'affranchissement de Phocide : *IG*, XI, 1, 193, l. 30. — L. 32 : αὐτοσαυτοῖς = ἀλλήλοις ; de même ἑαυτῶν pour ἀλλήλων dans de nombreux textes attiques (Dittenberger).

La date 116/5 est donnée par la mention de l'archonte athénien Sarapion (l. 43) : Kolbe, *Att. Arch.*, p. 128 et suiv. ; P. Roussel, *DCA*, p. 365.

Le document comprend deux décrets gravés l'un à la suite de l'autre à moins d'une année d'intervalle. Il s'agit de contestations survenues entre deux villes crétoises, Lato et Olonte, et soumises à l'arbitrage d'une tierce cité, Cnossos. On connaît, par de nombreux exemples, la procédure d'arbitrage (δίκη ἔκκλητος), d'après laquelle deux villes indépendantes, ayant à régler entre elles des différends, ont recours à la médiation d'une tierce cité choisie par elles (πόλις ἔκκλητος) : *Dict. des antiq.*, s. v. *Ephesis* (Ch. Lécrivain), p. 641 (avec la note 37) et suiv. ; B. Haussoullier, *Traité entre Delphes et Pellana*, 1917, p. 86. Cnossos évoque d'office le litige devant elle (l. 1-2) ; mais son initiative doit s'expliquer par une convention préalable intervenue entre les trois cités. Dans un autre document trouvé à Délos et qui met en scène les trois mêmes villes crétoises, on voit également Cnossos députer auprès de Lato et d'Olonte pour les engager à solliciter son arbitrage : *BCH*, 1905, p. 204, n. 67. — Les rivalités de cité à cité en Crète, où la guerre était endémique (Polyb., XXIV, 3), n'avaient jamais permis l'établissement d'une confédération générale des États de cette île. Les nombreuses conventions particulières qui intervinrent entre certaines de ces cités indiquent des confédérations locales et limitées, qui remédiaient partiellement à cet état d'anarchie générale, grâce à un κοινοδίκιον : *Dict. des antiq.*, s. v. *Cretensium respublica* (E. Caillemer), p. 1565 et suiv. ; dans ces divers groupements, Cnossos paraît avoir exercé une sorte de suprématie sur les villes du Nord, comme Gortyne sur celles du Sud.

L'acte par lequel se lient les trois cités fixe les conditions de l'arbitrage : formalités, délais, garanties, cautions. Les garants constitués par Lato et Olonte doivent être de Cnossos, ce qui facilite le recouvrement des dix talents en cas de violation du traité, puisque le dit recouvrement aura lieu par les soins des cosmes de Cnossos. Quand les garants auront payé, ils se retourneront contre Lato et

Olonte, forts de l'engagement pris par les deux cités et transcrit au dépôt des titres de Cnossos. — Les ambassadeurs dépêchés à Délos par les trois cités à l'effet d'y faire graver la stèle devront y attendre le prononcé de la sentence arbitrale qu'ils inscriront au-dessous du décret de procédure. Cependant le second décret de la stèle ne contient pas la sentence ; c'est une simple clause additionnelle qui proroge le délai prévu pour le prononcé du jugement ; le jugement lui-même n'a pas été inscrit, en sorte que nous ignorons le fond même du débat.

A part quelques décrets de corporations égyptiennes ou orientales, fixées à Délos ou qui y ont des filiales, les seuls actes étrangers exposés à Délos sous la deuxième domination athénienne proviennent de villes ou de populations crétoises : conventions d'arbitrage, décret de Cnossos pour Dioscouridès de Tarse (n° 112), décret des auxiliaires de Ptolémée VI (n° 92) ; c'est assurément l'indice de rapports étroits entre la Crète et Délos. La Crète, grande pourvoyeuse en mercenaires des États helléniques, était aussi un centre actif de piraterie dans l'Orient de la Méditerranée : si Délos devait prendre ses sûretés contre les risques de la navigation, son marché d'esclaves, un des plus achalandés (Strab., XIV, 5, 2, p. 668), offrait à la Crète un débouché que celle-ci avait intérêt à fréquenter et à ménager. Mais, dans la déférence des Crétois pour le sanctuaire apollinien, entrait sans doute un sentiment de piété qui remontait à un passé lointain. Des influences crétoises sont sensibles dans la religion apollinienne : c'est de Crète que Délos avait reçu le culte d'Ilithyia : *Dict. des antiq.*, s. v. (F. Durrbach), p. 383 ; et la fête des Britomartia, qui, au IIIe et au IIe siècle, était associée à celle d'Artémis, avait la même origine : *IG*, XI, 2, 145. l. 34 ; *BCH*, 1882, p. 23, l. 186 ; cf. Homolle, *BCH*, 1890, p. 493, note 10. Si, plus tard, les Athéniens ont imaginé le séjour de Thésée à Délos lors de son retour de Crète (n° 7), c'est qu'ils ont trouvé dans la tradition des données toutes prêtes pour y adapter l'itinéraire de leur héros national.

**112.** Décret de Cnossos en l'honneur du littérateur Dioscouridès de Tarse (fin du IIe siècle). — Stèle de marbre ; au-dessous du texte, deux couronnes. — Homolle, *BCH*, 1880, p. 352 ; Michel, 447 ; Blass, *SGDI*, 5150 ; *Sylloge*[3], 721.

Ἔδοξεν Κνωσίων τοῖς κόσμοις καὶ τᾶι πόλι · Ἐπειδὴ | Διοσκουρίδης Διοσκουρίδου, καθ' ὑοθεσίαν δὲ Ἀσκλη|πιοδώρου Ταρσεὺς γραμματικός, διὰ τὰν εὔνοιαν ἃν | ἔχει πορτὶ τὰν ἀμὰν πόλιν συνταξάμενος ἐγκώ||μιον κατὰ τὸν ποιητὰν ὑπὲρ τῶ ἀμῶ ἔθνιος, ἀπήστελ|κε Μυρῖνον Διονυσίω Ἀμισηνὸν ποιητὰν ἐπῶν καὶ με|λῶν, τὸν αὐτοσαυτῶ μαθετάν, διαθησιόμενον τὰ | πεπραγματευμένα ὑπ' αὐτῶ · ὑπὲρ ὧμ

Μυρῖνος πα|ραγενόμενος παρ᾽ ἀμὲ καὶ ἐπελθὼν ἐπί τε τὸς κόσμος ||¹⁰ καὶ τὰν ἐκκλησίαν ἐμφανία κατέστασε διὰ τᾶν ἀκρο|α[σίω]ν τὰν τῶ ἀνδρὸς φιλοπονίαν τάν τε περὶ τὸ | ἐπιτάδουμα εὐεξίαν, ὁμοίως δὲ καὶ τὰν εὔνοιαν ἂν | ἔχει πορτὶ τὰν πόλιν ἀνανεώμενος αὐτ(ὸ); τὰν προγο|νικὰν ἀρετὰν δι᾽ ἐγγράφω ἐπ[έδειξ]ε καὶ τοῦτο πε||¹⁵δὰ πλίονος σπουδᾶς καὶ φιλοτ[ιμί]ας τὸν ἀπολογισ|μὸν πο(ι)ιόμενος κ[αθ]ὼς ἐπέβαλλ[ε] ὑπὲρ ἰδίω παιδε[υ]τᾶ · ἐφ᾽ ὧν καὶ τὸ πλῆθος τῶν πολιτᾶν, ἀκούσαντεν | τὰ πεπραγματευμένα καὶ τὰν [ὅ]λαν αἵρεσιν τῶ ἀν|δρός, ἂν ἔχων τυγχάνει εἰς τὰν ἀμὰν πόλιν, ἀπεδέ||²⁰ξατο μεγάλως · ὅπαι οὖν καὶ ἀ πόλις τῶν Κνωσίων | φαίνηται εὐχάριστος ἰόνσα καὶ τὸς καλὸς κἀγα|θὸς τῶν ἀνδρῶν ἀποδεχομένα καὶ τιμίονσα | τάς τε καταξίας χάριτανς ἀποδιδόνσα τοῖς | εὐεργετῆν αὐτὰν προαιριο|μένοις, καὶ φανερὰν ||²⁵ καθιστάνσα ἐς πάντας ἀνθρώπος ὅσαν ἔχει διά|λαμψιν ὑπὲρ τῶν εὐνόως διακειμένων πορ|τ᾽ αὐτάν · δεδόχθαι τᾶι πόλι · ἐπαινέσαι Διοσκουρί|δην Διοσκουρίδου, καθ᾽ ὑοθεσίαν δὲ Ἀσκληπι|οδώρου, ἐπὶ τοῖς πεπραγματευμένοις ὑπ᾽ αὐτῶ ||³⁰ καὶ τᾶι προαιρέσει ἂν ἔχων τυγχάνει ἐς τὰν | ἀμὰν πόλιν · ἤμεν δὲ αὐτὸν καὶ πρόξενον | καὶ πολίταν τᾶς ἀμᾶς πόλεος, αὐτὸν καὶ ἐσγό|νος καὶ πεδέχεν θίνων καὶ ἀνθρωπίνων | πάντων ὧν καὶ αὐτοὶ Κνώσιοι πεδέχοντι · ||³⁵ ἤμεν δὲ αὐτοῖς καὶ ἔγκτησιν γᾶς καὶ ο(ἰ)κίας καὶ | ἀσφάλειαν πολέμω καὶ εἰρήνας καὶ καταπλέον|σι ἐς τὸς Κνωσίων λιμένας καὶ ἐκπλέοντι, αὐ|τοῖς καὶ χρήμασι τοῖς τούτων ἀσυλεὶ καὶ ἀσπον|δεί · ὅπαι δὲ καὶ τοῖς ἐπιγινομένοις ἀείμνασ||⁴⁰τος ὑπάρχηι ἀ τᾶς πόλεος ἐκτενὴς προαίρεσις | καὶ φανερὰ ἦι ἀ εὔνοια τοῖς γνησίως καὶ ἐνδόξως | τῶν καλλίστων ἐπιταδουμάτων προεστακόσι | καὶ τοῖς πορτ᾽ αὐτὰν εὔνοιαν αὔξεν προαιριο|μένοις, ἀναγράψαι τόδε τὸ ψάφισμα ἐς στάλαν ||⁴⁵ λιθίναν καὶ ἀνθέμεν ἐς τὸ ἱερὸν τῶ Ἀπέλ|λωνος τῶ Δελφιδίω · αἰτήσαθθαι δὲ καὶ τόπον | Ἀθηναίων τὸς ἐν Δάλωι κατοικίοντας καὶ θέ|μεν ἐν τῷ ἱερῷ τῶ Ἀπέλλωνος λαβόντας τὸν | ἐπιφανέστατον τόπον · γράψαι δὲ περὶ τούτων ||⁵⁰ τὰμ πόλιν πορτὶ Ἀθηναίος τὸς ἐν Δάλοι κατοι|κίοντας καὶ πορτὶ τὸν Ταρσέ(ω)ν δᾶμον, ὑποτά|ξαντας τὸ ἀντίγραφον τῶδε τῶ ψαφίσματος. | Αἱρέθη ἐπὶ τᾶς ἀναθέσιος τᾶς στάλας | Μακκιάδων Θαρυμάχω καὶ Λεόντιος Κλυμενίδα.

« Décret des cosmes et de la ville de Cnossos. Attendu que le lettré Dioscouridès, fils de Dioscouridès et, par adoption, d'Asclépiodoros, natif de Tarse, ayant par affection pour notre ville composé, d'après le Poète, un éloge en l'honneur de notre peuple, a envoyé Myrinos fils de Dionysios, d'Amisos, poète épique et lyrique, son élève, pour donner lecture de sa composition ; que pour ce motif celui-ci, étant venu chez nous et s'étant présenté devant les cosmes et l'assemblée, a mis en évidence par ses auditions l'effort studieux de cet homme

et son excellence dans son art ; que pareillement il a montré par un écrit les
sentiments de bienveillance que Dioscouridès, renouvelant pour son compte un
mérite héréditaire, porte à notre ville, et que Myrinos a fait cet exposé avec toute
la chaleur et l'affection qui lui étaient séantes à l'égard de son maître ; à la suite de
quoi, l'assemblée des citoyens, ayant entendu la composition de Dioscouridès,
et (le témoignage de) son absolu dévouement à l'égard de notre ville, les a gran-
dement appréciés ; afin donc de montrer que la ville de Cnossos est reconnaissante, qu'elle accueille et honore les hommes excellents, et qu'elle accorde
les hommages mérités à ceux qui par choix l'obligent, afin qu'elle rende
évidente aux yeux de tous la considération qu'elle garde à ceux qui lui sont
dévoués, la ville décrète : Dioscouridès, fils de Dioscouridès et, par adoption,
d'Asclépiodoros, recevra l'éloge pour sa composition et pour le dévouement qu'il
témoigne à notre ville ; il sera proxène et citoyen de notre ville, lui et ses descendants, et participera, au même titre que les Cnossiens, à toutes les choses divines
et humaines ; ils auront le droit de posséder terre et maison, et la sûreté en
temps de paix comme de guerre, à l'entrée et à la sortie des ports de Cnossos,
eux-mêmes et leurs biens, et seront, même sans trêve, à l'abri du droit de
prise. Afin de laisser à la postérité un témoignage perpétuel des sentiments
empressés de la ville et de rendre manifeste sa reconnaissance pour ceux qui
s'adonnent sincèrement et glorieusement aux plus belles des études et dont
l'ambition est de lui prouver sans cesse davantage leur attachement, ce décret sera
inscrit sur une stèle de marbre et exposé dans le sanctuaire d'Apollon Delphidios ;
on demandera aussi un emplacement aux Athéniens qui résident à Délos pour y
exposer le décret dans le sanctuaire d'Apollon, à l'endroit le plus en évidence. La
ville écrira, au sujet de ces décisions, aux Athéniens résidant à Délos et au peuple
de Tarse en faisant suivre la lettre de la copie du présent décret. Ont été élus pour
la pose de la stèle Makkiadon fils de Tharymachos et Léontios fils de Klyménidas. »

L. 25-26 : διάλαμψιν ne se rattache pas au verbe λάμπω, mais à λαμβάνω ; il équivaut
donc à διάληψιν, avec le sens d' « opinion, jugement, considération que l'on a pour
quelqu'un ou dont on jouit » (Homolle). — L. 37 : τὸς Κνωσίων λιμένας. Cnossos est à
quelque distance de la mer ; son port principal est Héracleion ; Strabon (X, 4, 7-8, p. 479)
cite en outre, pour l'époque de Minos, Amnisos ; il pouvait y en avoir d'autres encore
(Homolle). — L. 46 : Δελφιδίω = Δελφινίω ; cf. n° 111, l. 14.

Λεόντιος Κλυμενίδα (l. 54) figure dans un catalogue des bienfaiteurs de Théra :
IG, XII, 3, 333 et Suppl., 1298 = Sylloge³, 720 (Hiller), qui date de la fin du
IIᵉ siècle ; cette indication fixe approximativement l'époque du décret pour
Dioscouridès.

Dioscouridès de Tarse a été identifié par Br. Keil, *l. l.*, avec l'auteur, qui porte le même nom, d'un ouvrage περὶ τῶν παρ' Ὁμήρῳ νόμων, souvent cité par Athénée (Susemihl, *Litter. d. Alexandrinerzeit*, II, p. 347 et suiv.) ; mais cette hypothèse a été contestée : Wilamowitz, *Hermes*, 1900, p. 452 et suiv. ; cf. Schwartz, *Realenc*[2]., s. v., n° 7. Quant à Myrinos (l. 6), on a pensé reconnaître en lui le poète dont l'*Anthologie* a conservé quelques pièces : XI, 67 ; VII, 803 ; VI, 108 et 254 ; mais ces épigrammes, comme l'a montré Wilamowitz, *l. l.*, proviennent du recueil de Philippos, qui fut composé entre l'époque de Sylla et celle de Caligula.

Dioscouridès est qualifié de γραμματικός : le terme paraît répondre à peu près à notre mot de « littérateur » ; celui d'ἐγκώμιον, qui désigne l'œuvre dont Dioscouridès est l'auteur, manque également de précision, car il peut convenir à un ouvrage en prose comme à un poème. Néanmoins, comme Myrinos, « poète épique et lyrique », est l'élève de Dioscouridès, on conclura que celui-ci cultivait aussi la poésie, et qu'ainsi l'ἐγκώμιον (cf. n° 84) était un poème, apparemment lyrique et chanté : c'était sans doute un hymne à Cnossos et à ses dieux, analogue à celui qu'avait composé Amphiclès pour Délos [1]. — L. 5 : κατὰ τὸν ποιητάν, le poète par excellence, Homère : allusion à l'hymne *à Apollon Pythien*, où les Crétois qui transportent le dieu sont de Cnossos (Homolle), ou encore à l'*Odyssée*, XIX, 172 et suiv., vers qui contiennent une longue digression sur la Crète (Keil) [2]. — L. 13 : δι' ἐγγράφω : lettre d'envoi de l'auteur accompagnant son ἐγκώμιον, et que Myrinos prend pour thème d'un développement plus étendu, ἀπολογισμός (Blass).

**113.** Statues du roi Mithridate VI Eupator et de son frère Chrestos consacrées par un gymnasiarque (115 av. J.-C.). — Base cylindrique de marbre. — *CIG*, 2227 *a*, d'après une copie défectueuse de Spon ; meilleure copie dans Cyriaque d'Ancône : Riemann, *BCH*, 1877, p. 86, n. 28 ; *Or. gr.*, 369 ; P. Roussel, *BCH*, 1912, p. 426, n. 22.

[Βα]σιλέω[ς Μ]ιθραδάτου Εὐπάτο[ρ]ος [Ε]ὐ— — | καὶ το]ῦ α[ὐτοῦ

1. Blass a fait valoir, contre cette interprétation, que les verbes employés pour caractériser la composition (συνταξάμενος, l. 4; τὰ πεπραγματευμένα, l. 8, 19, 29) rappellent plutôt un ouvrage en prose, σύνταξις, πραγματεία. L'argument est loin d'être convaincant, puisque d'autres textes déliens en l'honneur de poètes authentiques, Démotélès d'Andros et Ariston de Phocée usent précisément du verbe πραγματεύομαι à propos de leurs productions : n°s 30, l. 5-6, et 84, l. 9.
2. D'après Keil, l'allusion aux vers de l'*Odyssée* est plus plausible parce que les mots ὑπὲρ τῶ ἁμῶ ἔθνιος s'appliquent sans doute à la Crète en général, et non à Cnossos, qui n'est qu'un δᾶμος ou une πόλις. C'est, je pense, chercher dans le texte trop de précision. Cnossos ne se fût pas montrée si reconnaissante du poème de Dioscouridès si son rôle n'y avait été spécialement glorifié.

ἀ[δ]ελφοῦ Μι[θρ]α[δ]άτο[υ | Χρ]ήστου .Δ[ιονύ]σιος Νέωνος Ἀθ[ηναῖος | γυ]μνα-
[σιαρχήσ]α[ς] ἀνέθηκεν.

« (Statues) du roi Mithridate Eupator...... et de son frère Mithridate
Chrestos, consacrées par Dionysios fils de Néon, d'Athènes, ancien gymnasiarque. »

L. 1 : le surnom Εὐτυχοῦς, restitué par Spon, ne figure nulle part dans la titulature
officielle des inscriptions ou des monnaies ; il manque dans la copie de Cyriaque, bien
supérieure à celle de Spon. Cependant P. Roussel dit avoir distingué un Υ et la partie
inférieure de l'E ; il y avait donc un surnom commençant par Εὐ-, peut-être Εὐεργέτου.
— L. 3 : le patronymique, mal copié par Spon (ΝΕΣ......ΝΟΣ), restitué en Νίκωνος
ou Νείκωνος (Dittenberger), est Νέωνος dont s'écarte à peine la copie de Cyriaque,
Νεώνιος. — Pour le libellé de la rédaction, cf. les nᵒˢ 99 et 101.

Dionysios fils de Néon, du dème de Képhalé, occupe le 52ᵉ rang dans la liste des
gymnasiarques, et par conséquent l'année 116/5 : P. Roussel, *DCA*, p. 198
(cf. *BCH*, 1910, p. 419, n. 83, l. 2). La date de la dédicace est ainsi donnée à
une année près ; on ne peut descendre après 115/4, les magistrats sortis de
charge ne paraissant pas avoir gardé à perpétuité le titre de leur fonction.

L'inscription donne le titre royal à Mithridate Eupator dès 115. Après l'assassinat d'Évergète (120), la reine-mère Laodice avait pris la régence ; elle l'exerça
au nom de ses deux fils, Eupator, âgé de douze ans à la mort de son père, et
Chrestos, le cadet ; elle périt en 111 dans la prison où l'avaient jetée ses fils unis
contre elle, après y avoir langui quelques années : Th. Reinach, *Mithr. Eup.*,
p. 47 et 55. La dédicace de Délos paraît démontrer que la révolution de palais qui
supprima la régente était un fait accompli dès 115. On s'explique ainsi que
Laodice, dépossédée de la régence, ne figure pas dans la dédicace. Quant à
Chrestos, il fut pendant quelque temps associé par Eupator à l'exercice du
pouvoir : cf. nᵒ 114 ; mais il ne porte pas, comme son frère, le titre royal.
Mithridate ne tarda pas à se débarrasser de lui par l'assassinat, sous le prétexte,
vrai ou supposé, d'un complot.

Le nom de Mithridate Eupator et celui de plusieurs personnes de son entourage
se retrouvent en d'assez nombreux documents épigraphiques de Délos : cf. les
nᵒˢ 114, 133-137. On s'est demandé si le roi de Pont, du temps où il cherchait
des alliances en vue de la guerre qu'il projetait contre Rome, n'avait pas eu pour
dessein de gagner les sympathies de Délos, et l'on a parlé des offrandes dont il
aurait « comblé » le sanctuaire ; von Schœffer, *De Deli ins. rebus*, p. 215. C'est
de quoi il ne reste pas trace dans nos documents. Délos étant alors une colonie

d'Athènes, les dédicaces déliennes où figure le nom du roi, et qui sont toutes des hommages de personnages athéniens, révèlent bien plutôt les relations du roi avec la métropole, Athènes. Il est ici fidèle à la tradition de ses prédécesseurs, Pharnace et Mithridate Évergète (n^os 73, 99, 100). La politique du Pont à l'égard d'Athènes, sympathique dès l'origine, inspirée par le prestige d'une civilisation supérieure et par les traditions amicales des villes florissantes de Sinope et d'Amisos, colonie athénienne (cf. n° 100, comm.), prit, dans la suite du règne d'Eupator, un caractère plus positif et plus utilitaire, quand le roi espéra trouver dans Athènes un appui contre les Romains.

**114.** Dédicace pour Mithridate Eupator et son frère Chrestos (vers 115 av. J.-C.). — Plaque de marbre brisée en deux. — Hauvette, *BCH*, 1882, p. 343, n. 57 ; Michel, 1160 ; *Or. gr.*, 368 ; P. Roussel, *CÉ*, p. 156, n. 134.

Διὶ Οὐρίωι ὑπὲρ βασι[λέως] | Μιθραδάτου Εὐπάτορος | καὶ τοῦ ἀδελφοῦ αὐτοῦ | Μιθραδάτου Χρήστου ||⁵ καὶ τῶν πραγμάτων | αὐτῶν.

« A Zeus Ourios, pour le roi Mithridate Eupator et son frère Mithridate Chrestos, et (le succès de) leurs affaires. »

Cette dédicace est, comme la précédente, antérieure à la mort de Mithridate Chrestos, en 111. Chrestos ne porte pas, comme son frère, le titre de roi ; il n'est donc pas pleinement associé à la royauté ; cependant l'application à l'un comme à l'autre du mot πράγματα prouve qu'il avait quelque part au pouvoir : Dittenberger, note 3. — Ferguson a vu dans l'expression inaccoutumée ὑπέρ.... τῶν πραγμάτων une allusion à une entreprise déterminée, la campagne du roi de Pont contre le Bosphore, et il s'en autorise pour déterminer la date de cette expédition : *Hell. Athens*, p. 438, note 2. Le sens est beaucoup moins précis ; il exprime simplement les intérêts des souverains, leurs succès en général. La même expression revient, avec le même sens, dans un décret d'Éphèse, où le stratège Archestratos est loué pour son dévouement à la cause de Lysimaque ; πιστὸν.... αὐτὸμ παρέσχηται εἰς τὰ τοῦ βασιλέως πράγματα : *Or. gr.*, 9, l. 2 ; cf. le rescrit d'Antiochos III, qui félicite trois députés de Magnésie pour leur dévouement à sa personne et à ses intérêts : τὴν εὔνοιαν... εἴς τε ἡμᾶς καὶ τὰ πράγματα : *ibid.*, 247, l. 19-20. Le titre ὁ ἐπὶ τῶν πραγμάτων désigne une des plus hautes dignités dans les monarchies orientales ; c'est celui que porte Héliodoros, le ministre tout-puissant de Séleucos IV : n^os 71, I et II, 72 ; 2 *Macch.*, 3, 7 ; cf. à la cour de Syrie : Polyb., V, 41, 1-2 ;

Joseph., *Ant. Jud.*, XII, 295; *Or. gr.*, 231, l. 26 (où plusieurs dignitaires se partagent ce titre); et à Pergame : *Or. gr.*, 291-296.

L'épithète Οὔριος, dont l'équivalent latin est *Secundanus* (*BCH*, 1909, p. 496, n. 16, l. 7 et 21) est un très ancien vocable ; elle est attribuée à Zeus par Eschyle, *Suppl.*, 594. Comme son nom l'indique, Zeus Ourios est le dieu du vent qui souffle en poupe : P. Roussel, *CÉ*, p. 165, n. 153. Il jouit à ce titre d'une certaine vogue parmi les Athéniens et les étrangers qui fréquentent à Délos pour y faire le commerce : *CÉ*, p. 152, n. 129; p. 163, n. 148. On peut supposer que la dédicace en l'honneur et pour le salut du roi Mithridate est faite en reconnaissance de services rendus à des navigateurs.

**115.** DÉDICACES DES STATUES DE MÉDEIOS FILS DE MÉDEIOS ET DE SES DEUX SŒURS (vers 120-110 av. J.-C.). — Plaque de marbre provenant d'une exèdre. — Les dédicaces sont disposées sur trois colonnes. — Th. Homolle, *BCH*, 1879, p. 378, n. 17 ; cf. P. Roussel, *ibid.*, 1908, note 5.

I. [Φιλίππην Μ]ηδείου | [Πειραιέως θ]υγατέρα | [ὁ πατὴρ καὶ] ἡ μήτηρ | [Τιμοθέα] Γλαύκου ||⁵ [Πειραιέως] θυγάτηρ | [κανηφορήσα]σαν Δήλια, | [ὑφιέρειαν δὲ] γενομένην | ['Αρτέμιδος,] 'Απόλλωνι, | ['Αρτέμι]δι, Λητοῖ.

II. Μήδειον Μηδείου Πειραιέα | ὁ πατὴρ καὶ ἡ μήτηρ Τιμοθέα | Γλαύκου Πειραιέως θυγάτηρ | δηλιαστὴν γενόμενον ||⁵ 'Απόλλωνι, 'Αρτέμιδι, Λητοῖ.

III. Λα(ο)δάμειαν Μ[ηδεί]ου | Πειραιέως θυγατέρα | ὁ πατὴρ καὶ ἡ μήτηρ | Τιμοθέα Γλαύκου ||⁵ Πειραιέως θυγάτηρ | κανηφορήσασαν | Δήλια καὶ 'Απολλώνια, |'Απόλλωνι, 'Αρτέμιδι, | Λητοῖ. ||¹⁰

Εὐτυχίδης ἐποίησεν.

Statues de Philippé, qui a été canéphore aux *Délia* et prêtresse d'Artémis, de Médeios, déliaste, et de Laodameia, canéphore aux *Délia* et aux *Apollonia*, consacrées à la triade apollinienne par leurs parents, Médeios (fils de Lysandros), du dème du Pirée, et Timothéa fille de Glaucos, du même dème. — Signature d'Eutychidès.

La période d'activité du sculpteur Eutychidès, fils d'Héphaistion et petit-fils de Myron d'Athènes, est comprise entre les années 120 et 88 ; on connaît de cet artiste une quinzaine de signatures à Délos : P. Roussel, *BCH*, 1908, p. 409-410 ; *DCA*, p. 287 et 288, note 1. D'autre part la carrière de Médeios fils de Médeios, ici nommé comme déliaste, ne permet pas de descendre, pour dater la dédicace, beaucoup plus bas que 120 ; on ne se trompera guère en la fixant dans l'intervalle de 120 à 110.

Médeios est, dans l'histoire d'Athènes à la fin du II$^e$ siècle et au début du I$^{er}$, un personnage de premier plan, et il joue aussi un rôle important à Délos : Ferguson, *Klio,* 1904, p. 12 et suiv. ; *Hell. Athens,* p. 421, 425 et suiv. ; P. Roussel, *DCA,* p. 66 et note 4 ; p. 112. Sa généalogie (*Vies des Dix Orateurs,* VII, 27-30) le rattache à deux familles de la plus antique et illustre origine, celle des Eumolpides et celle des Étéoboutades, où se transmettait héréditairement le sacerdoce de Poseidon-Érechtheus, qu'exerça en effet Médeios, comme l'avait exercé son ancêtre l'orateur Lycurgue. Il fut quatre fois archonte : d'abord en 100/99, puis pendant trois années consécutives, dé 91/0 à 89/8, à la veille de la révolution démocratique qui devait lier Athènes à la cause de Mithridate dans la guerre contre Rome. Entre temps, il avait été, à Délos, épimélète de l'île en 97/6 (n° 144), et, la même année, préposé à la banque publique, agonothète des Panathénées et des *Délia : IG,* II, 985, *D,* col. II, l. 8-15. Deux statues lui furent élevées à Délos : l'une par deux particuliers, lors de son épimélétat : *BCH,* 1905, p. 234, note 1 ; l'autre, sans doute vers la même époque, par les habitués du gymnase, nous ne savons en quelle qualité : *BCH,* 1912, p. 430, n. 25. Lui-même y consacra une table de marbre qui commémorait sa triérarchie : *DCA,* p. 429, n. 51. On y trouve aussi le souvenir de son fils Médeios, qui, au début du I$^{er}$ siècle, fait partie des πομπόστολοι ou jeunes gens recrutés par le prêtre pour célébrer une cérémonie en l'honneur de Zeus Soter et d'Athéna Soteira : *BCH,* 1902, p. 518, n. 7, l. 5 ; et à qui les ἀλειφόμενοι élevèrent une statue comme à son père en 94/3 : *ibid.,* p. 431, n. 26.

La triple dédicace en l'honneur de Médeios et de ses sœurs met en évidence le rôle joué par leur famille dans la célébration des *Délia.* La grande fête pentétérique de ce nom, célébrée avec éclat lors de l'amphictyonie attico-délienne, n'avait pas survécu à ce régime ; après 314, les Déliens ne célèbrent plus, en l'honneur de leur dieu national, que les *Apollonia* annuelles. Les Athéniens firent revivre les antiques *Délia,* mais non pas, semble-t-il, dès leur retour dans l'île d'Apollon : du moins n'en trouvons-nous aucune mention avant le dernier quart du II$^e$ siècle, et les dédicaces ci-dessus en sont le premier témoignage. Le jeune Médeios est le plus ancien des personnages qui nous sont connus comme ayant été *déliastes,* c'est-à-dire théores officiels de la métropole dans la solennité réinstaurée par elle. Ces *Délia* se surajoutent aux *Apollonia* annuelles, puisque Laodameia porte la corbeille à l'une et à l'autre des deux fêtes ; au début du I$^{er}$ siècle, elles deviennent annuelles à leur tour, et paraissent s'être substituées définitivement aux *Apollonia :* P. Roussel, *DCA,* p. 208-211. — Il n'y a pas, à coup sûr, une coïncidence purement fortuite entre la reprise solennelle des *Délia* et la décision qu'avait prise Athènes, en 128/7, de créer l'ennéétéride delphique, où la pythaïde traditionnelle fut rehaussée d'un éclat nouveau : G. Colin, *Le culte d'Apollon Pythien*, p. 174 et suiv. L'inspiration de cette double mesure est due à l'initiative du parti aristocratique ; la famille de Médeios prit peut-être une part active dans l'une et l'autre, puisque le déliaste de la dédicace fut également pythaïste en 128/7 et qu'il figure plus tard, comme ἱππεύς, dans la théorie delphique de 106/5 : *Fouilles de Delphes*, III, fasc. 2, n. 12, col. ii, l. 4 ; n. 28, col. iv, l. 50.

La présence de Médeios fils de Médeios à Délos n'est pas motivée seulement par des préoccupations religieuses ou par les fonctions publiques qu'il eut à y remplir. Il était du nombre de ces Eupatrides qui ne dédaignaient pas les opérations lucratives. Comme Diodotos du dème de Sypalettos, Sarapion de Mélité, Théodotos de Sounion, épimélètes de ce temps, il faisait à Délos des affaires, et peut-être, suivant la conjecture de Ferguson, s'y était-il enrichi comme plusieurs autres dans le trafic des esclaves. Si des traditions de famille et une affinité naturelle du parti aristocratique d'Athènes l'inclinaient du côté de la Rome oligarchique, ses intérêts le rapprochaient encore de la puissance qui était maîtresse de la place de Délos et qui maintenait la sécurité des relations commerciales dans l'Orient : nul doute qu'il n'ait été, à Délos, comme à Athènes, un des chefs du parti romain, hostile jusqu'au dernier moment à l'entente avec Mithridate.

**116.** Dédicace bilingue des Hermaïstes, Apolloniastes et Poseidoniastes a Hercule (113 av. J.-C.). — Bloc de marbre, vers l'angle Sud-Ouest de la Salle Hypostyle. Les textes latin et grec, que nous reproduisons l'un à la suite de l'autre, sont disposés sur deux colonnes. — P. Roussel et J. Hatzfeld, *BCH*, 1909, p. 493, n. 15 ; *Explor. arch. de Délos*, fasc. II (G. Leroux), p. 47, note 3 et fig. 67.

*P. Sextilius L. f. Pilo, | C. Crassicius P. f., | M. Audius M. f., | M. Cottius N. f., || ⁵ Gn. Tutorius Gn. f., | N. Stenius M. f., | P. Arellius Q. l., | Ti. Seius M. l.; | N. Tutorius Gn. l., || ¹⁰ Q. Nummius Q. l., | D. Maecius L. l., | P. Castricius P. l., | magistreis Mirquri Apollini(s) | Neptuni, Hercolei ; coeraverunt, || ¹⁵ eis dedicaverunt, Gn. Papeirio | C. Caecilio cos.*

Πόπλιος Σεξτίλιος Λευκίου, | Γάιος Κρασσίκιος Ποπλίου, | Μάαρκος Αὔδιος Μαάρκου, | Μάαρκος Κόττιος Νεμερίου, ||⁵ Γναῖος Τουτώριος Γναίου, | Νεμέριος Στένιος Μαάρκου, | Πόπλιος Ἀρέλλιος Κοίντου, | Τιβέριος Σήιος Μαάρκου, |

Νεμέριος Τουτώριος Γναίου, || ¹⁰ Κόιντος Νύμμιος Κόιντου, | Δέκμος Μαίκιος Λευκίου, | Πόπλιος Καστρίκιος Ποπλίου, | οἱ Ἑρμαισταὶ καὶ Ἀπολλωνιασταὶ καὶ Ποσει|δωνιασταὶ Ἡρακλεῖ ἀνέθηκαν καὶ || ¹⁵ καθιέρωσαν.

Douze « *magistreis* de Mercure, Apollon et Neptune », en grec « Hermaïstes, Apolloniastes et Poseidoniastes », « ont élevé et consacré ce monument à Hercule ». La dédicace est datée des consuls de l'an 113 av. J.-C.

Sur ces trois collèges, cf. les n°ˢ 86, 96-98. On les retrouve associés dans cinq autres dédicaces échelonnées de 113 à 74 av. J.-C. :. J. Hatzfeld, *BCH*, 1912, p. 157, note 1 ; cf. ci-après les n°ˢ 144 et 157. Dans toutes ces·listes, le nombre des *magistri* est de douze ; comme chacun des collèges en comptait d'ordinaire six, il faut admettre qu'un certain nombre seulement de ces membres participaient à ces dédicaces collectives ; mais nous ne connaissons ni la raison de cette réduction, ni dans quelle mesure elle portait sur les trois collèges : P. Roussel, *DCA*, p. 77-78.

Les divinités auxquelles s'adressent les dédicaces des trois collèges réunis sont tout d'abord celles de chacune des associations, Mercure, Apollon et Neptune ; quelques dédicaces leur adjoignent, ou invoquent isolément, Hercule, Jupiter Secundanus (cf. n° 114), les *Italici*. Hercule, seul nommé ici, a déjà son culte chez les Hermaïstes, qui lui avaient dressé, près de leur chapelle, des autels et des statues : J. Hatzfeld, *ibid.*, p. 165, note 2 ; il faut donc le distinguer de l'Héraclès grec, dont le sanctuaire se trouvait près du Samothrakion : n° 79, l. 36 ; P. Roussel, *DCA*, p. 232-3 ; c'est l'Hercule latin, dieu du gain, comme Mercure, et qui présidait aussi à l'association des *olearii* : n° 141 ; *DCA*, p. 274.

**117.** INTITULÉ D'UNE LISTE D'ENFANTS, ÉLÈVES DE STASÉAS, MAÎTRE DE PALESTRE (fin du II⁰ siècle av. J.-C.). — Plaque de marbre bleuâtre, primitivement rectangulaire, puis grossièrement taillée en fronton ; trouvée au gymnase. — G. Fougères, *BCH*, 1891, p. 255, n. 2.

Στασέας Φιλοκλέους Κολωνῆθεν παιδο|τρίβης ἀνέγραψεν τοὺς ἐκ τῆς ἑαυτοῦ πα|λαίστρας ἱερατεύσαντας καὶ λαμπαδαρ|χήσαντας καὶ ἀγωνοθετήσαντας καὶ γυ||⁵μνασιαρχήσαντας ἐκ τῶν ἐλευθέρων παί|δων τὰ Ἑρμαῖα

« Staséas fils de Philoclès, du dème de Colone, pédotribe, a dressé la liste des enfants de naissance libre appartenant à sa palestre, qui ont été aux fêtes d'Hermès prêtres, lampadarques, agonothètes et gymnasiarques. » — Suivent, en deux colonnes, quarante-sept noms, dont cinq inscrits deux fois, groupés suivant les différentes fonctions que les enfants ont remplies et qui sont énumérées dans la formule.

Nous connaissons par les textes trois palestres privées à Délos : celle de Staséas ici nommé, qui, après en avoir été le directeur pendant vingt-cinq ans, la transmit à son fils : *BCH*, 1905, p. 222, n. 82 ; celle de Nikias fils de Léonidas, du dème de Mélité : *ibid.*, 1891, p. 263, n. 4 ; 1908, p. 415, n. 3 ; 1912, p. 425, n. 20 ; une autre est tenue par deux Alexandrins, qui portent l'un et l'autre le nom de Nikératos : *ibid.*, 1891, p. 264, n. 5. Nikias et Staséas sont qualifiés tous deux de *pédotribes*. Ce titre convient, dans l'usage général, aussi bien aux maîtres privés qu'aux maîtres attachés à une palestre qui dépend d'un gymnase officiel. A Délos, la place tenue par les pédotribes dans les inscriptions éphébiques les a fait considérer comme des fonctionnaires publics, qui collaboraient à l'instruction des éphèbes sous la direction du gymnasiarque : Fougères, *art. cité*, p. 273 et suiv. Cependant, comme Nikias et Staséas sont, à n'en pas douter, les propriétaires de leurs palestres, peut-être faut-il admettre que le pédotribat, tout en étant à Délos une fonction officielle, y était confié à des maîtres privés, au nombre de deux par an, qui pouvaient être renouvelés et qui avaient la surveillance du collège éphébique, peut-être même celle des autres palestres privées : P. Roussel, *BCH*, 1908, p. 372 et suiv. ; *DCA*, p. 190 et suiv.

Les maîtres de palestre n'étaient pas tous des Athéniens. De même, les enfants et les jeunes gens qui les fréquentaient appartiennent à des nationalités diverses. Parmi les élèves de Staséas, la moitié seulement est d'origine athénienne ; la seule condition requise était qu'ils fussent de naissance libre. Ces palestres constituaient de petites sociétés autonomes, bigarrées comme l'était la foule composite des ἀλειφόμενοι ou habitués adultes du gymnase, et modelées sur l'organisation de celui-ci. Les enfants y revêtaient, notamment aux fêtes des *Hermaia*, des dignités qui impliquaient des charges financières : on voit parmi eux des *prêtres*, qui offrent sans doute les victimes, des *agonothètes*, qui défrayent les jeux, des *lampadarques* qui pourvoient à la course aux flambeaux, des *gymnasiarques*, qui fournissent l'huile : *DCA*, p. 195.

Les palestres privées, où les enfants recevaient l'entraînement physique, étaient des écoles préparatoires au gymnase de l'État, placé sous la direction du gymnasiarque (n° 82) et fréquenté par les éphèbes et les adultes. Les documents administratifs du temps de l'indépendance mentionnent fréquemment « la palestre », qui paraît être restée longtemps le principal des établissements publics destinés aux exercices gymniques ; des travaux importants y sont en cours dans le premier tiers du IIIe siècle : *IG*, XI, 2, 144, *A*, l. 83 et suiv. ; n. 156, *A*, l. 65 et suiv. ; *B*, l. 23 ; n. 165, l. 16 et *passim* ; n. 199, *A*, l. 104 et suiv. Il y avait d'autres palestres encore, si l'on en juge par les expressions ἡ κάτω παλαίστρα : *ibid.*, 147, *A*, l. 6 ; 154, *A*, l. 5 ; et ἡ ἀρχαία παλαίστρα : comptes inédits de *Charilas* II (219), l. 76. Le gymnase, qui a fini par supplanter les édifices plus anciens, n'est cité que rarement dans le cours du IIIe siècle et au début du IIe : références dans *DCA*, p. 189, note 6. Établi dans la région qui est à l'Est du Lac Sacré, il était primitivement d'un plan assez simple : une cour entourée de salles sur trois côtés. Les Athéniens le développèrent et l'embellirent, en ajoutant à l'intérieur un quadruple portique et une entrée monumentale au Sud. Les remaniements se poursuivent au Ier siècle avant notre ère ; ils sont dus, comme en témoignent les dédicaces, pour une part aux gymnasiarques, le plus souvent à des particuliers : G. Fougères, *BCH*, 1891, p, 238 et suiv. ; Avezou et Picard, *Mélanges Holleaux*, p. 11 ; P. Roussel, *DCA*, p. 292 et suiv. L'inventaire daté de l'archonte Callistratos (156/5) énumère les offrandes qui y étaient déposées : *A*, col. I, l. 118-154. — Il semble enfin que le gymnase, à son tour, ait été délaissé au cours du Ier siècle, probablement après les excès des troupes mithridatiques ; la vie éphébique se transporta dans la Palestre du lac, primitivement palestre privée : Ch. Picard, *Comptes rendus de l'Ac. des Inscr.*, 1911, p. 856 et suiv. ; Avezou et Picard, *ouvr. cité*, p. 9.

Les gymnases grecs étaient dans le principe des établissements uniquement destinés aux exercices gymniques ; mais l'attrait qu'offrait la vie athlétique en fit des lieux de rendez-vous pour tous les membres de la société. Dans les célèbres gymnases d'Athènes, l'Académie, le Lycée, le Cynosarge, les philosophes donnaient leur enseignement ; les oisifs y fréquentaient, des fêtes s'y célébraient. Aux derniers siècles de l'hellénisme, quand les liens de la vie municipale s'affaiblirent, il se forma là des sociétés cosmopolites qui tendirent de plus en plus, et surtout à l'époque romaine, à se substituer aux assemblées des citoyens. L'importance sans cesse grandissante des gymnases explique les libéralités qu'ils reçurent soit de riches particuliers, soit de princes qui cherchaient à entretenir leur popularité dans les cités helléniques. Si celui de Délos n'a pas joué de rôle prépondérant, du moins en une occasion les habitants de naissance libre et de toute origine qui s'y réunissaient ont pris l'initiative d'élire un gymnasiarque : ci-dessus, p. 135. Ce ne fut qu'un épisode, et dès l'année suivante la cité reprenait ses prérogatives ; mais on y verra sans doute un indice de la fusion qui s'opérait entre les diverses nationalités de l'île et de la rupture d'équilibre qui allait se produire au détriment des clérouques.

**118.** Dédicace des négociants de Bérytos établis a Délos en l'honneur du peuple d'Athènes (122/1? ou 110-109). — Plaque de marbre blanc ayant appartenu au même soubassement que celle où est gravée la dédicace n° 122, et dressée à droite de celle-ci. — L. Bizard et P. Roussel, *BCH*, 1907, p. 444, n. 34-35, *a*, et fig. 6 = *Explor. arch. de Délos*, VI (Ch. Picard), p. 133, fig. 110.

Τὸ κοινὸν Βηρυτίων τῶν ἐν Δήλωι ἐμπόρων | καὶ ναυκλήρων καὶ ἐγδοχέων τὸν δῆμον | τὸν Ἀθηναίων ἀρετῆς ἕνεκεν καὶ εὐνοίας | ἧς ἔχων διατελεῖ εἰς αὐτο[ὺς] Ἀπόλλωνι. Au-dessous, après un intervalle : ||⁵ ἄρχοντος Ἀθήνησιν Νικοδήμου | ἀνέθηκεν.

« L'association des négociants, armateurs et entreposeurs de Bérytos établis à Délos a consacré à Apollon (la statue du) peuple athénien en raison de son mérite et de la bienveillance qu'il ne cesse de leur témoigner. — Nicodémos étant archonte à Athènes. »

L'archonte athénien Nicodémos est daté de 122/1 : P. Roussel, *DCA*, p. 365. Toutefois il y a des raisons pour douter que cette indication appartienne à la dédicace. Les l. 5-6 sont séparées du texte par un intervalle supérieur aux interlignes des l. 1-4, l'écriture est beaucoup plus grande, et la place du mot ἀνέθηκεν, rejeté après la mention éponymique, est tout à fait insolite. D'autre part, l'écriture des l. 1-4 et la disposition du texte sont identiques à celles de la dédicace, datée de 110/109, et placée à gauche, qui témoigne de la reconnaissance des habitants de Laodicée-Bérytos envers Antiochos VIII (n° 122) : P. Roussel, *BCH*, 1911, p. 435, note 4. De ces indices on conclura que les l. 5-6 sont vraisemblablement « le reste d'une inscription antérieure », laissé par négligence sur un marbre remployé : Ch. Picard, *BCH*, 1920, p. 299 et suiv.; cf. *Explor. arch. de Délos*, VI, p. 134 et suiv.

Sur les origines de la colonie syro-phénicienne à Délos, et sur les négociants de Bérytos, cf. le n° 72, et ci-dessus, p. 143, note 1. L'existence d'un groupement organisé de ces négociants ne nous est pas attestée avant 122/1, ou plus probablement 110/109. Il comprend des ἔμποροι, des ναύκληροι et des ἐγδοχεῖς ; ce sont les trois mêmes catégories de négociants qu'énumère la dédicace des Poseidoniastes de Bérytos (n° 119), en qui il faut évidemment reconnaître la même confrérie, désignée par un nom nouveau lorsqu'elle se plaça sous l'invocation de son dieu national Poseidon. Quant à la substitution de l'ethnique Βηρύτιοι à celui de Λαοδικεῖς, employé dans la dédicace contemporaine et gravé sur la même base en l'honneur d'Antiochos VIII, elle s'explique par la préférence que les gens de

Bérytos avaient conservée pour leur ethnique national et traditionnel, au lieu de la dénomination récente et dynastique que leur imposait, dans les dédicaces officielles, le respect de la famille royale : P. Roussel, *BCH*, 1911, p. 433-440.

La base du monument a été trouvée au voisinage du port, sur l'agora de Théophrastos ; c'est peut-être l'endroit même où leurs vaisseaux abordaient avec ceux d'autres négociants qui ont laissé dans les mêmes parages des traces de leur présence. On conclura que les Bérytiens ne se sont pas encore installés dans un local à eux ; mais il est probable que leur établissement définitif, dont il n'est pas pas possible de chercher l'origine à une date plus récente, est en train de se bâtir et s'achève. D'autre part la dédicace est faite, non pas à leur dieu national, Poseidon, mais à Apollon. Au moment où ils vont s'installer dans la maison qu'ils ont édifiée, ils témoignent leur reconnaissance au peuple athénien et au dieu de l'île pour l'accueil libéral fait à leur confrérie : Ch. Picard, *BCH*, 1920, p. 298 et suiv. ; 301 et suiv.

**119.** Dédicace, par les Poseidoniastes de Bérytos, de la maison et du sanctuaire du κοινόν (vers 110/09 av. J.-C.). — Architrave dorique du portique Ouest de la grande cour. — Édition partielle par S. Reinach, *BCH*, 1883, p. 474 ; complète par L. Bizard et P. Roussel, *ibid.*, 1907, p. 448, n. 39 ; *Explor. arch. de Délos*, VI (Ch. Picard), p. 96.

[Τὸ κοιν]ὸν Βηρυτίων Ποσειδωνιαστῶν ἐμπόρων καὶ ναυκλήρων καὶ ἐγδοχέων |
τὸ[ν οἶκο]ν καὶ τὴν στοὰν καὶ τὰ χρηστήρια θεοῖς πατρίοις ἀνέθηκεν.

« La communauté des Poseidoniastes de Bérytos, négociants, armateurs et entreposeurs, a consacré à ses dieux nationaux le sanctuaire, le portique et les dépendances. »

Vers la fin du IIe siècle et probablement en l'année 110/09 (n° 118), les gens de Bérytos adoptèrent le vocable de Poseidoniastes et élevèrent, sur la colline qui domine à l'O.-N.-O. le Lac Sacré, un vaste établissement qui devait leur servir de lieu de réunion pour leurs affaires et pour leur culte national : voir les plans et restitutions dans *Explor. arch. de Délos*, fasc. VI (Ch. Picard). Les constructions se développent sur trois côtés d'un péristyle dont les architraves portent : 1° à l'Ouest, la dédicace ci-dessus faite par le κοινόν ; 2° au Sud et à l'Est, et, 3° au Nord, deux autres dédicaces au nom de deux « bienfaiteurs » (εὐεργέται), Dionysios fils de Zénon, et Mnaséas fils de Dionysios, qui avaient contribué de leurs deniers à l'érection de ces portiques : *BCH*, 1907, p. 448 et suiv., n. 40 et 41.

L'établissement se compose : à l'Ouest, d'un grand préau carré, lieu d'assemblée, et d'un sanctuaire, précédé d'un large et profond prodomos, et divisé en quatre chapelles ; au Sud, de dépendances étendues, qui semblent avoir été destinées au service et employées comme magasins. On y reconnaît aisément la στοά de l'Ouest, l'οἶκος ou sanctuaire, et les χρηστήρια, élevés par l'association : par ce dernier terme, il faut entendre en effet, non pas des pièces destinées à un oracle, ni le mobilier laïque et religieux (χρηστήρια = σκεύη, *Or. gr.*, 326, note 23), mais les constructions d'utilité pratique : cf. *BCH*, 1907, p. 449 comm., et l'inscription de Jérusalem découverte par R. Weill, *La Cité de David*, 1920, p. 186, l. 6 : τὰ χρηστήρια τῶν ὑδάτων. La part des donateurs particuliers se borne aux trois autres portiques, qui n'ouvrent sur aucune dépendance.

Des quatre chapelles, trois sont réservées aux dieux nationaux, θεοὶ πάτριοι (*BCH*, 1883, p. 476 ; 1906, p. 612 et suiv.) : l'une d'elles appartient à coup sûr à Poseidon, le dieu principal de la société (*ibid.*, 1907, p. 450 et suiv., n. 45-48), représenté sans doute sur son char d'hippocampes : Ch. Picard, *ibid.*, 1920, p. 289-292 ; il faut très probablement reconnaître dans les deux autres divinités Aphrodite-Astarté, conçue, elle aussi, comme une divinité marine, et l'Héraclès-Melqart des Phéniciens : Ch. Picard, *ibid.*, p. 292-296. A une certaine date, les Poseidoniastes firent une place, à côté de cette triade nationale, à la déesse Rome, dont la statue a été retrouvée : S. Reinach, *ibid.*, 1883, p. 465, 467-471 ; ils édifièrent pour elle une quatrième cella, dont l'aménagement obligea à restreindre la place occupée par les trois autres : Ch. Picard, *Explor. arch. de Délos*, VI, p. 73 et suiv., et *BCH*, 1920, p. 288.

Les cours et le prodomos étaient en outre décorés de statues élevées aux bienfaiteurs (εὐεργέται) et aux prêtres (ἱερεῖς) ou magistrats du κοινόν (ἀρχιθιασῖται), membres de familles riches, en qui se perpétuait le souvenir des générosités envers l'association et des honneurs conférés par la reconnaissance de celle-ci : *BCH*, 1883, p. 468-472 ; 1907, p. 446 et suiv., n. 36, 38, 41-48, etc. Les ressources de la société consistaient en contributions versées par les membres : deux fragments considérables d'une liste de souscripteurs ont été publiés par Ch. Picard : *BCH*, 1920, p. 307 et suiv.

Aux environs de l'année 90, une dédicace au préteur Cn. Octavius Cn. f., le consul de 87, atteste encore l'activité et en même temps les dispositions romanophiles du κοινόν : L. Bizard et P. Roussel, *ibid.*, 1907, p. 446, n. 36. Il était de bonne politique, pour les négociants bérytiens, d'entretenir de bonnes relations avec les Romains qui pouvaient servir leurs intérêts ; c'est pourquoi ils avaient introduit chez eux le culte de la Déesse Rome, qu'ils qualifient, dans l'inscription dédicatoire, de « bienfaitrice » et qu'ils remercient « de sa bienveillance envers leur société et envers leur patrie » : *BCH*, 1883, p. 467-8. C'est probablement aussi la raison pour laquelle leur établissement attira, entre beaucoup d'édifices déliens, la fureur des troupes pontiques. Dans le débarquement de 88, la statue de Rome fut insultée et renversée ; la maison du κοινόν ne semble pas avoir pâti à cette date, mais elle fut probablement brûlée en 69 par les pirates alliés de Mithridate, et ses matériaux calcinés passèrent en de nouvelles constructions : Ch. Picard, *BCH*, 1920, p. 304 et suiv.

Autant qu'on peut juger de l'organisation du κοινόν, il semble avoir eu pour objet principal le culte commun plutôt que des opérations commerciales collectives. On y traitait des affaires comme dans une Bourse, on y recevait des informations et on y discutait des cours ; mais chacun agissait pour son compte plutôt que pour le compte d'une société de commerce proprement dite : Francotte, *L'industrie dans la Grèce anc.*, I, p. 206 ; cf. Poland, *Gr. Vereinsw.*, p. 81.

Il est presque superflu d'avertir qu'il faut se garder de confondre, comme on l'a fait (Francotte, *ouvr. cité*, p. 110, note 2 ; 113, note 2), ce κοινόν et le collège romain des Poseidoniastes (n° 98).

**120.** Dédicace de Bithys, « parent » du roi, a Antiochos VIII Épiphane (125-113 av. J.-C.). — Base de marbre. — Homolle, *BCH*, 1884, p. 105 ; *Or. gr.*, 259.

[Βασι]λέα ['Αν]τίοχον 'Επιφανῆ | [Φιλ]ομήτο[ρα Κα]λλίνικον, τὸν ἐγ βασιλέως· | Δημητρίο[υ κα]ὶ βασιλίσσης Κλεοπάτρας, | [Βί]θυς Θρασ[έο]υ ὁ συγγενὴς καὶ ἐπιστο||⁵[λα]γράφο[ς, ἀ]ρετῆς ἕνεκεν καὶ εὐνοίας | τῆς εἰς ἑ[αυ]τόν, 'Απόλλωνι.

« (Statue du roi Antiochos Épiphane Philométor Callinicos, fils du roi Démétrios et de la reine Cléopâtre, (consacrée) à Apollon (par) Bithys fils de Thraséas, parent du roi et secrétaire des commandements, en raison de son mérite et de sa bienveillance envers lui. »

L. 4-5 : ἐπιστο[λα]γράφο[ς] ; pour cette forme, cf. n° 127.

Antiochos VIII, fils de Démétrios II Nicator et de Cléopâtre Théa, connu aussi sous le nom de Grypos, régna de 125 à 96. A partir de 113, il fut en lutte avec son frère utérin Antiochos IX dit le Cyzicénien, et il partagea avec lui la Coelé-Syrie en 111. Nous n'avons pas de donnée précise pour fixer la date de la dédicace dans les limites de ce règne de trente ans.

Bithys, fils de Thraséas, est peut-être le petit-fils de Ptolémaios, fils lui-même d'un Thraséas, général de Ptolémée V en 219 (Polyb., V, 65, 3), passé en 118 au service d'Antiochos le Grand, qui récompensa sa défection par le titre de στρατηγός et ἀρχιερεύς de la Coelé-Syrie et de la Phénicie : *Or. gr.*, 230, avec les allusions de Polybe, *ibid.*, 70, 10 et suiv.: 71. Si cette descendance est exacte, il y aura lieu de chercher la date de la dédicace dans les premières années du règne d'Antiochos, afin de ne pas mettre un trop long intervalle entre Bithys et son aïeul Ptolémaios. — On serait tenté d'autre part, en raison de la rareté du nom de Bithys, qui accuse une origine thrace, de soupçonner une parenté entre l'auteur de cette dédicace et Séleucos fils de Bithys, gouverneur de Cypre sous Ptolémée VIII Évergète II (146-116), proxène de Delphes vers 157 : *Or. gr.*, 150-153 ; mais il n'y a là qu'un indice assez vague.

Sur la dignité de συγγενής, cf. ci-dessus n° 90.

D'autres dédicaces de Délos mentionnent Antiochos Grypos : n° 121-122 ; 136 *h.*

**121.** Dédicace d'Antiochos VIII en l'honneur du proconsul Cn. Papirius Carbo (peu après 112 av. J.-C.). — Deux fragments d'une même base : le premier, qui forme l'angle gauche, édité par Homolle, *BCH*, 1884, p. 105 ; *Or. gr.*, 260 ; l'ensemble, par P. Roussel, *BCH*, 1910, p. 395, n. 41.

Βασιλεὺ[ς Ἀντίοχος Ἐ]πιφανὴς | Φιλομήτωρ [Καλλίνικος ὁ ἐγ] βασιλέως | Δημητρίου [καὶ βασιλίσσης Κ]λεοπάτρας | Γναῖον Πα[πίριον Γαίου Κά]ρβωνα ||⁵ στρατη[γὸν ἀνθύπατον Ῥωμαίω]ν ἀρετῆς | ἕνεκε[ν καὶ εὐνοίας τῆς εἰς ἑαυ]τόν.

« Le roi Antiochos Épiphane Philométor Callinicos, fils du roi Démétrios et de la reine Cléopâtre, (a consacré la statue de) Gnaeus Papirius Carbo, fils de Gaius, proconsul des Romains, en raison de son mérite et de sa bienveillance envers lui. »

L. 2 : pour la formule ὁ ἐγ, cf. le n° 101. — L. 5 : la restitution στρατη[γόν] tout court serait insuffisante pour remplir la lacune avant [Ῥωμαίω]ν ; il faut donc restituer ὕπατον ou ἀνθύπατον ; P. Roussel s'est décidé pour ce second complément, qui semble en effet préférable en raison des circonstances historiques, bien qu'on obtienne ainsi 31 lettres, au lieu de 27 que compte la ligne 4.

Cn. Papirius Carbo, le fils de C. Papirius Carbo préteur en 168 (Liv., XLIV, 17 ; XLV, 12), consul lui-même en 113, est le seul consulaire de la *gens Papiria* dont la magistrature tombe dans les limites du règne d'Antiochos VIII (n° 120).

Il paraît peu probable que la dédicace ait été rédigée l'année même de son consulat,
car en 113 il combattait contre les Cimbres ; elle doit être postérieure, et dater
d'une année où Carbon était proconsul, pourvu sans doute du gouvernement de
la province d'Asie. En Syrie même, l'année 113 est marquée par l'usurpation
d'Antiochos le Cyzicénien, soutenu par sa mère Cléopâtre ; Antiochos VIII,
battu, se réfugie à Aspendos ; en 111, son frère est maître de toute la Syrie ;
mais, cette année même, Grypos en reconquiert une partie, et ce succès détermine un traité de partage entre les deux frères. On peut supposer que cet arrangement intervint après un arbitrage de Rome auquel Carbon aura présidé, ou
que le proconsul avait de quelque manière prêté son appui à la restauration d'Antiochos VIII.

**122.** Dédicace du peuple de Laodicée de Phénicie en l'honneur d'Antiochos VIII
(110-109). — Plaque de marbre blanc, qui s'adapte à la gauche d'une autre plaque où
est gravée une dédicace des négociants de Bérytos (n° 118); toutes deux trouvées au Sud
de l'agora de Théophrastos. — L. Bizard et P. Roussel, *BCH*, 1907, p. 444, n. 34-35, *b*,
et fig. 7.

Βασιλέα Ἀντίοχον Ἐπιφανῆ Φιλομήτορα | Καλλίνικον τὸν ἐγ βασιλέως Δημη-
τρίου | ὁ δῆμος Λαοδικέων τῶν ἐν Φοινίκῃ τῆς ἱερᾶς | καὶ ἀσύλου τὸν ἑαυτοῦ
σωτῆρα καὶ εὐερ||ᵍγέτην Ἀπόλλωνι. | Ἐπ' ἄρχοντος Πολυκλείτου, ἐπὶ ἐπιμελητοῦ
δὲ | τῆς νήσου Διονυσίου τοῦ Νίκωνος Παλληνέως.

« (Statue du) roi Antiochos Épiphane Philométor Callinicos, fils du roi
Démétrios, (consacrée) à Apollon par le peuple de Laodicée de Phénicie, ville
sainte et inviolable, pour son sauveur et bienfaiteur. Sous l'archonte Polycleitos
et l'épimélète de l'île Dionysios fils de Nicon, du dème de Palléné. » -

La date est fixée par les deux magistrats éponymes : P. Roussel, *DCA*, p. 109
et 375. Elle est postérieure d'un an environ au partage de la Syrie entre
Antiochos VIII et son frère le Cyzicénien (n° 120). Après cet arrangement, des
hostilités sournoises continuèrent entre les deux princes ; c'est par une lutte
d'influence entre eux qu'on a expliqué l'octroi de différents privilèges à des villes
de la monarchie, émancipées vers ce temps-là. Bérytos, ayant reçu de Grypos une
garantie d'inviolabilité, lui aurait dédié une statue à Délos, en reprenant, en cette
occasion, pour lui complaire, son nom séleucide de Laodicée (n° 72), dont
l'usage tendait à se perdre : P. Roussel, *BCH*, 1911, p. 437.

26

**123.** Dédicace des habitants de Prostaenna en Pisidie en l'honneur de M. Antonius questeur « pro praetore » (113 av. J.-C.). — Base de marbre, entre le Portique de Philippe et le Portique du Sud-Ouest. — G. Doublet, *BCH*, 1892, p. 155, n. 7; cf. Holleaux, *Rev. des Ét. anc.*, 1917, p. 91, n. iv.

Ὁ δῆμος ὁ Προσταεννέ|ων Πισιδῶν Μάαρκον | Ἀντώνιον Μαάρκου υἱόν, |
ταμίαν ἀντιστράτηγον ||⁵ Ῥωμαίων, ἀρετῆς ἕνεκεν | καὶ εὐνοίας τῆς εἰς ἑαυ|τούς, |
διὰ πρεσβευτῶν Ἄττα | [Θ]αρώξιος, Ἀγελάου Μανοῦ, ||¹⁰ Μιστανίσθου Μοτώξιος.

« Le peuple des habitants de Prostaenna en Pisidie (a consacré la statue de) Marcus Antonius fils de Marcus, questeur *pro praetore* des Romains, pour son mérite et sa bienveillance envers eux, par les soins des députés Attas Tharoxis, Agélaos Manès, Mistanisthès Motoxis. »

L. 8-10 : on peut se demander si l'énumération des députés de Prostaenna comprend trois noms doubles ou six noms simples ; l'absence de l'article τοῦ paraît exclure l'hypothèse que les 2ᵉ, 4ᵉ et 6ᵉ noms sont des patronymiques.

M. Antonius, — il s'agit du célèbre orateur de ce nom, — exerça la questure en 113. Au moment où il allait s'embarquer à Brundusium pour la province d'Asie, il fut impliqué dans le procès des Vestales et revint à Rome pour se disculper ; il fut acquitté : Val. Max., III, 7, 9 ; cf. VI, 8, 1 ; Drumann-Groebe, *Gesch. Roms*, I, p. 44. La dédicace de Délos prouve qu'il reprit ensuite le chemin de l'Asie, puisque c'est en qualité de questeur *pro praetore* qu'il est honoré par les habitants de Prostaenna. La Pisidie ne faisait pas, il est vrai, partie de la province d'Asie : Ad. Wilhelm, *Neue Beiträge*, p. 9 ; mais il put avoir, comme magistrat romain, quelque occasion d'obliger la petite cité ; peut-être la secourut-il contre une entreprise de ces pirates ciliciens qu'il eut à combattre quelque dix ans plus tard. Le choix qu'elle fait de Délos pour consacrer ce monument atteste à nouveau, avec le prix qu'elle attachait au service rendu, la renommée lointaine du sanctuaire. — Sur le même M. Antonius, cf. le n° 139.

**124.** Dédicace de Ptolémée X Soter II (111/10). — Linteau d'une porte dans la galerie du gymnase parallèle au stade. — A. Plassart, *BCH*, 1912, p. 429, n. 24; cf. p. 430, fig. 1.

Βασιλεὺς Πτολεμαῖος Σωτήρ, ὁ πρεσβύτατος ὑὸς | βασιλέως Πτο(λ)εμαίου τοῦ

δευτέρου Εὐεργέτου, | Ἀπόλλωνι καὶ τῶι δήμωι τῶι Ἀθηναίων | καὶ τοῖς νέοις. ||
⁵ Ἐπὶ ἐπιμελητοῦ τῆς νήσου Διονυσίου τοῦ Δημητρίου Ἀναφλυστίου.

« Le roi Ptolémée Soter, fils aîné du roi Ptolémée deuxième Évergète, à
Apollon, au peuple athénien et aux *néoi*. Sous l'épimélète de l'île Dionysios fils de
Démétrios, du dème d'Anaphlystos. »

L'épimélète Dionysios d'Anaphlystos est daté par P. Roussel de 111/10 :
*DCA*, p. 108.

Le long règne de Ptolémée X Soter II, dit aussi Lathyros (116-81), fut coupé
par un intervalle de vingt années (108-88), où ce prince vécut relégué à Cypre.
Dépouillé déjà de la Cyrénaïque par un testament de son père au profit de son
frère bâtard Apion, il fut victime des intrigues de sa mère Cléopâtre qui lui
substitua sur le trône d'Égypte son frère cadet Ptolémée XI Alexandre. A propos
d'autres textes où Ptolémée X est qualifié, comme ici, de « fils *aîné* de Ptolémée
Évergète » (n° 125, et B. Haussoullier, *Études sur l'hist. de Milet*, p. 210, n. 10,
l. 33-34), on a supposé que ce prince avait usé de cette appellation insolite pour
protester contre l'usurpation de ses deux frères, et que les textes où elle figure se
dataient ainsi de la période 108-88 : Strack, *Dynastie d. Ptolem.*, p. 233. Cette
hypothèse est contredite par la dédicace de Délos, antérieure à 108.

Athènes avait entretenu, jusque sous Philométor, les relations les plus cordiales
avec l'Égypte ; elles ne s'étaient pas maintenues du temps d'Évergète II (146-116),
persécuteur des Grecs d'Alexandrie. Le mouvement antihellénique ne cessa définitivement qu'à la disparition de la veuve d'Évergète, Cléopâtre, qui avait été une
des plus ardentes à suivre cette politique d'hostilité, et avait gardé une influence
prépondérante dans les premières années du règne de ses deux fils. Peu avant sa
mort (101), Alexandre avait épousé Bérénice, la fille de Lathyros, et il semble
qu'un rapprochement se soit fait entre les deux frères. Les *Ptolémaia*, inter-
rompues à Athènes pendant toute cette période d'une cinquantaine d'années,
furent reprises : Ferguson, *Klio*, 1908, p. 338-345 ; *Hell. Athens*, p. 435 ; et
c'est peut-être aussi à ce moment que l'on restaura à Délos les statues mutilées
de Ptolémée Philadelphe (n° 17), du nésiarque Bacchon (n° 19) et du navarque
Callicratès de Samos (n° 25) : P. Roussel, *BCH*, 1909, p. 480. Comme en fait foi
la dédicace ci-dessus, Soter II avait manifesté ses sympathies pour Athènes dès la
première partie de son règne (116-108) ; il consacra à Délos, non seulement sans
doute la porte sur laquelle est gravée l'inscription, mais le *xyste* ou galerie atte-
nante au stade ; on a remarqué que « c'est, durant la deuxième domination athénienne, l'unique exemple d'un bâtiment de quelque importance dont les frais

furent couverts par une donation royale » : P. Roussel, *DCA*, p. 293. Les dédicaces
du prêtre Marcos d'Éleusis (n° 125) et de l'Athénien Stolos (n⁰ˢ 127-8) fournissent
le témoignage des relations personnelles que le roi entretenait avec des citoyens
d'Athènes. Vers l'extrême fin de son règne, après le siège d'Athènes par Sylla, il
s'employa pour réparer les dégâts causés à la cité par les déprédations romaines,
et en reconnaissance, les Athéniens lui consacrèrent, ainsi qu'à sa fille Bérénice,
des statues de bronze devant l'Odéon : Pausan., I, 9, 3 ; cf. I, 8, 6 ; Ferguson,
*Klio*, 1908, p. 344.

**125.** Dédicace du prêtre Marcos d'Éleusis pour Ptolémée X (116-81). — Base
de marbre au Sarapieion *C*. — Hauvette, *BCH*, 1882, p. 341, n. 52 ; *Or. gr.*, 170 ;
P. Roussel, *CÉ*, p. 176, n. 171.

Ὁ ἱερεὺς Μᾶρκος Ἐλευσίνιος | ὑπὲρ βασιλέως Πτολεμαίου | Σωτῆρος τοῦ πρεσ-
βυτάτου | υἱοῦ βασιλέως Πτολεμαίου τοῦ ||⁵ δευτέρου Εὐεργέτου, Ἄμμωνι |
χαριστήριον, κλειδουχοῦντος | Ἀρίστωνος τοῦ Αἰγίωνος Μυρρι|νουσίου, κανηφο-
ρούσης δὲ | Πρωτογενείας τῆς Ἀριστέου ||¹⁰ τοῦ Ἀριστέου Μαραθωνίου θυγατρός.

« Le prêtre Marcos, du dème d'Éleusis, pour le roi Ptolémée Soter, fils aîné du
roi Ptolémée deuxième Évergète, en hommage de reconnaissance à Ammon.
Étaient cleidouque Ariston fils d'Aigion, du dème de Myrrhinonte, et canéphore
Protogéneia, fille d'Aristéas fils d'Aristéas, du dème de Marathon. »

Il s'agit sans doute ici, non pas, comme l'a dit Ferguson (*Klio*, 1908, p. 342),
d'une statue du roi, mais d'une offrande faite pour lui, en son honneur, au dieu
Ammon, peut-être l'image même de la divinité. Dans les limites du règne de
Soter II, il n'est pas possible de déterminer la date précise de la dédicace : cf. le
n° précédent.

**126.** Dédicace d'Areios d'Alexandrie a Ptolémée X Soter II (116-81). — Base de
marbre, trouvée sur le Cynthe. — Koumanoudis, Ἀθήν., 1873, p. 132 ; Michel, 1162 ;
*Or. gr.*, 171.

Βασιλέα Πτολεμαῖον Σωτῆρα | βασιλέως Πτολεμαίου τοῦ δευτέρου | Εὐεργέτου
Ἄρειος Πτολεμαίου Ἀλεξανδρεύς, | τῶν πρώτων φίλων, τὸν ἑαυτοῦ εὐεργέτην,
|| Διὶ Κυνθίωι καὶ Ἀθηνᾷ Κυνθίαι.

« (Statue du) roi Ptolémée Soter, fils du roi Ptolémée deuxième Évergète, consacrée) à Zeus Cynthien et à Athéna Cynthienne par Areios fils de Ptolémaios, d'Alexandrie, ami du premier rang, en reconnaissance des bienfaits du roi envers lui. »

Cf. les dédicaces précédentes et la dédicace en l'honneur du même Soter II d'une autre statue par un de ses officiers, dont le nom a disparu : *BCH*, 1905, p. 219, n. 76.

**127-128.** Dédicaces de Simalos de Salamis en l'honneur de Stolos d'Athènes, officier de Ptolémée X, et de Stolos en l'honneur de Simalos (116-81).

127. — Base de marbre. — P. Roussel, *BCH*, 1908, p. 430, n. 43 ; Ad. Wilhelm, *Akad. der Wiss. in Wien, Anzeiger der phil.-hist. Klasse*, 1921, XVIII, p. 82, n. IV.

Στόλον Θέωνος Ἀθηναῖον, | τὸν συγγενῆ βασιλέως Πτο|λεμαίου τοῦ δευτέρου Σωτῆ|[ρο]ς καὶ ἀρχεδέατρον καὶ ναύ||⁵[αρ]χον καὶ ἐπιστολαγράφον, τετα|γμένον δὲ καὶ πρὸς ταῖς ἡνίαις, | Σίμαλος Τιμάρχου Σαλαμίνιο[ς] | τὸν ἑαυτοῦ φίλον, Ἀπόλλωνι.

« (Statue de) Stolos fils de Théon, d'Athènes, parent du roi Ptolémée deuxième Soter, chef des officiers de bouche, navarque, secrétaire des commandements, préposé aux écuries royales, (consacrée par) Simalos fils de Timarchos, de Salamis, son ami, à Apollon. »

L. 5 : la forme ἐπιστολχγράφον se retrouve dans Polybe, XXXI, 3, 16 : cf. nᵒˢ 88 et 120.

128. — Base de marbre, brisée en trois. — G. Fougères, *BCH*, 1887, p. 253, n. 4 ; *Or. gr.*, 173.

Στόλος Θέωνος Ἀθηναῖος, | ὁ συγγενὴς βασιλέως | Πτολεμαίου τοῦ δευ[τέρου] | Σωτῆρος, Σίμ[α]λο[ν] ||⁵ Τιμάρχου Σαλ[αμί]νιον, | τὸν ἑαυτοῦ | φί[λ]ον, | Ἀπόλλω[νι].

« Stolos fils de Théon, d'Athènes, parent du roi Ptolémée deuxième Soter, (consacre la statue de) Simalos fils de Timarchos, de Salamis, son ami, à Apollon. »

Au-dessous de la dédicace est gravée l'inscription métrique suivante, en distiques élégiaques :

’Αλκινόου μελάθροισι προ[σείκ]ελα δώματα ναίων,

Σίμαλε, τῆς ἀφελοῦς δ[εῖγμ]α φιλοξενίας,

¹⁰ ᾽απλόε καὶ ἐμ μύθοισι καὶ [ἐν κόσμῳ] περικαλλεῖ,

προσφιλὲς Αἰγύπτου κ[οιραν]ίαις ἔρυμα,

καὶ ᾽Ρώμας ὑπάτοισι καὶ ἁ[γνῇ Κέ]κροπος αἴη

καὶ Δάλου ναέτα[ι]ς πλε[ῖστα γαρ]ιζόμενε·

εἴθε χρόνοις κείνοις [ὅτε ou οἷς θεσ]πεσίησ[ιν ἀοιδαῖς]

¹⁵ Τρώων καὶ Δαναῶν ἀ[ντιδίδαξε? μ]άγας

Μαιονίδας τὰν σὰν ἴνι[ν, τὸν σὸν παρά]δεισον

χρύσεον ἐμ βύβλοις [ἦσεν ἀγαλλόμ]ενος·

οὐκ ἂν ὁ Φαιάκων [β]α[σιλεὺς] — — — — —

ὡς σὺ δόμον ξέν[ιον] — — — —.

Après cet épigramme, une signature : ᾽Αντισθέν[ους].

« Simalos, toi qui habites une demeure semblable au palais d'Alkinoos, modèle d'une hospitalité cordiale, simple en tes discours comme sous ta somptueuse parure, rempart chéri des princes de l'Égypte, ami serviable et généreux des consuls de Rome, de la terre sacrée de Cécrops et des habitants de Délos... » La fin mutilée du morceau paraît signifier : « que n'as-tu vécu dans les temps où Homère a chanté les combats des Troyens et des Danaens ! C'est ta fille, [et non Nausicaa], qu'il eût immortalisée dans ses chants, car l'hospitalité du roi des Phéaciens a été éclipsée par la tienne. » — Suit la signature d'Antisthénès, sans doute l'auteur de l'épigramme.

Stolos d'Athènes, personnage inconnu, cumula plusieurs dignités à la cour d'Alexandrie. Sur le titre de συγγενής, cf. n° 90. — L'ἀρχεδέατρος est le chef des ἐδέατροι, ou officiers de bouche : Hesych., s. v. ; son service s'étendit ensuite à tout le service de la maison royale, ἐπιστάτης τῆς ὅλης διακονίας. Ptolémée Soter avait rempli cette charge à la cour d'Alexandre : Athen., IV, p. 171 b. On en connaît deux autres titulaires sous le règne de Soter II : Or. gr., 169 (cf. la note 4), et 181. — Le titre de τεταγμένος πρὸς ταῖς ἡνίαις se rencontre ici pour la première fois dans un texte épigraphique ; Ad. Wilhelm, l. l., en a cité un exemple : 1 Macch., 6, 28, d'où il résulte que la fonction était répartie entre plusieurs titulaires, τοὺς ἐπί τῶν ἡνιῶν. Ce savant pense reconnaître en eux les plus hauts

fonctionnaires de l'administration, sous les ordres immédiats de l'ἐπὶ τῶν πραγμάτων :
Beloch, *Gr. Gesch.*, III, 1, p. 391 et suiv. Mais le caractère si spécial du titre et
la place qu'il occupe dans l'énumération des emplois de Stolos répondent mal
à cette interprétation ; nous pensons que cette fonction est plutôt d'ordre
domestique, comme d'autres que l'on rencontre à la cour des Ptolémées, comme
celle d'ἀρχεδέατρος même, comme les emplois d'ordre privé que tenaient, à la cour
de France, de hauts dignitaires : sous le nom modeste de « gardiens des harnais »,
les titulaires étaient en réalité préposés aux écuries royales ; les Ptolémées faisaient
courir et ils ont remporté plusieurs victoires à Athènes : Ferguson, *Hell. Athens*,
p. 293. Τεταγμένος, en ce sens, se construit généralement avec ἐπί et le génitif ou
l'accusatif, parfois avec le datif ; mais on trouve aussi πρός τινι : ὁ πρὸς τοῖς γράμμασι,
Polyb., XV, 27, 7 ; πρὸς τῇ θεραπείᾳ τῶν θεῶν τεταγμένοι, Diod., II, 29, 2.

La nationalité athénienne de Stolos, qui remplit de hautes fonctions à la cour
de Soter II, peut être alléguée parmi les preuves des bons rapports qui unissaient
ce prince à Athènes (nᵒ 124). Simalos, lié avec lui d'une étroite amitié, appartenait à l'une des familles les plus notables de Cypre à cette époque : son père,
Timarchos de Salamis, est l'objet, au temps de Philométor, en 172, d'un décret
attique qui le loue de ses bons offices : *IG*, II, 5, 432 *c* = *Or. gr.*, 118. Une
autre branche de cette famille, où alternent les mêmes noms de Simalos et de
Timarchos, était originaire de Tarente. Des jeunes gens de l'une et de l'autre font
leur éducation à Délos, où ils sont inscrits comme éphèbes dans la palestre de
Staséas : *BCH*, 1891, p. 255, n. 2 (= nᵒ 117), l. 40-41, et p. 261, n. 3, l. 11.
Cf. les deux *stemmata* dans Ferguson, *Hell. Athens*, p. 408, note 1. L'épigramme
métrique que Stolos a fait composer en l'honneur de Simalos fils de Timarchos donne
un aperçu intéressant sur la physionomie de ce personnage, sur sa haute situation
de fortune et son influence, sur la somptuosité de sa demeure à Salamis et sur
son caractère même. Elle atteste d'autre part, avec une précision et une netteté
qui ne perdent rien à s'exprimer en une rhétorique versifiée, l'entente et la bonne
harmonie qui régnaient alors, comme nous le savons par ailleurs, entre Rome,
Athènes et l'Égypte.

**129.** DÉDICACE DE DEUX MARCHANDS MINÉENS A LEUR DIEU NATIONAL (2ᵉ moitié du
IIᵉ siècle av. J.-C.). — Autel de forme circulaire. L'inscription est bilingue, le grec à
gauche du sabéen, à partir de la l. 3. — Clermont-Ganneau, *C. R. Acad. des Inscr.*,
1908, p. 546-560.

Ὄδδου, | θεοῦ | Μιναίων. | Ὀάδδωι.

« (Autel) d'Oddos, dieu des Minéens. A Oaddos. »

Les variantes ″Οϐϐος et ″Οαϐϐος s'expliquent par l'indécision vocalique des langues sémitiques. Il s'agit du grand dieu national des Sabéens et, en particulier, des Minéens, dont le nom se retrouve en arabe, *Ouadd, Ouod, Ououdd.*

Le texte sabéen, un peu plus explicite que le grec, nomme les deux personnages avec leur ville d'origine (Khidâb ?), qui « ont érigé l'autel d'Ouadd et des dieux de Méin, à Délos ». Ils ne font pas figure de pèlerins de passage, car leur hommage s'adresse à leurs dieux nationaux, sans formule à l'égard de ceux de Délos dont ils sont les hôtes : ce sont des négociants installés à Délos, et qui y tiennent un comptoir des produits de l'Arabie méridionale, parfums, aromates, épices. On a supposé qu'ils présidaient une association de leurs compatriotes, qui avaient peut-être obtenu, comme d'autres étrangers, la concession d'un terrain pour y établir un téménos ; mais on ne peut savoir où était le siège de ce culte, la base ayant été employée dans des constructions voisines de l'agora de Théophrastos : P. Roussel, *DCA,* p. 84 et note 2 ; p. 276, note 6. — Sur les Minéens, cf. Strab., XVI, 4, 2, p. 768 ; sur leur commerce, qui consistait surtout dans l'exportation des aromates, *ibid.,* XVI, 4, 18, p. 776.

P. Roussel a publié la dédicace d'un autre Arabe, Χαυὰν Θε[ο]φίλου ″Αραψ, à Hélios : *DCA,* p. 432, n. 62. Les inventaires athéniens mentionnent un Témallatos, natif de Gherra, sur le golfe Persique, ville réputée pour son commerce (Strab., XVI, 3, 3, p. 766) ; l'une de ses offrandes fut consacrée dans le Sarapieion, sous Métrophanès (146/5) ; les deux autres étaient conservées dans l'Artémision, et l'une d'elles portait l'emblème du soleil (ἐφ' ὧι ἥλιος) : P. Roussel, *ibid.,* p. 88, note 6. Vers le même temps, la ville de Ténos décerna·t une couronne et la proxénie au Nabatéen Σαλαμένης Ἐδήμωνος : P. Graindor, *Musée Belge,* 1910, p. 34, n. 16 ; et Priène honorait un de ses citoyens, Moschion fils de Kydimos, qui, entre autres mérites, s'était acquitté d'une ambassade à Pétra, capitale des Nabatéens : *Inschr. v. Priene,* n. 108, l. 168. Tous ces indices font supposer des relations fréquentes, dans la seconde moitié du IIᵉ siècle, entre l'Arabie et la mer Égée.

**130.** Dédicace de Dionysios fils de Nicon a Ser. Cornelius Lentulus, préteur et gouverneur de province (dernières années du IIᵉ siècle av. J.-C.). — Base de marbre trouvée en place dans le voisinage du port. — S. Reinach, *BCH,* 1885, p. 379 et suiv. ; P. Foucart, *Rev. de philol.,* 1899, p. 263 ; Holleaux, *Rev. arch.,* 1918, p. 225, n. VI ; cf. Στρατ. ὕπατος, p. 33, note 3.

Σέρουιον Κορνήλιον Σερουίου | υἱὸν Λέντολον, στρατηγὸν | ἀνθύπατον Ῥωμαίων

Διονύ|σιος Νίχωνος Ἀθηναῖος, τὸν ||⁵ ἑαυτοῦ ξένον καὶ φίλον, δικαιο|σύνης ἕνεκεν τῆς εἰς ἑαυτὸν | Ἀπόλλωνι.

« (Statue de) Servius Cornelius Lentulus, fils de Servius, préteur proconsul des Romains, (consacrée) à Apollon par Dionysios fils de Nicon, d'Athènes, son hôte et son ami, en reconnaissance de son équité envers lui. »

Dionysios fils de Nicon, du dème de Palléné, fut épimélète de Délos sous l'archontat de Polycleitos (110/109) : *BCH*, 1878, p. 397, n. 3 ; ci-dessus, n° 122 ; cf. P. Roussel, *DCA*, p. 109. Cette indication n'a, pour la date de la dédicace, qu'une valeur approximative ; l'inscription peut être antérieure ou postérieure à l'année même de l'épimélétat, qui seule est exclue. Ser. Cornelius Lentulus Ser. f., qui a dû être gouverneur d'une des provinces de l'Orient, est inconnu d'ailleurs. Une seconde dédicace en l'honneur du même personnage (L. Bizard et P. Roussel, *BCH*, 1907, p. 455, n. 53 ; 1912, p. 113, note 3), sans *cognomen* et sans titre, est faite par les deux fils aînés de Dionysios et par ses deux fils cadets (adoptés par Hermaphilos son frère), lesquels, en 106/5, sous l'archontat d'Agathoclès, faisaient partie, comme παῖδες, de la pythaïde de Delphes : G. Colin, *BCH*, 1906, p. 197, n. 17, l. 20-21. Les enfants de Dionysios sont, comme lui, qualifiés d'Ἀθηναῖοι, et le personnage honoré de ξένος et de φίλος, expressions qui attestent le caractère privé des relations entre Lentulus et cette famille. Les deux inscriptions peuvent avoir été rédigées vers le même temps ou même simultanément. En l'absence de toute donnée précise, on ne peut indiquer qu'une date approximative, la fin du IIᵉ siècle ou le début du Iᵉʳ.

Quelque vingt ans plus tard, le préteur L. Cornelius Lentulus, fils de Servius, fut honoré d'une statue à Délos : *BCH*, 1880, p. 219, n. 11 ; la formule par laquelle se désignent les auteurs de la dédicace, Ἰταλοί καὶ Ἕλληνες, paraît avoir eu cours pendant les années qui suivirent le départ des troupes mithridatiques (cf. n° 155). Ce préteur est sans doute le fils de l'ami de Dionysios, et peut-être le petit-fils du Servius Cornelius Lentulus qui, en 171 av. J.-C., fit partie d'une ambassade avec son frère Publius pour recruter des alliances en Grèce à la veille de la guerre contre Persée : Liv., XLII, 37. Un Lucius Lentulus fut du nombre des délégués qui allèrent apporter à Rome la nouvelle officielle de la défaite de Persée : *ibid.*, XLV, 1.

Dionysios fils de Nicon est un des personnages qui sont le plus fréquemment nommés dans les inscriptions déliennes ; son nom, suivi ou non de son titre d'épimélète, revient dans dix-neuf textes : P. Roussel, *DCA*, p. 109, note 1. Dans

six, il figure simplement comme éponyme ; *ibid* , note 1 [1] ; et l'on peut voir, dans
ce nombre même, un indice de l'activité qui régnait aux environs de 110 dans la
colonie d'Athènes. Les autres inscriptions, qu'elles datent de cette même année
ou des années voisines, révèlent la haute situation que tenait Dionysios, sa
richesse, ses libéralités, ses relations. Une statue lui a été élevée par sa
femme Artémisia : *BCH*, 1892, p. 151, n. 3 ; lui-même avait fait construire, dans
le voisinage de la Salle Hypostyle, une exèdre rectangulaire sur laquelle se dressaient les statues des membres de sa famille : *ibid.*, 1908, p. 433, n. 50 et 50 *bis* ;
cf. *Explor. arch. de Délos*, fasc. II, p. 47. Il a consacré des ex-voto à Zeus
Herkeios (*BCH*, 1878, p. 397, n. 3) et à Zeus Hikésios (*ibid.*, 1879, p. 471, n. 4),
réparé une statue d'Aphrodite (*ibid.*, 1905, p. 223, n. 81), consacré à Dionysos
une statue de Satyre au théâtre (*ibid.*, 1889, p. 370, n. 2), dédié, de concert avec
sa femme, un temple et un pronaos à la Déesse Syrienne : P. Roussel, *DCA*,
p. 415, n. 18 ; cf. n. 19, et *BCH*, 1882, p. 494, n. 11. Son nom figure, dans
une liste dont nous ignorons l'objet, parmi les Athéniens dont plusieurs sont des
personnages notables : *BCH*, 1908, p. 441, n. 67, l. 14. Il se retrouve, sous la
forme latine *Dionusius Niconei f.*, avec quatre affranchis latins groupés sans doute
pour faire une dédicace en commun : *ibid.*, 1902, p. 543, n. 14 ; ce dernier
trait, si on le rapproche de la dédicace en l'honneur de Lentulus, atteste qu'il
appartenait au parti romain.


**131.** DÉDICACE PAR LES ITALIENS D'UNE STATUE A C. OFELLIUS (vers 100 av. J.-C.). —
Base d'une statue au fond d'une des loges construites sur le côté Ouest du portique qui
entourait l'agora des Italiens. — Th. Homolle, *BCH*, 1881, p. 391 ; J. Hatzfeld, *ibid.*,
1912, p. 58 et suiv.


Γάιον 'Οφέλλιον Μαάρκου υἱὸν Φέρον 'Ιταλικοί, | δικαιοσύνης ἕνεκα καὶ φιλα-
γαθίας τῆς εἰς ἑαυτούς, | 'Απόλλωνι. | Διονύσιος Τιμαρχίδου ||⁵ καὶ Τιμαρχίδης
Πολυκλέους | 'Αθηναῖοι ἐποίησαν.


« (Statue de) Gaius Ofellius Ferus fils de Marcus, (consacrée par) les Italiens,
en raison de sa justice et de sa bonté pour eux, à Apollon. — Œuvre de Dionysios fils de Timarchidès et de Timarchidès fils de Polyclès, d'Athènes. »


La formule de l'éloge n'implique pas nécessairement que C. Ofellius, person-

---

1. A la l. 2 de cette note, lire *inscr. 8* et non *17*.

nage inconnu par ailleurs, ait exercé une magistrature ; c'est sans doute un simple *negotiator* appartenant à la famille des *Ofellii*, qui s'était fixée à Délos, et dont les inscriptions citent quelques représentants vers la fin du IIe siècle ou au début du Ier : J. Hatzfeld, *l. l.*, p. 58 et suiv. ; 1921, p. 484. Les sculpteurs Dionysios et Timarchidès d'Athènes, qui se rattachent à une lignée d'artistes connus, sont du même temps : *ibid.*, p. 59, note 3. Ces indications concordent avec l'époque où fut aménagée l'agora des Italiens ; la niche où fut dressée la statue a dû être construite après le portique où elle s'adosse.

Faute d'un terme adéquat, les Grecs de Délos, comme ceux de tout l'Orient hellénique, ont pris l'habitude de désigner les Italiens par le terme couventionnel de Ῥωμαῖοι (n° 95), qui se retrouve dans toutes les formules où ceux-ci s'associaient aux Athéniens et aux autres Hellènes. Il englobait, par opposition aux autres ethniques, tous les individus qui étaient venus sous le couvert de Rome, quelle que fût leur condition sociale, citoyens ou *socii*, hommes de naissance libre, affranchis ou esclaves, et quelle que fût leur ville d'origine ou leur nationalité même. Les premiers étaient arrivés de la Sicile et de la grande Grèce (n° 66) ; plus tard prédominèrent les Italiens du Sud de la Péninsule, Campaniens, Apuliens, Lucaniens ; beaucoup moins nombreux étaient ceux de l'Italie centrale, du Latium ou de Rome même : J. Hatzfeld, *Les Traf. ital.*, p. 238-242. L'appellation d'Ἰταλικοί ou *Italicei* est celle qu'ils se donnent eux-mêmes, quand ils consacrent à frais communs un monument ou une statue ; c'est aussi celle dont usent les *magistri* (n[os] 86, 96, etc.) et les particuliers, qui les associent parfois aux divinités invoquées par eux : cf. n[os] 107, 132, 144, 157 ; *BCH, 1887,* p. 268, n. 30 ; 1910, p. 405, n. 56 ; 1912, p. 205 et suiv., n. 18, 22, 24. Elle est moins équivoque que la précédente, parce qu'elle n'implique aucune qualité juridique ou ethnique déterminée, et qu'elle traduit simplement l'unité géographique du groupe. On a voulu trouver, dans cette désignation collective, la preuve que les Italiens de Délos s'étaient organisés sous la forme d'un *conventus civium Romanorum,* c'est-à-dire d'une communauté autonome, avec des présidents à sa tête et presque les prérogatives d'un État souverain ; ils auraient ainsi formé comme une cité romaine en territoire grec. Les apparences sont nettement contraires à cette hypothèse. Il n'existe point, en Orient, avant l'époque impériale, de *conventus* entendu dans ce sens juridique ; à Délos, la composition disparate de la colonie italienne se fût mal prêtée à la création d'un organisme politique fortement lié ; et, de fait, aucun indice probant ne le révèle. Les « Romains », comme les autres étrangers, se sont distribués entre des associations particulières, en vertu d'affinités que nous ne pouvons pas toujours discerner, pour des fins religieuses ou commerciales ; mais ils ne sont pas entrés en corps dans les cadres d'une communauté définie. L'adoption du vocable Ἰταλικοί répond donc simplement à un sentiment de solidarité, dans le principe sans doute quelque peu vague, mais qui s'était précisé et fortifié avec les années : on l'a dit avec raison, c'est dans les communautés de l'étranger que l'Italie prit tout d'abord conscience de son unité, avant de la réaliser chez elle : J. Hatzfeld, *ibid.*, p. 243 et p. 257 et suiv. ; cf. *BCH*, 1912, p. 146 et suiv.

L'agora des Italiens, aménagée vers la fin du IIe siècle dans la région comprise entre le téménos d'Apollon et le Lac Sacré, enveloppée sur ses quatre côtés par un portique à double étage[1] — une colonnade dorique surmontée d'un attique de style ionique —, donne la preuve tout à la fois de l'importance prise par la population italienne et de la cohésion qui unissait ses membres. Un plan systé matique se lit clairement dans la conception et dans l'ordonnance générale ; cependant ce n'est pas la communauté des Italiens qui a réalisé l'exécution ; des particuliers, ou des associations, ont assumé la dépense des différentes parties : C. Ofellius a, pour sa part, dédié peut-être à lui seul le portique dorique de l'Ouest ; Philostratos d'Ascalon (n° 132), celui du Nord. Rien, dans l'économie de l'édifice, n'indique une destination commerciale ; ce n'était ni un entrepôt, ni un marché, mais un de ces bâtiments de luxe et d'apparat, comme il en a surgi de si nombreux à l'époque hellénistique, un lieu de fréquentation, de rendez-vous et de flânerie, que la société italienne s'était réservé à son usage, non sans quelque jactance, où elle célébrait ses jeux, « comme sur un forum du Latium ou de Campanie », où enfin elle se sentait bien chez elle en pays étranger : cf. Th. Homolle, *BCH*, 1884, p. 113 et suiv. ; P. Roussel, *DCA*, p. 303 (avec la bibliographie de la note 2) et suiv. ; J. Hatzfeld, *Les Traf. ital.*, p. 277 et suiv. ; *BCH*, 1921, p. 471 et suiv.

**132.** Dédicace d'une statue au banquier Philostratos d'Ascalon (vers 100 av. J.-C.). — Base de statue, trouvée sur le flanc du Cynthe, dans les ruines d'une maison, au Nord de la terrasse des dieux étrangers. — Première édition complète par P. Paris, *BCH*, 1884, p. 488.

[Φιλ]όστρατον [Φ]ιλοστρά[του] | Νεαπολίτην, | [τ]ὸν πρότερον [χ]ρηματί[ζ]ον[τα | Ἀ]σ[κα]λωνίτην, τραπεζιτε[ύοντα] ||⁵ ἐν Δήλωι, | [Π]ό[π]λιος καὶ Γάιος καὶ Γναῖος Ἐγ[νά|τι]οι Κοίντου Ῥωμαῖοι τὸ[ν] ἑαυτ[ῶν] | εὐεργέτην Ἀ[π]όλλωνι. | Λύσιππος Λυσίππου ||¹⁰ Ἡράκλειος ἐποίει.

1. Une inscription mutilée donne le nom de ce portique : [Ἰ]ταλικὴ π[αστάς] : *BCH*, 1907, p. 462, n. 68.

« (Statue de) Philostratos fils de Philostratos, de Néapolis, autrefois citoyen
d'Ascalon, banquier à Délos, (consacrée) à Apollon par Publius, Gaius et Gnaeus
Egnatii, fils (ou co-affranchis) de Quintus, Romains, (en hommage à) leur bienfaiteur. — Œuvre de Lysippos fils de Lysippos, d'Héraclée. »

Un esclave, Κλεομένης Ἐγνάτιος appartenant en commun aux trois frères
Egnatii, figure dans une liste de Compétaliastes datée, par l'épimélétat de Médeios,
de l'année 97/6 : n° 144. Cette indication détermine approximativement l'époque
de la dédicace.

C'est un des signes les plus apparents de la prospérité commerciale de Délos
que la multiplicité des banquiers dans les textes du IIᵉ siècle. Nous avons
signalé, dans les vingt ou trente dernières années de l'indépendance et au commencement du régime athénien (n° 66), Timon, Nymphodoros et Héracleidès,
Hellen et Mantineus, Philophon et Pactyas. Bien que leur qualité ne soit pas
expressément spécifiée, ce sont apparemment les chefs de maisons de banque accré-
ditées auprès du sanctuaire ; l'administration de la ville et celle du sanctuaire
s'étaient en partie déchargées sur eux du soin de percevoir leurs revenus :
P. Roussel, DCA, p. 12, note 7 ; J. Hatzfeld, Les Traf. ital., p. 197 et suiv. ; c'est
aussi entre leurs mains que l'on déposait souvent les contrats de prêts : DCA, p. 165,
note 5 ; cf. p. 164, note 2. Plusieurs d'entre eux étaient originaires de l'Italie
méridionale ou de la Sicile. Après le retour des Athéniens, il est certain que
bon nombre des negotiatores romains étaient des manieurs d'argent, comme
Maraios Gerillanos et Leukios Aufidios, qui sont dits τραπεζιτεύοντες ἐν Δήλῳ :
BCH, 1912, p. 19 et 37 ; cf. n° 138. On ne sait si ces τραπεζῖται formaient une
association ; mais on les voit s'unir pour rédiger en commun une dédicace : BCH,
1899, p. 79, n. 18 ; cf. ibid., 1910, p. 398, n. 45. C'est par l'entremise de
ces banquiers que les négociants se procuraient, aux gros intérêts que comportait
l'usage du temps, les capitaux nécessaires à leurs entreprises commerciales.
La banque publique de Délos, δημοσία τράπεζα, devait immobiliser dans le temple
d'Apollon les revenus de l'État, ou n'entreprenait d'opérations que contre solides
garanties hypothécaires : P. Roussel, DCA, p. 177 et note 6.

Philostratos nous offre l'exemple d'un de ces banquiers parvenu à une
situation éminente. La maison où a été retrouvée la dédicace ci-dessus était
probablement la sienne. Son nom figure encore dans plusieurs documents épigraphiques : J. Hatzfeld, BCH, 1912, p. 67 ; et P. Roussel, DCA, p. 419, n. 24.
Il était natif d'Ascalon, dont il porte l'ethnique dans deux textes ; d'après celui-ci,
il s'était fait agréger à la colonie romaine en devenant citoyen de la ville de
Naples : sur le sens de χρηματίζων, cf. P. Paris, art. cité, p. 489. Son fils Théo-

philos, éphèbe en 93/2 ou 92/1, n'use que de l'ethnique Νεαπολίτης : *BCH*, 1907, p. 438, n. 29 ; sur la date, cf. *DCA*, p. 373. Son origine syrienne explique qu'on le trouve parmi les thérapeutes qui édifièrent un théâtre dans le sanctuaire d'Hagné Aphrodité : *DCA*, p. 267 ; et que son ami, Midas d'Héraclée, évoque son nom dans la dédicace de l'exèdre qu'il consacra au même sanctuaire : *ibid.*, p. 259. Il paraît avoir été surtout un membre actif et considéré de la colonie italienne : on a de lui une dédicace à Apollon et aux Italiens : *BCH*, 1884, p. 128 ; une autre laisse peut-être entrevoir qu'il a été délégué par eux dans les fonctions de Poseidoniaste (n° 98) : Ἀθήν., 1875, p. 133, n. 9 ; à l'agora des Italiens, il avait consacré une exèdre : *BCH*, 1912, p. 209, n. 25, et probablement aussi le portique dorique du Nord : J. Hatzfeld, *ibid.*, 1921, p. 472 et 484. En reconnaissance « de sa justice et de ses libéralités », les Italiens dressèrent sa statue et celle de ses fils : *ibid.*, 1912, p. 210, n. 25 *bis*.

**133-136.** Dédicaces du prêtre Hélianax en l'honneur de Mithridate VI Eupator Dionysos, de ses officiers et des rois amis et alliés (101/0). — Sous ces nᵒˢ, nous réunissons ici l'ensemble des dédicaces gravées dans le Cabirion que construisit le prêtre Hélianax d'Athènes. A l'époque de l'indépendance, et probablement dès le iv° siècle, il existait un sanctuaire des Dioscures-Cabires, bâti sur la rive gauche de l'Inopos en face de la terrasse occupée par les sanctuaires égyptien et syrien : P. Roussel, *DCA*, p. 229 et suiv. En 101/100 Hélianax consacra une chapelle annexe, présentant la forme d'un édifice rectangulaire, fermé de trois côtés, avec une façade ionique où deux colonnes supportaient un entablement et un fronton : S. Reinach, *BCH*, 1883, p. 334 et suiv. ; *C. R. Ac. Inscr.*, 1910, p. 306 et suiv, ; 1913, p. 204 ; *DCA*, p. 290. Sur l'épistyle est inscrite la dédicace du monument (n° 133). Des bustes encadrés dans des médaillons et désignés par des inscriptions décoraient, l'un le tympan du fronton (n° 136 *a*), et douze autres le pourtour du monument à l'intérieur, à savoir six le mur du fond de la cella (n° 136 *b*, *g*, *h*), trois le mur de droite (n° 136 *c*, *i*), et trois celui de gauche (n° 136 *d*, *e*, *f*). Deux autres inscriptions sont gravées sur des bases séparées : l'une rappelle la consécration faite en 101/100, soit de la chapelle, soit d'un autel (n° 135) ; l'autre renouvelle l'hommage rendu à Mithridate (n° 134). Cf. la liste de ces textes dressée par P. Roussel, *DCA*, p. 426-428, n. 46, *a-g*.

A. — *Dédicaces à Mithridate Eupator* (dans le temple et au dehors).

133. Épistyle de la façade du Cabirion. — Édition partielle par S. Reinach, *BCH*, 1883, p. 364, n. 14, et par M. Holleaux, *C. R. Acad. Inscr.*, 1910, p. 308 ; complétée par P. Roussel, *DCA*, p. 427, n. 46 *a*.

[Ἡλιάναξ Ἀσκληπιοδώρου Ἀ]θηναῖος, ὁ διὰ βίου ἱερεὺς Πο[σειδῶνος Αἰσίου, γενόμενος δ]ὲ καὶ Θεῶν Μεγάλων Σαμοθράκων Διοσκούρων [Καβείρων, ] ὑπὲρ τοῦ δήμου τοῦ Ἀθηναίων καὶ τοῦ δήμου] τοῦ Ῥωμαίων, τὸν ναὸ[ν καὶ τὰ ἀγάλματα καὶ τ]ὰ ὅπλα θεοῖς οἷς ἱερά[τευσε καὶ βασιλ]εῖ Μιθραδάτηι Εὐπάτορι Διονύσωι, | [ἐπὶ ἐπιμελητοῦ] τῆς νήσου Θεοδότου τοῦ Διοδώρου Σουνιέως.

« Hélianax fils d'Asclépiodoros, d'Athènes, prêtre à vie de Poseidon Aisios, ancien prêtre aussi des Grands Dieux de Samothrace, les Dioscures-Cabires, pour le peuple athénien et le peuple romain, (a consacré) le temple, les statues et les boucliers (*ou peut-être* les médaillons) aux dieux dont il a été le prêtre ainsi qu'au roi Mithridate Eupator Dionysos, Théodotos fils de Diodoros, du dème de Sounion, étant épimélète de l'île. »

Le prêtre Hélianax a exercé le sacerdoce viager de Poseidon Aisios et la prêtrise annuelle des Cabires, ou Grands Dieux de Samothrace : cf. P. Roussel, *DCA*, p. 71, et 203, note 8 ; p. 229-232. Celle-ci passait par roulement de tribu en tribu : l'année où Hélianax l'exerça, 101/100, est déterminée par le synchronisme de l'épimélète de l'île, Théodotos fils de Diodotos, du dème de Sounion (l. 3), avec l'archonte Épicratès (ci-dessous, n° 135, l. 6) : *IG*, II, 985, *D*, l. 29; Homolle, *BCH*, 1884, p. 102 et suiv. ; P. Roussel, *DCA*, p. 110 et note 7 ; p. 350 et 368.

Hélianax fils d'Asclépiodoros est qualifié d'Athénien, et il jouit des droits de citoyen ; mais il semble que sa famille soit d'origine rhodienne. Th. Reinach a supposé qu'il descendait d'Asclépiodoros, un des auteurs, avec le Rhodien Agathanax, de la dédicace en l'honneur de Laodice, sœur de Pharnace et de Mithridate IV : n° 74. Son nom, où entre celui de la divinité rhodienne ᵈΊλιος et l'élément -άναξ, fréquent dans l'onomastique rhodienne, peut servir de confirmation à cette hypothèse. La place attribuée par Hélianax à son père Asclépiodoros parmi les officiers et les souverains amis de Mithridate semble la preuve d'un attachement héréditaire non moins qu'un hommage filial ; le buste d'Asclépiodoros occupe une des six niches dans le mur du fond du naos avec la dédicace suivante : Ὁ ἱερεὺς Ἰλιάναξ τὸν πατέρα⨼ Ἀσκληπιόδωρον θεοῖς : *BCH*, 1883, p. 363, n. 12.

Mithridate fut acclamé comme un dieu par les Grecs sous le surnom de Dionysos : Poseidonios *ap.* Athen., V, p. 212 *d* ; Cic., *pro Flacco*, 25 ; App., *Mithr.*, 10 ; Plut., *Quaest. conv.*, I, 6, 2 ; Dio Chrys., II, 294 Dind. On a cru longtemps que ce titre lui avait été décerné par Athènes aux environs de l'année 88 : *Or. gr.*, 370, note 2 : on voit qu'il lui est attribué à Délos bien avant cette date : P. Roussel, *DCA*, p. 320. Il se retrouve sur la base dont nous reproduisons la dédicace ci-dessous (n° 134).

Dans son hommage à Mithridate, Hélianax associe le peuple athénien[1] et le peuple romain. On a rappelé plus haut les rapports amicaux qui existaient d'ancienne date entre le Pont et Athènes (nᵒˢ 73 et 113). Avec Rome, les relations de la dynastie mithridatique, pour n'être pas aussi cordiales en 101, n'ont pas moins conservé toute leur correction officielle. Depuis la défaite de Pharnace et sa soumission à la volonté du Sénat, ses successeurs demeurèrent, pour Rome, des alliés déférents et attentifs. Une statue, probablement celle de la déesse Rome elle-même, avait été dressée au Capitole par les soins de Mithridate IV Philopator, et la dédicace bilingue rappelait le traité « d'amitié et d'alliance » conclu entre les rois de Pont et la république : *Or. gr.*, 375 ; c'est pour remplir les obligations de ce traité que Philopator avait, en 155/4, soutenu Attale II contre Prusias de Bithynie : Niese, *Gesch.*, III, p. 328. Après lui, Mithridate V Évergète envoie aux Romains, au cours de la troisième guerre punique (149), un contingent de vaisseaux et de troupes : App., *Mithr.*, 10. En 133, il est encore aux côtés de Rome, avec les autres royaumes d'Asie inféodés à la république, lorsque celle-ci, pour recueillir l'héritage d'Attale III, dut réprimer la redoutable révolte d'Aristonicos ; en récompense de ses services, et au détriment de son compétiteur Nicomède II de Bithynie, il obtient en 129, lors de la constitution de la province d'Asie, la Grande Phrygie que lui adjugea le consul M'. Aquilius : Th. Reinach, *Mithr. Eup.*, p. 43. Sa veuve, la régente Laodice, resta la cliente et la protégée des Romains, qui abusèrent de sa faiblesse pour la dépouiller, en sorte qu'elle transmit à son fils Mithridate Eupator un royaume diminué et affaibli. Dès' son avènement, en 115 (nᵒ 113), Mithridate conçut le dessein de le relever : ambition qui ne devait pas tarder à le mettre en conflit avec la puissance romaine. Sa politique, tour à tour audacieuse et cauteleuse, différa pendant vingt ans l'inévitable conflit. Dans l'intervalle, il restait officiellement l'allié de son futur adversaire ; en 101, l'année des dédicaces d'Hélianax, le peuple athénien n'avait pas à faire son choix entre les deux redoutables rivaux. On notera l'importance et le caractère de la dédicace ici faite : un ναός, le temple ; les ἀγάλματα (seul mot que l'on puisse restituer ici), soit sans doute les statues de culte ; enfin les ὅπλα, qui sont peut-être des boucliers, comme ceux dont on rehaussait parfois la décoration des temples, ou peut-être les médaillons à effigies (*clipei, clipeatae imagines*) qui décoraient le sanctuaire : cf. l'expression εἰκὼν ἐν ὅπλῳ : *Dict. des antiq.*, s. v. *Clipeus* (M. Albert), I, 2, 1259.

---

[1]. Les mots ὑπὲρ τοῦ δήμου τοῦ ᾿Αθηναίων sont restitués, mais on les rétablit avec certitude, car ils sont nécessaires pour remplir la lacune, et il n'y a pas d'autre complément possible.

134. Base remployée dans le réservoir supérieur de l'Inopos. — P. Roussel, *DCA*, p. 428, n. 46 *f*.

[B]ασιλέα Μιθραδάτην Εὐπάτορα Διόν[υσον] | βασιλέως Μι[θρ]αδά[του Εὐεργέτου] | Ἡλιάναξ Ἀσκληπιοδ[ώρου Ἀθηναῖος ἀρετῆς | ἕνεκεν καὶ εὐνοί]ας ἧς ἔχω[ν διατελεῖ εἰς ||⁵ τὸν δῆμον τὸν Ἀ]θηναίων.

Dédicace personnelle au roi d'une statue, faite par le prêtre Hélianax, qui rappelle la bienveillance du prince pour le peuple athénien.

135. Cippe découvert dans le réservoir inférieur de l'Inopos. — P. Roussel, *ibid.*, *g*.

[Ἡλι]άναξ Ἀσκληπιοδώρου | Ἀθηναῖος, ὁ διὰ βίου ἱερεὺς | Ποσειδῶνος Αἰσίου, γενόμενος | δὲ καὶ ἱερεὺς Θεῶν Μεγάλων [⁵ Σαμοθράκων Διοσκούρων Καβείρων | ἐν τῶι ἐπὶ Ἐχεκράτου ἄρχοντος | ἐνιαυτῶι, ἱδρύσατο.

La dédicace rappelle la consécration faite par Hélianax d'un autel. Le synchronisme de l'archonte Échécratès et de l'épimélète Théodotos assigne à l'ensemble du monument et de ses annexes la date 101/100 : ci-dessus, comm. de 133.

Les autres inscriptions sont celles des médaillons appliqués sur le fronton et aux murs de la cella.

B. — *Dédicaces à des officiers de la cour de Mithridate Eupator.*

136 *a*. Médaillon du fronton. — *Buste de Dorylaos* (?) *fils de Dorylaos, d'Amisos.* — P. Roussel, *ibid.*, p 427 *b*.

—— [Δο]ρυλάου Ἀμισηνόν, [τῶν πρώτων φίλων? β]ασιλέως | [Μιθραδάτου Ε]ὐπάτορος, ὁ ἱερε[ὺς Ἡλιάναξ Ἀσκληπ]ιοδώρου Ἀθηναῖος.

Effigie de « —— fils de Dorylaos, d'Amisos, ami du premier rang ? du roi Mithridate Eupator».

La place de ce médaillon, au centre du fronton, indique un personnage de marque. Le patronymique et l'ethnique paraissent l'apparenter à Dorylaos fils de Philétairos, le « compagnon » du roi, qui figure parmi les bustes de la cella

28

(n° 136 *f*). Il serait séduisant de reconnaître en lui Dorylaos le Tacticien, « ami » d'Évergète et recruteur de mercenaires pour le compte de ce prince. Élu stratège de Cnossos, qu'il défendit victorieusement dans une guerre contre Gortyne, il fut comblé d'honneurs par la ville qu'il avait sauvée. Après l'assassinat d'Évergète (121), il décida de demeurer en Crète : il s'y maria, et il eut deux fils, Lagétas et Stratarchos, et une fille : Strab., X, 4, 10, p. 477 [1]. Eupator, devenu roi, accorda à Dorylaos, neveu du Tacticien, parmi d'autres faveurs, celle de faire revenir de Crète la famille de son oncle, mort dans l'intervalle.

L'inscription mutilée mentionnait le lien qui attachait à Mithridate ce personnage, quel qu'il soit. Comme le Tacticien n'a pas résidé à la cour, la dignité d' « ami » ou toute autre n'a pu être pour lui qu'un titre honorifique. Il se peut, cependant, qu'il ait rendu quelque service personnel au roi, soit en recrutant pour lui des mercenaires, comme il avait fait pour Évergète, soit en aidant son neveu, qui lui aurait succédé dans ce rôle. — Ce ne sont là que des conjectures ; mais l'image du plus notable des Dorylaos paraît ici plus indiquée que celle d'un de ses fils, Stratarchos ou Lagétas, résidant auprès du roi.

Mur du fond. — Les six médaillons étaient consacrés : l'un à un personnage dont le nom a disparu (n° 136 *b*) ; un autre au père d'Hélianax (n° 133, commentaire) ; trois à deux rois de Cappadoce et de Syrie (n° 136 *g*, *h*), et peut-être à un officier de la cour d'Arménie (n° 136 *i*). Le premier seul peut être attribué, et encore par hypothèse, à un officier de Mithridate. Des dédicaces il ne reste que le nom d'Hélianax, avec sa qualité d'ἱερεύς et son ethnique, placé soit avant, soit après le nom du personnage honoré.

136 *b*. *Buste de Diophantos fils de Mitharès* (?). — Premier médaillon à partir de la gauche. — S. Reinach, *BCH*, 1883, p. 369, n. 13 ; restitutions de Th. Reinach, *Mithr. Eup.*, p. 460, n. 9 *e* ; d'après P. Roussel, dont nous suivons l'indication, les deux lignes doivent être interverties : *DCA*, p. 427, *c*, 1°.

[Διόφαντον Μιθ]άρου Γα[ζιουρηνὸν | ὁ ἱερεὺς Ἡλι]άναξ Ἀ[σκληπιοδώρου Ἀθηναῖος].

Effigie de « Diophantos fils de Mitharès, de Gaziura ».

1. Le stemma serait le suivant :

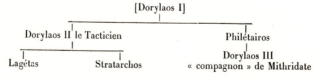

La restitution est hypothétique. Elle se fonde sur un texte de l'historien Memnon, qui cite, parmi les meilleurs généraux de Mithridate, un Diophantos dont le patronymique est Mitharès, et nous fait connaître son rôle dans les campagnes de la fin du règne ; en 73, il est expédié avec une armée en Cappadoce ; en 71, il est défait par Lucullus : Memn., fr. 37 et 43 (*FHG*, III, p. 545, 549) ; Th. Reinach, *Mithr. Eup.*, p. 321, 337, 339, 340, note 1. L'ethnique se tire, par hypothèse aussi, de la ville de Gaziura sur l'Iris, dans le Pont : Strab., XII, 3, 16, p. 547. — La distance assez grande qui sépare la dédicace d'Hélianax des événements où fut mêlé Diophantos fils de Mitharès laisse planer quelque doute sur l'identification proposée.

Mur de droite. — Les trois médaillons représentaient : un personnage de la cour d'Arsace VII (n° 136 *i*), un inconnu, et un dignitaire de Mithridate, désigné par l'inscription ci-dessous :

136 *c*. *Buste de Papias fils de Ménophilos d'Amisos.* — S. Reinach, *BCH*, 1883, p. 358, n. 10 ; *Or. gr.*, 374.

['Ο ἱερε]ὺς Ἡλιάναξ Ἀσκληπιοδώρου Ἀθηναῖ[ος] | Παπίαν Μηνοφίλου Ἀμισηνόν, | τῶν πρώτων φίλων βασιλέως | Μιθραδάτου Εὐπάτορος ||⁵ καὶ ἀρχία-τρον, τεταγμένον δὲ | καὶ ἐπὶ τῶν ἀνακρίσεων, | θεοῖς.

Effigie de « Papias fils de Ménophilos, d'Amisos, ami du premier rang du roi Mithridate Eupator, chef des médecins, préposé aux instructions criminelles ».

Papias est inconnu ; sa ville natale, Amisos, a fourni bon nombre de personnages notables de cette époque : cf. les n°ˢ 100, 136 *a, c, d, f*. Sur les titres τῶν πρώτων φίλων et ἀρχίατρον (= ἐπὶ τῶν ἰατρῶν), cf. le n° 90. Celui de ἐπὶ τῶν ἀνα-κρίσεων désigne évidemment un juge chargé des instructions judiciaires : *Sylloge*³, 931, l. 72 ; 953, l. 44, 46 ; cf. *Dict. des antiq.*, s. v. *anacrisis*. Les pièces de cette procédure s'appelaient ἀνακρίσεις : *Sylloge*³, 780, l. 28. Le titre même existe dans l'Égypte ptolémaïque sous une forme presque identique, ὁ πρὸς ταῖς ἀνακρίσεσιν : *Pap. de Teblynis*, 86, II, 1, 3 ; et le dignitaire en question compte parmi les grands personnages de la cour, οἱ περὶ αὐλήν : G. Lefebvre, *Annales du Service des antiq.*, 1908, p. 234.

Mur de gauche. — Les trois inscriptions suivantes (*d, e, f*) accompagnaient les bustes.

136 *d*. *Buste de Gaios fils d'Hermaios, d'Amisos.* — S. Reinach, *ibid.*, p. 361, n. 11 ; *Or. gr.*, 373.

Γάιον Ἑρμαίου Ἀμισηνόν, [τῶν πρώτων φίλων] | βασιλέως Μιθραδάτου [Εὐπά-
τορος], | ὁ ἱερεὺς Ἡλιάναξ Ἀσκληπι[οδώρου Ἀθηναῖος] | θεοῖς.

Effigie de « Gaios fils d'Hermaios, d'Amisos, ami du premier rang de Mithridate Eupator. »

Il est probable qu'il faut reconnaître en Gaios le personnage de ce nom qui est
cité par Plutarque comme σύντροφος de Mithridate : *Pomp.*, 42 ; sur ce titre, cf. notre
n° 71, II. Gaios serait donc le contemporain du roi, né en 132 av. J.-C. Le nom
Hermaios a été porté par un général de Mithridate qui, en 74/3, commandait
l'infanterie du roi après la retraite de Cyzique : Memnon, 40, 3 (*FHG*, III,
p. 546) ; cet Hermaios peut avoir été le fils de notre Gaios, plutôt que son père,
comme on l'a supposé.

136 *e*. *Buste d'un dignitaire inconnu.* — S. Reinach, *ibid.*, p. 353, n. 9 ; *Or. gr.*, 371.

— — ον Ἀντιπάτρου | — —, τῶν πρώτων φίλων | [βασιλέως Μι]θρα-
δάτου Εὐπάτορος, | [τεταγμένον] δὲ καὶ ἐπὶ τοῦ ἀπορρήτου, ||⁵ [ὁ ἱερεὺς Ἡλιάν]αξ
Ἀσκληπιοδώρου | [Ἀθηναῖος θεο]ῖς.

Effigie de « ..,..os fils d'Antipater, ......., ami du premier rang du roi
Mithridate Eupator, préposé au secret du roi ».

Un Callistratos ἐπὶ τῶν ἀπορρήτων est mentionné par Plutarque : *Lucull.*, 17 ;
mais ce texte se réfère à une époque postérieure d'une trentaine d'années à la
dédicace ; aussi est-il difficile de souscrire à la restitution [Καλλίστρατ]ον proposée
par Th. Reinach, *Mithr. Eup.*, p. 459, n. 9 *b*. Sur la fonction, cf. Procop., *De
bello Pers.*, I, 2, 7, p. 182 Dind. : τὸν τῶν ἀπορρήτων γραμματέα.... · ἀσηκρήτις (=
*a secretis*) καλοῦσι τοῦτο τὸ ἀξίωμα Ῥωμαῖοι· σήκρητα γὰρ καλεῖν τὰ ἀπόρρητα νενομίκασιν
(S. Reinach). Ἀπόρρητα est l'expression même dont se sert Appien (*Mithr.*, 22)
pour désigner le message secret de Mithridate ordonnant le massacre des
Romains : σατράπαις ἅπασι καὶ πόλεων ἄρχουσι δι' ἀπορρήτων ἔγραφε.

136 *f*. *Buste de Dorylaos fils de Philétairos, d'Amisos.* — S. Reinach, *ibid.*, p. 355,
n. 9 ; *Or. gr.*, 372.

Δορύλαον Φιλ[ετα]ίρου Ἀμισηνόν, | τὸν σύντροφον καὶ ἐπὶ τοῦ | ἐγχειριδίου,
τεταγμένον δὲ | καὶ ἐπὶ τῶν δυνάμεων βασιλέως ||⁵ Μιθραδάτου Εὐπάτορος, ὁ ἱερεὺς
Ἡλιάναξ Ἀσκληπιοδώρου Ἀθηναῖος θεοῖς.

Effigie de « Dorylaos fils de Philétairos, d'Amisos, compagnon du roi, préposé au poignard, chef des armées du roi Mithridate Eupator ».

Sur la famille de Dorylaos, cf ci-dessus, n° 136 a ; pour le sens de σύντροφος, n° 71, II. C'est ce même mot de σύντροφος qu'emploie Strabon à propos de Dorylaos : X, 4, 10, p. 477. Mithridate avait été élevé avec lui à Sinope, où il avait reçu une éducation toute grecque ; les liens d'amitié qu'il avait contractés avec lui dans son enfance, — il était âgé de onze ans quand son père mourut, — sont l'origine de la faveur dont jouit son « camarade » sous le nouveau règne. Comblé d'honneurs par le roi, il devint grand prêtre et gouverneur de Comana ; mais ses fonctions étaient surtout militaires. Dans la première guerre contre les Romains, il commandait la phalange ; en 86, il conduisit en Grèce 80000 hommes au secours d'Archélaos : Strab., ibid. ; App. Mithr., 114 ; Plut., Sylla, 20. — L'interprétation du titre ἐπὶ τοῦ ἐγχειριδίου est incertaine. Nous pensons qu'il convient de traduire, avec Th. Reinach, « préposé au poignard » : Mithr. Eup., p. 294 ; mais on croira difficilement qu'un chef d'armée ait eu dans ses attributions, comme le veut Dittenberger, l'exécution des sentences capitales. L'ἐγχειρίδιον est le poignard du roi ; le titre, dans une monarchie guerrière comme celle de Mithridate, doit désigner une fonction militaire, que Dorylaos aurait cumulée avec le commandement suprême des armées (ἐπὶ τῶν δυνάμεων).

Malgré une si haute faveur, Dorylaos fut du nombre de ceux qui trahirent Mithridate à l'époque de ses derniers revers, pendant la campagne désastreuse où le roi du Pont dut abandonner ses États sous la pression de Lucullus (73-72). Une correspondance secrète avec les Romains fit la preuve de la trahison, et le coupable fut mis à mort : Strab., XII, 3, 33, p. 557.

## C. — Dédicaces à des rois amis et alliés.

136 g. Buste d'Ariarathe VII Philométor, roi de Cappadoce. — Médaillon du mur du fond. — S. Reinach, ibid., p. 347, n. 7 ; Or. gr., 353.

Βασιλέα Ἀριαράθην Φιλομήτορα βασιλέως | Ἀριαράθου Ἐπιφανοῦς | καὶ Φιλοπάτορος ὁ ἱερεὺς Ἡλιάν[αξ] | Ἀσκληπιοδώρου Ἀθηναῖος θε[οῖς].

Effigie du « roi Ariarathe Philométor fils du roi Ariarathe Épiphane Philopator ».

L. 1 : le mot Φιλομήτορα est en surcharge au-dessus de la ligne.

Sur les rapports antérieurs de la Cappadoce avec Athènes, cf. n° 89. Ariarathe VI Épiphane Philopator (130-111 environ), fils d'Ariarathe V, avait
épousé la sœur de Mithridate, Laodice, qui prit la régence lorsqu'il fut assassiné
par Gordios, à l'instigation de Mithridate lui-même. Il laissait, de son mariage
avec Laodice, deux fils qui furent rois successivement sous les noms d'Ariarathe (VII et VIII). La chronologie des années qui suivent est quelque peu incertaine. Mithridate convoitait pour lui-même la Cappadoce, dont l'anarchie faisait
une proie facile ; mais il se heurta à la compétition de Nicomède III de Bithynie,
jusque-là son allié et complice dans la conquête et le partage de la Paphlagonie
et de la Galatie. Entre les années 102 et 100, Nicomède, le premier, envahit la
Cappadoce. Laodice, dans le premier émoi, fit appel à son frère Mithridate, puis,
se ravisant, fit sa paix avec Nicomède et l'épousa : c'était livrer son pays. Eupator
intervint au nom des héritiers légitimes, chassa les Bithyniens du pays et établit
sur le trône de Mazaca son jeune neveu Ariarathe VII : cf. Th. Reinach, *Mithr.
Eup.*, p. 97-98. Il y a donc, à ce qu'il semble, une exacte coïncidence de dates
entre ces événements et la dédicace d'Hélianax, qui témoigne d'une entente entre
Mithridate et le jeune prince. Cette entente dura peu : car, le roi du Pont ayant
exigé de son protégé le rappel de Gordios, Ariarathe résista à l'injonction, fit
appel au concours armé de ses voisins contre Mithridate, et périt bientôt après
sous le poignard, par ordre de son oncle (99).

136 *h. Buste d'Antiochos VIII Épiphane Philométor Callinicos, roi de Syrie.* —
Médaillon du mur du fond. — S. Reinach, *ibid.*, p. 346, n. 6 ; *Or. gr.*, 258.

Βασιλέα Ἀντίοχον Ἐπιφανῆ Φιλομήτορα | Καλλίνικον, τὸν ἐγ βασιλέως Δημη-
τρίου | καὶ βασιλίσσης Κλεοπάτρας, ὁ ἱερεὺς | Ἡλιάναξ Ἀσκληπιοδώρου Ἀθηναῖος
θεοῖς.

Effigie « du roi Antiochos Épiphane Philométor Callinicos, fils du roi Démétrios et de la reine Cléopâtre ».

Sur ce prince, dit aussi Antiochos Grypos (125-96), cf. les n°s 120-122. On ne
connaît pas d'incident notable de son règne à partir du moment où il partagea
avec son frère Antiochos de Cyzique la Phénicie et la Coelé Syrie (110) ; en particulier, ses rapports avec le Pont sont complètement ignorés. Rien n'indique que
les relations entre les deux monarchies aient jamais été troublées. Les ambitions
de Mithridate se portaient sur les royaumes voisins, et il était de bonne politique

de se ménager ailleurs une neutralité amicale ; d'autre part la dynastie séleucide était trop affaiblie à cette époque pour qu'il en pût redouter quelque entreprise.

136 i. *Buste d'un officier d'Arsacès VII, roi des Parthes.* — Médaillon du mur de droite. — S. Reinach, *ibid.*, p. 349, n. 8 ; *Or. gr.*, 430.

Δορ — — — — ράτην, τῶν πρώτων φίλων τοῦ | βασιλέως βασιλέων μεγάλου Ἀρσάκου, | ὁ ἱερεὺς Ἡλιάναξ Ἀσκληπιοδώρου Ἀθηναῖος, | ὁ διὰ βίου ἱερεὺς Ποσειδῶνος Αἰσίου, γενόμενος ||⁵ καὶ Θεῶν Μεγάλων Σαμοθράκων Διοσκούρων Καβε[ίρων,] θεοῖς.

Effigie de « Dor — — —, ami du premier rang du roi des rois le grand Arsacès ».

Hélianax prend, dans la dédicace de ce buste, tous ses titres sacerdotaux. Le personnage est inconnu. Son nom était suivi d'un ethnique : Dittenberger propose, à titre de simple indication, [Κιβυ]ράτην. La hiérarchie aulique, comme le prouve l'expression τῶν πρώτων φίλων, paraît avoir été la même à la cour des Arsacides que dans les autres monarchies orientales.

Le titre de « grand roi » est dans la tradition des Achéménides, auxquels il fut emprunté par les Séleucides : cf. n° 59 ; il fut porté par Arsace VI Mithridate I, grand conquérant de la monarchie (178-138) ; Arsace VII Mithridate II (vers 124-87) cumula ceux de βασιλεὺς βασιλέων et de μέγας. Nous ignorons les rapports entre ce prince et Eupator. — Pour la généalogie des Arsacides, cf. *Catal. coins of the Brit. Mus.*, *Parthia*, p. 24-37, pl. VI-VIII.

Un autre buste, sur le mur du fond, était attribué à un personnage dit « fils de Mithridate », qui appartenait sans doute à la cour du même Arsace VII ; l'inscription est encore incomplètement déchiffrée : P. Roussel, *DCA*, p. 427, c 6°.

**137.** Dédicace d'un édicule a Sarapis pour le peuple athénien, le peuple romain (?) et Mithridate Eupator (vers 94/3). — Épistyle brisé trouvé dans le Sarapieion *C*, en plusieurs morceaux, de 1881 à 1911. — Edition partielle : Homolle, *BCH*, 1884, p. 103 ; *Or. gr.*, 370 ; complète : P. Roussel, *CÉ*, p. 169, n. 160.

Δίκαιος Δικαίου Ἰωνίδ[ης, ἱερεὺς γενόμενος Σαράπιδος, ὑπὲρ τοῦ δήμου τοῦ Ἀθηναίων καὶ τοῦ δή]μου το[ῦ Ῥωμαίων καὶ βασι]λέως Μιθραδάτου | Εὐπάτορος

Διονύσου καὶ τοῦ ἑαυτοῦ πατρὸς Δ[ικαίου τοῦ —— Ἰωνίδου καὶ τῆς μητρὸς ——
Σαράπιδι, Ἴσι]δι, Ἀνούβι[δι, Ἀρποκράτει καὶ] μελαν[η]φόροις καὶ θεραπευταῖς,
ἐ[πὶ ἐπιμελη]τοῦ τῆς νήσου Ἀρόπου [τοῦ — *patronymique et démotique* — ἱερέως
δὲ — *nom et patronymique* — Παι]ανιέως καὶ τῶν [ἐπὶ τὰ ἱερὰ — *nom et patronymique* — Ἀλ]αιέως [καὶ — *nom, patronymique et démotique* —, ζακορεύον-
τος ? ——]ρος.

« Dicaios fils de Dicaios, du dème d'Ionidai, ayant été prêtre de Sarapis, (a dédié
l'édifice) pour le peuple athénien, le peuple romain, le roi Mithridate Eupator
Dionysos, son propre père Dicaios fils de X., du dème d'Ionidai, et sa mère X.,
à Sarapis, Isis, Anubis, Harpocrate, aux mélanéphores et aux thérapeutes, Aropos
fils de X. étant épimélète de l'île, X. du dème de Paiania étant prêtre, X. et X.
étant préposés à l'administration des richesses sacrées, X. étant zacore. »

Il doit manquer un bloc d'épistyle d'une longueur égale (environ 2 m.) entre les deux
blocs dont les fragments ont été retrouvés ; sans quoi, on n'arrive à aucune restitution
valable.

Plusieurs autres dédicaces sont datées de la prêtrise de Dicaios : *CÉ*, n. 162,
164-167 ; l'une d'elles (n. 164) donne le synchronisme de cette prêtrise avec
l'archonte Callias (vers 94/3) : *DCA*, p. 371. Deux épimélètes ont porté le nom
d'Aropos : l'un, du dème du Pirée (94/3) : *BCH*, 1892, p. 150, n. 1 ; 1899,
p. 69, n. 14 ; *DCA*, p. 113, note 1 ; l'autre, du dème d'Azénia (96/5?) : *DCA*,
p. 112, note 9.

Sur les associations religieuses des mélanéphores et des thérapeutes, cf.
P. Roussel, *CÉ, index*, p. 298 et 299. La dédicace paraît avoir un caractère
privé, puisque Dicaios associe les noms de son père et peut-être de sa mère aux
peuples et au souverain qu'il entend honorer ; elle n'en est pas moins un
témoignage nouveau et formel de l'entente qui continue de régner entre Mithridate et Athènes. Quant au peuple romain, — dont la mention est nécessaire
étant donnée la longueur probable de l'épistyle, — ses rapports avec Mithridate
sont tendus à cette date, mais demeurent officiellement corrects : c'est l'époque
où le roi, après une série de bravades supportées avec longanimité par Rome,
faisait sa soumission et évacuait, sur l'injonction du Sénat, la Cappadoce et la
Paphlagonie (95) : Th. Reinach, *Mithr. Eup.*, p. 100.

On a retrouvé, au Sarapieion C, une autre dédicace du même prêtre Dicaios à
Isis Aphrodite, où il associe dans son hommage sa mère au roi Mithridate : *CÉ*,

p. 169 et suiv., n. 161 ; cf. encore le fragment *ibid.*, n. 163, où le nom du roi seul s'est conservé.

**138.** Dédicace d'une statue au banquier Maraios Gérillanos par les négociants et ceux qui trafiquent a l'agora Tétragone ? (début du 1ᵉʳ siècle av. J.-C.). — Base rectangulaire, brisée en trois morceaux, trouvée à l'agora du Sud. — G. Fougères, *BCH*, 1887, p. 269, n. 33 ; Ch. Picard, *ibid,*, 1910, p. 541, n. 6.

Οἱ ἔμποροι καὶ οἱ τὴν τετράγωνον ἐργαζόμενοι | Μαραῖον Γεριλλανὸν Μαραίου υἱὸν Ῥωμαῖον | τραπεζιτεύοντα ἐν Δήλωι, | [καλοκ]αγαθίας ἕνεκεν τῆς εἰς ἑαυτούς, ||⁵ ['Α]πόλλωνι, 'Αρτέμιδι, Λητοῖ. | 'Αγασίας [Μηνοφίλου 'Εφέσι]ος ἐποίει.

« Les négociants et ceux qui trafiquent à l'agora Tétragone ? (consacrent la statue de) Maraios Gérillanos fils de Maraios, Romain, banquier à Délos, pour son dévouement envers eux, à Apollon, Artémis et Latone. — Œuvre d'Agasias fils de Ménophilos, d'Éphèse. »

Une première indication approximative de date est donnée par le nom du sculpteur Agasias d'Éphèse, dont on a retrouvé treize signatures à Délos ; c'est un contemporain d'Eutychidès ; il a travaillé à la fin du iiᵉ siècle et au début du 1ᵉʳ :Ch. Picard, *art. cité*, p. 538-548 ; P. Roussel, *DCA*, p. 288 et 289, note 2.

C'est à la même époque que nous reporte le nom du banquier Maraios Gérillanos, qui appartient à une des familles les plus notables de la colonie romaine, les *Gerillani*, originaires de Campanie, et qui compte aussi des représentants à Cos et à Éphèse : J. Hatzfeld, *BCH*, 1912, p. 37-38 ; *Les Traf. ital.*, p. 240 et 392. Un Maraios fils de Statius, qui fut *magister Neptunalis*, en est, à Délos, le plus ancien personnage connu : n° 98, l. 1 et 7. Il eut pour fils Maraios ici mentionné et Aulus, tous deux banquiers, et qui ont des affranchis communs : *BCH*, 1884, p. 175. Les deux frères ont contribué à la construction des bâtiments qui entouraient l'agora des Italiens (n° 131) : Aulus est un des donateurs du portique occidental, *ibid.*, 1912, p. 205, n. 18 *c* ; et les noms de tous deux semblent avoir figuré dans la liste des souscripteurs qui s'étaient cotisés pour édifier l'[Ἰτ]αλικὴ π[αστάς], ou pour la réparer après la dévastation de 88 : *ibid.*, 1907, p. 461, n. 68, col. I, l. 8 ; cf. ci-après, p. 228. C'est aussi en l'honneur d'un Gérillanos fils de Maraios que furent dressées deux statues, dans des chambres de l'agora des Italiens : *ibid.*, 1907, p. 456 et suiv., n. 54 et 55 ; le titre de banquier, qui convient aux deux frères, est rappelé dans les deux textes. Le commerce de l'argent, qui avait valu à la famille sa situation, lui avait aussi attiré des haines ;

un *Cerrillanus* est au nombre des 21 personnages contre lesquels un T. Paconius avait lancé une *imprecatio* collective : tablette de bronze de Rhénée, citée par Stavropoullos, Πρακτικά, 1898, p. 101; cf. *BCH*, 1907, p. 464, note 3 et J. Hatzfeld, *ibid.*, 1912, p. 8.

Une seconde dédicace, datée de 98/7, trouvée à l'intérieur de la même place que l'on est convenu d'appeler « l'agora du Sud », est faite par un groupement de gens qui s'intitulent, comme ici, οἱ τὴν τετράγωνον ἐργαζόμενοι : Th. Homolle, *BCH*, 1884, p. 126. Enfin une troisième, provenant des abords de la même place, est rédigée par un magistrat dit ἐπιμελητὴς τῆς τετ[ραγώνου] : P. Roussel, *BCH*, 1910, p. 113-4. Le rôle de cette compagnie aussi bien que celui de ce magistrat ont été très diversement interprétés, et l'on ne s'est pas accordé davantage sur le sens du mot ἡ τετράγωνος.

Les ἐργαζόμενοι ont tour à tour été considérés : 1° comme des ouvriers ou entrepreneurs occupés à la construction d'un édifice, proprement un portique (en sous-entendant στοά) de forme carrée ou rectangulaire : Th. Homolle, *art. cité*; — 2° comme des hommes d'affaires, négociants ou banquiers, exerçant leur profession sur l'agora et dans les portiques avoisinants : F. Durrbach, *BCH*, 1902, p. 490 et suiv. ; — 3° comme des artisans adonnés à la fabrication spéciale des statues que les anciens appelaient *hermès* et auxquelles quelques gloses et scholies appliquent le nom de τετράγωνος ἐργασία, parce qu'elles surmontaient des piliers carrés : P. Roussel, *art. cité*, p. 110 et suiv.

Cette dernière hypothèse, qui a généralement obtenu faveur, ne paraît pas cependant pouvoir être maintenue. A supposer que des marbriers aient été réellement, à Délos, spécialisés dans la technique des hermès, il est bien malaisé de justifier l'existence d'un épimélète, magistrat élu, pour surveiller cette industrie. L'on est ainsi ramené à l'une des premières explications envisagées. Celle où nous nous sommes arrêté nous-même demeure encore, à notre sens, la plus plausible : les personnes qualifiées d'ἐργαζόμενοι s'associent à des ἔμποροι pour honorer un banquier ; il y a dans ce groupement même, semble-t-il, une raison pour supposer entre eux une analogie de profession.

Comme on en a fait plus haut la remarque (p. 113-4), les années 110-88 sont celles de la grande prospérité de Délos athénienne ; dans cet intervalle, on notera l'abondance exceptionnelle des documents qui se groupent autour de l'année 100, et qui datent en particulier de l'année 97 (cf. les n°ˢ 139 et suiv.). C'est là une rencontre qui ne doit pas être tout à fait fortuite ; il semble bien que nous soyons ici au point culminant de cette activité.

**139.** Dédicace des Déliens en l'honneur de M. Antonius, censeur (97 av. J.-C.). — Base de marbre, au Portique de Philippe. — Homolle, *BCH*, 1884, p. 133; Holleaux, *Rev. des Ét. anc.*, 1917, p. 83, n. III.

Μάαρκον Ἀντώνιον | Μαάρκου υἱόν, στρατηγόν | ὕπατον, τιμητήν, | Δήλιοι τὸν ἑατῶν πάτρωνα ||⁵ Ἀπόλλωνι, Ἀρτέμιδι, Λητοῖ.

« Les Déliens (ont consacré la statue de) Marcus Antonius fils de Marcus, consul, censeur, leur patron, à Apollon, Artémis et Latone. »

Sur la ponctuation du texte, l. 2-3, et l'interprétation des titres qui y sont énumérés, voir Holleaux, *l. l.*, et Στρατηγὸς ὕπατος, p. 30, note 1.

L'orateur M. Antonius. fut questeur en Orient l'année 113 (n° 123) ; il reçut, en 104, la province de Cilicie comme préteur avec pouvoirs proconsulaires pour faire la guerre aux pirates ; il séjourna, en passant, à Athènes et à Rhodes où il s'entretint avec les maîtres de l'éloquence : Cic., *de Orat.*, I, 82 ; II, 3 ; cf. Hertzberg, *Hist. de la Grèce sous la domin. rom.*, trad. Bouché-Leclercq, I, p. 405, 421. Il semble qu'il ait touché aussi à Délos, étape naturelle entre Athènes et Rhodes. Il fut ensuite consul en 99 et censeur en 97 ; et il périt en 87, assassiné par les partisans de Marius et de Cinna : *Realenc.*², s. v. *Antonius*, 28. La dédicace de Délos est presque certainement de l'année même de la censure, ou de celle qui suivit. La mention simultanée des titres successifs de consul et de censeur, insolite dans l'épigraphie hellénique, s'explique soit par la succession presque immédiate de ces deux dignités suprêmes, soit plutôt par les services qu'en cette double qualité Antonius put rendre aux Δήλιοι, auteurs de la dédicace.

Cet ethnique avait disparu du formulaire officiel depuis 164 environ : ci-dessus, p. 119. Il reparaît ici, et non pas comme qualificatif d'individus isolés, mais comme l'appellation publique d'une communauté ethnique plus ou moins nombreuse. On avait d'abord supposé que ce nom sacré de Δήλιοι avait été repris en 88, lorsque les habitants de Délos, Athéniens ou Grecs de toute origine, séparés d'Athènes, cherchèrent une dénomination collective pour la population composite et indépendante de l'île sainte. Cette dédicace et celle des mêmes Δήλιοι en l'honneur du proconsul C. Julius Caesar avant l'année 90 (n° 140), — seuls documents où ils soient nommés, — prouvent que la nationalité délienne revit avant la guerre de Mithridate. Il semble qu'elle ait été très éphémère et qu'au lieu d'avoir été suscitée par les événements de 88, elle ait été au contraire étouffée par eux prématurément.

En dehors de ces deux dédicaces collectives, l'ethnique Δήλιος se rencontre encore, individuellement, joint aux noms de deux particuliers, qui ont souscrit à la construction de l'Ἰταλικὴ π[αστάς] (ci-dessus, p. 212, note 1), ou peut-être à sa restauration après 85 (nᵒˢ 150-151): *BCH*, 1907, p. 461, n. 68, col. I, l. 11 et 16.

Le fait que les Δήλιοι n'apparaissent et n'agissent en corps que deux fois, et pour rendre hommage à des magistrats romains du plus haut rang, ayant exercé des fonctions en Orient, permet d'imaginer comment la nationalité délienne a pu être restaurée au moins pour le groupe des survivants de l'ancienne population. Les descendants des émigrés de 164, restés attachés à leur ancienne patrie, devenue extraordinairement prospère, auront demandé leur réintégration à la seule autorité dont ils pouvaient l'obtenir, au Sénat qui les avait bannis. A Délos, ils n'avaient à craindre d'animosité ni dans la population mélangée et fréquemment renouvelée des étrangers, ni auprès des Athéniens, chez qui les vieilles rancunes s'étaient assoupies. La reprise des antiques Δήλια, restaurées avec éclat à la fin du iiᵉ siècle, la part qu'y prennent de grandes familles, comme celle de Médeios (nᵒ 115), le rôle capital des magistrats de Délos dans l'ennéaétéris pythique de 102 à 94 (*IG*, II, 985), témoignages d'une ferveur renouvelée pour le culte apollinien, accusent, aux environs de 97, des dispositions bienveillantes, éminemment propices au retour des exilés. Des magistrats romains, connus et amis, transmirent la requête au Sénat, l'appuyèrent, obtinrent une décision favorable : de là l'emploi du mot πάτρων dont les qualifient les deux dédicaces, mot exclusivement romain, qui paraît ici pour la première et presque unique fois dans l'épigraphie délienne, et qui implique cette sorte de clientèle élargie où entraient non seulement des individus et des familles, mais des cités et des populations entières.

Rentrés à Délos, les anciens Déliens eurent à cœur de témoigner leur reconnaissance, non seulement à leurs « patrons », mais aux habitants et en particulier à la colonie italienne. C'est la raison, semble-t-il, pour laquelle deux Δήλιοι participent à la souscription pour l'Ἰταλικὴ π[αστάς] ; leur présence dans cette liste s'explique mieux, peut-être, si celle-ci est contemporaine du retour des exilés, qui coïncide à peu près avec la construction des portiques.

**140.** Dédicace des Déliens en l'honneur de C. Julius Caesar (entre 98 et 90 av. J.-C.). — Face antérieure d'une bande de marbre. — F. Durrbach, *BCH*, 1902, p. 541, n. 11.

Γάιον Ἰούλιον [Γαίου υ]ἱὸ[ν] | Καίσαρα Δήλιοι τὸν ἑαυτ[ῶν] | πάτρωνα Ἀπόλλω[νι], | Ἀ[ρτέ]μιδι, Λητοῖ.

« Les Déliens (ont consacré la statue de) Gaius Julius Caesar, fils de Gaius, leur patron, à Apollon, Artémis et Latone. »

Le nom de C. Julius Caesar convient à deux personnages contemporains dont la carrière se déroule à la fin du II<sup>e</sup> siècle et au début du I<sup>er</sup> : l'un est C. Julius C. f. Caesar, père du dictateur, l'autre C. Julius L. f. Sex. n. Caesar Strabo < Vopiscus > : Drumann-Groebe, *Gesch. Roms*, III², p. 125, n. 16 et 123, n. 13. L'un ou l'autre a été *legatus* en Grèce, peu avant la guerre de Mithridate : *Sylloge*³, 748, note 12 ; Waddington, *ap*. Le Bas-Foucart, *Inscr.*, II, 242 *a*. Le premier des deux porte dans deux inscriptions de Délos le titre de proconsul (n° 141) ; c'est apparemment lui que nous devons reconnaître dans la dédicace ci-dessus [1], et c'est aussi à lui, en raison du titre de proconsul, que se rapporte sans doute un *elogium* très mutilé, juxtaposé à celui de C. Octavius, père de l'empereur Auguste : *CIL*, I², p. 199 = VI, 1, 1311 *a* ; le texte rappelle, entre autres fonctions, sa préture et son proconsulat en Asie : ...*pro] cos. in Asia*. Pline (*N. H.*, VIII, 181) l'appelle également père du dictateur et mentionne sa préture. D'après Waddington, son gouvernement en Asie se placerait dans la période décennale de 655-665 A. U. = 99-89 av. J.-C. (*Fastes*, p. 667, n° 8). Or c'est précisément à cette date que reparaît l'ethnique Δήλιοι, que s'attribuent les auteurs de la dédicace, et qui ne paraît pas être resté longtemps en usage (n° 139).

**141.** Dédicace des marchands d'huile au proconsul C. Julius Caesar (début du I<sup>er</sup> siècle av. J.-C.). — Base de marbre ronde, devant l'un des magasins au Sud de l'agora des Compétaliastes. — Ardaillon, *BCH*, 1896, p. 443 ; P. Jouguet, *ibid.*, 1899, p. 73, n. 16 ; *CIL*, III, *Suppl.* 2, 14203⁶.

*C. Iulio C. f. Caesar[i]* | *pro cos. olearei.*

« A C. Julius Caesar, fils de Gaius, proconsul, les marchands d'huile. »

Le nom du même proconsul (cf. n° 140) se lit encore sur un *sécoma* de marbre blanc, trouvé au même magasin : A. Jardé, *BCH*. 1905, p. 18 et 229, n. 88 ; cf. pl. VII :

*C. Iulius C. f. Caesar pro cos.*

Les fouilles de Délos ont livré de nombreux *sécomata* ou mesures-étalons soit pour les grains soit pour les liquides : *Dict. des antiq.*, s. v. (É. Michon), p. 1179, notes 1-6 ; W. Deonna, *Rev. des Ét. anc.*, 1913, p. 168, 18 ; cf. ci-dessus, p. 151, note 1. Plusieurs paraissent dater des environs de l'année 100. Celui qui porte la suscription de C. Julius Caesar était destiné aux liquides ; le

---

1. La lacune paraît comporter le patronymique Γαίου plutôt que Λευκίου.

magasin d'où il provient servait sans doute d'entrepôt aux marchands d'huile. La corporation des *olearii* nous est encore connue, à Délos, par deux dédicaces grecques, où se restitue, presque avec certitude, le nom deux fois mutilé d'ἐλαιο-οπῶλαι : *BCH*, 1899, p. 74, n. 17 ; 1909, p. 491, n. 14. Dans la première, elle consacre un temple et une statue à Héraclès-Hercule, auquel est associé Hermès-Mercure ; la seconde mentionne des réparations au même temple sous l'épimélète Aropos (96/5) ; le sanctuaire s'élevait sans doute au voisinage de l'agora de Théophrastos, près de laquelle les deux textes ont été retrouvés. Parmi les huit personnages qui, dans l'une de ces dédicaces, sont chargés de présider aux travaux, on reconnaît des Latins et des Grecs de l'Italie méridionale. Les *olearii* étaient donc des importateurs italiens, qui vendaient leur marchandise sur la place de Délos ; c'est ce qui est confirmé par la rédaction latine de la dédicace à C. Julius Caesar. Délos ne produisait pas d'huile : les états de lieux descriptifs des domaines sacrés mis en location par les hiéropes ne mentionnent que des vignes et des figuiers, et pas un seul olivier : cf., par exemple, *IG*, XI, 287, *A*, l. 141-174. Au contraire, la production et l'exportation de l'huile étaient, à la fin de la période républicaine, une des sources de richesse pour l'Italie : *Dict. des antiq.*, s. v. *Olea* (M. Besnier), p. 170. La très grande quantité d'anses d'amphores avec marques romaines que les fouilles ont exhumées à Délos accuse, non moins que les collèges de négociants, l'importance du trafic des liquides, huile et vin (n° 142), de cette origine : une d'elles, la seule qui indique la nature de la marchandise contenue dans le vase, porte l'inscription *olea*. Cf. J. Hatzfeld, *BCH*, 1912, p. 143 et 158-9 ; *Les Traf. ital.*, p. 213-5 ; P. Roussel, *DCA*, p. 82 ; 95, note 6 ; 306.

**142.** Dédicace des marchands de vin a Hermès, Dionysos et Apollon (97/6 av. J.-C.). — Base rectangulaire, au Sud de l'agora des Compétaliastes. — P Roussel, *BCH*, 1908, p. 429, n. 40.

Οἰνοπῶλαι | Ἑρμεῖ καὶ Διονύσωι καὶ Ἀπόλ|λωνι, ἐπὶ ἐπιμελητοῦ τῆς | νήσου Μηδείου τοῦ Μηδείου Πε(ι)||⁵ραιέως καὶ τοῦ ἐπὶ τὸ ἐνπόριον Δι|ονυσίου τοῦ Ἀθηνοβίου Εὐπυρίδου.

« Les marchands de vin à Hermès, Dionysos et Apollon, Médeios fils de Médeios, du dème du Pirée, étant épimélète de l'île, et Dionysos fils d'Athénobios, du dème d'Eupyridai, épimélète du port de commerce. »

Médeios fut épimélète de Délos en 97/6 (n° 144). — Sur les épimélètes de l'emporion, cf. ci-dessus, p. 139, et P. Roussel, *DCA*, p. 179-182.

L'Italie, vers la fin de la période républicaine, exportait ses vins comme ses huiles : J. Hatzfeld, *Les Traf. ital.*, p. 213 et suiv. Il y a apparence que les négociants en vin de Délos, qui sont associés en corporation, étaient, comme les *olearii,* originaires de ce pays, quoique nous n'en ayons pas la preuve positive. On peut rapprocher de ces οἰνοπῶλαι les nombreuses corporations de *vinarii* dans l'Empire romain : Waltzing, *Ét. sur les corp. prof. chez les Romains,* II, p. 96 et suiv. ; *Dict. des antiq.*, s. v. *Vinarius* (A. Jardé).

**143.** Dédicace par un ancien épimélète de Délos d'un sécoma pour le blé (vers 100 av. J.-C. ?). — Pièce de marbre rectangulaire, au milieu de laquelle est creusée une cuvette hémisphérique. — Th. Homolle, *BCH,* 1879, p. 374, n. 15 ; *Sylloge²,* 508.

— — η[μ]ος Διοδότου | Μαραθώνιος, ἐπιμελητὴς | Δήλου γενόμενος, σήκωμα | σιτηροῦ ἡμεδίμνου Ἀπόλλω[νι].

« ...émos fils de Diodotos, du dème de Marathon, ancien épimélète de Délos, a consacré à Apollon ce sécoma d'un demi-médimne pour le blé. »

La date de ce *sécoma* paraît être voisine de celle du précédent (n° 141). — Ces mesures officielles étaient sous le contrôle des autorités, qui les consacraient quelquefois à la divinité. On s'est étonné que la dédicace soit faite ici par un épimélète de l'île, et non par un épimélète de l'emporion, comme c'est le cas pour le *sécoma* d'Ariarathès. Mais il n'y a aucune conclusion à tirer de là pour les attributions respectives des deux magistratures, puisqu'un autre *sécoma* est consacré par le proconsul romain C. Julius Caesar. Au surplus, l'épimélète ici nommé n'était plus en fonction (γενόμενος) quand il fit sa dédicace.

Délos avait été, au temps de son indépendance, un important entrepôt de céréales : n°ˢ 48 et 50 ; pour l'île même l'approvisionnement en blé était une nécessité vitale, à laquelle pourvoyaient les sitônes : n°ˢ 68-69. Il est singulier de ne pas trouver, à l'époque athénienne, d'autre trace qu'un *sécoma* d'un commerce qui n'avait pu que s'accroître avec la prospérité de l'île et le développement de sa population. — La loi romaine Gabinia-Calpurnia de 58 fait allusion seulement au *publicum fr[umentum]* dans un passage si incomplet qu'il est impossible d'en déterminer le sens : n° 163, l. 23 ; cf. Éd. Cuq, *BCH,* 1922, p. 208.

**144.** Dédicace des Hermaïstes, Apolloniastes et Poseidoniastes a Hercule et aux Italiens (97/6 av. J.-C.). — Plaque de marbre, aujourd'hui au British Museum. — Th. Homolle, *BCH,* 1880, p. 190 ; *Sylloge³,* 726.

Ἑρμαισταί, Ἀπολλωνιασταί, Ποσειδωνιασταὶ οἱ γενόμενοι ἐπὶ ὑπάτων | Γναίου
Κορνηλίου Λεντόλου καὶ Ποπλίου Λικινίου Κράσσου, ἐπὶ ἐπιμελητοῦ | δὲ τῆς
νήσου Μηδείου τοῦ Μηδείου Πειραιέως, τὸν Ἡρακλῆν ἀνέθηκαν | ἀφιέρωσαντες
Ἡρακλεῖ καὶ Ἰταλικοῖς.

« Les Hermaïstes, Apolloniastes et Poseidoniastes qui ont été en charge sous les
consuls Cn. Cornelius Lentulus et P. Licinius Crassus et sous l'épimélète de l'île
Médeios fils de Médeios, du dème du Pirée, ont offert (la statue d') Héraclès en
la consacrant à Héraclès et aux Italiens. »

Les consuls de 97/6 fixent à la fois l'épimélétat de Médeios (n^{os} 115, 142) et le
premier archontat d'Argeios, qui est contemporain : *IG*, II, 985, *D*, col. I, l. 8-15 ;
cf. P. Roussel, *DCA*, p. 112.

Sur le groupement des trois collèges ici nommés, cf. le n° 116, dédicace qui
est, comme celle-ci, adressée à l'Hercule latin. Ici, le groupe des collèges associe
les *Italici* (n° 131) dans son hommage à la divinité ; dans d'autres dédicaces, les
Hermaïstes ou les collèges réunis nomment les Italiens après Apollon : J. Hatzfeld,
*BCH*, 1912, p. 205, n. 18 *c* = 1921, p. 482 ; ci-après, n° 157 ; ce sont les
*Italici* seuls qui ailleurs sont invoqués : L. Bizard et P. Roussel, *ibid.*, 1907, p. 439,
n. 30. Dans cet hommage rendu aux Italiens on a vu la preuve que les *magistri*
étaient bien les délégués de la communauté tout entière : Boak, *Class. philol.*,
1916, p. 41 ; c'était l'usage en effet que les magistrats publics et ceux des corporations privées fissent une sorte de donation à la communauté ou à l'organisation
de laquelle ils tenaient leur charge, en reconnaissance de l'honneur qui leur
avait été conféré. Mais l'analogie n'est nullement démonstrative. Des particuliers
sans mandat, comme A. Novius (*BCH*, 1910, p. 405, n. 55) et Midas fils de Zénon,
d'Héraclée (*ibid.*, 1912, p. 209, n. 24), invoquent les Ἰταλικοί ; on en doit dire
autant de Philostratos d'Ascalon, qui agit à titre privé, bien qu'il ait pu être
à un certain moment *magister Neptunalis* (n° 132). De même, les collèges de
*magistri,* soit ensemble, soit séparément, ont pu faire des dédicaces à la communauté des Italiens sans qu'on doive en inférer qu'ils avaient été investis par elle
de leurs fonctions : cf. ci-dessus, p. 167.

La plupart des dédicaces faites par ou pour les Italiens se groupent dans le monument qui encadre la place dite agora des Italiens, lieu ordinaire de réunion des
gens d'Italie (n° 131).

**145.** Dédicace d'une statue de la Bonne Foi par un collège de Compétaliastes

(97/6 av. J.-C.). — Base de marbre. — Hauvette, *BCH*, 1883, p. 12, n. 5 ; Lœwy, *Inschr. gr. Bildhauer*, 3o6 ; *Sylloge*[3], 727.

Ἀρχέλ[αο]ς Πομπώνιος | Γαίο[υ] καὶ Γαίου, | Ἡρόδοτος Κλώδιος | Δέ[κμ]ου,
|| [5] Σωσιγένης Θεοδώρου | Νεαπολίτης, | Κλεομένης Ἐγνάτιος | Ποπλίου Γαίου
Γναίου, | Ζεῦξις Αὔδιος Λευκίου, || [10] Πόπλιος Κόρουιος | Κοίντου Φιλοκλῆς, |
Πρόθυμος Γράνιος | Σπορίου, | Ἀντίοχος Πακώνιος || [15] Λευκίου, | Ἡρακλέων
Τύλλιος | Κοίντου, κομπεταλιασταὶ γενόμενοι, | τὴν Πίστιν θεοῖς ἀνέθηκαν || [20] ἐπὶ
ἐπιμελητοῦ τῆς νήσου | Μηδείου τοῦ Μηδείου Πειραιέως. | Μηνόδωρος Φαινάνδρου
Μαλλώτης ἐποίει.

Neuf personnages, qui, d'après le libellé des noms, sont des esclaves, « après avoir été Compétaliastes, ont consacré aux dieux (la statue de) la Bonne Foi, Médeios fils de Médeios, du dème du Pirée, étant épimélète de l'île. — OEuvre de Ménodoros fils de Phainandros, de Mallos. »

Pour la date de Médeios, cf. le nº 144.

Nous connaissons dix, ou peut-être onze, dédicaces faites par un groupe de Compétaliastes : J. Hatzfeld, *BCH*, 1912, p. 157, notes 2-5 ; la plus ancienne que l'on puisse dater est de l'année 99/8 ; les autres remontent également aux premières années du Ier siècle avant J.-C. Toutes ont été retrouvées sur la même place, au Sud-Est du port sacré (ci-dessus, p. 162), à laquelle on a donné le nom d' « agora des Compétaliastes », et où l'on doit chercher probablement le siège principal du culte que célébrait l'association : elle forme en effet une sorte de carrefour (*compitum*) au croisement de plusieurs rues, et c'est aux Lares des carrefours (*Lares compitales*) que s'adressait ce culte ; Roscher, *Lexikon*, II, col. 1872 et suiv. ; *Dict. des antiq.*, s. v. *Lares* (Hild), p. 939 et suiv.

L'analogie est évidente entre les Compétaliastes et les collèges d'Hermaïstes, Apolloniastes et Poseidoniastes ; comme ceux-ci, ils sont délégués par des groupements plus nombreux et ne restent en fonction que temporairement, puisqu'ils se disent γενόμενοι. Leur nombre n'est pas fixe ; dans les inscriptions complètes, il varie de cinq à douze. Une différence essentielle les distingue des autres collèges : en grande majorité, ce sont des esclaves ; il y a parmi eux quelques affranchis, aucun ingénu. Comme pour les autres *magistri*, on a pensé voir en eux les délégués de la colonie des Italiens : Ferguson, *Hell. Athens*, p. 399 et suiv. ; Boak, *Class. philol.*, 1916, p. 39 et suiv. ; mais il est sans doute plus naturel de les considérer comme un groupement spontané de la population servile, à l'exclusion des ingénus. Les dédicaces de la confrérie invoquent, en dehors de Pistis protectrice du droit et de la bonne foi, Rome, Hercule, ou encore Jupiter Liber (=Ζεὺς Ἐλευθέριος) et Dionysos, qui président probablement aux affranchissements : *BCH*, 1899, p. 67, n. 14 : p. 78, n. 19 ; 1909, p. 5, n. 21. Les esclaves, auxquels s'adjoignirent quelques affranchis de condition modeste, étaient la plupart d'origine grecque ou orientale ; mais ils s'associèrent à la romaine. « Il est naturel que les esclaves de Délos, dont la plupart appartenaient à des maîtres italiens et avaient séjourné en Italie, aient emprunté à ce pays le modèle et le culte même autour duquel ils se groupèrent » : P. Roussel, *DCA*, p. 81 et suiv.

Deux scènes de pugilistes, qui décoraient un autel devant une maison du quartier du stade, nous ont conservé le souvenir des *ludi compitalicii* qui accompagnaient ce culte : A. Plassart, *BCH*, 1916, p. 182 et suiv., fig. 14 et 15.

**146**. Dédicaces de L. Orbius et en son honneur (vers 100 av. J.-C.). — Dédicaces d'une mosaïque (*a*), d'un hermès (*b*), et d'une statue à Mercure (*c*), par L. Orbius, dans l'agora des Italiens ; dédicace en l'honneur du même (*d*). — *a* : G. Fougères, *BCH*, 1887, p. 269, n. 33 ; *b* : Th. Homolle, *ibid.*, 1884, p. 145 = *CIL*, III, *Suppl*, 1,7224-5 ; *c* : J. Hatzfeld, *BCH*, 1912, p. 208, n. 21 ; *d* : P. Roussel et J. Hatzfeld, *ibid.*, 1910, p. 399, n. 47.

*a*. L. Orbius M. f. Hor(*atia*).

*b*. [L.] Orbius M. f. | mag(ister) Italiceis.

*c*. L. Orb[ius M. f.] Mer[curio].

    Λεύκ[ιος Ὄρβιος Μαάρκου υἱὸς] | Ἑρμεῖ ἀνέθηκεν.

*d*. [Λ]εύκιον [Ὄ]ρβιον Μαάρκου υἱὸν οἱ φίλοι Ἀπόλλωνι. | Ἀγασίας Μηνοφίλου Ἐφέσιος ἐποίει.

Don de Lucius Orbius fils de Marcus, de la tribu Horatia. — Don du même, qualifié de *magister*, aux Italiens. — Consécration d'une statue de Mercure, par le même. — Statue du même consacrée par ses amis à Apollon ; œuvre d'Agasias fils de Ménophilos, d'Éphèse.

Le personnage dont ces quatre documents permettent d'apprécier l'importance sociale et la richesse est encore connu par une dédicace découverte à Ténos, soit qu'elle ait été originairement faite dans cette île, soit qu'elle y ait été, à une époque plus récente, transportée comme d'autres marbres déliens : H. Demoulin, *BCH*, 1903, p. 255 ; les prénom, nom, patronymique et tribu sont les mêmes ; le titre de *magister* s'y retrouve ; la nature du don est spécifiée, dans l'inscription de Ténos, par l'indication de l'établissement auquel il était destiné, *palaestrae dedit* : P. Graindor, *Musée Belge*, 1908, p. 111-113.

D'autres inscriptions montrent de quel crédit jouissait la famille des Orbii et de quelles ressources elle disposait : dédicace aux Μοῖραι par Μᾶρκος, père de Lucius (*a b c d*), et lui-même fils d'un Lucius, ou son affranchi (*BCH*, 1892, p. 160, n. 18) ; — dédicace bilingue d'un *laconicum* offert aux *Italicei* par deux Lucii Orbieis, qualifiés de *magistri* = Ἑρμαισταί (*ibid.*, 1907, p. 439, n. 30 et fig. 5), qui semblent aussi les auteurs de deux autres dédicaces (*ibid.*, 1907, p. 440, n. 31; 1912, p. 209, n. 23; cf. n. 22). — Une marque d'amphore Ὀροβίων permet de reconnaître dans les Orbii soit des négociants en vin ou en huile, soit des fabricants d'amphores : J. Hatzfeld, *ibid.*, 1912, p. 61, note 2.

La situation de L. Orbius M. f. et l'époque où il vivait (fin du IIᵉ siècle-début du Iᵉʳ) ont induit à reconnaître en lui un Ὀρόβιος στρατηγὸς Ῥωμαίων, qu'un récit de Poseidonios d'Apamée met en scène au début de la guerre contre Mithridate : Posid., cité par Athénée, V, p. 53 = *FHG*, III, p. 270, fr. 41. Délos était restée fidèle à Rome, alors qu'Athènes avait lié partie avec le roi de Pont (cf. notre § 3, préambule) : des troupes, envoyées par la métropole sous le commandement d'un certain Apellicon, occupèrent la colonie, mais, s'étant mal gardées, furent mises en déroute par Orobios, qui dressa sur la place de la victoire un trophée avec un épigramme à la gloire des « étrangers » vainqueurs des Athéniens alliés « au roi de Cappadoce ». L'identification du général romain avec le L. Orbius de Délos a généralement paru plausible : c'est ce chef improvisé qui, avec des partisans de fortune recrutés dans la population civile de Délos, aurait jeté à la mer les troupes d'Apellicon : Mommsen, *Eph. Ep.*, V, p. 604 = *CIL*, III, *Suppl.* 1, 7224 ; Schulten, *De convent. civ. Rom.*, p. 56 ; Graindor, *art. cité* ; Ferguson, *Hell. Athens*, p. 445-6 ; Hatzfeld, *BCH*, 1912, p. 61, 123, 173-4 ; P. Roussel, *DCA*, p. 323-4 (avec réserves). — Cependant cette hypothèse paraît à tous égards inadmissible. Pour une question de titre tout d'abord : Poseidonios, écrivain averti des choses de Rome, n'eût pas attribué l'appellation de στρατηγὸς Ῥωμαίων, qui couramment désigne un préteur, à un personnage, fût-il un riche négociant, officier de rencontre, à la tête d'une troupe improvisée de volontaires ; et ce titre ne répond pas davantage à celui de *magister*, ou président d'un collège religieux ou politique. D'autre part, le récit de Poseidonios démontre que l'attaque contre Apellicon n'est pas partie de Délos même : Orbius surveille l'île (φυλάσσων), mais du dehors, puisqu'il débarque ses troupes sur un point mal gardé, ἐκβιβάσας τοὺς ἑαυτοῦ στρατιώτας. On objecte que les Romains n'avaient pas de flotte dans les Cyclades à ce moment ; toutefois, un peu plus tard, et *après* même l'arrivée d'Archélaos, Braetius (ou Bruttius) Sura, légat du gouverneur de Macédoine, disposait de vaisseaux qui mirent en fuite, à Skiathos, l'escadre pontique ; un coup de main d'une escadrille romaine, croisant dans les parages de Délos, n'a donc rien d'impossible, *avant* la venue du lieutenant de Mithridate. Tout porte à croire que l'Orobios de Poseidonios est un officier romain, descendant peut-être du L. Orbius nommé dans la lettre consulaire à Héraclée du Latmos (*Sylloge*[3], 618, l. 16), et désigné pour administrer et protéger la ville au temps de la guerre contre Antiochos ; ce peut être aussi le père de P. Orbius, contemporain de Cicéron, orateur et juriste, gouverneur d'Asie en 64/3 : *Brutus*, 48, 170 ; *pro Flacco*, 31, 76 ; 32, 79.

§ 3. — **La crise mithridatique et le double essai de renaissance**
(88-milieu du $I^{er}$ siècle av. J.-C.).

Le conflit qui éclata, en 88, entre Mithridate et Rome devait avoir, pour Délos comme pour Athènes, des répercussions redoutables et les mener l'une et l'autre à la catastrophe. Athènes, sous l'impulsion alors prépondérante du parti populaire, se déclara pour Mithridate. Délos, où prédominait la puissante colonie des Italiens, fit un choix contraire et resta fidèle à Rome. Nous ne savons quelle fut, à ce moment critique, l'attitude des colons athéniens ; il est probable qu'une partie au moins d'entre eux, liée avec les négociants romains par la communauté des intérêts, a fait cause commune avec eux et s'est séparée de plein gré de la métropole : P. Roussel, *DCA*, p. 317 et suiv. Un coup de main tenté par Athènes pour réduire sa colonie rebelle, sous la conduite d'Apellicon, échoua piteusement (n° 146) ; mais peu après, dans l'automne de la même année 88, la flotte de Mithridate parut à son tour. La vengeance qu'exercèrent les troupes pontiques fut atroce : d'après Appien, vingt mille hommes périrent égorgés : *Mithr.*, 28 ; mais dans ce nombre sont comptées les victimes d'autres îles de la mer Égée. D'autres historiens parlent d'un désastre matériel complet : « tout fut saccagé », dit Strabon : X, 5, 4, p. 486. Au témoignage de Pausanias, les édifices furent rasés au sol : III, 23, 3 ; mais l'expression est sans nul doute exagérée : cf. le commentaire des n°s 150-151. Délos fut maltraitée, pillée, vidée de ses habitants ; mais la ville, sauf quelques quartiers ravagés par l'incendie, restait debout ainsi que le sanctuaire d'Apollon, et la vie reprit tout aussitôt après la victoire de Sylla.

**147 *a* et *b*-149.** DÉDICACES DE SYLLA PROCONSUL (84 av. J.-C.).

147 *a* : soubassement en marbre, à l'agora de Théophrastos. — S. Reinach, *BCH*, 1884, p. 172 ; *CIL*, III, *Suppl.* 1, 7234.

*L. Cornelius L. f. Sulla pro cos.*

147 *b* : deux fragments de marbre, au Portique de Philippe. — P. Roussel et
J. Hatzfeld, *BCH*, 1910, p. 399, n. 48 et fig. 5.

[*L.*] *Cor*[*neli*]*us* [*L. f. Sulla pro cos.*]

« Lucius Cornelius Sulla fils de Lucius, proconsul. »

Quatre inscriptions rappellent, à Délos, la mémoire de Sylla, probablement
aussi son passage, et portent témoignage de sa victoire et de la reconnaissance
des habitants. La première et la seconde, qui semble en avoir été une réplique,
(n°ˢ 147 *a* et *b*) ont un caractère monumental : la dimension des lettres et la
grandeur des bases sont exceptionnelles. Elles ne contiennent l'une et l'autre
que le nom du personnage au nominatif sans aucun verbe qui indique son rôle,
et sans la mention d'un dieu à qui la dédicace aurait été faite. Aux prénom, nom,
patronymique et surnom est ajouté uniquement le titre de *pro co(n)s(ule)*, que
Sylla porta pendant la durée de son commandement en Grèce et en Asie, de 87 à
83. L'omission du titre d'*imperator* n'a pas lieu de surprendre : il manque également dans une inscription d'Halicarnasse : Dessau, *Inscr. lat. sel.*, 8771 ; et
dans une dédicace de Rhodes, où cette omission est d'autant plus notable que
le titre y est donné à Muréna, successeur de Sylla : *IG*, XII, 1, 48 = Dessau,
8772 et *Sylloge*³, 745 ; cf. Hiller v. Gaertringen, *Wiener Jahresh.*, I, Beibl.,
92 ; ailleurs encore : J. Hatzfeld, *BCH*, 1912, p. 124 et suiv. ; sur ces omis-
sions cf. Holleaux, Στρατηγὸς ὕπατος, p. 77 et suiv.

La forme inusitée des deux inscriptions[1] pourrait laisser un doute sur les
circonstances de la dédicace ; mais il y a toute apparence que le proconsul
a passé à Délos : cf. n° 148 ; très probablement c'est lui-même qui a fait élever
les deux monuments, dressés en évidence aux abords du port et dans un des
quartiers les plus fréquentés par le commerce. Il ne semble pas qu'il ait eu
l'occasion ni le loisir de s'arrêter à Délos avant la fin de la guerre. Jusqu'à la fin
de 86, il est retenu en Grèce, d'abord par le siège d'Athènes et du Pirée, puis
par ses campagnes en Béotie ; durant cette période, les flottes pontiques tiennent
la mer ; après Chéronée, c'est par terre et par l'Hellespont qu'il passe en Asie, où
il reste jusqu'à la paix de Dardanos (85). C'est en retournant à Rome qu'il a pu
faire escale dans l'île : J. Hatzfeld, *art. cité* ; P. Roussel, *DCA*, p. 328-9. Sylla,·

---

1. Cependant, c'est aussi la forme de la dédicace de Q. Pompeius Rufus, consul en 88, la
même année que Sylla : *Q. Pompeius Q. f. Ruf(us) cos.* (S. Reinach, *BCH*, 1884, p. 181,
n. 15 = *CIL*, III, *Suppl.* 1, 7238). On a cru que ce monument pouvait avoir été élevé par
Sylla lui-même à son collègue, victime en 87 du parti marianiste. La statue doit être antérieure, car le mot *cos.* paraît avoir été ajouté après coup : P. Roussel, *DCA*, p. 329, note 2.

qui avait rançonné, pour les besoins de sa campagne, les temples d'Olympie, de Delphes et d'Épidaure (Plut., *Syll.*, 12 ; Diod., XXXVIII, 7 ; Paus., IX, 7, 5), devait ménager Délos, restée fidèle à Rome, et victime de sa fidélité. Délos, de son côté, outre le respect imposé par la victoire, était naturellement portée vers Sylla, défenseur de l'aristocratie de naissance et d'argent, dont les intérêts étaient ceux des riches Déliens, commerçants et banquiers.

Après le départ des troupes pontiques, Délos fit retour à la métropole dont elle avait été séparée de fait pendant le long investissement d'Athènes et du Pirée. Rien ne fut changé au statut de l'île ; Sylla n'avait point de raison pour enlever Délos à Athènes, cruellement châtiée par lui, désormais inoffensive et réduite à merci. Le *statu quo* répondait aussi au vœu des grandes familles d'Athènes, qui tenaient par tant de liens à Délos et qui avaient, jusqu'au bout, soutenu dans leur pays la cause de Rome [1].

148. Chapiteau dorique retourné et remployé. — *CIL*, III, *Suppl.* 1, 7235, d'après une copie envoyée par Homolle.

L. *Cornelius* L. *f. Sulla pro cos.* | *de pecunia quam conlegia* | *in commune conlatam.*

« Lucius Cornelius Sulla, proconsul, (a fait cette offrande) avec l'argent réuni par les collèges. »

On suppléera, non seulement suivant l'usage le verbe *fecit* après le nom du donateur, mais encore un verbe comme *dederunt*, sans doute omis par le lapicide, dans la proposition relative.

Nous ignorons la nature de l'ex-voto dédié par Sylla ; il devait être de dimensions et de qualité fort modestes, si l'on en juge par la nature du socle, un chapiteau qui n'est sans doute qu'une épave de la guerre. On ne peut guère supposer une statue en métal précieux sur une base aussi pauvre, et ce serait peu, même dans une situation économique encore précaire, pour l'effort collectif des *collegia*, si ce mot désigne les associations romaines d'Hermaïstes, Apolloniastes et Poseidoniastes qui se reformèrent après la crise mithridatique (n° 157) ; peut-

---

1. Au nombre des fugitifs qui s'étaient échappés de la ville pour se soustraire à la tyrannie d'Aristion, et qui, au cours de l'assaut ordonné par Sylla, demandèrent grâce pour Athènes, Plutarque (*Sylla*, 14) nomme Midias et Calliphon. Ce dernier est peut-être un ancien stratège : Th. Reinach, *Mithr. Eup.*, p. 165, note 2 ; on serait tenté de reconnaître dans le premier le Médeios qui fut archonte et épimélète de Délos (n° 115) : la correction de la leçon Μειδίου en Μηδείου est des plus simples.

être doit-on entendre des collèges de petites gens, comme celui des Compétaliastes. Il semble que l'argent réuni par souscription ait été remis à Sylla, auteur de la dédicace, à moins qu'en consacrant l'ex-voto à frais communs on ne lui en ait attribué l'honneur. En tout cas, la formule de la rédaction serait à peu près inexplicable sans la présence du proconsul à Délos : J. Hatzfeld, *BCH*, 1912, p. 127, note 4.

149. Épigramme métrique, inscrite sur une corniche de marbre. — G. Doublet, *BCH*, 1892, p. 158, n. 16 ; cf. *ibid.*, 1893, p. 202.

Θν[ήσκε]ιν εὐχέσθω τις ἀ[π]εχθέος ἄνδιχα μοίρας,
    τερπόμενος τέκνων ἐλπίδι γηροκόμωι
ἢ προλιπεῖν μὴ παῖδ[α]ς ἐν ὀρφανίῃσιν ἐρήμο[υς],
    ἢ Σύλλου Θν[ή]σκων ἀνθυπάτοιο τ[υχεῖ]ν.

« Souhaitez de mourir à l'abri du destin ennemi, en jouissant de la tendresse des enfants espoir de la vieillesse, ou de ne pas laisser d'orphelins sans appui, ou de trouver à votre mort un proconsul comme Sylla. »

Sous le tour, un peu précieux, de l'épigramme, on croit trouver une allusion à l'intérêt porté par Sylla à des orphelins échappés du massacre de 88. Cf. les épitaphes métriques de Corcyre qui rappellent les malheurs de Délos et laissent supposer l'exode de quelques familles dans ces temps troublés : *IG*, IX, 1,877-9.

**150-151.** Dédicaces de deux statues restaurées de C. Billienus, légat et proconsul (après 84 av. J.-C.).

150. Marbre provenant de l'agora des Italiens à Délos, conservé à Leyde. — *CIG*, 2285 *b* ; E. Lœwy, *Inschr. gr. Bildhauer*, 287 ; Ch. Picard, *BCH*, 1910, p. 538, n. 1, et fig. 1.

Γάιον Βιλλιῆνον Γαίου υἱόν, πρεσβευτὴν | Ῥωμαίων, οἱ ἐν Δήλωι ἐργαζόμενοι εὐεργεσίας | ἕνεκεν τῆς εἰς ἑαυτοὺς ἀνέθηκαν. | Ἀγασίας Μηνοφίλου Ἐφέσιος ἐποίει. || Ἀρίστανδρος Σκόπα Πάριος ἐπεσκεύασεν.

« (Statue de) Gaius Billienus, fils de Gaius, légat, consacrée par les négociants romains de Délos pour ses bienfaits envers eux. — Œuvre d'Agasias fils de Ménophilos, d'Éphèse. Restaurée par Aristandros fils de Scopas, de Paros. »

L. 2 : Pour la ponctuation, nous suivons J. Hatzfeld qui rattache le mot Ῥωμαίων au titre πρεσβευτήν : *BCH*, 1912, p. 147 ; cf. la dédicace n° 155 avec le commentaire ; l'expression οἱ ἐν Δ. ἐργαζόμενοι n'a pas nécessairement besoin d'une détermination comme Ῥωμαίων.

151. Base monumentale, à l'extrémité Nord-Est du Portique d'Antigone; le texte latin est gravé sur la corniche. — G. Fougères, *BCH*, 1887, p. 270, n. 34 ; M. Holleaux, *Rev. arch.*, 1918, I, p. 227, n. VIII (cf. Στρατηγὸς ὕπατος, p. 31); la l. 3 restituée par P. Roussel, *BCH*, 1909, p. 444 ; *CIL*, III, *Suppl.* 1, 7233; *Explor. arch. de Délos*, V, p. 43-44, fig. 62-63.

*A. Attiolenus A. f. Vel(ina) reficiundam coiravit.*

Γάιον Βιλ[λ]ιῆ[ν]ον, Γαίου υ[ἱ]όν, στρατηγὸν ἀνθύ[π]ατον Ῥωμαίων, | [Μίδας Ζή]νωνος Ἡράκλειος τὸν ἑαυτοῦ φίλον | Ἀπόλλωνι, Ἀρτέμιδι, Λητοῖ.

« Aulus Attiolenus fils d'Aulus, de la tribu Velina, a pris soin de faire restaurer (la statue).

« (Statue de) Gaius Billienus, fils de Gaius, préteur *pro consule* des Romains, (consacrée) à Apollon, Artémis et Latone, (par) Midas fils de Zénon, d'Héraclée, son ami. »

Cicéron (*Brutus*, 47, 175) fait l'éloge d'un C. Billienus, orateur de talent, juriste éminent, qui aurait obtenu le consulat, si sa candidature n'était tombée dans la période des consulats continus de Marius (104-100 av. J.-C.) ; il est probable, mais non certain, qu'il faut reconnaître en lui le Billienus de Délos. Les magistratures ou fonctions exercées par celui-ci ne peuvent être ni localisées ni datées avec rigueur ; cependant on peut affirmer qu'il fut successivement légat et *praetor pro consule* en Orient, et qu'il fut l'un et l'autre aux environs de l'année 100.

L'une des statues était un don de Midas fils de Zénon, d'Héraclée, qui dédia une exèdre l'année où Zoïlos fut prêtre d'Hagné Aphrodité, soit en 106/5, et une mosaïque sous la prêtrise de Philoxénos, sans doute l'année suivante: P. Roussel, *BCH*, 1908, p. 387-8; *DCA*, p. 419, n. 24 (cf. p. 420, n. 26) ; Hauvette, *BCH*, 1883, p. 280 ; pour les dates, *DCA*, p. 264. L'autre statue était l'œuvre d'Agasias d'Éphèse (n° 138), et c'est aussi dans la période antérieure à 88 que furent exécutées celles de cet artiste dont les bénéficiaires nous sont connus : le banquier Maraios Gérillanos (n° 138), L. Orbius (n° 146), Aropos épimélète de Délos vers 96/5 (*BCH*, 1902, p. 539, n. 9 ; cf. P. Roussel, *DCA*, p. 112). Très probablement donc les statues de Billienus sont antérieures à la guerre de Mithridate. Toutes deux ont été restaurées par le praticien Aristandros de Paros, — descendant peut-être du grand Scopas, lequel était fils d'un Aristandros, — qui est connu pour avoir réparé d'autres œuvres d'Agasias : Ch. Picard, *art. cité*, p. 438 et suiv., n. 2, 3, 8. On a pensé, avec toute apparence de raison, que ces statues et quelques autres (cf. n°ˢ 152, 153) avaient été jetées à bas et mutilées par les soldats d'Archélaos, puis redressées et réparées après le départ des envahisseurs : S. Reinach, *BCH*, 1884, p. 182 ; Ch. Picard, *art. cité*, p. 547-8.

Dans l'amoncellement des ruines que les fouilles ont dégagées à Délos, on a pu reconnaître d'autres traces des ravages qu'elle a subis dans la première moitié du 1ᵉʳ siècle. L'île ayant été saccagée une seconde fois, quelque vingt ans plus tard, par les pirates d'Athénodoros (n°ˢ 159-160), il est malaisé de distinguer entre les dégâts qui sont imputables à l'une ou à l'autre de ces catastrophes : cf. P. Roussel, *DCA*, p. 325 et suiv. C'est presque sûrement en 88 que fut détruit le gymnase, dont aucune inscription n'est postérieure à cette date ; des marbres inscrits furent transportés alors à la « Palestre du lac » ou remployés à la Synagogue juive : A. Plassart, *BCH*, 1912, p. 387, note 3, p. 662-3 ; *Mélanges Holleaux*, p. 212 ; Ch. Picard, *même ouvr.*, p. 10. De la même invasion date probablement la ruine, au moins partielle, des sanctuaires égyptien et syrien, qui fournirent plus tard des matériaux pour le temple d'Isis, celle aussi du Cabeirion : P. Roussel, *BCH*, 1908, p. 395 ; *DCA*, p. 326, note 4 ; *CÉ*, p. 271-2. Dans plusieurs quartiers de la ville, des traces d'incendie ont été constatées, à la rue du Théâtre, dans la région du lac, à l'Est de la Salle Hypostyle : J. Chamonard, *BCH*, 1908, p. 496 et 564, et *Explor. arch. de Délos*, VIII, p. 71 ; Ch. Picard, *C. R. de l'Acad. des Inscr.*, 1911, p. 854 et 859 ; mais ce dernier édifice paraît être resté debout jusqu'à la fin du 1ᵉʳ siècle : *Explor. arch. de Délos*, II (G. Leroux), p. 72. A l'agora des Italiens, c'est aux statues des Romains que s'attaqua tout d'abord la fureur des troupes d'Archélaos ; les portiques eux-mêmes auraient été maltraités, si la liste des souscriptions recueillies pour l'Ἰταλικὴ π[αστάς] (n° 131) s'applique à la restauration, et non à la construction même du monument : L. Bizard et P. Roussel, *BCH*, 1907, p. 461 et suiv. ; cf. J. Hatzfeld, *ibid.*, 1912, p. 114-5; ci-dessus, p. 228. C'est à la même date qu'on a attribué les mutilations du Portique d'Antigone et de l'édifice voisin qui entourait la Fontaine Minoé : *Explor. arch. de Délos*, V (F. Courby), p. 44 avec la note 4, et suiv. ; p. 117-8 : cf. P. Roussel, *DCA*, p. 326, note 5. Dans la maison des Poseidoniastes, les Pontiques brisèrent la statue de Rome, mais l'établissement paraît n'avoir été brûlé qu'en 69 : n° 119. Au cœur de la ville, et dans le téménos d'Apollon, aucun indice ne trahit la dévastation ; si les Pontiques insultèrent et dégradèrent les monuments, la destruction ne fut pas systématique, et l'on se gardera de prendre à la lettre le témoignage absolu de Pausanias : ci-dessus, p. 236.

**152.** Dédicace restaurée d'une statue dressée par le peuple athénien au consul L. Caecilius Metellus (après 85 av. J.-C.). — Marbre trouvé à Paros. — Olympios, Ἀθήναιον, V, p. 9 ; *IG*, XII, 5, 270 ; *Sylloge*[3], 681.

Ὁ δῆμος ὁ Ἀθηναίων Λεύκιον Καικέλιον | Κοίντου Μέτελλον, στρατηγὸν ὕπατον | Ῥωμαίων, Ἀπόλλωνι, | προνοηθέντος τῆς ἐπισκευῆς καὶ τῆς ||[5] ἀναθέσεως τοῦ ἐπιμελητοῦ Προτίμου | τοῦ Δωσιθέου ἐγ Μυρρινούττης.

« Le peuple athénien (consacre la statue de) Lucius Caecilius Metellus, fils de Quintus, consul des Romains : (la statue a été) réparée et redressée par les soins de l'épimélète Protimos fils de Dosithéos, du dème de Myrrhinoutta. »

L'inscription a été revendiquée à juste titre pour Délos par Th. Homolle : *BCH*, 1879, p. 158, n. 5 ; 1884, p. 150. La statue a dû être restaurée dans les mêmes circonstances que celles de Billienus (n[os] 150-1). L'épimélète Protimos, qui procède à la réparation, paraît être chargé de ce soin en raison de ses fonctions : cf. n° 153 ; on est ainsi amené à chercher la date de sa magistrature dans une année voisine de 85 : P. Roussel, *BCH*, 1908, p. 413, note 7 ; *DCA*, p. 114, note 11. On doit reconnaître dans le personnage ici honoré, soit L. Caecilius Metellus Calvus, consul en 142 (Münzer, *Realenc*[2]., s. v. *Caecilius*, 83), soit L. Caecilius Metellus Diadematus, consul en 117 (*ibid.*, 93) ; il n'y a pas de raison décisive pour choisir entre l'un ou l'autre : Holleaux, Στρατηγὸς ὕπατος, p. 28 et note 5.

Si, comme il paraît probable, cette inscription et la suivante sont datées à quelques années près, la présence d'un épimélète athénien à Délos met hors de doute que l'île a été conservée aux Athéniens à la paix de Dardanos. La même indication se tire de la dédicace n° 154, où le peuple athénien s'associe aux négociants italiens et grecs de Délos.

**153.** Dédicace par les Athéniens, les Romains et les Hellènes de Délos d'une statue au proquesteur M'. Aemilius Lepidus (85-78 av. J.-C.). — Base de statue. — Th. Homolle, *BCH*, 1879, p. 150, n. 1 ; *Sylloge*[1], 151.

Ἀθηναίων καὶ Ῥωμαίων καὶ | τῶν ἄλλων Ἑλλήνων οἱ κα|τοικοῦντες ἐν Δήλωι καὶ | οἱ παρεπιδημοῦντες ἔμ||[5]ποροι καὶ ναύκληροι Μάνιον Α[ἰ]|μύλιον Μανίου υἱὸν Λέπεδον | [ἀ]ντιταμίαν ἀρετῆς ἕνεκεν | καὶ δικαιοσύνης καὶ τῆς πρὸς τοὺς θεοὺς εὐσ<ευσ>εβεί||[10]ας Ἀπόλλωνι, Ἀρτέμι|δι, Λητοῖ, | προνοηθέντος τῆς κατασ|κευῆς καὶ ἀναθέσεως τοῦ ἐπι|μελητοῦ Νικάνορος τοῦ Νικάνο||[15][ρ]ος Λευκονοέως.

« Les Athéniens, les Romains et les autres Hellènes qui résident à Délos, et les négociants et armateurs qui y sont en séjour (ont consacré) à Apollon, Artémis et Latone (la statue de) Manius Aemilius Lepidus, fils de Manius, proquesteur, en raison de son mérite, de sa justice et de sa piété envers les dieux. La statue a été faite et dressée par les soins de l'épimélète Nicanor fils de Nicanor, du dème de Leuconoé. »

Nicanor, contemporain de l'archonte Apollodoros (n° 156), fut épimélète de l'île entre 83 et 78 av. J.-C. M'. Aemilius Lepidus est donc le consul de l'année 66 (*Realenc.*², I, s. v. *Aemilii*, n° 62), et non pas son fils, comme on l'a supposé (*ibid.*, *Suppl.* I, n° 62 *a*); on ignore la date de sa préture, ainsi que l'année où il fut envoyé en Asie avec le titre de proquesteur. — La formule προνοηθέντος ..., qui répète celle de la dédicace précédente, permet de croire que c'est en leur qualité d'épimélètes que Nicanor et Protimos (n° 152) sont chargés de la restauration des deux statues ; la variante κατασκευῆς (au lieu d'ἐπισκευῆς) indique peut-être qu'il s'agit ici d'une dédicace récente, et non d'une simple réparation.

Cette dédicace et une autre de la même année, et d'une rédaction identique, en l'honneur d'un T. Manlius T. f. (*BCH*, 1879, p. 156, n. 3), offrent les derniers exemples approximativement datés, — car la date du n° 158 est incertaine, — du groupement qui associe au complet, comme avant l'invasion mithridatique, les divers éléments de la population cosmopolite de Délos, Athéniens, Romains et Hellènes en résidence, négociants et armateurs en séjour : ci-dessus, p. 164 et suiv. C'est un indice que la vie avait repris ou s'efforçait de reprendre, et que les étrangers, de retour dans l'île ravagée, trouvaient la place bonne à garder : Homolle, *BCH*, 1884, p. 160-1 ; P. Roussel, *DCA*, p. 330.

**154.** Dédicace du peuple athénien, des Italiens et des Grecs au proquesteur L. Licinius Lucullus (84-80 av. J.-C.). — Deux fragments d'une corniche ayant servi de couronnement à une base. — Th. Homolle, *BCH*, 1879, p. 147, n. 1 ; *CIL*, III, 7237 et *Suppl.* 1,13690.

[*L. Licinium L. f. Lu*]*cullum pro q*(*uaestore*) | [*populus Athe*]*niensis et Italicei et Graece*[*i que*]*i in insula negotiantur.*

« (Statue de) Lucius Licinius Lucullus, fils de Lucius, proquesteur, (consacrée par) le peuple athénien, les Italiens et les Grecs qui font le commerce dans l'île. »

L. Licinius L. f. Lucullus, nommé questeur en 88, l'année où Sylla reçut avec le consulat le commandement contre Mithridate, rejoignit la Grèce et l'Asie cette année même : Cic., *Acad. pr.*, I, 1 ; *Sylloge*[3], 743 (dédicace du κοινόν des Ainianes à Lucullus ταμίας). L'année suivante, en qualité de proquesteur, il était envoyé à Alexandrie, à Rhodes et en d'autres villes d'Orient pour y recruter des navires et des équipages : Cic., *ibid.*, IV, 11 ; *Sylloge*[3], 745, l. 9 (dédicace de Rhodes, où Lucullus porte le titre de ἀντιταμίας). En 85, il battait à Ténédos la flotte pontique : Plut., *Lucull.*, 3. Il resta en Orient jusqu'à la paix de Dardanos (85), qui ramena Sylla en Europe, et continua d'y demeurer auprès de Muréna, pour mettre à exécution les plans administratifs et financiers de Sylla (84-80). En 79, on le retrouve à Rome édile, et en 74 consul : Plut., *ibid.*, 2-4. Cicéron loue son long et admirable gouvernement, *admirabili quadam laude provinciae praefuit*. C'est donc entre 84 et 80 que Lucullus fut honoré d'une statue dans l'île de Délos, qui eut peut-être à se louer de son intervention.

La formule de la dédicace ne paraît pas être l'équivalent en latin de celle qui désigne en grec le groupement de la population composite de Délos (n°ˢ 65, 152, 158) ; la mention du [*populus Athe*]*niensis*, qui prend, dans le formulaire, la place des Ἀθηναῖοι, est le prélude d'un protocole nouveau (ὁ δῆμος ὁ Ἀθηναίων καὶ οἱ τὴν νῆσον οἰκοῦντες), par lequel le peuple souverain d'Athènes se substitue à la communauté athénienne de Délos dans tous les actes officiels : cf. n°ˢ 167 et suiv. L'adjonction des *Italicei* et des *Graecei quei in insula negotiantur*, où il faut reconnaître les Ῥωμαῖοι et les ἄλλοι Ἕλληνες des assemblées cosmopolites, démontre que les anciennes associations des marchands et des banquiers d'Orient et d'Occident s'étaient réorganisées et avaient repris leurs affaires. Cette dénomination apparaît déjà dans deux dédicaces à L. Munatius Plancus, antérieures à 88 comme le prouve la signature d'Agasias (*BCH*, 1907, p. 457 et suiv., n. 56 et 57) ; elle se retrouve dans la dédicace suivante.

**155.** Dédicace des Italiens et des Hellènes au légat A. Terentius Varro (vers 82 av. J.-C.). — Deux fragments qui se raccordent d'une plinthe de statue : Th. Homolle, *BCH*, 1877, p. 283, n. V ; l'ensemble par F. Durrbach et A. Jardé, *ibid.*, 1905, p. 228, n. 87 (avec fac-similé) ; *CIL*, III, 7240 et *Suppl.* 1,14203[1] ; Dessau, *Inscr. lat. sel.*, I, 866 ; V. Chapot, *Prov. rom. d'Asie*, p. 317, n. 1.

*A. Terentiu*[*m A.*] *f. Varro*[*nem*] | *Italicei et Graecei quei* [*D*]*elei negoti*[*antur*].

[Α]ὖλον Τερέντιον Αὔλου υἱὸν Οὐ[άρρωνα πρεσβευτὴν | Ῥ]ωμαίων Ἰτάλικοι κα`  Ἕλληνες οἱ κατ[οικοῦντες].

« (Statue d') Aulus Terentius Varro, fils de Varro, légat des Romains, (consacrée par) les Italiens et les Hellènes qui habitent (Délos). »

A. Terentius A. f. Varro fut gouverneur d'Asie en 78 ou 77 : Waddington, *Fastes*, p. 670, n. 16. Il avait fait précédemment sa carrière en Asie, et y avait, comme légat, commandé la flotte. On retrouve, en cette qualité, sa trace à Rhodes, dans une inscription où il est qualifié de πρεσβευτὰς Ῥωμαίων et honoré comme proxène et bienfaiteur, εὐεργέτας, à la suite de Sylla proconsul, Lentulus proconsul et Muréna *imperator*, c'est-à-dire postérieurement à 82, et avant 74 : *IG*, XII, 1,48 = *Syll.*³, 745 ; et à Samothrace dans une dédicace des officiers et marins de Cos qui avaient combattu sous ses ordres, ἀγ[ουμ]ἐ[ν]ου τοῦ στόλου παντὸς Αὔλου Τερε[ν]τίου Αὔ[λ]ου υἱοῦ Οὐάρρωνος πρεσβευτ[ᾶ] : *IG*, XII, 8, 260 ; cf. *Wiener Jahresh.*, I, p. 98, *Beibl.*, 89-93. — Ces deux documents autorisent à restituer, dans le texte grec de la dédicace, le titre de πρεσβευτήν, de préférence à celui de στρατηγόν, en raison du génitif Ῥωμαίων qui, ne pouvant se rattacher aux mots suivants, doit dépendre de ce qui précède : cf. P. Foucart, *Rev. de philol.*, 1899, p. 268.

Les deux groupes ethniques, Italiens et Hellènes, associés pour la dédicace, sont simplement qualifiés en grec d'habitants, οἱ κατ[οικοῦντες] ; le texte latin, plus précis, fait d'eux des négociants, commerçants ou banquiers : *quei [D]elei negoti[antur]* ; cf. le n° 154.

**156.** Dédicace d'un collège éphébique au gymnasiarque Nicanor du dème de Leuconoé (83-78 av. J.-C.). — Base cylindrique de marbre. — Th. Homolle, *BCH*, 1879, p. 376, n. 16.

Οἱ ἐφηβεύσαντες ἐπὶ Ἀπολλοδώρου | ἄρχοντος, ἐπιμελητοῦ δὲ τῆς νήσου | Νικάνορος τοῦ· Νικάνορος Λευκονοέως, | τὸν ἑαυτῶν γυμνασίαρχον Νικάνορα ||
⁵ Λευκονοέα, ἀρετῆς ἕνεκεν καὶ δικαι|οσύνης καὶ εὐσεβείας καὶ εὐεργεσί|ας τῆς εἰς ἑαυτοὺς [ἀνέθηκαν] — —.

« Les éphèbes de l'année où Apollodoros fut archonte et Nicanor fils de Nicanor du dème de Leuconoé, épimélète de l'île, ont consacré (la statue de) leur gymnasiarque Nicanor, du dème de Leuconoé, en raison de son mérite, de sa justice, de sa piété et de ses bienfaits envers eux... »

L'inscription établit le synchronisme de l'épimélète Nicanor (cf. n° 153) avec l'archonte athénien Apollodoros, lequel se date de 83-78 : P. Roussel, *DCA*, p. 375 ;

cf. p. 114. — Le retour d'un gymnasiarque à Délos et la reconstitution d'un collège éphébique s'ajoutent aux indices par lesquels se constate la reprise de la vie politique et sociale dans l'île après le départ des troupes mithridatiques.

**157.** Dédicace des Hermaïstes, Apolloniastes et Poseidoniastes a Apollon et aux Italiens (74 av. J.-C.). — Base de marbre, à l'agora des Italiens ; l'inscription est disposée en deux colonnes. — Th. Homolle, *BCH*, 1884, p. 145 ; *Syllöge³*, 746 ; *Anc. greek inscr. in the Brit. Mus.*, IV, ii, 963.

Μάαρκος Κάλουιος Αὔλου υἱός, | Αὖλος Κλαύδιος Βακχίου υἱός, | Αὖλος 'Ροτίλιος Λευκίου υἱός, | Λεύκιος Σολπίκιος Λυσιμάχου υἱός, ||⁵ Μάαρκος Πλαι- τώριος Μαάρκου Φλάκκος, | Αὖλος Καστρίκιος Δέκμου 'Αχαιός, | Αὖλος Σολ- πίκιος Σερουίου 'Ονησᾶς, | Δέκμος Κλώδιος Δέκμου Δημήτριος, | Διογένης Πρωτογέν[ους] ||¹⁰ 'Ηράκλειος, | Σέξτος Ὄππιος Νεμερίου | Ζεῦξις, | Πόπλιος Σερουίλιος Αὔλου | 'Επάγαθος, ||¹⁵ Τίτος Κλώδιος Γαίου | Τρύφων, |

'Ερμαισταὶ καὶ 'Απολλωνιασταὶ καὶ Ποσειδωνιασταὶ γε|νόμενοι, 'Απόλλωνι καὶ 'Ιταλικοῖς, ἐπὶ ὑπάτων | Λευκίου Λικινίου Λευκόλλου καὶ Μαάρκου Αὐρηλίου Κόττα.

Douze personnages, dont les noms sont énumérés, « qui ont été Hermaïstes, Apolloniastes et Poseidoniastes, (ont fait la consécration) à Apollon et aux Italiens, sous le consulat de Lucius Licinius Lucullus et de Marcus Aurelius Cotta. ».

La date est donnée par les noms des consuls, qui sont ceux de l'année 74. Cf. les listes semblables nᵒˢ 116 et 144. Le nombre des *magistri*, dans ces listes, est le même. Dans celle-ci, les quatre premiers, désignés par leur seule filiation, sont de naissance libre, ainsi que le neuvième, qui porte l'ethnique 'Ηράκλειος ; on reconnaît les sept autres, à leurs surnoms, pour des affranchis. A l'exception d'un seul, tous portent des noms romains ; c'est un signe auquel on pourra constater l'importance reprise par l'élément italien dans la population de l'île.

**158.** Dédicace d'une statue a Asclépiadès d'Athènes par les Athéniens, les Romains et autres étrangers (vers 70 av. J.-C. ?). — Bloc de marbre provenant d'un piédestal, à l'Ouest du Portique de Philippe. — L. Bizard et P. Roussel, *BCH*, 1907, p. 453, n. 49 ; P. Roussel, *DCA*, p. 53.

Ἀσκληπιάδην Ἀντιόχ[ου Ἀθη]|ναῖον οἱ κατοικοῦντες ἐν Δή|λωι Ἀθηναίων καὶ Ῥωμαίων καὶ | τῶν ἄλλων Ἑλλήνων καὶ ο[ἱ] ||⁵ καταπλέοντες ἔνποροι κα[ὶ] | ναύκληροι, τιμηθέντα τρὶς | χρυσοῖς στεφάνοις καὶ εἰκό|σιν χαλκαῖς, ἀρετῆς ἕνεκεν | καὶ δικαιοσύνης καὶ φιλοτι||¹⁰μίας τῆς περὶ τὴν ἀσφά|λειαν καὶ φυλακὴν τῆς νή|σου, Ἀπόλλωνι, Ἀρτέμιδι, | Λητοῖ. — Au-dessous, trois couronnes de laurier.

« (Statue d') Asclépiadès, fils d'Antiochos, d'Athènes, trois fois honoré par des couronnes d'or et par des effigies de bronze, (consacrée) à Apollon, Artémis et Latone par les Athéniens, les Romains et les autres Hellènes qui habitent Délos et par les négociants et armateurs de passage, en raison de son mérite, de sa justice et de son zèle pour la sûreté et la défense de l'île. »

Asclépiadès est inconnu. Il doit avoir rendu à la population de Délos des services éminents, si l'on en juge par les honneurs exceptionnels qu'elle lui a décernés, trois couronnes d'or et trois statues de bronze, et par les motifs allégués, notamment le zèle d'Aselépiadès pour la sauvegarde de l'île. Ces expressions supposent un péril et une protection. Or, à part les deux catastrophes des années 88 et 69, nous ne connaissons, dans l'histoire de Délos sous la domination athénienne, qu'un seul épisode critique, une révolte d'esclaves, vite réprimée par les habitants eux-mêmes ; d'après les deux brèves allusions de Diodore (XXXIV, 1, 19) et d'Orose (V, 9), elle se relierait au grand mouvement d'insurrection qui éclata en 137, parmi la population servile de Sicile, gagna l'Italie et de proche en proche la Grèce et l'Orient ; Délos, grand marché de chair humaine, où pouvaient se débiter par « myriades » en un jour les captifs à vendre (Strab., XIV, 5, 2, p. 668), a pu subir le contre-coup de cet ébranlement ; il faudrait chercher, dans les années qui ont immédiatement précédé 130, la date de cette révolte : Ferguson, *Hell. Athens*, p. 379. Il ne paraît pas possible, en raison de la date, de supposer une relation entre cet épisode et la dédicace pour Asclépiadès. Le groupement « d'Athéniens, de Romains et autres étrangers » apparaît pour la première fois en 127/6 : n° 95 ; et le mot Ἕλληνες, qui est ici substitué à celui de ξένοι, atteste une époque encore plus récente : *ibid.*, p. 165. Enfin la paléographie du texte oblige à descendre jusqu'au Iᵉʳ siècle, et, semble-t-il, jusqu'à une époque assez avancée de ce siècle. — Au moment de la première guerre contre Mithridate, Athènes est en guerre avec Délos, et si elle intervient dans sa colonie, c'est pour essayer de la réduire ; ci-dessus, p. 235. On est ainsi amené à penser qu'Asclépiadès est intervenu dans quelque attaque tentée par les pirates. C'est là le péril qui avait menacé l'archipel et Délos à toutes les époques. Un des plus anciens documents des hiéropes fait allusion à la défense de l'île contre les Tyrrhéniens : *IG*, XI, 2, 148, l. 73 avec la note ; cf. nos remarques sur le décret des Étoliens et la proxénie de Boucris : nᵒˢ 41 et 42. C'est aussi à la sécurité des navigateurs que veille le Rhodien Épicratès : nᵒ 67. Sous la deuxième domination athénienne, un décret des clérouques signale la présence, dans les eaux de Délos, de galères dites τριημιολίαι envoyées, semble-t-il, par la métropole et qui étaient peut-être destinées à la chasse des pirates : P. Roussel, *DCA*, p. 410, n. 1. Il est possible qu'Asclépiadès fût, lui aussi, à la tête d'une escadrille de protection. Au cours du 1ᵉʳ siècle, le fléau avait grandi, encouragé par la complicité des négociants romains, en dépit des inconvénients qui résultaient pour eux de l'insécurité des mers : c'est que la marchandise humaine trouvait un écoulement rapide et fructueux chez les grands propriétaires de l'Italie, qui avaient besoin de main d'œuvre servile ; et ainsi la place même de Délos servait de débouché à l'industrie des flibustiers : Homolle, *BCH*, 1884, p. 100 ; P. Roussel, *DCA*, p. 331. Ceux-ci en arrivèrent à former de puissantes escadres ; la seconde des grandes guerres de Mithridate fut préparée et soutenue pendant plusieurs années par une alliance avec les pirates de Cilicie, de Crète et d'ailleurs, qui ravagèrent les côtes d'un bout à l'autre de la Méditerranée : Plut., *Pomp.*, 24 ; App., *Mithr.*, 91-96 ; cf. Th. Reinach, *Mithr. Eup.*, p. 307 ; P. Foucart, *Journ. des savants*, 1906, p. 569 et suiv. Délos devait être leur victime en 69. Il se peut que d'autres attaques, entre 74 et 69, aient préludé au coup de main des bandes d'Athénodoros (nᵒ 159), et que la dédicace pour Asclépiadès contienne une allusion à l'un de ces épisodes, ignorés de nous. La date relativement récente qu'on attribuerait ainsi à ce texte ne fait point difficulté, puisqu'on trouve, encore après 88, des exemples de la formule par laquelle se désignent les auteurs de la dédicace (nᵒ 153), et qu'elle reparaît encore, bien qu'abrégée, jusque vers 54/3 (nᵒ 165).

**159-160.** Dédicaces des équipages de deux galères milésiennes au légat C. Valerius Triarius (69 av. J.-C.). — *a* : base rectangulaire, dans une salle de la Palestre de granit. — Ch. Avezou et Ch. Picard, *Mélanges Holleaux*, p. 14-15 et pl. I. — *b* : base rectangulaire, à l'Est du Lac Sacré. — G. Fougères, *BCH*, 1887, p. 265, n. 27; *Or. gr.*, 447.

159. Γαίωι Οὐαλερί|ωι Γαίου υἱῶι | Τριαρίωι, πρεσ|βευτῆι, οἱ συν||⁵στρατευσάμε|νοι Μιλησίων | ἐν νηὶ δικρότωι | ἧι ἐπιγραφὴ ᾿Αθη|[ν]ᾶ, ἐπιπλέον||¹⁰[τ]ος καὶ ἐπιστα|τοῦντος Ποπλίου ᾿Ιουνίου Ποπλίου υἱοῦ, τὸ τῖχος.

« A Gaius Valerius Triarius fils de Gaius, légat, le contingent des Milésiens à bord de la birème nommée *Athéna*, sous les ordres et la surveillance de Publius Junius fils de Publius, (a dédié) le mur. »

160. Γαίωι Οὐαλερίωι Γαίου | υἱῶι Τριαρίωι, πρεσβευ|τῆι, οἱ συνστρατευσά|μενοι Μιλησίων ἐν νηὶ ||⁵ διχρότωι ἧι ἐπιγραφὴ < ι > | Παρθένος ἐποίησαν·

Dédicace au même par l'équipage des Milésiens qui a fait campagne sur la birème *Parthénos*.

Deux autres inscriptions rappellent, à Délos, les services rendus par le même légat : 1° une dédicace du peuple athénien, datée par l'épimélète Héraïscos fils d'Héraïscos, du dème de Képhisia, qualifiant Triarius de σωτήρ, et rappelant la construction du mur ([τει]χισάμενο[ν]) déjà mentionnée ci-dessus (n° 159) : P. Roussel, *BCH*, 1908, p. 418, n. 10 *bis* ; — 2° un fragment où l'on ne distingue plus que quelques lettres, vestiges de son nom, de son *cognomen* et de son titre : P. Roussel et J. Hatzfeld, *ibid.*, 1909, p. 521, n. 54.

Ces témoignages répétés montrent la valeur des services rendus par Triarius et en déterminent la nature : une campagne victorieuse sur mer et la construction d'une muraille. Ils permettent de reconnaître en lui le magistrat romain qui vainquit le pirate Athénodoros, releva la ville de Délos ruinée par lui et l'entoura d'un mur de défense : Γάιος δὲ Τριάριος τὰ λελωβημένα τῆς πόλεως ἐπισκευάσας ἐτείχισε τὴν Δῆλον : Phleg. Trall., fr. 12, *FHG* (Didot), III, p. 606. Triarius agissait comme légat de Lucullus (πρεσβευτής), sous les ordres duquel il servit au moins depuis l'année 72 jusqu'à 67. Cette année-là, pressé par l'impatience de ses soldats, il subit un lamentable désastre à Zéla. Il avait auparavant remporté de nombreux succès sur terre et sur mer, et s'était surtout distingué comme chef d'escadre, devançant la flotte que Mithridate envoyait pour soulever la Crète et l'Espagne et la détruisant à Ténédos, bloquant par mer et enlevant Héraclée, Tios et Amastris en 72 et 71/0 : Memnon, *FHG* (Didot), III, p. 548, 553 ; cf. Th. Reinach, *Mithr. Eup.*, p. 333, 337, 350-1. — La campagne de Délos est, elle aussi, un épisode de la seconde guerre de Mithridate, conduite de concert avec les pirates (n° 158). Elle se place entre la prise de Tios et Amastris (70) et la malheureuse affaire de Zéla (68/7). C'est en 69 qu'Athénodoros força le port, emmena les Déliens en esclavage et saccagea la ville à peine renaissante des pillages d'Archélaos, et que Triarius, détaché dans les Cyclades, délivra l'île de Délos.

Les Romains recrutaient leurs vaisseaux dans les villes maritimes de l'Orient ; le concours de celles-ci était d'autant plus aisé à obtenir qu'elles souffraient de la piraterie ; et d'ailleurs elles le devaient comme villes sujettes. Milet était, comme les autres, soumise à l'obligation de fournir un contingent ; c'est ainsi qu'entre 84 et 82, dix vaisseaux milésiens figurent dans l'escadre de Muréna : Cic., *in Verr.*, II, 1, 89 ; en 80, un de ces vaisseaux est requis par Verrès : Cic., *ibid.*, 86 ; en 74, César a recours également à un bâtiment milésien pour châtier les pirates qui l'avaient capturé : Suet., *Caes.*, 4 ; Plut., *Caes.*, ʹι, etc. ; cf. B. Haussoullier, *Études sur Milet*, p. 228, 247-250. Les deux galères utilisées par Triarius sont des δίκροτοι, c'est-à-dire des vaisseaux à deux rangs de rameurs superposés : Bekker, *Anecd. gr.*, p. 240, 9 ; *Etym. magn.*, s. v. ; cf. Polyb., V, 62, 3 ; Cartault, *La trière ath.*, p. 130 et suiv. Les équipages, après la victoire, sont occupés à la construction du mur auquel fait allusion le récit de Phlégon, sous la surveillance (ἐπιστατοῦντος) de l'officier romain qui commandait à bord (ἐπιπλέοντος). Le capitaine de l'*Athéna* est peut-être le P. Junius P. f. qui avait été cinq ans auparavant accusé par Verrès en raison de malfaçons, dont son père était responsable, au temple de Castor à Rome : Cic., *in Verr.*, I, 135-151 ; J. Hatzfeld, cité par Avezou et Picard, *l. l.*

Jusqu'à ce moment, Délos était restée une ville ouverte et sans défense : c'est ce qui résulte du récit de Poseidonios sur l'aventure d'Apellicon (n° 146) ; cf. Cic., *de imp. Cn. Pomp.*, 55 : *sine muro* ; Paus., III, 23, 4 : ἀτειχίστου οὔσης. Du mur édifié par Triarius subsistent aujourd'hui trois tronçons importants qui ont été dégagés par les fouilles : l'un, parti de la calanque de Scardana, vient border à l'Est l'agora des Italiens ; un autre s'adosse au Nord du théâtre ; le troisième coupe au Sud, perpendiculairement au rivage, les établissements maritimes. Ces directions permettent de reconstituer le tracé général Nord-Sud de l'enceinte, qui englobait, avec le téménos d'Apollon, les principaux édifices çivils et religieux, mais laissait en dehors la plus grande partie de la ville et des magasins du Sud : cf. P. Roussel, *DCA*, plan, et p. 331-2. La construction porte la marque à la fois de la hâte avec laquelle elle a été exécutée et de la double dévastation que Délos avait subie, en 88 et en 69 : sur son parcours, elle utilise les fondations de bâtiments détruits, et les matériaux qui ont servi sont pour la plupart des marbres, pièces d'architecture, statues, stèles à inscriptions. Quant à la protection que pouvait offrir cette enceinte, elle ne valait pas contre une incursion venue du chenal de Rhénée, mais elle semble prévue contre un débarquement tenté du côté de l'Est sur le revers de la ville : Ch. Picard, *C. R. Acad. Inscr.*, 1911, p. 876 ; P. Roussel, *ouvr. cité*, p. 333, note 1.

**161.** Dédicace bilingue de deux Méliens en l'honneur de C. Fabius Hadrianus

(1ᵉʳ siècle av. J.-C.). — Base quadrangulaire de marbre, brisée en deux, près du Portique de Philippe. — Édition partielle : G. Fougères, *BCH*, 1887, p. 268, n. 31 ; complète : G. Doublet, *ibid.*, 1892, p. 156, n. 8 ; *CIL*, III, *Suppl.* 1, 12 277.

[*C. Fabiu*]*m C. f. Q. n. Hadrianum* | [*Herm*]*olucus et Apollonius* | [*Apoll*]*oni f. Me*[*li*]*ei benefici ergo* | *Apol*[*l*]*ini.*

Γάιον Φάϐι[ον] Γαίου υἱὸν Ἁδριανὸν | Ἑρμόλυ[κο]ς καὶ Ἀπολλώνιος οἱ | Ἀπολλωνίου Μήλιοι τὸν ἑαυτ[ῶν] | εὐερ[γ]έτην Ἀπόλλωνι.

« (Statue de) Gaius Hadrianus, fils de Gaius, petit-fils de Quintus, (consacrée) à Apollon par Hermolycos et Apollonios, fils d'Apollonios, de Mélos, en raison de ses bienfaits. »

Un Fabius Hadrianus fut, en même temps que Triarius, légat de Lucullus dans la deuxième guerre contre Mithridate : Plut., *Luc.*, 17,1 ; 35,1 ; App., *Mithr.*, 88, 112 ; Phleg. Trall., *FHG*, III, p. 606 ; Dio Cass., XXXVI, 9 ; mais, comme l'a indiqué P. Roussel (*DCA*, p. 331, note 6), on ne saurait reconnaître en lui le personnage qu'honorent les deux frères Méliens. Le légat est désigné dans la plupart des textes par son nom seul ou par son *cognomen,* mais Dion lui attribue le prénom de Marcus ; à supposer même une erreur de prénom dans ce texte unique, l'absence de tout titre de magistrature dans la dédicace délienne laisse un doute sur la qualité du Fabius honoré par Hermolycos et Apollonios. Un C. Fabius Hadrianus, préteur en 84, propréteur en 83, fut brûlé vif à Utique en 82 : Ps. Asconius, *ad Verr.* I, 27, 70, Orelli, p. 179 ; un C. Fabius C. f. (dont on ignore s'il portait le *cognomen* d'Hadrianus et s'il était fils du précédent) est magistrat monétaire en 89 : Babelon, *Monnaies de la rép. rom.*, I, p. 485 et suiv.; l'identification avec l'un ou avec l'autre du Fabius de la dédicace demeure également fort incertaine : *Realenc.* ², s. v. *Fabius,* 15, 81, 82 (Münzer).

---

**162.** Dédicace du peuple athénien et d'un collège de Pompéiastes en l'honneur de Pompée (vers 65 av. J.-C.). — *a* : plinthe d'une base circulaire. — Homolle, *BCH*, 1884, p. 148 ; *Sylloge* ³, 749 A. — *b* : fût cylindrique. — G. Fougères, *BCH*, 1887, p. 256, n. 7. — P. Roussel a reconnu que les deux fragments font partie d'une même base : *DCA*, p. 333, note 4 ; mais ils ne se font pas suite immédiatement.

*a.* Ὁ δῆμος ὁ Ἀθη[ναίων καὶ τὸ κοινὸν] | τῶν Πονπηιασ[τῶν τῶν ἐν Δήλωι Γναῖον] | Πονπήιον Γνα[ίου υἱὸν Μέγαν] | αὐτοκράτορ[α Ἀπόλλωνι].

*b.* [ἄρ]χοντος δὲ τῆς συνόδου Ζήνωνος τοῦ — —, | συναγωγέως δὲ διὰ βίου

Αὔλου Καλο[υίν]ου τοῦ — —, | γραμματεύοντος τῆς συνόδου τὸ τρίτον — —, | Διονυσίου τοῦ Ληναίου δημοσίο[υ].

« Le peuple athénien et l'association des Pompéiastes de Délos (ont consacré) à Apollon (la statue de) Gnaeus Pompeius fils de Gnaeus, le Grand, général investi de l'*imperium*. — Était président de l'association Zénon fils de X., mainteneur à vie Aulus Calvinus fils de X., secrétaire de l'association pour la troisième fois X., esclave public Dionysios fils de Lénaios. ».

En 67 Pompée, muni de pleins pouvoirs par la loi Gabinia[1], forçait, après une campagne de trois mois, les pirates dans leurs repaires de Cilicie et purgeait la Méditerranée orientale. C'est de ce succès, dont il recueillait pour sa part le bénéfice, que le peuple athénien témoigne sa reconnaissance au libérateur de l'Archipel. En l'absence de toute détermination, il n'est pas douteux que les mots ὁ δῆμος ὁ Ἀθη[ναίων] désignent le peuple d'Athènes et non la communauté des clérouques : cf., au n° 154, [*populus Athe*]*niensis*. Dans la dédicace sont unis le peuple et une association qui s'était formée en l'honneur de Pompée. Le nom des Pompéiastes s'est retrouvé dans une autre inscription mutilée : P. Roussel et J. Hatzfeld, *BCH*, 1910, p. 400, n. 49. Le monument doit dater de 65 au plus tôt, puisque le secrétaire de la société est renouvelé pour la troisième fois, et que les origines de cette confrérie ne peuvent remonter avant l'année 67. — D'autres dédicaces témoignent de la popularité dont Pompée jouissait en Orient : *Sylloge*[3], 751, 752 (Mytilène).

**163.** Loi Gabinia-Calpurnia accordant privilèges et immunités a Délos (58 av. J.-C.). — Plaque de marbre, sur le recto de laquelle est inscrit un compte d'hiéropes du temps de l'indépendance. — Édition partielle : P. Roussel, *DCA*, p. 334, notes 3 et 4 ; complète : Éd. Cuq, *BCH*, 1922, p. 198 et suiv

[*A. Gabinius A. f. Capito cos., L. Calpurnius L. f. Piso cos. de s(enatus) s(ententia) popu*|*lu*]*m iuure* r[*ogavere populusque iuure scivit — — — pro aede* | *C*]*astor(is) a(nte) d(iem) VI ka*[*lendas (mensis). Tribus — — principium fuit,*] | *A. Gabinius A. f. Capito pro* [*tribu primus scivit : Velitis,* ||[5] *iu*]*beatis. Quom res publica pot — — * [*divinis*] *—* | [*b*]*us ac consilieis sit aucta q*[*uomque — — — —* | *cl*]*arissumae ceivitatis sit confirma*[*ta*] *— — — —* | . *decorata, in quo numero fanum*

---

1. Une traduction grecque de cette loi a été gravée, à Delphes, sur la façade du monument de Paul-Émile ; il en reste une soixantaine de lignes, plus ou moins mutilées ; cf. Éd. Cuq, *C.-R. de l'Acad. des Inscr.*, 1923, p. 129.

*A[pollinis* — — — *antiquissu\m]um ac religiosissumum sit constitutu[m]* — — — —
|| [10]. *em et sanctitatem caerimoniasq(ue) pr* — — — *[Delum]| insulam, in qua insula
Apollinem et Dianam n[atos esse arbitrantur?], | vecteigalibus leiberari, quae insula
post hominum me[moriam semper fuit?] | regum, ceivitatium nationumque imperieis
sacra leib[era immunis? | qu]omque praedones, quei orbem te[r]rarum complureis
[annos vexarint?, fa* || [15] *n]a delubra simu[la]cra deorum inmor[t]alium loca religio-
[sissuma devas\t]arint, lege Ga[b]inia superatei ac deletei s[i]nt, et omneis rel* — —
*| praeter insu[l]am Delum sedes Apollinis ac Dianae in antei[quom splendo\r]em sit
rest[it]uta populeique Romani dign[it]atis maiestatis[que causa?]* — — *| rume
administrata, imperio am[pli]ficato [p]ace per orbe[m terrarum,* || [20] *ill]am insul[a]m
nobilissumam ac sa[nc]tissum[a]m deis inmo[rtalibus restitui? | et i]nsulam l(ei]be-
rari. Neve* . . . . . *sit* . . . *quom vectigal eius* — · — *[adiu\di]catione q[u]am I· C· A
— — sup.? Delei feceru[nt]* — —, *| neve quid aliud vec[teigal neve pro c]ustodia
publicei fr[umentei, ne\v]e quis post[ea] insula[s illas vicin]as [qu]ae circum De[lum
iacent,]* || [25] *Artemitam, C. iadeam,* — — — *as locet neve* — — — *| et eas insulas
[fa]ciat* — — *[quei?] Delum inc[olunt queique postea] | incolent vec[tei]gal* — — —
*iure insul[as]* — — *| verunt, fuerunt* — — — *Mitridatēs in* — — *|. m iure insula
Delus [queique eam in]colent sint c* — — — || [30]. *udemve quam int* — — —
*[De]lumque ad* — — — *| Delum queique eam in[colent insulas]ve quae s(upra)
s(criptae) s(unt)* — — *|[s]ei eius familia pe[cuniave plus] minus dim[inuta sit]* — — *|
ere populei pleb[isve]* — *it magist[ratus prove magistratu]* — *| ua iudicatioque* — —
*interced* — — — *[quo mi]* || [35] *nu]s setiusve d(e) e(a) r(e) i[udicetur si]ve iudicium
[fiat liceto]. |*

  *S(i) s(acrum) s(anctum) e(st) q(uod) [n(on) i(ure) s(it) r(ogatum) e(ius) h(ac)
l(ege)] n(ihil) r(ogatur). |*


  [Αὖλος Γ]αϐείνιος Αὔλου υ[ἱὸς Καπείτων] ὕπ[ατος καὶ Λεύκιος Καλπούρνιος
Λευκί[ου υἱὸ]ς Πείσων ὕπατο[ς — — — — | δικαί]ως ἐκύρω[σε] — — — — || [40]
— [πρὸ ἡμερ]ῶν ἓξ καλ[ανδῶν] —


« Le consul A. Gabinius Capito, fils d'Aulus, et le consul L. Calpurnius Piso,
fils de Lucius, conformément à la délibération du Sénat, ont consulté le peuple
dans les formes légales, et le peuple, dans les formes légales, a décidé, devant le
temple de Castor, le sixième jour avant les calendes du mois X. ; la tribu X. a
voté la première ; A. Gabinius Capito, fils d'Aulus, a voté le premier de sa tribu :
Plaise au peuple, qu'il soit ordonné ce qui suit. » — Le texte de la loi ne peut,
comme le préambule, être restitué dans sa teneur. Les résolutions y sont appuyées
par les motifs qui les justifient. — La république s'est accrue par la protection et

« les desseins des dieux » (l. 5-8). Une « ville illustre » (Délos?) a procuré à Rome la faveur divine (?) (l. 7). Vénérable par la sainteté de son sanctuaire, par les cérémonies qui s'y accomplissent, par la tradition qui y fait naître Apollon et Diane, elle sera affranchie de tout impôt de même que, de mémoire d'homme, sous l'hégémonie des rois, des cités ou des peuples, elle a toujours été « sainte, libre, exempte de charges » (l. 8-13). « Alors que les pirates qui, en grand nombre, ont dévasté la terre, saccagé les temples, les sanctuaires, les statues des dieux immortels et les lieux les plus vénérés, ont été vaincus et anéantis par l'effet de la loi Gabinia » (l. 14-16)[1], ..... et que « la résidence d'Apollon et de Diane a été rétablie dans son antique splendeur, conformément à la dignité et à la majesté du peuple romain, dont l'empire s'est agrandi sur la terre dans la paix : cette île très noble et très sainte sera restituée (?) aux dieux immortels et déclarée libre » (l. 17-21).

La suite de la loi paraît annuler un contrat d'adjudication passé par les magistrats avec des fermiers d'impôts, et spécifier qu'aucune redevance ne sera perçue désormais à Délos, en particulier pour la garde du blé public (l. 21-23). Étaient exemptées de toute taxe, en même temps que Délos, quelques îles immédiatement voisines[2], et le bénéfice de l'immunité était garanti, après ceux qui habitent l'île actuellement, à ceux qui s'y établiraient dans la suite (l. 23 et suiv.). Le nom de Mithridate (l. 28) est une allusion probable aux perturbations qui furent la conséquence de l'invasion pontique ; des litiges avaient pu s'élever entre d'anciens propriétaires, qui revinrent dans l'île après la catastrophe, et de nouveaux occupants ; les clauses des dernières lignes réglaient sans doute la procédure à engager par ceux dont le patrimoine avait été diminué et qui devaient trouver, dans la juridiction romaine, des garanties contre la partialité possible des tribunaux athéniens. — Pour finir, une formule de style qui déclare caduque la proposition de loi, si quelqu'une de ses clauses est contraire au droit religieux ou profane[3].

A. Gabinius, l'un des deux consuls de l'an 58, auteurs de la *rogatio*, est celui-là même qui, comme tribun, avait fait voter la loi de 67 conférant à Pompée des pouvoirs extraordinaires pour mener à fin la guerre contre les pirates : n° 162 ; sur L. Calpurnius Piso (Caesoninus), cf. n° 164. — La forme insolite de la rédac-

1. Le sens des mots qui suivent nous échappe : M. Éd. Cuq (p. 205) voit ici une allusion au traitement privilégié (liberté et immunité) obtenu par un grand nombre de cités, et dont Délos seule (*praeter insulam Delum*) n'aurait pas encore bénéficié.
2. Il ne peut être question que de Rhénée, dont le nom a disparu, et des îlots Rhematiaris, dont l'un est sans doute désigné par le nom *Artemitam* ; on s'accorde en effet à penser que le plus grand de ces îlots contenait le temple que les textes appellent Ἄρτεμις ἐν νήσῳ : P. Roussel, *DCA*, p. 215, 217-8.
3. Par une rencontre remarquable, plusieurs expressions de la loi rappellent les termes dont se sert Cicéron : *de imp. Cn. Pomp.*, 10, 49, 54, 57 ; *in Verr.*, II, 1, 46-48 ; v, 185.

tion, où un exposé de motifs accompagne les stipulations législatives, s'explique très probablement par le fait qu'un sénatus-consulte préalable a été ratifié par le peuple et incorporé dans le plébiscite, la loi ayant eu pour objet de confirmer la résolution du Sénat, toujours révocable, et d'autre part d'y introduire les clauses relatives à la juridiction, qui échappaient à la compétence du Sénat.

En concédant à Délos la qualité de *civitas libera* et *immunis*, la loi Gabinia-Calpurnia ne modifiait pas le statut politique de l'île, qui restait rattachée à Athènes ; mais elle accuse, avec une précision que nous ne connaissions pas, le caractère mixte du régime auquel était soumise Délos, qui relève de la métropole comme ville attribuée, mais où Rome s'est arrogé certains droits de souveraineté, et notamment celui d'y lever des impôts. L'exonération dont bénéficia, en 58, la population délienne ne paraît pas avoir été le prix dont on payait sa fidélité pendant la crise mithridatique ; trente ans après le passage des troupes d'Archélaos, la récompense eût été tardive ; mais on peut croire que Rome fut surtout préoccupée de relever une situation matérielle qui, de jour en jour, devenait plus précaire.

L'incursion d'Athénodoros avait porté assurément un coup sensible à la colonie d'Athènes, qui avait repris quelque activité après la première catastrophe. Cependant, si grave qu'ait été cette seconde crise, elle ne suffit pas à expliquer l'arrêt de la prospérité de Délos. Après 69, des groupements de Romains, qui se réunissent pour des dédicaces en commun (n^os 162, 164, 165), attestent la persistance de la vie ; mais l'insécurité des mers, qui s'était prolongée pendant les années où les pirates étaient maîtres des communications, avait dû enrayer les initiatives et ralentir le mouvement du commerce. L'allusion que fait Cicéron à l'activité du port de Délos, lorsqu'il défendit, en 66, la loi Manilia, paraît se référer à un passé déjà lointain : *de imp. Cn. Pomp.*, 55 ; cf. P. Roussel, *DCA*, p. 330, et note 5 ; J. Hatzfeld, *Les Traf. ital.*, p. 84, note 1. Le danger passé, il se trouva que le commerce s'était ouvert d'autres voies ; des relations directes s'établirent entre l'Italie et l'Orient ; les ports italiens, Ostie et Pouzzoles, détournèrent à leur profit le trafic de la Méditerranée orientale, et l'entrepôt de Délos, stérilisé par cette concurrence, fut voué à une décadence définitive : Lebègue, *Rech. sur Délos*, p. 322 ; Homolle, *BCH*, 1884, p. 152.

---

**164.** DÉDICACE D'UN TEMPLE ET DE STATUES PAR UN COLLÈGE D'HERMAÏSTES (57/6 av. J.-C.). — Bloc de marbre, au Nord de l'agora de Théophrastos. — P. Roussel et J. Hatzfeld, *BCH*, 1909, p. 504, n. 19 ; cf. J. Hatzfeld, *ibid.*, p. 522 et suiv.

L. Cal[pu]r[n]io L. [f.] | Pisone pro co[s].

['Ε]πὶ [ἀ]νθυπάτου Λε[υχίου | Κα]λπουρνίου τοῦ Λευχί[ου ||⁵ Πεί]σωνος, οἱ Ἑρμάισταὶ τὸν να[ὸν | καὶ] τὰ ἀγάλματα Ἑρμ[εῖ].

« Sous le proconsulat de Lucius Calpurnius Piso fils de Lucius, les Hermaïstes (ont consacré) le temple et les statues à Hermès. »

L. Calpurnius L. f. Piso Caesoninus, l'un des deux auteurs de la loi de 58 (n° 163), fut proconsul de Macédoine l'année après son consulat, en 57/6 : *Realenc.*², s. v. *Calpurnius*, n. 90 (Münzer). — La Grèce, jusqu'à sa réorganisation par Auguste, était restée nominalement libre, conformément à la proclamation faite en 196 par Flamininus et qui n'avait pas été révoquée ; comme elle ne constituait pas une province, les actes rédigés dans les États grecs ne pouvaient être datés par un proconsul. Mais Pison, par une exception unique avant la fin du Iᵉʳ siècle av. notre ère, et au mépris de la loi Julia votée en 59, avait reçu l'autorité sur la Grèce entière. Cicéron, en signalant l'illégalité de cette mesure, a flétri, sans doute avec quelque partialité, les abus commis par le proconsul : *in Pis.*, 16, 36 ; cf. *de domo sua*, 23, 60. C'est de ce statùt, exceptionnel et provisoire, que fait foi la dédicace de Délos. Elle atteste la survivance des collèges d'Hermaïstes après l'incursion d'Athénodoros. Par le choix qui est fait du proconsul comme magistrat éponyme, peut-être trahit-elle la gratitude de la colonie romaine pour le bienfait de la loi Gabinia-Calpurnia ; mais la nationalité romaine des Hermaïstes suffit, à la rigueur, à expliquer ce choix.

**165.** Dédicace des Athéniens et des Romains de Délos en l'honneur de l'épimélète Alexandros (vers 54/3 av. J.-C.). — *CIG*, 2287.

Ἀθηναίων καὶ ['Ρωμ]αίων οἱ | κατοικοῦντες ἐν Δήλωι | καὶ οἱ ἔμποροι καὶ ναύκληροι | Ἀλέξανδρον Πολυκλείτου Φλυέα ||⁵ ἀρετῆς ἕνεκεν καὶ δικαιοσύνης | ἐπιμελητὴν Δήλου γενόμενον | ἐν τῶι ἐπὶ Ζήνωνος ἄρχοντος ἐνιαυ|τῶι | Ἀπόλλωνι.

« Les Athéniens et les Romains qui habitent à Délos ainsi que les négociants et armateurs (ont consacré) à Apollon (la statue d') Alexandros fils de Polycleitos, du dème de Phlya, qui a été épimélète de l'île l'année où Zénon était archonte, en raison de son mérite et de sa justice. »

La rédaction présente quelque désordre, le lapicide ayant gravé par inadvertance, immédiatement après le nom de l'épimélète, la formule de la l. 5, puis le mot Ἀπόλλωνι qu'il a effacé ensuite pour mentionner la fonction exercée par Alexandros.

Alexandros appartient à une famille connue : voy. le *stemma* dressé par P. Roussel, *DCA*, p. 111. Son père Polycleitos, pythaïste en 128/7 et ἱππεύς en 106/5, avait été épimélète de Délos en 98/7 : *BCH*, 1884, p. 126-7; Alexandros, à son tour, fut pythaïste enfant en 106/5 et en 97/6, et il eut pour fils un Polycleitos, archonte à l'époque d'Auguste ; la date de son épimélétat est fixée par le synchronisme de l'archonte Zénon (54/3) ; la dédicace est probablement de l'année suivante.

C'est ici le dernier texte daté où s'associent, pour une dédicace, deux des groupes ethniques en résidence à Délos ; cf. nᵒˢ 97, 153, 158 ; les Ἕλληνες, qui figuraient jusqu'alors dans la formule, après les Athéniens et les Romains, ont disparu : à ce signe, on reconnaît l'appauvrissement de la population délienne ; les étrangers ont quitté la place. Les Romains vont l'abandonner à leur tour ; il n'est plus fait mention d'eux dans les dédicaces suivantes.

§ 4. — **Décadence et fin de la colonie** (milieu du Iᵉʳ siècle av. J.-C. — IVᵉ siècle ap. J.-C.).

**166.** Dédicace du peuple athénien a Jules César (48 av. J.-C.). — Base de marbre, à l'Est du portique de l'Artémision. — Homolle, *BCH*, 1884, p. 153.

['Ο δῆμος ὁ ᾿Αθη]ναίων Γάιον ᾿Ιούλιον | [Γαίου υἱὸν Καί]σαρα, ἀρχιερέα καὶ αὐτο|[κράτορα, ὕπα]τόν τε τὸ δεύτερον, τὸν | [σωτῆρα καὶ εὐεργ]έτην τῶν Ἑλλήνων. ||ᵇ [᾿Επὶ ἐπιμελητοῦ τῆς νήσ]ου ᾿Αγαθοστράτου τοῦ Διονυσίου Παλ-ληνέως.

« Le peuple athénien (a consacré la statue de) Gaius Julius Caesar fils de Gaius, souverain pontife, *imperator*, consul pour la deuxième fois, sauveur et bienfaiteur des Hellènes. Était épimélète de l'île Agathostratos fils de Dionysios, du dème de Palléné. »

César, *pontifex maximus* depuis 63 av. J.-C., fut consul pour la seconde fois en 48, l'année de Pharsale. Cette même année, après la victoire, on lui décerna pour la seconde fois la dictature. Comme ce titre manque dans la dédicace de Délos, elle doit être antérieure au mois d'octobre 48 (Homolle). — L'épimélète Agathostratos est sans doute de la même famille que Dionysios fils de Nicon, du même dème, épimélète en 110/109 : nᵒ 122 ; cf. p. 209-210.

**167.** Dédicace a C. Rabirius proconsul (47 ou 45 av. J.-C.). — Marbre trouvé vers l'extrémité du Portique de Philippe. — Homolle, *BCH*, 1882, p. 608 ; *CIL*, III, *Suppl.* 1, 7239.

[*C. Rabirio C. f.*] | *pro cos.*

Γάιον 'Ραβήριον Γαίου | υἱὸν ἀνθύπατον | 'Ρωμαίων.

« A Gaius Rabirius fils de Gaius, proconsul des Romains. »

On connaît, au 1ᵉʳ siècle avant notre ère, deux personnages qui ont porté le nom de C. Rabirius ; l'un, qui fut défendu en 63 par Cicéron, mais ne paraît pas être parvenu à de hautes magistratures (*Realenc.*², s. v. *Rabirius*, 5) ; et C. Rabirius Postumus (*ibid.*, 6), neveu et fils adoptif du précédent, célèbre pour ses relations d'argent avec le roi Ptolémée Aulète son débiteur, traduit en justice après la condamnation de Gabinius en 54 ou 53, et défendu, lui aussi, par Cicéron ; il fut sans doute acquitté, car en 46, pendant la guerre d'Afrique, il fut chargé par César de présider au transport des troupes de Sicile : *de bello Afr.*, 6, 1 ; 26, 3. Josèphe signale, entre les années 49 et 44, la présence à Tralles d'un 'Ραβέλλιος ὕπατος, qui assure l'exécution de mesures favorables aux Juifs : *Ant. jud.*, XVI, 241. Le nom, dans ce texte, est certainement altéré, car il est inconnu à l'onomastique romaine ; d'autre part, le rôle que joue le personnage convient à un gouverneur de province. La double correction de 'Ραβέλλιος en 'Ραβίριος et d'ὕπατος en ἀνθύπατος s'autorise du rapprochement avec la dédicace de Délos (Homolle), et la concordance des noms rend possible l'identification avec le client de Cicéron et l'officier de César. C. Rabirius aurait été gouverneur d'Asie entre 49 et 44, ou, plus exactement, l'une des deux seules années vacantes dans la liste des gouverneurs de cette période, 47 ou 45 (*Realenc.*², *ibid.*). — On a proposé aussi de reconnaître ce C. Rabirius dans un personnage fréquemment désigné, dans les *Lettres* de Cicéron, par les noms de Postumus Curtius, Postumus ou Curtius, qui lui convenaient avant son adoption, partisan actif de César, candidat à la préture en 46, et visant au consulat en 45 : Dessau, *Hermes*, 1911, p. 613 et suiv. ; 1912, p. 320.

**168.** Dédicace du peuple athénien et des habitants de Délos en l'honneur de Q. Hortensius, oncle de Brutus (vers 43 av. J.-C.). — Plinthe de statue de forme arrondie. — Homolle, *BCH*, 1879, p. 159, n. 7 ; J. Hatzfeld, *ibid.*, 1909, p. 467

Ὁ δῆμος ὁ Ἀθηναίων καὶ οἱ τὴν νῆσον οἰκοῦντες | Κόιντον 'Ορτήσιον Κοίντου υἱόν, τὸν θεῖον Καιπίω|νος, διὰ τὰς ἐξ αὐτοῦ Καιπίωνος εἰς τὴν πόλιν εὐ|εργεσίας, Ἀπόλλωνι.

« Le peuple athénien et ceux qui habitent l'île (ont consacré) à Apollon (la statue de) Quintus Hortensius fils de Quintus, oncle de Caepio, en reconnaissance des bienfaits de Caepio envers la ville. »

Le personnage paraît être Q. Hortensius Q. f., fils du grand orateur, qui fut gouverneur, en 44, de la province de Macédoine : Homolle, *BCH*, 1884, p. 154 ; *Realenc.*², s. v. *Hortensius*, 8 (Münzer). Caepio n'est autre que Brutus, le meurtrier de César, qui, dès 59, avait pris pour gentilice le *cognomen* de son père adoptif Q. Servilius Caepio : J. Hatzfeld, *art. cité*, p. 468, notes 1-4. Une dédicace d'Oropos donne son nom complet, Κόιντου Καιπίωνα Κοίντου υἱὸν Βροῦτου : *IG*, VII, 383. Nous connaissons mal les relations de parenté entre Hortensius et Brutus ; J. Hatzfeld suppose que Brutus avait épousé la demi-sœur d'Hortensius ; mais il faut convenir que θεῖος exprimerait très inexactement ce lien spécial. — C'est au début de l'année 43 que Brutus, arrivé à Athènes dans les mois précédents en simple particulier, reçut du Sénat l'autorité suprême sur la Grèce, l'Illyrie et la Macédoine, tandis qu'Hortensius était prorogé dans ses fonctions de gouverneur : Cic., *Phil.*, X, 26 ; ce dernier occupe donc bien à ce moment, par rapport à Brutus, la situation subordonnée que laisse entrevoir la dédicace, et par conséquent c'est de cette année-là que doit dater celle-ci (J. Hatzfeld).

Les mots εἰς τὴν πόλιν ne peuvent s'appliquer qu'à la métropole ; et l'expression ὁ δῆμος ὁ Ἀθηναίων désigne le peuple d'Athènes, auquel sont associés les habitants de l'île : cf. nᵒˢ 152, 154 et 162 ; c'est la formule qui prévaudra désormais dans toutes les dédicaces de Délos, dont l'épigraphie ne sera plus qu'une annexe de celle d'Athènes : voy. le relevé de P. Roussel, *DCA*, p. 336, note 1.

**169.** Dédicace du peuple athénien et des habitants de Délos en l'honneur de C. Fannius Caepio (vers 30 av. J.-C.). — Base de marbre. — F. Durrbach, *BCH*, 1904, p. 147, n. 44 ; J. Hatzfeld (d'après une revision de P. Roussel), *ibid.*, 1912, p. 217, n. 48.

Ὁ δῆμος ὁ Ἀθηναίων καὶ | οἱ τὴν ῥῆσον οἰκοῦντες | καὶ οἱ ἀλειφόμενοι Γά[ι]ον Φάν[υ]ιο[ν Γ]αίου υἱὸν [Και]||⁵πίω[να] προνοηθέντ[α] τοῦ | ἀλίμματος.

« Le peuple athénien, ceux qui habitent l'île et les habitués du gymnase (ont consacré la statue de) Gaius Fannius Caepio fils de Gaius qui a procuré la distribution de l'huile. »

Un C. Fannius exerce en Asie, l'an 49, une magistrature dont le titre est donné sous différentes formes par les textes ; il fut au nombre des partisans de Sextus Pompée, et on le retrouve en Orient, l'an 35, où il fait sa soumission à Antoine : *Realenc.*², s. v. *Fannius*, 9 (Münzer). Il le faut sans doute distinguer du C. Fannius Caepio, qui fut, en 22, le chef de la conspiration contre Auguste, et qu'on a identifié d'autre part avec Φάννιος, légat de Cassius au siège de Rhodes : *ibid.*, 16 (Kappelmacher) ; peut-être ce dernier est-il le fils du précédent (J. Hatzfeld). Il se peut qu'on doive reconnaître en l'un ou en l'autre le C. Fannius honoré par le peuple d'Athènes et les habitants de Délos. Les ἀλειφόμενοι s'associent à la dédicace en raison du caractère de la donation, faite spécialement pour eux.

**170.** Dédicace du peuple athénien et des habitants de Délos en l'honneur du préteur L. Volusius Saturninus (fin du Iᵉʳ siècle av. J.-C.). — Plinthe d'une grande base de marbre. — P. Roussel, *BCH*, 1908, p. 417, n. 10.

Ὁ δῆμος ὁ Ἀθηναίων καὶ οἱ τὴν νῆσον οἰκοῦντες | Λεύκιον Οὐολόσιον Σατορνῖνον στρατηγόν. | Ἐπὶ ἐπιμελητοῦ τῆς νήσου Φιλιππίδου τοῦ Γοργίου Ἀζηνιέως.

« Le peuple athénien et ceux qui habitent l'île (ont consacré la statue) de Lucius Volusius Saturninus, préteur. — Philippidès fils de Gorgias, du dème d'Azénia, étant épimélète de l'île. »

Deux personnages du nom de Saturninus, le père et le fils, furent consuls en 12 av. J.-C. et en 3 ap. J.-C. : *Prosop. imp. rom.*, III, 660-1 ; ils comptaient aussi des préteurs parmi leurs ascendants : Tac., *Ann.*, III, 30. La date de l'épimélète Philippidès, qui fut κῆρυξ ἄρχοντος vers 30 av. J.-C. (Ἀθήν., 1880, p. 237), reporte le texte à la fin du Iᵉʳ siècle av. J.-C. : P. Roussel, *l. l.*, p. 366, n. 561 ; *DCA*, p. 116.

**171.** Dédicace du peuple athénien et des habitants de Délos en l'honneur d'Octave (vers 30 av. J.-C.). — Marbre conservé à Venise. — *CIG*, 2282.

Ὁ δῆμος ὁ Ἀθηναίων | καὶ οἱ τὴν νῆσον κατοικοῦντες | αὐτοκράτορα Καίσαρα | θεοῦ Ἰουλίου υἱὸν ||⁵ Ἀπόλλωνι, Ἀρτέμιδι, Λητοῖ.

« Le peuple athénien et ceux qui habitent l'île (ont consacré) à Apollon, Artémis et Latone (la statue de) Imperator Caesar fils du divin Julius (César). »

Αὐτοκράτορα est l'équivalent du latin *Imp(erator)* qui a la valeur du prénom dans la titulature officielle ; Octave n'a pas encore pris le nom d'Auguste ; la date est donc antérieure à 27 av. J.-C. Une autre dédicace, très mutilée, de Délos lui attribue ce nom : *CIG*, 2283 *b*.

**172.** Dédicace du peuple athénien et des habitants de Délos en l'honneur de Julie, fille d'Auguste (21-12 av. J.-C.). — Base rectangulaire de marbre, devant le temple d'Apollon. — Homolle, *BCH*, 1878, p. 399, n. 7 ; *Syll.*³, 777.

Ὁ δῆμος ὁ Ἀθηναίων καὶ οἱ τὴ[ν νῆ]||σον οἰκοῦντες Ἰουλίαν Κ[α|ί]σαρος
Σεβαστοῦ θυγα[τέ]||ρα, γυναῖκα Μάρκου Ἀγρίππα, ||⁵ Ἀπόλλωνι, Ἀρτέμιδι,
Λητοῖ. | Ἐπὶ ἱερέως τοῦ Ἀπόλλωνος Παμμένου | τοῦ Ζήνω[νος Μαραθ]ωνίου.

« Le peuple athénien et ceux qui habitent l'île (ont consacré) à Apollon, Artémis et Latone (la statue de) Julie, fille de César Auguste, femme de Marcus Agrippa. Était prêtre d'Apollon Pamménès fils de Zénon, du dème de Marathon. »

Julie, fille d'Auguste et de Scribonia, épousa Agrippa en 21 av. J.-C. ; Agrippa mourut en 12 av. J.-C. C'est donc entre ces deux dates que fut consacrée la statue.

Pamménès appartient à une illustre famille, dont les membres occupèrent à Athènes, pendant plusieurs générations, de multiples dignités religieuses et politiques : cf. le *stemma* dressé par P. Roussel, *BCH*, 1908, p. 388, avec les réserves *DCA*, p: 117, note 3. Pamménès, deuxième du nom, exerça le sacerdoce d'Apollon Délien, devenu viager peut-être après l'année 88 : nᵒˢ 173-175 ; cf. *DCA*, p. 339, note 3 ; il fut en outre gymnasiarque de Délos : *BCH*, 1907, p. 437, n. 28 ; à Athènes, stratège des hoplites et prêtre de Rome et d'Auguste : *IG*, III, 63.

**173.** Dédicace de l'Aréopage et du peuple athénien en l'honneur d'Agrippa (avant 12 av. J.-C.). — Base circulaire, dans le temple d'Apollon. — Homolle, *BCH*, 1884, p. 155.

Ἡ βουλὴ ἡ ἐξ Ἀρή[ί]ου πάγου καὶ ὁ δῆ|μος Μάρκον Ἀγρίπ|παν Μάρκου
Ἀγρίπ||⁵πα υἱὸν τὸν ἑαυ|τῶν εὐεργέτην | καὶ σωτῆρα. | Ἐπὶ ἱερέως τοῦ Ἀπόλ-
λωνος | διὰ βίου Παμμένους τοῦ Ζή||¹⁰νωνος Μαραθωνίου.

« Le Conseil de l'Aréopage et le peuple (consacrent la statue de) Marcus Agrippa,
fils d'Agrippa, leur bienfaiteur et sauveur. Était prêtre à vie d'Apollon Pamménès
fils de Zénon, du dème de Marathon. »

La dédicace, comme la précédente, est antérieure à l'an 12, date de la mort
d'Agrippa.

**174.** Dédicace du peuple athénien en l'honneur de L. Aemilius Paullus Lepidus
(fin du Iᵉʳ siècle av. J.-C.). — Base de marbre, au Nord du temple d'Apollon. — Homolle,
*BCH*, 1879, p. 153, n. 2.

[Ὁ δῆμος ὁ Ἀθη]ναίων | [Λεύκιον Αἰ]μίλιον Παῦλ|[λον Παῦλ]λου υἱὸν
Λέπ[ε|δο]ν τὸ]ν ἑατῶν εὐε[ρ]γ[έ||⁵την κα]ὶ σωτῆρα, | [ἐπὶ ἱε]ρέως Παμμένους τοῦ |
[Ζήνω]νος Μαρα[θ]ωνίο[υ, | ἐπὶ ἐπι]μελητοῦ τῆς νήσο[υ] | . . . . . νος τοῦ
Μάρκου Φιλ[αΐδου].

« Le peuple athénien (a dressé la statue de) Lucius Aemilius Paullus Lepidus,
fils de Paullus, son bienfaiteur et sauveur. Était prêtre Pamménès fils de Zénon,
du dème de Marathon ; épimélète de l'ile .....n fils de Marcos, du dème de Phi-
laïdai. »

Il paraît probable que le personnage ici nommé est L. Aemilius Paullus, fils
de Paullus, à qui une statue fut dressée dans Athènes même (*IG*, III, 590), et
qu'il faut reconnaître en lui l'époux de la seconde Julie, fille d'Agrippa et de Julie,
consul en l'an I de notre ère avec son beau-frère C. Caesar, et plus tard mis à mort
pour avoir conspiré contre Auguste : Suet., *Aug.*, 19, 64 ; schol. in Juv., VI,
158 ; *Prosop. imp. rom.*, I, 268.

**175.** Dédicace du peuple athénien et des habitants de Délos en l'honneur du
proconsul L. Calpurnius Piso (vers 6 ap. J.-C.). — Bloc de marbre. — P. Roussel,
*BCH*, 1907, p. 337, n. 2.

Ὁ δῆμος ὁ Ἀθ[ηναί]ων καὶ οἱ τὴν νῆ|σον κατοικοῦν[τες Λε]ύκιον Καλ|πόρνιον
Πείσ[ω]ν[α στρα]τηγὸν ἀνθύ|πατον ἀρετῆ[ς] ἕ(νε)κεν καὶ εὐνοίας ||⁵ Ἀπό[λλων]ι,
Ἀ[ρτέ]μιδι, Λητοῖ, | ἐπὶ ἱερέως διὰ βίου Παμ[μ]ένους | (τοῦ) Ζήνωνος Μαρα-
θωνίου, | ἐπὶ ἐπιμελητοῦ τῆς νήσου Ἀπολλωνίου | τοῦ Ἀπολλω[νίο]υ Ῥαμνου-
[σ]ίου.

« Le peuple athénien et ceux qui habitent l'île (ont consacré) à Apollon, Artémis et Latone (la statue de) Lucius Calpurnius Piso, proconsul, en raison de son mérite et de sa bienveillance. Était prêtre à vie Pamménès fils de Zénon, du dème de Marathon ; épimélète de l'île Apollonios fils d'Apollonios, du dème de Rhamnonte. »

Le nom du prêtre Pamménès (n° 172) et la conformité de l'écriture avec celle de la dédicace en l'honneur du tétrarque Hérode (n° 176) fixent l'inscription à l'extrême fin du Ier siècle av. J.-C. ou au début du siècle suivant. Il y a donc lieu de distinguer le L. Calpurnius Piso ici nommé de son homonyme, qui fut gouverneur de Macédoine en 57/6 (n° 164), et par conséquent de reconnaître en lui le Calpurnius qu'une inscription de Mytilène désigne comme αὔγουρα τὸν ἀνθύ-πατον (Or. gr., 467). C'est sans doute aussi ce dernier que désignent, mais sans titres, deux dédicaces de Pergame (Inschr. v. Perg., 425 ; Ath. Mitt., 1899, p. 176, n. 23) et une de Stratonicée (BCH, 1881, p. 183). Il fut consul en l'an 1 av. notre ère,.et proconsul d'Asie quelques années plus tard, probablement en l'an 6 de notre ère, comme on peut l'inférer de la dédicace à Hérode, datée du même épimélète, et pour laquelle cette année-là convient mieux que toute autre : P. Roussel, art. cité, p. 339, note 4.

**176.** Dédicace du peuple athénien et des habitants de Délos en l'honneur d'Hérode, tétrarque de Galilée (vers 6 ap. J.-C.). — Base rectangulaire de marbre, près du temple d'Apollon. — Homolle, BCH, 1879, p. 365, n. 5 ; Or. gr., 417.

Ὁ δῆμος ὁ Ἀ[θηναίων καὶ οἱ] | κατοι[κ]ο[ῦντες τὴν νῆσον] | Ἡρώδην, βασι-λέ[ως Ἡρώδου υἱόν,] | τετράρχην, ἀρετῆ[ς ἕνεκεν καὶ εὐνοί]||[5]ας τῆς εἰς ἑαυτοὺ[ς Ἀπόλλωνι ἀνέθηκαν] | ἐπὶ ἐπιμ[ελητοῦ τῆς νήσου Ἀπολλωνίου τοῦ Ἀπολ]|λω-νίου Ῥα[μνουσίου].

« Le peuple athénien et ceux qui habitent l'île ont consacré à Apollon (la statue d') Hérode fils du roi Hérode, tétrarque, en raison de son mérite et de sa bienveillance envers eux, Apollonios fils d'Apollonios, du dème de Rhamnonte, étant épimélète de l'île. »

Hérode Antipas, appelé d'ordinaire Ἡρώδης tout court, est fils d'Hérode le Grand (37-4 av. J.-C.) et de la Samaritaine Malthaké. Le testament de son père l'instituait tétrarque de Galilée et de Pérée, et il en exerça les fonctions de l'an 4 av. J.-C. jusqu'en 39 de notre ère : c'est le titre que lui donnent les historiens, les inscriptions et les monnaies. Cependant il aspira tout d'abord à la royauté, que son père avait léguée à son frère aîné Archélaos, et il fit, pour l'obtenir, de vaines démarches auprès d'Auguste. Beaucoup plus tard, au début du règne de Caligula, il les renouvela sur les instances de sa femme Hérodias, mais il échoua encore et fut exilé en Gaule, à Lugdunum Convenarum (S¹ Bertrand de Comminges), en l'an 39 ; il y mourut, nous ne savons en quelle année : J. Sacaze, *Inscriptions ant. des Pyrénées*, p. 150 et suiv. ; O. Hirschfeld, *Sitz.-Ber. Akad. Berlin*, 1895, p. 399, note 1 ; *Realenc².*, *Suppl.* II, s. v. *Herodes* (24), 168-191.

Le démotique Ῥα[μνουσίου] (l. 7) permet de restituer le nom de l'épimélète Apollonios, par qui est datée la dédicace en l'honneur de L. Calpurnius Piso (n° 175), proconsul d'Asie entre les années 6 et 10 de notre ère : P. Roussel, *BCH*, 1907, p. 337-9 ; 1908, p. 313, n. 71 ; *DCA*, p. 116. Dans ces limites, c'est l'année 6 qui paraît le mieux convenir en raison des démarches tentées par Hérode. Il était parti pour Rome dès la mort de son père, et il y attendit plusieurs années la décision d'Auguste : Schürer, *Gesch. des jüd. Volkes³*, I, p. 418 et suiv. Il y était encore en l'an 6. C'est l'année où fut déposé et exilé son frère Archélaos, dont le royaume fut rattaché à la province de Syrie sous l'autorité du *procurator* Coponius ; Hérode, déçu dans ses espérances, reprit immédiatement le chemin du retour : c'est alors peut-être qu'il passa par Délos.

Les relations de Délos avec les Juifs nous sont connues pour une période qui dépasse un siècle. L'île d'Apollon est désignée, dans la lettre du consul L. Calpurnius Piso au roi Ptolémée Évergète II, parmi les monarchies et cités auxquelles doit être notifié le traité par lequel, en 139 av. J.-C., le grand-prêtre et ethnarque Simon renouvelle les conventions d'alliance et d'amitié conclues avec Rome par Judas en 160 et Jonathan en 144 : Jos., *Ant. jud.*, XII, 414 et suiv. ; XIII, 163 et suiv. Si Délos est ici nommée comme un lieu propice à la publicité des actes internationaux, une place de commerce prospère comme elle l'était alors devait exercer un attrait sur les émigrés qui quittèrent la Judée après les discordes civiles et les persécutions des rois de Syrie. D'ailleurs les échanges d'ambassades, de traités, d'actes amicaux entre Hyrcan Iᵉʳ et le Sénat (Jos., *ibid.*, XIII, 259 et suiv. ; XIV, 143 et suiv., 247 et suiv.) ne purent manquer d'avoir leur contrecoup dans la Délos attico-romaine du second siècle finissant. En fait, quelques inscriptions de Délos ou de Rhénée mentionnent des colons juifs¹ : épitaphes d'Héracleia et Martheiné et stèles d'imprécations contre leurs meurtriers (Ad.

---

1. Praÿlos de Samarie, qui figure dans une liste du Sarapieion (P. Roussel, *CÉ*, p. 174, n. 168, col. II, l. 52-4), ne paraît pas être un Juif.

Wilhelm, *Wien. Jahresh.*, IV, Beibl., p. 10-18 ; *Sylloge*³, 1181) : l'origine judaïque de ces femmes est démontrée par les formules rituelles, l'invocation au θεὸς ὕψιστος et à ses anges, les symboles du décor, deux mains levées, et le nom même de Martheiné ; — cinq dédicaces, que l'on reconnaît pour juives ou judaïsantes à l'invocation au même dieu et à l'emploi du mot προσευχή ; elles ont été retrouvées dans un édifice ruiné qui est certainement une synagogue : A. Plassart, *Mélanges Holleaux*, p. 201-215. Cet édifice, d'une large superficie, présente encore tous les signes d'un lieu d'assemblée rituelle : grande salle avec bancs de marbre, trône pour le président, fontaine pour les purifications, salle pour les banquets sacrés ; il prouve manifestement l'existence d'une communauté sous la forme d'une corporation religieuse. Il devait exister avant l'invasion pontique de 88 et il y survécut, comme l'atteste l'emploi dans les murs de matériaux provenant de monuments alors détruits : Plassart, *ibid.*, p. 214.

La persistance de la colonie juive à Délos au milieu du 1ᵉʳ siècle av. J.-C. est attestée par un document dont Josèphe nous a transmis le texte, une lettre des stratèges athéniens aux magistrats de l'île, notifiant la dispense du service militaire accordée aux Juifs par Rome à titre religieux, δεισιδαιμονίας ἕνεκα: *Ant. jud.*, XIV, 231-232 ; cf. Homolle, *BCH*, 1884, p. 151-2. Un autre document inséré par le même historien (*ibid.*, 213-216) est la lettre adressée par un magistrat romain, peut-être Jules César, aux autorités de Paros (ou de Parium), ordonnant de rapporter tous décrets contraires à la liberté religieuse des Juifs, et prescrivant de les laisser pratiquer leurs coutumes et leur culte, réunir des souscriptions pour leurs banquets et cérémonies religieuses ; une phrase ambiguë ne permet pas de décider si le magistrat avait reçu à Délos les réclamations des Juifs, ou si ce sont les Juifs de Délos qui avaient fait la démarche auprès de lui : ἐνέτυχόν μοι οἱ Ἰουδαῖοι ἐν Δήλῳ ; toutefois, en ce dernier cas, l'article οἱ eût sans doute été répété avant ἐν Δήλῳ.

C'est un fait digne de remarque que la durée de la colonie juive jusqu'au début de notre ère, alors que les autres corporations marchandes ont disparu. On doit croire cependant qu'elle était surtout composée de gens modestes à qui suffisaient de petits bénéfices ; et c'est pourquoi peut-être elle a gardé la place que d'autres ne pouvaient plus tenir.

**177.** Dédicace du peuple athénien et des habitants de Délos en l'honneur de Tiberius Claudius Novius prêtre a vie d'Apollon (vers 60 ap. J.-C.). — Deux fragments d'une corniche de marbre. — Homolle, *BCH*, 1878, p. 400, n. 10.

[Ὁ δῆμος ὁ Ἀθηναίων καὶ οἱ κ]ατοικοῦν[τες] ἐν τῆι ἱερᾶι | [νήσωι Τιβέριον

Κλαύδιον Νο]ύιον τὸν ἐπ[ὶ τ]οὺς ὁπλέτας | — — — — καὶ ἱερέα τοῦ Ἀπόλλωνος διὰ | [βίου καὶ ἀγωνοθέτην τ]ῶν μεγάλων Παναθηναίων.

« Le peuple athénien et ceux qui habitent dans l'île sainte (ont consacré la statue de) Tiberius Claudius Novius, stratège des hoplites, ....., prêtre à vie d'Apollon et agonothète des Grandes Panathénées. »

L'énumération des titres permet de rétablir, dans la dédicace, le nom de Tiberius Claudius Novius, personnage qui, sous les règnes de Claude et de Néron, est investi à Athènes de multiples dignités. Dans une inscription de l'an 61, il s'intitule stratège des hoplites pour la huitième fois, grand-prêtre de l'empereur Néron et de Zeus Eleuthérios, épimélète à vie de la ville, prêtre d'Apollon Délien, épimélète de la sainte Délos, grand-prêtre de la maison des Augustes, « le meilleur des Hellènes, » nomothète : *IG*, III, 1085, l. 3-6 ; cf. 457, 613, 652 : dans cette dernière dédicace, où il est dit stratège des hoplites pour la quatrième fois, il ne porte que quelques-uns des autres titres, mais il y ajoute celui d'agonothète des Grandes Panathénées. — A Délos, il est nommé, sans titres, dans deux dédicaces : il consacre la statue d'un personnage qui est dit ἐπίτροπος Καίσαρος : *BCH*, 1879, p. 160, n. 9 ; et sa femme, Damosthénia fille de Lysinicos, du dème de Marathon, fut honorée comme lui-même d'une statue par le peuple d'Athènes et les habitants de l'île : *ibid.*, p. 161, n. 10.

L'expression ἱερὰ νῆσος, qui apparaît dans la formule et dans la dédicace pour Damosthénia, paraît être devenue officielle ; cf. le titre ἐπιμελητὴς τῆς ἱερᾶς Δήλου, nº 182. Délos, n'est plus, pour la métropole, qu'un sanctuaire : P. Roussel, *DCA*, p. 338, note 4.

**178.** Dédicace en l'honneur de l'empereur Titus (79-81 ap. J.-C.). — Base de marbre. — Homolle, *BCH*, 1879, p. 162, n. 12.

Τίτον | Καίσαρα | Σεβαστόν.

« (Statue de) Titus César Auguste. »

La dédicace est postérieure à l'avènement de Titus (79). C'est en 71 que ce prince, après la prise de Jérusalem et son triomphe, reçut le titre de César et fut associé à l'Empire par Vespasien ; à dater de cette année, le nombre des salutations impériales figure régulièrement dans la nomenclature de ses titres : mais Σεβαστόν a sûrement ici la valeur du *cognomen Augustus,* auquel Titus n'a droit qu'à son avènement: cf. *Realenc.*², s. v. *Flavius,* 207 (Weynand), col. 2716.

**179.** ̤Dédicace d'Athènes en l'honneur de l'empereur Trajan (103-116). — Inscription copiée à Myconos par Cyriaque d'Ancône. — Homolle, *BCH,* 1884, p. 157 ; E. Ziebarth, *Ath. Mitt.,* 1897, p. 405, n. 1.

Αὐτοκράτορα Νέρουαν Τραιανὸν | Καίσαρα Σεβαστὸν Γερμανικὸν | Δακικὸν | ἡ πόλις, ||⁵ ἐπιμεληθέντος τῆς ἀναστάσεως | Τίτου Φλαουίου Δημητρίου.

« (Statue de l') empereur Nerva Trajan, César, Auguste, *Germanicus, Dacicus,* (consacrée par) la cité. ̤Dressée par les soins de Titus Flavius Démétrios. »

La dédicace est postérieure à l'année 103, où Trajan reçut le surnom de *Dacicus,* et antérieure à 116, où il prit celui de *Parthicus.* Il est probable que, comme le supposait Cyriaque dans une lettre reproduite par E. Ziebarth, elle provient de Délos ainsi que tant d'autres marbres trouvés à Myconos. L'expression ἡ πόλις est insolite pour désigner Athènes ; on en rencontre cependant un autre exemple dans la dédicace n° 168 ; elle se retrouve dans des titres officiels comme celui d'ἐπιμελητὴς τῆς πόλεως διὰ βίου porté par Ti. Claudius Novius : *IG,* III, 1085, l. 4.

Une autre dédicace, faite par un particulier, Ἀπελλῆς Ἱππο[νίκ]ου, qui invoque l'empereur comme son patron (?) et son sauveur, attribue à Trajan les mêmes surnoms ; elle paraît confirmer l'origine délienne de celle-ci : P. Roussel et J. Hatzfeld, *BCH,* 1909, p. 511, n. 31.

**180.** Dédicace en l'honneur de l'empereur Hadrien (129-138 ap. J.-C.). — Bloc de marbre employé çomme seuil. — P. Roussel et J. Hatzfeld, *BCH,* 1909, p. 513, n. 32.

Αὐτοκράτορα Καίσαρα | [Τραιανὸν Ἀ]δριαν[ὸν | Σεβαστὸν Ὀλύμ]πι[ον | σωτῆρα καὶ εὐερ]γέτ[ην] — —

« (Statue de l')empereur César Trajan Hadrien Auguste, Olympien, sauveur et bienfaiteur.... »

Hadrien prit le surnom d'Ὀλύμπιος en 129, après la dédicace du temple de Zeus Olympien à Athènes ; l'inscription date donc d'une des dix dernières années du règne. Elle est la seule où se soit conservé le nom de l'empereur, dont on a soupçonné, par ailleurs, l'intervention à Délos : cf. n° 181.

**181.** Inscription commémorative d'une dodécade conduite a Délos par le prêtre M. Annius Pythodoros (112/3 ap. J.-C.). — Stèle de marbre blanc, à l'avers de laquelle est gravé un compte du temps de l'indépendance (*IG*, XI, 2, 155). — F. Durrbach, *BCH*, 1904, p. 169, n. 58.

Ἀγαθῇ τύχηι | τοῦ Σεβαστοῦ Καίσαρος καὶ τοῦ δήμου | τοῦ Ἀθηναίων ὁ ἱερεὺς
διὰ βίου τοῦ Δη|λίου Ἀπόλλωνος Μ. Ἄννιος Πυθόδωρος ||⁵ ἤγαγεν τὴν δωδεκηίδα
ἐν τῷ ἐπὶ Ὀκτα|ίου Θέωνος ἄρχοντος ἐνιαυτῷ καὶ ἔθυσε τ[ὰς] | πατρίους θυσίας
πάσας.

« A la Bonne Fortune de César Auguste et du peuple athénien, le prêtre à vie d'Apollon Délien M. Annius Pythodoros a conduit la dodécade, l'année où fut archonte Octavius Théon, et a offert tous les sacrifices traditionnels. »

Cette inscription forme la tête d'une liste de treize dodécades que le prêtre M. Annius Pythodoros a conduites annuellement depuis l'année attique 112/3 jusqu'en 125 : cf. *BCH*, 1899, p. 85 et suiv. ; 1904, p. 175, n. 59 ; 1910, p. 421, n. 88 et 423, n. 90 ; pour les dates des archontes nommés, cf. *ibid.*, 1904, p. 176 et suiv. ; P. Graindor, *Chronologie des arch. ath. sous l'Empire* (*Mém. de l'Acad. roy. de Belgique*, classe des Lettres, 1922), p. 118 et suiv. Le libellé de chacune de ces inscriptions commémoratives est identique ; à partir de la septième, M. Annius Pythodoros ajoute à son titre de prêtre à vie d'Apollon Délien celui de νομοθέτης.

La dodécade est un sacrifice de douze victimes, la plupart sans doute de petit bétail : Hesych., s. v. δωδεκηίδα. La cérémonie, modeste par l'offrande, était conduite par le prêtre d'Apollon, seul nommé, mais assisté assurément de quelques humbles desservants ; elle remplaçait les déliades d'autrefois, comme elle avait succédé, à Delphes, aux brillantes pythaïdes : G. Colin, *BCH*, 1899, p. 86 et suiv. ; *Le culte d'Apollon pythien à Athènes*, p. 146 et suiv.

Les dodécades auxquelles présida M. Annius Pythodoros sont les plus anciennes qui nous soient attestées, et la première eut lieu l'année qui suivit celle où Hadrien fut archonte éponyme d'Athènes (111/2 : P. Graindor, *ouvr. cité*, p. 122) ; il n'y a sans doute là qu'une simple coïncidence de dates ; rien n'autorise à croire que la reprise du culte apollinien soit due à l'intervention du futur empereur. C'est

en 124/5 qu'Hadrien fit son premier séjour à Athènes : *BCH*, 1904, p. 182-3. On
a supposé que Délos fut au nombre des sanctuaires helléniques auxquels il s'inté-
ressa : Lebègue, *Rech. sur Délos*, p. 325-326 ; l'hypothèse n'a rien que de plausible, mais aucun document ne la confirme : P. Roussel, *DCA*, p. 338, note 3.

**182.** Inscription commémorative d'une dodécade conduite a Délos par le prêtre
C. Musonius Rufus (vers 140 ap. J.-C.). — Fragment de stèle de marbre. — F. Durrbach, *BCH*, 1904, p. 184, n. 60.

Ὁ ἱερεὺς τοῦ Δηλίου Ἀπόλλωνος διὰ βίου καὶ ἐπ[ι]|μελητὴς τῆς ἱερᾶς Δήλου
Γ. Μουσώνιος Ῥοῦ|[φ]ος ἦγεν τὴν δωδεκηΐδα καὶ ἔθυσε τὰς πα|[τρί]ους θυσίας
πάσας ἐπὶ ἄρχοντος Πο. Αἰλίου | [Ἀλε]ξάνδρου.

« Le prêtre à vie d'Apollon Délien et épimélète de la sainte Délos C. Musonius
Rufus a conduit la dodécade et offert tous les sacrifices traditionnels sous l'archontat
de P. Ælius Alexandros. »

L'inscription, dont nous détachons les quelques lignes ci-dessus, énumérait
cinq dodécades au moins, et sans doute davantage ; les trois dont le texte s'est
conservé ou se restitue intégralement sont conduites par le même prêtre C. Musonius Rufus ; les éponymes qui les datent sont contemporains du règne d'Antonin
(138-161) et doivent sans doute se dater des années 153/4-155/6 : P. Graindor,
*ouvr. cité*, p. 158 ; la liste prouve donc que l'usage des dodécades s'est continué
au moins pendant dix-huit ans après Hadrien.

La prêtrise d'Apollon était depuis longtemps devenue viagère : cf. n° 172. Les
multiples charges exercées à Athènes même par plusieurs des titulaires, comme
Pamménès et Ti. Claudius Novius, démontrent que la résidence à Délos n'était plus
de rigueur pour ces fonctions. Il en était de même apparemment pour celles de
l'épimélète de l'île, puisque les prêtres à vie cumulent parfois le sacerdoce viager
et la charge de l'épimélétat annuel, comme Novius (*IG*, III, 1085) et C. Musonius
Rufus, qui porte ce dernier titre à partir de la deuxième dodécade de la liste.

**183.** Inscription commémorative d'une dodécade conduite a Délos par les habitants de Kéos (iiᵉ siècle ap. J.-C.). — Grande plaque de marbre, trouvée à Myconos.
— F. Durrbach, *BCH*, 1904, p. 187, n. 62.

[Ἐπὶ ἱερέως τοῦ Ἀπόλλωνος (?) ἐν Κέῳ μὲν] . . δα|δούλου, ἐν δὲ Δήλῳ Ἡρᾶ τὸ γ΄, ἔπενψαν Κεῖοι τὴν δω|δεκηίδα βούπρωρον ταῦρον, ἀνενεώσαντό τε τὰ πά|τρια πάντα διὰ τῶν θεωρῶ[ν].

« ...dadoulos? étant prêtre d'Apollon à Kéos, et Héras, pour la troisième année, à Délos, les habitants de Kéos ont envoyé la dodécade avec le taureau comme première victime, et ont renouvelé, par l'entremise de leurs théores, toutes les cérémonies traditionnelles. »

L'écriture est de l'époque impériale, et la mention d'une dodécade invite à attribuer le texte à la première moitié du IIe siècle, seule période pour laquelle cet usage soit attesté. On a donc ici la preuve que d'autres cités ont repris pour leur compte, en même temps qu'Athènes, leurs antiques traditions de piété à l'égard d'Apollon Délien ; et il est intéressant qu'un exemple soit fourni par l'île de Kéos, dont les jeunes gens, sept siècles auparavant, chantaient à Délos l'ode de Bacchylide: Bacchyl., XVI, 130.

Les inscriptions relatives aux dodécades sont les derniers témoignages épigraphiques de l'activité religieuse du sanctuaire ; mais nous savons qu'au IVe siècle encore les Athéniens continuaient d'envoyer à Délos le vaisseau sacré qui y conduisait les théores : Himer., Orat., IV, 10. Aux derniers temps du paganisme, Apollon avait cherché un regain de popularité dans le rôle de prophète : Luc., Bis accus., 1 ; Himer., Orat., XVIII, 1 ; Max. Tyr., Dissert., XLI, 1 ; cf. Bouché-Leclercq, Hist. de la divin., III, p. 36-38 ; l'oracle de Délos fut un de ceux que fit consulter l'empereur Julien, en 363, avant d'entreprendre, contre les Perses, l'expédition où il devait trouver la mort : Theodoret., Hist. eccles., III, 16.

Les inscriptions nous révèlent la timide tentative de restauration religieuse au IIe siècle de notre ère ; mais aucune ne nous renseigne sur l'état de Délos elle-même à cette époque. Ce silence est significatif. Strabon constatait déjà que de son temps c'est une vie chétive qui s'y prolongeait: διετέλεσε (ἡ Δῆλος) μέχρι νῦν ἐνδεῶς πράττουσα (X, 5, 4, p. 486). Au siècle suivant, à en croire Pausanias (VIII, 33, 2), l'île aurait été vide de tout habitant, et laissée à la surveillance d'une petite garnison (φρουρά), qui se relayait ; mais on peut à bon droit contester ce témoignage. Dans les limites de la ville resserrées depuis l'époque du légat Triarius (n[os] 159-160), et notamment dans le quartier qui se groupait entre la rue du Théâtre et le port marchand, des maisons d'époque tardive se sont élevées sur les ruines des habitations hellénistiques ; elles se succèdent, par delà la période romaine, jusqu'au Moyen-Age[1] :

1. Dans le mur d'une de ces maisons, on a retrouvé, enfermé dans un vase, nn lot de 3 636 monnaies de bronze, la plupart aux noms de Constantin, Maxence et Licinius.

Holleaux, *C.-R. Acad. d. Inscr.*, 1907, p. 358; 1910, p. 312. Sur différents points, on a découvert des Thermes romains ; les plus considérables, qui formaient un énorme massif au milieu de l'agora du Sud (*BCH*, 1902, p. 484-490), sont postérieurs au règne d'Hadrien, puisqu'on a retiré de l'un des fourneaux, où elle était maçonnée, la stèle inscrite par M. Anniuś Pythodoros (n° 181). D'autres, dans le voisinage de l'agora des Compétaliastes, remontent au plus tôt, d'après les trouvailles qui ont été faites, au temps des Sévères et peuvent être plus récents encore : Holleaux, *l. l.*, 1905, p. 768. Ces établissements avaient leur clientèle ; ils démontrent à l'évidence que jusqu'à la fin de l'Empire romain, une population bourgeoise de quelque importance continuait de résider à Délos.

**184.** Inscription votive au Christ (époque byzantine). — Fragment d'une table de marbre, dans une maison de l'agora des Compétaliastes ; le texte est gravé à la pointe. — F. Durrbach et A. Jardé, *BCH*, 1905, p. 254, n. 137 *b* avec fac-simile.

Ὁ Θεὸς ὁ Χρι(σ)τὸς ἡμῶν, βο(ή)θι | σὶν πᾶσι τοῖς ἀγγέλοις τῇ δε(σ)ποτίᾳ τούτης. | Χρι(στέ), βοήθι τοῖς τρόγοτι εἰς | τούτην τὴν τράπεζαν κὲ τῇ ||⁵ δε(σ)ποτίᾳ τούτης τῆς τραπέζης. — En marge, les sigles Χρι(στὲ) βο(ή)θει) et ΑΧΩ (= ἐγώ εἰμι τὸ ἄλφα καὶ τὸ ὦ).

« O Dieu, notre Christ, secours avec tous les anges la propriétaire de cette (table). O Christ, secours ceux qui mangent à cette table et la propriétaire de cette table, »

L. 3 : τρόγοτι est probablement une forme barbare pour τρώγουσι.

Des fragments d'inscriptions, dont celui-ci est le plus étendu (cf. Le Bas, *Inscr.*, II, 1924, etc.), des motifs d'architecture de style byzantin, des restes de nombreuses constructions byzantines et notamment de plusieurs églises à abside, font la preuve que la vie ne s'était pas retirée de Délos avec le paganisme. Un évêque de Délos, Sabinus, figure au concile de Chalcédoine (451) : Le Quien, *Oriens christianus*, I, p. 945-6, cité par Bouché-Leclercq, *Hist. de la divin.*, III, p. 38, note 3 ; Hertzberg, *Hist. de la Grèce*, trad. fr., III, p. 401 ; doit-on croire que c'était un prélat *in partibus*, à peu près comme le prêtre viager d'Apollon à l'époque romaine ? Toujours est-il que l'île restait habitée, et, neuf siècles plus tard, les Hospitaliers de Saint-Jean y avaient encore un de leurs établissements : Cantacuz., *Hist.*, II, 29.

# APPENDICE

---

**Liste des États dont les décrets et dédicaces indiquent des relations avec Délos entre 314 et 166 av. J.-C.** (*IG* XI, 4 ; cf. ci-dessus, p. 16)[1].

ILES DE LA MER ÉGÉE ET DE LA MÉDITERRANÉE ORIENTALE.

Andros, 544 = *C* 3o, 833, 834.
Kéos, 592, 769 (Carthaia). — 608, 693 (Ioulis?).
Kythnos, [*1196*].
Naxos, 552, 588 (cf. Alexandrie), 611, 656, 701, 798, 832, [1037], [1065], [*1199*].
Paros, 616, 841, [1065], [*1221*], [*1279*].
Sériphos, 639.
Sikinos, 688, [1063].
Siphnos, 587, 760, 840.
Syros, 591, 633, [1052 = *C* 45], [1057].
Ténos, 573. 655, 761, 762, 763-4, 828, [*1247*], [*1248*].
Mélos, 513, 749.
Pholégandros, 612.
Amorgos, 826 (Aigialé), [*1220*].
Théra, 709-710, [*1131*], [*1237*].
Cythère, 636.
Crète, 719, 720, 721, [*1132*] (Cnossos). — 781, [*1132*] (Gortyne). — [*1077*] (Oaxos), — [*1132*] (Phaestos). — 538, 782 (Polyrrhénia).
Eubée, 516, 605, 673 (Carystos). — 567, 615, 640, 647, 654, 679-80 = *C* 47, 681-2, 706, [*1194*] (Chalcis). — [1065] (Érétrie). — 533, 1025 + [1055] = *C* 5o (Histiée).

---

1. Les numéros en chiffres droits désignent les décrets, les numéros en chiffres penchés les dédicaces ; les numéros précédés d'un *C*, les décrets ou dédicaces reproduits dans le présent recueil. Les décrets ou dédicaces d'États ou de particuliers étrangers sont distingués des décrets ou dédicaces de Délos par des crochets [ ].

Samothrace, 1023, [1044].

Ténédos, [1098 = C 37].

Lesbos, 590, 623 (Méthymna). — 594, 613 = C 29 (Mytilène). — [1064 + 1315?] (Méthymna, Mytilène, Érésos, Antissa).

Chios, 541, 547 = C 28, 572, 597, 598, 599, 628, 691 = C 43, 715?, 767, 793, 819-20, 1022, [1195], [1197-8], [1249], [1250].

Samos, 577, 787, 1079, [1127 = C 25].

Icaria (Oiné), 539, 811, 812.

Nisyros, 595, 622, [1132].

Rhodes, 580, 589, 596 = C 39, 614, 648, 651, 683, 690, 711, 714, 751 = C 67, 752-3 = C 63, 754-5, 839, 842, 846? [1055 = C 50], [C 74], ]1116 = C 69], [1128 = C 38], [1133-4], [1135 = C 40].

Cos, 730, 1078 = C 61, 1200.

Cypre, 512 (Kition). — 807 (Carpasia).

Ligue des Insulaires, [1036 = C 13], [1037], [1038 = C 21], [1039], [1040], [1041], [1042 = C 26], [1043], [1044], [1045], [1046], [1047], [1048], [1123 = C 17], [1124], [1125], [1126 = C 19], [1127 = C 25], [1128 = C 38], [1129].

### GRÈCE CONTINENTALE.

Achaïe (?), [1191].

Élis, [1066], [1201?].

Argos, 546, [1177 = C 62], [1236].

Cleitor, 532.

Lacédémone, 542 = C 15, 716 = C 58 (roi), 717, 718.

Mégalopolis, 750 = C 60 (cf. Macédoine).

Sicyone, 511?, 704.

Isthme et Némée, [1059].

Mégare, 545, 564.

Athènes, 514 = C 16, 527, 540, 558, 575, 579, 638, 669, 694, 745, 845, [1056 = C 73], [1212 = C 32].

Béotie, 556, 823, 824 [1125], [1126 = C 19]. — 641 (Tanagra). — [1040] (Thèbes).

Delphes, 626.

Étolie, [1050 = C 41], [1066]. — 692 = C 42, 837, [1051] (Naupacte). — 643 (Melitaia). — 1075 (Proscheion).

Épire, 635, [1347]. — 667 (Apollonie?). — [1201] (roi?).

Athamanie, [1066] (roi).

Ile de Corcyre, [1241].

Thessalie, 584 (Larisa). — 606 (Tricca).

### MACÉDOINE.

Macédoine, 585, 784, 785, [1273], [1276]. — 1349 (Amphipolis). — 663, [1216], [1228], [1229] (Cassandra). — 531 (Olynthe). — 664-5 + [1053] = C 49, 1076, 666 = C 48 (Thessalonique).

Orestai, [1118].

Rois de Macédoine : 566, 750 = *C* 60 (cf. Mégalopolis), [1036 = *C* 13], [1066], *1072* = *C* 14, *1074* = *C* 70, [*1095* = *C* 35], [*1096* = *C* 36], [*1097* = *C* 51], [*1098* = *C* 37], [*1099* = *C* 57], [*1100* = *C* 56], [*1101*], [*1102* = *C* 55], [*1103*?], [*1104*?], [*1118*?], *1215*.

Byzance, 510, 530, 570, 627 = *C* 46, 778, 779-80.
Chersonésos, 844.
Lysimacheia, [*1242*], [*1275* ?].
Callatis [*1238*].
Olbia, 813-4.
Panticapée, 609.

*Mysie. Bithynie. Pont.*

Pergame, 583, 586, 765-6. — Rois de Pergame, [*1105* = *C* 31], [*1106*], [*1107* = *C* 33], [*1108* = *C* 52], [*1109* = *C* 53], [*1110*], [*1206*], [*1207*], [*1208*].
Rhoiteion, 582.
Abydos, 517.
Lampsaque, 571, 708.
Cyzique, 562 = *C* 20, 1027, [*1298*].
Chalcédoine, 618, 645.
Kios, [*1240*].
Rois du Pont [1056 = *C* 73], [*C* 74].

*Éolide et Ionie.*

Élaia, 637.
Kymé, 697 = *C* 54.
Phocée, 652, [1066].
Smyrne, 851, [*1132*].
Clazomènes, 783, [1052 = *C* 45], [*1193*].
Érythrées, [*1132*].
Téos, 698, 786, 1061 = *C* 75.
Colophon, 699.
Éphèse, 653.
Ægae, [1042 = *C* 26].
Milet, 525-6, 617, 625.
Ionie et Hellespont, [1061 + *1136* = *C* 75].

*Lydie. Carie et Pamphylie. Cilicie.*

Athynbra, [*1235*].
Calynda, [*1239*].
Iasos, 529.

Mylasa, [*1131*], [*1243*].
Halicarnasse, 528, 565, 581, 610, 775, [1046].
Caunos, [*1130* = *C* 23].
Cnide, 563 = *C* 22, 644, 743-4, 789, [1038 = *C* 21], [*1130* = *C* 23], [*1190* = *C* 24].
Théangéla, 1024, [1054].
Stratonicée, 703.
Aspendos, 684.
Sidé, 836.
Antioche ἀπὸ Κύδνου = Tarsos, 822.

## Syrie et Phénicie.

Antioche, 600.
Laodicée de Phénicie, [*1114* = *C* 72].
Séleucie, 772, 773-4, 815.
Arados, 601, 776, 816, [*1203*].
Sidon, 559 = *C* 18 (roi), 746.
Tyr, 777.
Ascalon, 817, 818.
Rois de Syrie, [1111 = *C* 59], [1112-3 = *C* 71], [1114 = *C* 72].

## Égypte.

Alexandrie, 588 (cf. Naxos), 649 = *C* 44, 650, 670, 674, 742, [1037], [1042 = C 26].
Cyrène, 631 = *C* 34, 657, 801, [*1190* = *C* 24].
Naucratis, 561.
Rois d'Égypte, [1037], [1038 = *C* 21], [1039], *1073*, *1117*, [*1123* = *C* 17], [*1124*], *1303*.
Divinités égyptiennes, *1215-1272*. Prêtres égyptiens, 1290, 1299.
Divinités orientales diverses, 1273, 1291-1295.

## Méditerranée occidentale.

Sicile : Syracuse, 723, 758, 759 = *C* 66.
Italie : Canusium, 642.
   —    Frégelles, 757.
   —    Rome : 712 = *C* 64, 713, 756 = *C* 65, 808, 809, 835?, 1314.
   —    Tarente, 810.
Gaule : Massilia, 687.
Numidie (roi) : *1115* = *C* 68, [*1116* = *C* 69].

# ADDENDA ET CORRIGENDA

P. 4, n° 3. L'article annoncé de F. Courby sur les « Constructions naxiennes » à Délos a paru au *BCH*, 1921, p. 233-241 ; cf., sur l'interprétation du mot σφέλας, p. 235, note 4.

P. 6, n° 7. Après un nouvel examen de l'inscription, R. Vallois pense avoir déchiffré, à la l. 3, ΑΙΓΙΑΛΙΩΝ, dont la lecture est rendue fort malaisée par de faux traits. On ne peut voir dans ce mot que le génitif du démotique Αἰγιαλιεῖς, la contraction ἐων-ῶν étant de règle, dans l'ancien attique, pour les mots en -ιεύς : Meisterhans, *Gramm. d. att. Inschr.* [3], § 55, 9. Le dème d'Αἰγιαλιά était au Sud de la Paralie : Strab., IX, 1, 21, p. 398. Par cette indication, l'origine des Pyrrhakides est localisée dans la région de l'Attique où se sont attachés quelques souvenirs de la légende attico-délienne ; c'est dans le dème voisin de Prasiai que l'on montrait le tombeau d'Érysichthon, mort sur cette côte à son retour de Délos : Pausan., I, 31, 2 ; cf. J. Toepffer, *Hermes*, 1888, p. 328 = *Beiträge z. griech. Altertumswiss.*, p. 125.

P. 9-10, n° 9. Pourquoi les Déliens décident-ils d'exposer le document dans l'Artémision et non dans l'hiéron d'Apollon ? On peut à la rigueur expliquer ce choix par la dévotion des Éphésiens pour Artémis ; mais il est permis de soupçonner un motif plus précis. L'écriture accuse une date trop ancienné pour qu'on puisse penser au grand incendie du temple d'Éphèse en 356 ; mais elle s'accorderait bien avec un incendie antérieur qui donna lieu, vers 395, à une fête de consécration pour l'Artémision restauré : *Wiener Jahresh.*, 1905, Beibl., 23-31 (communication de R. Vallois).

P. 20, n° 13. On ne saurait affirmer, comme je l'ai écrit, que les décrets du κοινόν pouvaient être affichés de plein droit à Délos et sans une autorisation spéciale de la βουλή délienne ; cf. les réserves que j'ai rappelées plus loin, p. 104. — E. Ziebarth a donné une énumération complète des fêtes de fondations à Délos : *Delische Stiftungen*, dans *Hermes*, 1917, p. 425-441.

P. 32, n° 21, fin du commentaire : le décret de Delphes accordant la proxénie à Sostratos a été republié par É. Bourguet, *Fouilles de Delphes*, III, 1, p. 164, n. 299.

P. 42, n° 35. Je n'aurai garde, à propos de l'étude de W. Kolbe que j'ai signalée tardivement (p. 59, note 1), d'instituer ici une discussion sur les péripéties de la lutte entre Antigonides et Ptolémées. Il m'a suffi d'exposer en quelques mots la thèse que j'acceptais pour ma part ; je dirai simplement aujourd'hui qu'elle me paraît encore la plus probable. Suivant la remarque de P. Roussel (*Rev. des Ét. anc.*, 1923, p. 78), les systèmes qui s'opposent souffrent du même mal, l'absence d'une documentation explicite ; mais il faut fermer les yeux à l'évidence pour estimer les probabilités égales entre eux. En fait, après 246, l'Égypte a complètement disparu de l'épigraphie délienne, tandis que des documents multiples attestent la continuité des relations entre Délos et la Macédoine : décrets, dédicaces, mentions de nouvelles fondations royales. La distinction qu'on veut établir ici entre Délos et les Cyclades paraît vaine : par la force des choses, le sort de l'île sainte était lié au leur. Lorsque Gonatas, entre 260 et 250, évinçait Philadelphe de l'Archipel, le somptueux Portique qu'il édifia dans le téménos d'Apollon et la longue file de ses vingt « Ancêtres » qu'il déploya, non sans jactance, devant le front du monument, équivalaient vraiment à une prise de possession ; la création des premières fêtes d'Antigone, qui est contemporaine, acquiert par là même sa véritable signification. C'est bien à tort qu'on fait ici intervenir la « neutralité » de Délos ; il suffisait, pour que le caractère sacré de l'île fût respecté, qu'elle n'eût pas à souffrir des hasards de la guerre et qu'elle gardât la libre disposition de ses temples ; aussi bien les fêtes des dynasties vaincues continuaient d'être célébrées, et ainsi la « neutralité » était sauve ; quant à la création de fêtes nouvelles, elle ne pouvait qu'ajouter un lustre au culte d'Apollon ; Délos n'avait à s'émouvoir ni des intentions ni des occasions qui inspiraient ces libéralités. Les fondations royales ne marquent pas toutes un changement de suprématie ; certaines paraissent répondre à des circonstances heureuses, l'avènement d'un nouveau prince, un mariage royal ; mais les apparences sont que toutes celles qui sont dues soit aux Ptolémées, soit aux Antigonides, datent d'une époque où soit l'une soit l'autre de ces monarchies était maîtresse de la mer. — W. Kolbe ne conteste pas que le nom de *Sotéria*, — c'est le nom d'une des deux nouvelles fondations d'Antigone qui apparaissent simultanément en 244, — évoque le souvenir d'une victoire ; mais il pense à quelque succès — complètement ignoré de nous — remporté sur les barbares du Nord (p. 456, note 2) ; conjecture pour conjecture, nous nous en tenons à celle qui s'accorde avec toute la documentation délienne.

P. 45, n° 38. Sur la date de la bataille d'Éphèse et celle de la dédicace en l'honneur l'Agathostratos (entre 260 et 247), cf. W. Kolbe, *art. cité*, p. 468 et suiv.

P. 56, note 1. L'hypothèse de J. Svoronos sur la destination du monument dit « Sanctuaire des Taureaux » a été développée par lui dans un article en collaboration avec P.-L. Couchoud, *BCH*, 1921, p. 270 et suiv., mais il semble que ce soit pour l'abandonner lui-même après les critiques de R. Vallois. D'après ce dernier savant, l'édifice serait le *Pythion*, construit vers le début du IIIe siècle : on y aurait entretenu « un feu perpétuel pareil à celui qui brûlait dans le sanctuaire pythien de Delphes » ; et en même temps on a pu y conserver « l'une des nefs sacrées qui transportaient le feu de l'autel dans les pays groupés autour du culte délien, ou, mieux encore, celle qui avait apporté au foyer des Cyclades la très sainte flamme de Delphes » : *Journal des Débats*, 16 mars 1922. — Cf. Tarn, *BCH*, 1922, p. 473-5.

P. 69. Quelques remarques que je dois à l'obligeance de R. Vallois paraissent donner

un corps à l'hypothèse que j'ai hasardée sur l'attribution au roi Attale du Portique dit
« du Sud-Ouest ». L'inscription des Galates (*IG*, XI, 4, 1110) est gravée sur l'orthostate
antérieur d'une base qui, au Nord du Portique, fait pendant à celle d'Épigénès (n° 53),
et — ce qui est très remarquable — pour la technique et le profil même, la similitude
entre les deux bases est parfaite. D'après le calcul qui a été fait des dimensions pour la
première de ces dédicaces, la restitution [βασιλεὺς Ἄτταλο]ς τοὺς Γαλά[τας] remplirait très
exactement la l. 1. Que l'emplacement des deux bases ait été choisi par Attale ou par les
Déliens, il ne s'explique que si le Portique était également une création du roi. — « Ceci
posé, il paraît évident que le Portique de Philippe a été construit pour éclipser et masquer
à la fois celui d'Attale, ce qui permettrait de dater celui-là d'une façon plus précise qu'on
n'a pu le faire jusqu'ici ». Ces indications seront reprises et précisées dans le fascicule sur
*le Portique de Philippe* que prépare R. Vallois pour l'*Exploration archéologique de Délos*.

P. 72, n° 56. G. de Sanctis et R. Vallois me font remarquer tous deux que cette
dédicace en suppose presque nécessairement une autre qui lui faisait pendant, ἀπὸ τῶν κατὰ
θάλασσαν ἀγώνων, et qui ne pouvait guère commémorer que la campagne maritime victorieuse de 218-17 sur « les Alliés ». L'hypothèse est déjà envisagée par P. Roussel (*IG*,
XI, 4, 1101), qui hésite à l'accepter.

P. 73, n° 57. D'après R. Vallois, les premiers travaux du Portique de Philippe se
placeraient dans les années 216-210, et probablement vers 212, c'est-à-dire vers l'époque
où Philippe a pu redouter les entreprises de la flotte pergaménienne.

P. 87, 7ᵉ l. avant la fin. Au lieu de « Hellen et Philon », lire : « Philon et Silénos ».

P. 88, 4ᵉ alinéa, et p. 94, fin du comm. du n° 70. Pour M. Holleaux, *Rome, la Grèce
et les monarchies hellénist.*, p. 88 et note 4, la création du port franc de Délos « ne fut
qu'une mesure de vengeance prise contre les Rhodiens ». Il est cependant notable qu'entre
plusieurs formes de « vengeance » qui pouvaient s'offrir à elle, Rome se soit précisément
avisée de celle qui favorisait les colons italiens, ses clients naturels, déjà nombreux à
Délos, sinon les Romains proprement dits, qui y étaient encore rares ; on se défend mal
de l'impression que la mesure prise par Rome a été inspirée par ceux qui en devaient
tout aussitôt recueillir le bénéfice.

P. 106, comm. du n° 74, avant-dernière ligne. Au lieu de : « aux *amis* de Mithridate
le Grand », lire : « à Mithridate Eupator et à ses *amis*. » Ces dédicaces sont réunies
sous les n°ˢ 133-136.

P. 125 et suiv., n° 79. Th. Homolle est revenu sur ce décret : *C. R. de l'Acad. des
Inscr.*, 1922, p. 131-141. Il pense établir qu'Euboulos a exercé cinq sacerdoces, ayant été
deux fois prêtre des Grands Dieux, et deux fois aussi prêtre d'Asclépios ; de plus, que
ces différentes prêtrises, échelonnées de 164 à 160, se sont succédé, non pas dans l'ordre
indiqué par le décret (Grands Dieux, Dionysos, Asclépios), mais dans un ordre inverse,
conformément à la hiérarchie des sacerdoces qui paraît indiquée par la liste *BCH*, 1908,
p. 438, n. 64 : cf. ci-dessus, p. 129. Le débat ne me paraît pas susceptible d'une conclusion sûre ; mais je dois indiquer mes réserves sur cette nouvelle thèse. — 1° Je ne puis
souscrire à la ponctuation qui est proposée (p. 136) pour les l. 17 et suiv.; la construction de la phrase ainsi coupée me paraît insolite et inadmissible. Les mots καὶ πάλιν ne
spécifient pas nécessairement, à mon sens, l'itération d'une même prêtrise, mais énoncent
simplement une élection nouvelle. Il ne manque pas d'exemples où πάλιν est à peu près

l'équivalent de ἔπειτα; cf. *Inschr. v. Priene,* 19, l. 10 : ἐφοδεύων αὐτὸς καὶ πάλιν τοῦ υἱοῦ διαλαβόντος. — 2° Il est difficile de croire que le décret énumère les prêtrises dans un ordre contraire à la chronologie : l'usage constant des décrets honorifiques, dans les con-sidérants, est de rappeler suivant leur succession réelle les services rendus ou les fonctions exercées. A supposer que la liste des prêtres déliens soit dressée d'après la hiérarchie, rien n'autorise à la considérer comme un *cursus honorum* marquant des étapes nécessaires : à ce compte, Euboulos aurait dû exercer tout d'abord les deux dernières prêtrises de la liste, celle d'Anios et celle de Sarapis. — 3° J'ai déjà dit que la loi du roulement par tribus, pour le sacerdoce des Grands Dieux, ne paraît pas avoir été mise en vigueur dès le début de l'occupation athénienne. On allègue cette loi pour établir qu'Euboulos a exercé pour la première fois cette prêtrise en 161/0 ; mais Euboulos appartient à la X$^e$ tribu (Aiantis) ; si la loi avait été appliquée dès la première année du régime (167/6), c'est à la VII$^e$ tribu (Oinéis) que fût échu, en 161/0, ce sacerdoce. Il faut donc renoncer à chercher ici une indication chronologique.

P. 140, n° 85, l. 7. Au lieu de ἀπαρακλήτως, M. Holleaux, dans une revision partielle du texte faite en 1920, a lu nettement ἀπροφασίστως.

P. 173. Au lieu de « Stratonice », lire : « Laodice ».

P. 175, n° 107. Ajouter à la bibliographie : Lœwy, *Inschr. gr. Bildhauer,* 290.

P. 200, n° 121. Ajouter à la bibliographie : M. Holleaux, *Rev. arch.,* 1918, I, p. 234, XVIII.

P. 215, l. 15. Au lieu de « Épicratès », lire : « Echécratès ».

P. 230, n° 141. J'ai écrit que les états de lieux des domaines sacrés à Délos ne men-tionnent pas un seul olivier. Cependant, dans le compte daté de Stésiléos II (208 av. J.-C. : *BCH,* 1908, p. 83, n. 21 = n. 366 du classement général, tranche, l. 18 et suiv.), la statistique d'un domaine énumère, parmi des vignes, des figuiers et des pommiers, 98 oli-viers, ἐλαί[α]ς ΓΔΔΔΓΙΙΙ, puis 86 arbres qui paraissent être des oliviers sauvages greffés, ὁ[ξυ?]ελαίους ἐνωφθαλμισμ[(έν)ου]ς? ΓΔΔΔΓΙ (texte rectifié), ce qui suppose une culture raisonnée. Le nom du domaine manque ; mais l'indication, inscrite sur la tranche à la hauteur des l. 100-112 de la face principale, se réfère manifestement aux domaines *sis à Myconos* qui, vers la fin du II$^e$ siècle, faisaient partie des propriétés sacrées et sont ici donnés en fermage. Sous cette réserve, la remarque que j'ai faite demeure exacte. L'huile récoltée à Myconos ne pouvait être qu'un appoint pour la consommation d'une ville sur-peuplée comme Délos et surtout pour son commerce d'exportation.

P. 246, n° 158. Dans le titre, l. 2, lire : « Hellènes », au lieu de « étrangers ».

# INDEX

LES CHIFFRES RENVOIENT AUX PAGES

---

## I. NOMS PROPRES DE PERSONNES
(Pour les noms romains, v. Index 3).

Admétos de Macédoine, proxène, 60-4.

Agasias d'Éphèse, statuaire, 175-6, 225, 239-41, 244.

Agathanax de Rhodes, déd., 105-6, 215.

Agathostratos, navarque rhodien, déd., 44-5.

Agathostratos, épimélète de Délos, 237.

Aglaos de Cos, décret hon., 154-7.

Alexandre de Mégalopolis, décret hon., 76-7.

Alexandre Bala, 178.

Alexandre le Grand, statue, 20-21 ; 76.

Alexandros de Phlya, épimélète de Délos, 257.

Amphiclès de Rhénée, poète-musicien, décret hon., 121-3.

Amynandros, roi des Athamanes, 77.

Antigénès, navarque rhodien, décret hon., 45-6.

Antigone I, roi de Macédoine, 2, 17-19, 32 ; — II Gonatas, 18, 41-43 (Portique), 43-4 (Monument de ses « Ancêtres »), 278 ; — III Doson, 41-2, 66, 67-8 (Monument de Sellasia), 278.

Antiochos III, roi de Syrie, 70, 75-6 (statue), 77 ; — IV Épiphane, 146-7 (statue), 149 ; — V Eupator, 147 note 1, 149 ; — VII Évergète (de Sidé), 178 ; — VIII Épiphane (Grypos), 196, 199-201 (statues), 222 (médaillon avec buste) ; — IX Philopator (de Cyzique), 178 (statue), 199, 201, 222.

Apellès f. d'Hipponicos, déd., 267.

Apellicon (d'Athènes), coup de main à Délos, 236, 250.

Apollodoros, archonte athénien, 243, 245.

Apollodoros de Cyzique, nésiarque, proxène, 29-30.

Apollonios, gouverneur de Théra, 153.

Apollonios de Laodicée, hoplomaque, décret hon., 130-1.

Apollonios de Mélos, déd., 251.

Apollonios de Rhamnonte, épimélète de Délos, 262-4.

Archélaos, roi de Judée, 264.

Archermos de Chios, statuaire, 4-5.

Archon, archonte athénien, 130-1, 134, 138.

Areios d'Alexandrie, « ami » de Ptolémée X, déd., 204-5.

Arétaclès d'Ios, proxène, 14.

Ariarathe IV, roi de Cappadoce, 149-50 ; — V, 150, 151 note 1 ; — VII et VIII, 222.

Aristaichmos, archonte athénien, 127.

Aristandros de Paros, statuaire, 239-41.

Aristippos d'Alexandrie, gouverneur de Théra, 153.

Aristoboulos de Thessalonique, sitône, proxène, 59-60.

Aristophilos (?), proxène, 5.

Ariston de Phocée, poète épique, décret hon., 139.

Aropos d'Azénia et du Pirée, épimélètes de Délos, 232.

Arsace VI et VII, rois des Parthes, 219, 223.

Arsinoé, fille de Ptolémée I, épouse de Lysimaque, 21-2.

Arsinoé II Philadelphe, 25.

Asclépiadès d'Athènes, statue, 246-7.

Asclépiodoros de Rhodes, déd., 105-6, 215.

Athénodoros, pirate, 241, 249.

Attale I, roi de Pergame, 69 (déd.), 70 (déd.), 109, 279 ; — II, 150-1, 216.

Autoclès de Chalcis, proxène, 58-9.

36

## 2. NOTABILIA VARIA

## 3. NOMS PROPRES ROMAINS ET MOTS LATINS